JN440139

天子生法

천자생법

천자생법(天子生法)

초판 1쇄 인쇄 2012년 6월 5일
초판 1쇄 발행 2012년 6월 10일

지은이 자미국
펴낸이 金泰奉
펴낸곳 한솜미디어
등 록 제5-213호

편 집 김주영, 김수정, 이혜정
마케팅 김영길, 김명준
홍 보 김태일

주 소 (우143-200) 서울시 광진구 구의동 243-22
전 화 (02)454-0492(代)
팩 스 (02)454-0493
이메일 hansom@hansom.co.kr
홈페이지 www.hansom.co.kr

ISBN 978-89-5959-316-3 (03150)

天子生法

천자생법

자미국 지음

한솜미디어

| 목 차 |

제1부 신비로운 세계

제2부 최고의 명혈자리 천상명당

제3부 사후세계의 신비

제4부 자미국을 만나 행복합니다

제5부 하늘세계, 땅의 세계

제6부 세상에 이런 일들이

제7부 땅의 하늘 자미국

제1부

신비로운 세계

꿈을 이루게 하는 경이로운 천자생법天子生法

천자생법天子生法!

천자天子를 낳는 법.

천재天才를 낳는 법.

천손天孫이 되는 법.

천성天姓을 갖는 법.

천인天人으로 재탄생하는 법.

우선 저자는 크게 다섯 가지 뜻이 담겨 있음을 이곳에 밝힌다.

어느 대목의 뜻을 각자가 이룰 것인가의 선택은 책 읽는 독자들의 몫이다.

살아서 현생과 죽어서 사후세상까지 무소불위하신 태초의 하늘께 영과 육을 보호받고 사랑받으면서 영원히 기쁨과 행복 누리고, 살아갈 수 있는 인생의 천자생법!

독자 여러분과 한 가족이 되고자 한다. 영원히 하늘의 사랑을 받고 사는 자미국 가족! 독자들의 부족함을 채워줄 수 있는 공간!

하늘 가족이 되면 인생에 이적과 기적이 많이 일어난다.

이 책을 감명 깊게 읽고 하늘의 명을 받아 하늘의 대업에 동참하는 사람들은 수천수만 년 전의 전생은 물론, 현생과 내생에 이르기까지 하늘과 깊은 인연이 있는 사람들이라 본다.

이런 사람들은 대다수가 신명님의 핏줄, 하나님의 핏줄, 미륵님의 핏줄, 자미인황님의 핏줄을 이어받고 이 땅에 태어나 이분들께 뽑혀서 하늘로부터 선택받게 될 영광된 사람들이리라.

경천동지할 진실!

부모님이신 하늘 태상천존 자미천황님의 자손인 핏줄은 신명님, 하나님, 미륵님, 자미인황님 네 분뿐이시다.

그리고 독자 여러분 중에는 네 분의 핏줄을 타고 태어난 자손이 있다는 점을 알린다. 최초의 하늘족보가 밝혀지고 있다. 과연 여러분들은 어느 분의 핏줄인지 저자를 통해서 하루빨리 찾아야 한다.

육신의 부모조상님 뿌리만이 아닌 영적인 뿌리를 찾아야 현생과 내생의 성공과 출세로 이어져 영원한 기쁨과 행복을 찾을 수 있다.

영의 뿌리 찾기!

무속과 산천에서 천지신명님과 신을 찾는 사람들은 신명님의 자손인 핏줄들이고, 교회와 성당에서 예수님과 성모님을 찾는 사람들은 하나님의 자손인 핏줄들이다.

불교의 사찰에 부처님을 받들고 도통하고자 수행하는 사람들은 미륵님의 자손인 핏줄들이고, 산소에 애착을 갖고 제사를 중히 여기며 조상님을 최고로 생각하는 사람들은 자미인황님의 자손인 핏줄들이다.

유불선 통합!

신명님, 하나님, 미륵님, 자미인황님의 자손인 핏줄들이 자미국에서 각각 자신의 뿌리인 네 분을 통하여 부모님이신 하늘 태상천존 자미천황님을 만나는 것이 유불선 통합의 완성이고 이것이 인생 최고 승리자의 길이다.

교인과 불자들이 잘못 알고 있는 것이 있다.

천지신명님이나 신보다 높은 분이 신명님이시고, 신명님보다 높은 분이 하늘 태상천존 자미천황님이시다.

예수님과 성모님보다 높은 분이 하나님이시고, 하나님보다 높은 분이 하늘 태상천존 자미천황님이시다.

석가모니 부처님보다 높은 분은 미륵님이시고, 미륵님보다 높은 분은 하늘 태상천존 자미천황님이시다.

석가모니 부처님은 도솔천궁의 주인이신 미륵보살(도리천주, 용화세존 미륵존불)의 호명보살 즉, 경호원인데 부처님이 미륵님보다 더 높은 분이라고 알고 있는 승려들과 불자들이 많다.

승려들의 도박파문과 성매매, 개를 살생하는 모습이 방송에 보도되는 것은 이제 미륵님을 따라나서라는 강력한 메시지로 받아들여야 한다.

절에 머물며 부처님만 믿고 있으면 더 높은 미륵님을 만날 수 없고, 미륵님보다 더 높으신 하늘 태상천존 자미천황님을 만날 수 없기에 인간이든 조상님이든 구원을 받지 못한다.

예수님과 성모님만 믿고 있는 교인들도 교회와 성당에만 머물러 있으면 이들보다 더 높은 하나님을 만날 수 없고, 하나님보다 더 높은 부모님이신 하늘 태상천존 자미천황님을 만날 수 없다.

상제님(구천상제, 옥황상제, 증산상제)보다 높은 분은 자미인황님이시고, 자미인황님보다 더 높은 분은 하늘 태상천존 자미천황님이시다.

종교를 믿고 있다고 해서 모두가 신명님, 하나님, 미륵님, 자미인황님의 핏줄인지는 의식을 행해서 뚜껑을 열어보아야 하고, 자미국에 들어오는 것은 이분들의 인도가 있어야 한다.

천통, 도통, 영통, 신통을 이루려는 사람들은 네 분을 통해서 하늘 태상천존 자미천황님을 만나는 일이다. 종교 안에서 천통, 도통, 영통, 신통이 지금까지 이루어지지 않은 것은 네 분을 통해서 하늘 태상천존 자미천황님을 만날 수 있게 해주는 곳이 없었기 때문이다.

저자 인황(지황)과 사감.

인류가 수천 년 믿어오던 대단하신 신명님, 하나님, 미륵님을 부를 수 있고, 말씀을 받을 수 있는 신비의 능력이 있어서 직접 이분들과 여러분이 서로 대화를 나누게 해줄 수 있는 전 세계 유일한 영적지도자이다.

이분들은 과거, 현재, 미래까지 모르시는 일이 하나도 없는 대 능력자들이시기에 우리 인간, 조상님, 영들을 구원해 주실 수 있다. 경천동지하고 천지개벽할 그 자체이다.

종교가 처음에는 네 분의 뜻대로 순수하게 흘러갔지만, 세월이 흐름에 따라 종교교주와 종교인들이 하늘을 사칭하여 인간 자신들의 뜻이 강해짐에 따라 네 분이 모두 종교를 떠나시어 유불선 통합 자미국 지상 자미천궁으로 들어오시게 되었다고 하셨다.

그래서 종교는 지금 모두가 빈집이라고 하시며, 종교를 믿으면 인생이 더 뒤집어지는 일이 많이 생긴다고 하시었다.

네 분이 떠난 종교세계에는 악귀잡귀, 사탄마귀들이 인간의 마음속으로 숨어들어 지배하고 있지만 사람들은 이런 진실을 알 수 없다.

각자들의 마음이 누구의 마음인지 알고 있는가?

자신들이 말하니 자신들의 말이라고 생각할 것이지만 그것이 아니었다.

가깝게는 자기 조상님들의 말과 행동이었고, 멀게는 귀신인 악귀잡귀, 사탄마귀들의 마음과 행동, 말이었다는 점이다.

여러분 몸 안에 자신의 본신(영)과 조상님, 악귀잡귀, 사탄마귀, 악마들이 함께 숨어들어와 있지만 눈에 보이지 않아서 모르고 살아갈 뿐이다.

수많은 의식을 통해서 밝혀진 진실이다.

이제 독자 여러분은 자미국에서 자신의 몸 안에 누가 들어와 있는지 낱낱이 밝혀내서 이들을 각자들의 길로 가게끔 분리시켜 주어야 인간다운 삶을 살 수 있다. 대부분은 구원되어 좋은 세계로 가신 줄 알았던 자신들의 조상님들이 대부분 들어와 있다.

몸 안의 조상님들은 천상세계로 보내드리고 악귀잡귀, 사탄마귀들은 왔던 곳으로 쫓아 보내는 의식이 천상입궁의식이고, 나쁜 기운이 다 빠져나간 각자의 몸 안에 천상세계의 좋은 천기(하늘과 네 분의 기운)를 집어 넣어주는 것이 천인합체의식이다.

종교 안에서는 천년을 조상님 천도하며 구원의식을 행해도 이루어지지 않기에 금전만 낭비한다. 하늘과 네 분만이 구원하실 능력이 있다는 진실을 알아야 한다. 이분들이 해주시지 않는 의식은 눈에 보여주기 위한 의식에 불과할 뿐이다.

종교에 질려서 기 수련, 주문수련, 마음수련, 정신수련, 우주수련, 단전호흡, 뇌수련을 하면서 각자들이 받아들인 기운은 과연 무슨 기운인지 알고 있는가 묻고 싶다.

종교와 수련을 통해서 각자들이 좋다고 받은 기운이 귀신의 기운인지 하늘과 네 분의 기운인지 독자들은 분별할 능력이 없다. 좋은 기운인지, 나쁜 기운인지 하늘과 네 분 외에는 알 수 없다.

종교를 이끄는 교주와 지도자들이 참으로 신비하다.

저자에게는 부모님이신 하늘 태상천존 자미천황님과 이분의 자손인 능력자 신명님, 하나님, 미륵님, 자미인황님이 함께하시면서 나의 말과 행동이 잘못될 때마다 수시로 가르쳐주시어도 실수투성이인데 교주와 종교인들은 가르쳐주는 이분들이 안 계시는데 어떻게 지금까지 종교를 운영하고 있는지 참으로 신기하고 궁금하다.

결국 그 대가는 신도들이 삶의 고통으로 이어지고 있을 것이다.

저자가 원하고 바라는 것은 시차는 있지만 하늘과 네 분께서 현실로 모두 이루어주시고 계신다는 점이다. 잘하는 것인 줄 알고 올렸던 나의 잘못된 소원이 현실로 이루어져 3년 동안 호된 고생을 했는데, 2012년 5월 14일과 15일 그 진실을 찾아주시었다.

아열대로 변하는 이 나라의 기후변화도 저자가 원한 것 중의 하나였다.

무섭고도 두렵지만 한편 대단한 영광이다.

저자의 소원대로 모두를 이루어주시는 대단하신 분들이 함께하시고 계시다는 것은 이 책의 내용이 모두 현실로 이루어지게 된다는 점이다.

세계를 자미국 하나로 통일한다는 것은 천지조화를 자유자재로 부리시는 하늘 태상천존 자미천황님의 뜻이기에 가능한 것이지, 저자 인간의 능력으로는 생각 자체도 망상이고 실현 불가능한 일이다.

세계의 중심이 될 자미국 지상 자미천궁!

역사적 사명을 완수하기 위하여 태어난 인물들!

하늘이신 태상천존 자미천황님과 신명님, 하나님, 미륵님, 자미인황님께서 당신들의 핏줄들을 찾기 위한 천명 공무집행.

천상에서 주신 귀한 선물 천자생법!

책을 읽고 현실로 행하면 각자들의 인생 흐름이 바뀐다.

이 책은 천명을 받아 하늘사람(하늘의 백성, 천인)이 되려고 이 땅에 만물의 영장인 인간으로 태어난 독자들에게는 천복을 받을 수 있는 아주 귀한 책이 되어주겠지만, 읽다가 감흥과 감동이 일어나지 않고 자신의 이상과 달라 지루하며 관심 없는 독자들은 버리지 말고 가족이나 주위의 지인들에게 선물로 전해 주면 거기에 합당한 복이 내려질 것이다.

이 한 권의 책은 각자 자신들과 가정, 가문, 기업, 국가 그리고 이미 돌아가신 자신들 조상님들의 운명과 길흉화복, 생사가 좌우될 수 있는 아주 귀중한 책이다.

가보로 남길만한 최고의 책이 되어줄 것이라 본다.

이 책을 읽고 있는 사람들은 하늘의 행운아, 인생의 행운아에 속한다.

이제까지 자신들이 알고 있던 세상의 이론과 각자들의 부정적인 모든 고정관념을 버리고 책 읽기에 몰두해야 한다.

이곳은 기존의 종교세계, 무속세계, 도교세계가 아니다.

자미국 지상 자미천궁은 입헌군주 국가이며 인간, 조상님, 영들을 최초로 구원하는 전무후무한 곳으로, 이 나라의 강력한 구심점이자 전 세계를 호령하는 세계 중심국가, 세계 통치국가, 세계 종주국가이다.

영(마음, 정신)과 육을 의지할 강력한 구심점이 절실히 필요한 시기가 도래하였다.

이 나라와 세계를 강력하게 통치하며 이끌어갈 영적 지도자가 필요하다.

세계를 하나로 통일할 수 있는 무소불위의 유일한 힘(천권天權과 천력天力)을 갖고 계신 분이 하늘이신 태상천존 자미천황님이시다!

하늘께서 우리 민족에게 내려주신 처음이자 마지막 기회라고 하신다.

자미국 지상 자미천궁이 독자 여러분과 함께 한 가족이 되어 전 세계를 지배통치하며 다스리는 통쾌한 날이 다가오고 있으니 공감하는 독자들은 모두가 동참하여 천손민족의 자랑스러운 위상을 전 세계에 보여주자!

저자는 태초의 하늘께 인황, 지황으로 황명을 하사받았기에 인간의 눈에 보이는 구세주이자 통치자이다.

천상세계에 계신 대우주 천지인 창조주이시자, 부모님이신 전지전능의 절대자 태초의 하늘이신 태상천존 자미천황님의 대행자이지 하늘은 아니라는 점을 밝힌다.

종교세계를 통해 세상 그 어디에서도 체험해 볼 수 없었던 우리를 잘 되게 살려주시는 너무나 대단하신 신비의 대능력을 갖고 계시기에 위대한 하늘이신 태상천존 자미천황님을 옹립해 드리고자 한다.

이것이 세계를 통일하는 지름길이고, 이 나라가 세계 최고의 강대국이 되는 유일한 방법이다.

현재 2001년(천기원년 선포)부터 나라의 국격과 위상이 갑자기 높아지고 한류열풍이 전 세계적으로 불고 있는 것과 국제적인 큰 행사가 이 땅에서 자주 열리는 것은 태초의 하늘께서 하강강림하시는 자미국 지상 자미천궁이 있기 때문이다.

저자는 태초 하늘이신 태상천존 자미천황님의 명을 이 땅에서 대행하는 최초의 대행자로서 하늘의 화신, 하늘의 분신으로 지황, 인황이다.

하늘님께서 최고의 관명(지황, 인황)을 내려주심은 저자에게 이 세상을 모두 맡기셨다는 뜻이고, 저자를 통하여 세계를 직접 영도하시며 통치하시겠다는 하늘의 의중이시리라.

난세가 영웅을 부른다고 하였다. 지금 이 나라에는 무소불위의 천권과 천력, 신력, 영력, 도력, 인력 모두의 천지풍운조화를 자유자재로 행사하시는 하늘이신 태상천존 자미천황님께 강력한 통치를 의뢰하는 시기가 도래하였다고 본다.

작금의 정치상황을 보면 그날이 한시바삐 와야 한다.

그것이 선진 강대국 영국과 일본이 시행하고 있는 입헌군제주하에 내각제 개헌일 것이다.

측근들의 뿌리 깊은 부정부패와 5년마다 나라의 주인이 바뀌어 국정혼란을 불러일으키는 대통령 직선제는 모든 국민의 발목을 잡고 국가발전을 저해하여 국민 모두가 피해자가 된다.

자고 나면 연일 터지는 대형 부정비리 사건.

비기에 이 나라는 장차 신명(천인)들이 정치하는 신명(천명)정부가 수립되어 신정(천정)정치를 하는 세상이 열린다고 수천 년 전부터 예언되어 있다.

지금의 부정부패와 정치판을 보면 이제 그날이 눈앞에 다가온 것이리라.

국민과 정치인들이 심각하게 고민해 봐야 할 일들이고, 국민과 정부, 국회의 결단만이 남아 있다.

저자를 만나 태초 하늘의 기운을 직접 체험해 보면 그 얼마나 태상천존 자미천황님께서 대단하신지 스스로 몸과 마음으로 실감 나게 느낄 것이고 자연 승복하며 인정하게 된다.

태초 하늘께서 하실 역할이 있으시고, 저자가 할 역할이 따로 정해져 있다. 독자 여러분에게는 태초 하늘은 눈에 안 보이고 저자만 보일 뿐이기에 영적인 천상공무는 하늘께서 행하시고, 육신적인 지상공무는 저자가 직접 행하기에 역할이 다른 것이다.

그동안 상상 속으로만 존재하실 것으로 생각하였던 진짜 태초의 하늘께서 하강강림하신 것이다.

하늘은 있으나 마나 한 존재가 아니시라 우리 모두의 길흉화복과 생로병사, 말과 행동에 대한 일거수일투족을 실시간으로 지켜보시며 조상님, 영, 신들뿐만이 아니라 모든 인간, 모든 가정, 모든 기업, 모든 국가에 대한 흥망성쇠의 생사여탈권을 실시간으로 행사하시는 무소불위의 대능력자이시고 한 치의 오차도 없으신 절대 전능 천지조화주이시다.

이렇게 대단하신 태초의 하늘이시자 여러분을 이 땅에 태초로 보내시어 창조하여 주신 천지부모 태상천존 자미천황님을 살아생전 만나지 못하고 세상을 살아가는 사람들과 죽는 사람들은 가장 불행한 사람들이고 죽어서도 천추의 원과 한으로 남을 것이다.

지금까지 하늘의 진실을 모르고 어떤 종교를 믿고 있었다면 이제부터는 자미국 지상 자미천궁에 들어오는 길만이 자기 자신의 영과 육, 조상님, 신은 물론 가정, 기업, 국가들이 하늘이신 태상천존 자미천황님께 구원받아 가장 잘 사는 지름길이다.

태초의 하늘님과 자미국 지상 자미천궁은 이들을 구원하고 살려주어서 신선선녀들이 살아가는 무릉도원 세상에서 아무런 근심걱정 없이 잘 살게 해주는 전 세계 유일한 곳이다.

자신의 핏줄과 뿌리(하늘의 뿌리, 조상님의 뿌리)를 중요시 여기고 하늘의 피가 흐르고 있는 사람들에게 맞는 책이다.

기존에 종교를 믿다 실망한 사람들, 종교와 맞지 않는 사람들, 종교를 열심히 믿어도 무언가 허전함을 느끼는 사람들에게 권한다.

세상 그 어디에서도 만나볼 수 없는 인생의 손자병법과도 같은 책.

인생사의 모든 고난과 불행의 원인을 구독 후 저자를 통해서 알 수 있고, 하늘께 의뢰해서 해결할 수 있다.

하늘, 땅, 인간의 화려한 비상,

어떤 호기심에서 구입했을지 모르지만 처음부터 차례대로 앞뒤로 건너뛰지 말고 한 글자도 빠뜨리지 말고 읽어야 좋다. 본인들의 운명과 생사가 좌우될 수 있기 때문이다.

책 읽을 때 졸음이 심하게 오는 것은 책을 못 보게 하는 하늘과 반대세력인 나쁜 귀신들이니 잠시 쉬었다가 다시 봐야 하고 중단하면 그들에게 지는 것이니 반드시 이겨내고 읽어야 한다.

책 내용 중에 종교적이든 아니든 자신의 뜻과 생각이 다르다고 하여서 덮지 말고, 끝까지 다 읽어봐야 한다.

독자 하나의 운명과 생사가 좌우되는 것이 아니라 본인 자신, 배우자, 부모님, 자녀, 가정, 조상님, 각자들 기업의 앞날이 어떻게 변화될 것인지 아주 중요한 일이다.

기존에 알고 있던 세계와 흡사하게 느껴질 수 있으나 전혀 다르니 선입견을 갖지 말고 책을 끝까지 정독하면 독자들의 미래가 개벽할 정도로 바뀌는 인생의 행운아가 될 수 있다.

저자가 말하는 내용들은 세상 그 어디에서도 들어볼 수 없었던 내용들이 많아서 한편으로는 정말 그럴까? 하고 의아심을 가질 수도 있으나 수천 번의 하늘의식을 통해서 수천 명에 의해 자세히 검증된 내용들이니 속을 염려는 없다.

그리고 회유, 현혹, 협박, 강요하는 곳이 아니라 독자들이 글을 정독하고 나서 자미국 자미천궁에 들어올 것인가, 말 것인가를 스스로 판단하면 된다.

자신과 가정, 가문, 기업, 전 세계 국가들 모두가 기다리던 이상향의 무릉도원 세상이 되어줄 자미국 자미천궁이다.

저자 지황은 자미국을 태초로 개국한 창시자이지 기존의 종교교주, 신부, 목사, 승려, 무당, 보살, 도사, 법사, 도인 등의 신분이 아니다.

귀신(악)들의 기운 받아 수많은 고통을 당하여 인생이 불행해진 인간과 조상님들을 진짜 하늘께 인도하여 새로운 인생길, 하늘길을 열어주는 태초의 영적 지도자이다.

저자 지황은 사감과 함께 인간을 천인으로 새롭게 재창조하여 잘 살게 해주는 영도자 역할이다.

수천 년의 역사를 자랑하는 기존에 모든 종교의 힘으로도 이루어내지 못했고, 불가능처럼 여겨졌던 하늘의 영역, 신의 영역, 영의 영역을 태초로 현실 가능하게 해주는 곳이다.

어느 특정 세계를 비방하는 것이 아니라 경이로운 태초의 진실을 전해 주신 그대로 이 땅에 새로운 하늘이신 태상천존 자미천황님의 세상이 열렸음을 책으로 집필하여 밝힌다.

이제 귀신놀음과 모든 종교, 관습, 풍습으로부터의 해방을 선포한다.

연례적으로 정초가 되면 대문이나 현관에 입춘대길이라고 부적을 붙이고, 점집이나 철학관으로 1년 신수와 운세를 보러가고, 조금 답답하거나 결정하기 어려운 일이 있으면 이들에게 자문을 구하고 사는 것이 습관적 풍습처럼 되었다.

남녀가 만나도 사주와 궁합은 당연히 보는 것이고, 결혼 날짜 택일도 하고, 무슨 해가 좋다고 하면 예식장이 붐빈다. 그러면 이혼날짜는 왜 안 받는 것일까?

이사 갈 때 대장군방, 삼살방 방향 따지고, 탈이 나지 않는다고 손(귀신) 없는 날 이사 가야 한다 해서 음력 9, 10일은 전국적으로 이삿짐센터가 바빠진다.

이름이 좋은지 나쁜지 작명소에 가서 상담해서 개명하고, 무슨 일을 할 때마다 날짜 택일 받고, 본인과 가족들 삼재라고 부적 사서 지갑 안에 넣고, 집안 곳곳에 붙인다.

인생이 답답하여 철학관이나 점집에 가서 사주를 보면 무엇이 막혔다, 나쁘다 하면서 역마살, 도화살, 백호살, 상충살, 원진살, 형살, 자궁살이 끼었다고 살풀이를 하고 부적을 지니란다.

풍수사 만나면 집터가 어쩌고저쩌고, 묏자리 좌청룡, 우백호, 안산, 주산, 혈장이 어떻고 하면서 형국론을 말하며 산소자리가 잘못 들어섰기에 탈이 났다고 한다.

승려 만나면 승려 팔자라 하고, 목사 만나면 목사 팔자라 하고, 신부 만나면 신부 팔자라 하고, 무당 만나면 무당 팔자라 하고, 보살 만나면 보살 팔자라 하고, 법사 만나면 법사 팔자라 하고, 도사 만나면 도사 팔자라 하고, 역학자 만나면 역학자 팔자라 하고, 지하철역에서 "도를 아십니까?" 하는 도교인을 만나면 도인 팔자라고 한다.

무당, 보살, 법사 만나면 99%가 신가물이니 신 받으라 하고, 신을 안 받으려면 눌림굿 1년 또는 3년에 한 번씩 하라고 한다.

승려 만나면 조상님 천도재, 49재, 100일재 올리라 하고, 무당 만나면 조상굿과 신내림굿 하라 하고, 도인 만나면 치성 들이라 하고, 목사 신부 만나면 예수와 성모, 하나님 믿고 찬양하라 한다.

인생의 족쇄를 채우는 모든 종교의식.

굿, 천도재, 치성, 기도, 예배, 미사, 도통 주문수행, 참선, 마음수련, 사주, 궁합, 삼재, 택일, 이사방향, 부적, 달마도, 신점, 토정비결, 명당, 이장, 산소탈, 조상탈, 초하루보름, 음식 가리는 것, 입춘대길, 고사 같은 것 아무 소용없고, 무용지물이 될 것이다.

결과는 독자 여러분들이 더 잘 알 것이다. 이 모두가 귀신(악)들 불러들이는 귀신놀음이고 귀신들을 더 대우해 주는 일이었다.

귀신들에게 홀려서 그들의 노리갯감이 되어 버려 자신의 진짜 정신은 모두 출장가고 귀신들이 시키는 대로 하고 있다.

이런 곳에 가면 귀신들이 각자들의 몸으로 들어와 그들의 노리갯감이 되어 인생이 더 힘들어지니, 아예 가지를 말아야 한다. 귀신들의 먹잇감이 되는 것이다.

종교인들 스스로도 자신들이 귀신(악마, 악귀잡귀, 사탄마귀, 요사귀신)들에게 철저하게 이용당하고 있다는 사실조차도 모르고 자신들이라고 생각한다.

귀신들이 너무나 교묘하게 속여서 어느 누구도 알아낼 수가 없다.

세계의 모든 종교 자체가 하늘의 뜻이 아니라 하신다. 그럼 누가 세웠을까? 교회, 성당, 사찰, 도장 건물이 제아무리 웅장하고 크더라도 이는 모두 하늘과 반대세상을 외치는 인간(악)들이 세운 것이라 하셨다.

이 땅에 인간이 태어났을 때 종교라는 것이 없었고, 오직 육신의 부모님만 있었을 뿐이다.

종교는 성자들을 앞세운 인간들이 세우고, 하늘과 멀어지게 하여 태초의 하늘께서는 모든 종교를 경멸하시고 가장 싫어하신다.

대형교회, 강남에 무슨 교회 다닌다고, 유명한 절에 다닌다고 자랑하며 목에 힘주고 다니는 사람들부터 빨리 깨달아 인간들이 세운 종교의 굴레에서 벗어나야 한다.

하늘, 자신, 조상님 그리고 천상세계, 사후세계, 영의 세계, 도의 세계, 자기 자신이 누구인지 찾으려고 종교를 믿는 모든 사람들에게 공평하게 기회를 주어 진짜 하늘의 뜻과 진실은 어떤 것인지 들려주고 직접 체험하게 할 것이다.

종교의식을 행하면 행할수록 인생이 더 뒤집어지며, 요구하는 횟수가 잦아지고 강도가 더 강해지는 것을 체험하였을 것이며 결국에는 더 어려워져 고통과 불행만 남는다.

이제 이 땅에는 진짜 하늘께서 새로운 세상을 열고 계신다.

귀신이 없는 세상, 탈이 없는 세상, 종교 없는 무릉도원의 태상천존 자미천황님 세상을 여시고자 신명님, 하나님, 미륵님, 자미인황님께서 지황과 사감에게 7년간 아주 혹독한 하늘공부를 시키시었다.

하늘의 진실, 신의 진실, 영의 진실, 사후세계의 진실, 도의 진실, 인간의 진실, 땅의 진실, 귀신세계의 진실, 종교세계의 진실을 가르쳐 주시느라 하늘과 신명님, 하나님, 미륵님, 자미인황님께서도 애 많이 쓰시었다.

지황과 사감이 각자 따로 떨어져서 7년, 둘이 만나서 하늘공부 6년 동안에 거의 매일 가르쳐 주시었지만 그것이 진정 무슨 뜻인지 몰라 많은 세월이 걸렸다.

태초의 진실을 가르쳐 주시니 처음에는 무슨 말인지 전혀 이해가 안 되어 많은 세월 동안 마음고생이 너무나 심했었다. 이 모든 진실은 인류가 탄생하고서 처음으로 밝혀주시는 것이다.

그러기에 기존 종교인들의 영적 수준으로는 진위여부를 검증할 사람들이 하나도 없다.

세상에 처음 밝혀지는 어마어마한 진실을 검증하려면 하늘과 신명님, 하나님, 미륵님, 자미인황님 그리고 지황과 사감의 능력을 초월한 사람들이어야 하니까 불가능할 것이기에 왈가왈부할 필요조차도 없으리라.

각자들이 생각했던 종교세계와 일반상식으로 알고 있는 것과 너무나 다르다고 반론을 제기할 사람들도 있겠지만 그것은 각자들의 정력낭비이고 시간낭비일 뿐이다.

궁금하면 직접 자미국 자미천궁에 들어와 입궁식, 천인합체, 감사제의식을 행하여 하늘께 각자들의 궁금증들을 여쭈어 보면 명쾌한 해답을 즉시 들을 수 있다.

종교에 대한 태초의 진실이 밝혀진 이상, 인간들이 세우고 운영하는 종교는 더 이상 존재할 이유가 없어졌다.

인생이 불안하고 답답하다 해서 역술인, 점집, 철학관, 작명소, 종교에 물어보러 가서 인생 더 꼬이지 말고, 자미국 자미천궁에 들어와서 하늘께 직접 여쭈어 보면 된다.

지금까지 용하다는 곳에 가서 물어보면 귀에 걸면 귀걸이, 코에 걸면 코걸이다. 10군데 가서 물어보면 10군데 하는 말이 모두가 다르다는 것을 겪어 보았으리라.

신빙성이 하나도 없는 말이었고, 각자들의 인생만 더 뒤집어졌다. 모든 종교의 굴레를 벗어나 해방되어야 참 인간 천인으로 살아갈 수 있다.

사람들이 종교를 믿는 것은 자신들이 하늘을 찾고자, 하늘을 만나 구원받고 싶어서 다니고 있는 것이다.

하지만 사람들은 자신의 진실을 모르고 인간들이 세운 종교 안에서 그들의 노리갯감이 되고 있고, 귀신들이 종교인을 통해서 전해 주는 말이 하늘의 말씀이라고 철저하게 믿으며 따르고 있다.

종교 믿는다고 천당극락 마음대로 올라가는 것이 아니라는 것을 뒤쪽에서 실제로 종교 몇 십 년 다니며 경험한 당사자가 직접 쓴 글에서 읽을 수 있을 것이다.

정녕 자신들이 원하고 바라는 하늘의 말씀을 직접 들어보았으며, 종교를 믿어서 과연 수천 년 동안 기다리던 구원이란 것을 받았는지 독자들에게 묻고 싶다.

아주 위험한 일이고 각자들의 목숨이 경각에 달해 있음도 알아야 한다. 갑자기 비명횡사당하여 죽게 하는 존재들이 귀신들인데 이들을 믿고 따르니 그 종말이 과연 어떠할까?

이 글을 읽고 진짜일까, 가짜일까 하고 갈등할 필요 없다.

어느 종교에 다니든지 하루라도 빨리 떠나야 살 길이 보인다.

자미국 자미천궁에서는 태초의 하늘이신 태상천존 자미천황님과 대화할 수도 있고 신명님, 하나님, 미륵님, 태초의 인간이신 자미인황님께서 사감의 육신으로 하강 강림하시면 우리 사람들이 서로 대화를 주고받듯이 할 수 있다는 것이 기존의 종교세계와 전혀 다른 점이다.

경천동지할 일들이다.

종교 안에서는 응답 없는 기도를 하고 무조건 "믿습니다" 하면서 따르지만 여기서는 사람들이 말하듯이 모든 분들과 대화를 주고받으니 인류가 개벽할 일이리라.

하늘을 믿는 사람들은 태초의 하늘이신 태상천존 자미천황님과 대화를 할 수 있고, 신을 믿는 사람들은 신명님과 대화를 할 수 있고, 기독교 천주교를 믿는 사람들은 하나님과 대화를 할 수 있고, 불교 도교를 믿는 사람들은 미륵님과 대화를 할 수 있고, 아무 종교도 믿지 않는 사람들은 태초의 인간이신 자미인황님과 대화를 할 수 있으니 인류역사에 경천동지할 상상초월의 대경사이리라.

이분들은 당신들의 존재를 먼저 확실히 밝히시고 말씀하신다.

종교 교주들이 하는 말들은 모두 하늘, 하나님, 신, 예수, 부처, 상제의 말이라고 하지만 진짜는 귀신들의 말이라는 것이다.

벙어리 종교, 장님 종교, 귀머거리 종교를 믿고 있는 사람들은 이제 각자들이 진정으로 찾던 곳이 생겼다.

답답한 가슴이 확 트일 것이고, 각자들이 종교 안에서 궁금히 여기었던 의문사항, 인생의 고통과 불행의 원인 모두를 명쾌하게 말씀해 주시니 답답함이 씻은 듯이 사라질 것이다.

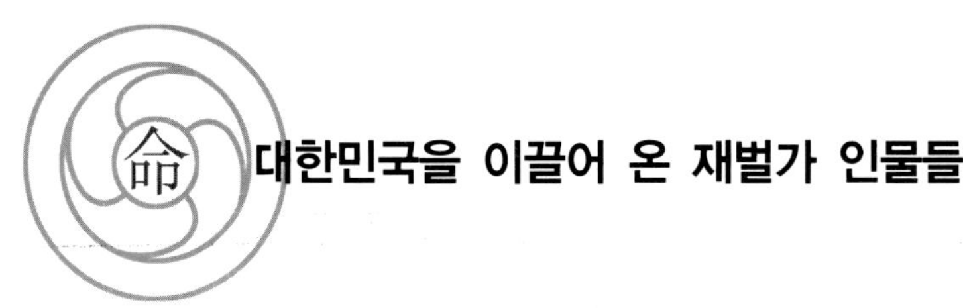

대한민국을 이끌어 온 재벌가 인물들

하늘의 피가 흐르고 있는 나라의 경제를 짊어진 재계의 거물들.

선대 조상님들이 기업을 크게 세워 후손들이 상속받아 부자가 된 경우도 많이 있고, 당사자가 기업을 세워 신흥 부자대열에 합류한 사람들도 많이 있다.

한국의 기업을 이끌어 가는 재계인사들!

이들의 기업으로 인해 이 나라의 수많은 사람들이 이들의 기업에서 일을 하며 생계를 유지하고 있다.

옛날부터 큰 인물은 하늘이 낸다는 말이 있다.

이 기업의 총수들은 하늘께 선택받은 특별한 인물들임에 틀림없다.

하늘께 선택받은 총수들이 분명하니 수많은 사람들의 생계와 가정을 유지하게끔 하는 큰일을 하고 있는 것이다.

남녀가 만나 하나의 가정을 일평생 유지함에 있어서는 수많은 인내와 화합 노력이 필요하다.

가정을 사랑과 이해로 지켜나감이 참으로 쉬울 것 같지만 해마다 늘어나는 이혼부부들. 현실은 말처럼 쉽지가 않다.

사랑하는 남녀가 만나 만들어가는 하나의 가정을 유지함도 이토록 힘이 든데, 남과 남이 만나 세월 속에 이루어 낸 성공의 기업들!

하늘의 사랑과 보호가 아니었다면 이루어질 수 없는 기적의 일이라고 이 저자는 생각한다.

물론 세상의 사람들은 성공의 기업들을 어떻게 평가할지 모르지만 이 저자는 성공의 기업들을 하늘이 낸 대표인물들이라 본다.

세상을 살면서 그 무엇인가를 진정한 성공으로 만들어 내기 위해서는 수많은 시련과 아픔, 고통이 따르기 마련이다.

물론 진정한 성공 앞에 세상 사람들은, “운이 좋아서, 부모를 잘 만나서, 시대를 잘 만나서, 사기를 많이 쳐서, 횡령을 많이 해서, 구두쇠라서…” 등등 여러 말들을 하지만 사실은 그렇지가 않다.

진정한 성공의 지름길은!

우연의 일도 아닌, 부모를 잘 만나서도 아닌, ‘남모르는 피나는 노력과 아픔의 결실’이었을 뿐이라고 이 저자는 정의를 내린다.

세상 사람들의 말대로 우연의 성공, 부모 잘 만난 성공!

오래갈 것 같지만 우연을 가장한 성공, 부모 잘 만난 성공!

순간에 불과할 따름이다. 수많은 세월의 시간 동안 수많은 사람들을 통하여 현실로 결과는 나왔다.

그러나 세상의 사람들은 인생의 성공과 실패, 기업의 성공과 실패의 진실 여부를 정확히 모르고 있는 것 같다.

흔한 말로 나 자신의 성공은 청렴결백하고 남의 성공은 우연일 뿐이고 나쁜 짓을 많이 하여 성공했을 뿐이라고 말하며 진정한 성공을 하기 위하여 상대가 쏟아낸 눈물의 세월, 아픔의 세월, 인고의 세월을 비아냥거리는 사람들이 참으로 많다.

나 자신 하나도 지키기 힘들어하는 현실의 사람들.

가정 하나 지키기도 힘들어하는 현실의 사람들.

자신이 사랑으로 낳은 자식도 지키기 힘들어하는 현실의 사람들.

남과 남이 만나 운영하는 기업을 성공 기업으로 이끌어 낸은 보통 사람들이 아닌 하늘이 낸 인물들임에 틀림없다.

하늘이 낸 인물들이기에 그 수많은 세월, 수많은 사람들과 함께하면서 인고의 세월을 이겨내며 수많은 사람들의 삶과 수많은 가정의 생계를 유지한 것이다.

이 저자도 하늘의 진실을 몰랐을 때에는 성공한 사람들의 삶에 감춰진 그들의 아픈 눈물에 대하여 전혀 몰랐었다. 세상 사람들과 똑같은 생각으로 성공한 사람들은 모두 행복한 줄만 알았었다.

그러나 텔레비전과 인터넷, 신문 등을 통하여 세상에 성공한 사람들로 알려진 그들의 슬픈 죽음을 통하여 '성공한 저들은 모든 것이 행복할 텐데, 무엇이 아쉬워 죽음을 택했나?' 참으로 의아해 했었다.

내가 만약에 텔레비전에, 언론 매체에 알려질 정도로 성공했다면 세상을 다 얻은 것처럼 기쁘고 행복해 하며 현실을 즐기며 살 것인데!라는 생각을 가졌었다.

그러나 어느 날 하늘의 말씀을 통하여 화려한 그들의 삶에 가려진 그들의 아프고도 슬픈 사연을 알게 되었다.

이 저자가 말하는 하늘!

기독교에서 말하는 하나님을 말하는 것이 아니다.

기독교에서 말하는 하나님은 종교적 개념의 하나님이다.

그러나 이 저자가 말하는 하늘님은 기독교에서 말하는 종교적인 하늘님이 아닌 천지 만생만물 모두를 창조하신 태초의 하늘님을 말한다.

흔한 말로 전 세계인이 각자 나름대로 최고라고 내세우며 믿고 따르고 있는 부처님, 예수님, 상제님, 하나님, 미륵님, 신명님, 현 세상을 살고 있는 우리 인간… 등등.

이 모두를 직접 창조하여 이 땅으로 보내신 태초의 하늘님을 말한다.

지금까지 이 세상에는 보이지 않고 들리지 않는 하늘세계를 정확히 전달할 수 있는 영적 지도자가 없다 보니 이 세상을 이미 다녀간 모두는 종교적 뿌리만 남기고 이 세상을 떠나갔고 이 땅의 사람들은 그들이 전한 종교적 관념으로만 하늘세계, 영의 세계, 사후세계, 인간세계를 알 수밖에 없었다.

그러나 이 저자가 전하는 만생만물(인간, 미륵님, 석가님, 예수님, 상제님 등등) 모두를 태초로 창조하신 하늘은 종교적 관념이 아닌 현실 그 자체의 하늘님을 말한다.

수천 년 내려온 종교적 개념의 하늘님을 여러분들에게 전하는 것이 아니라 종교적 개념을 초월한 진정한 하늘님을 말한다. 종교적 개념을 초월한 진정한 하늘님의 존호는 '태상천존 자미천황님'이시다.

태상천존 자미천황님은 진정한 하늘이시고, 하늘 중에 최고의 하늘이시기에 우리 삶의 모든 불행을 막아주실 수 있는 무소불위의 절대 능력자 하늘이시다.

인간사 성공은 하였으나 자신의 마음을 걷잡을 수 없어 고통받는 사람들.

화려한 인생의 뒤에 감춰진 자신의 어떠한 고민들로 인하여 남에게 말조차도 하지 못한 채 약물중독으로 고통받는 사람들.

죽음의 충동을 수시로 느껴 고통받는 사람들.

우울증, 정신병으로 인하여 병원 치료를 오랜 세월 받지만 호전이 되지 않아 고통받는 사람들.

부부간의 불화와 부부간의 이혼 문제로 고통받는 사람들.

자신의 불확실한 미래에 대하여 고통받는 사람들.

주위의 가족과 친구들과 대화가 되지 않아 마음의 고통을 받는 사람들.

어떤 중차대한 일을 앞두고 결정을 내려야 함에 있어서 고민이 되는 사람들.

종교의 갈등으로 고통받는 사람들.

병명 없는 병으로 오랜 세월 고생하는 사람들.

사후세계, 영의 세계, 하늘세계의 진실을 알고자 공부를 하고 있으나 실마리를 찾지 못해 고통받는 사람들.

인간사 살아가는 모습이 다양하듯이 각자의 고민도 각자의 고통도 다양하다.

지금까지 세상 그 어디를 통해서도 각자의 고통과 고민 해결방법을 찾지 못한 독자 여러분들은 자신들의 삶을 위대하신 하늘, 태상천존 자미천황님께 의탁해 보기 바란다.

태상천존 자미천황님은 기존에 알려진 하늘님의 차원이 아닌 현실의 하늘, 하늘 중에 최고의 하늘이시기에 우리 인간들 삶의 고통과 그 해결책을 모두 알고 계신 절대권자의 하늘이시기에 우리 인간에게는 불가능한 일들이 하늘의 능력으로는 가능하다.

성공한 자들의 뒷모습에 감춰진 쓰라린 아픔, 고통을 들어주시고 덜어주시고자 진정한 하늘 태상천존 자미천황님께서 저자를 통하여 서서히 여러분들에게 이 세상이 생긴 이래 처음으로 모습과 음성을 보이기 시작하셨다.

이 세상에서 진정으로 성공하였으나 어느 누구에게도 좋은 소리 못 듣고 자신의 공로를 인정받지 못한 채 오히려 고통의 굴레에 갇히어 고통받는 자들의 아픈 마음을 어루만져 주시고 해결해 주시고자 진정한 하늘께서 모습을 나타내시기 시작하시었다.

세상 그 누구와도 말이 통하지 않아 답답한 사람들, 자신의 야망을 이루고자 하나 뜻대로 되지 않아 괴로운 사람들은 약물중독과 자살로 자신의 소중한 인생 아프게 하지 말고 태상천존 자미천황님께 의탁하여 방법을 찾아 자신이 그동안 쌓아올린 성공의 깃발을 주위를 향하여 더 큰 세상을 향하여 휘날리는 멋진 인생이 되자.

또한 겉으로만 성공한 아픈 성공이 아닌, 자신의 깊은 마음까지 행복한 진정한 성공을 하자.

태상천존 자미천황님께서는 우리의 삶을 충분히 그렇게 살 수 있도록 해주실 수 있는 분이시니 의심의 마음 뒤로하고, 믿고 따르며 자신의 노력으로도 해결되지 않는 부분을 존경의 마음으로 의탁하여 진정으로 행복하고 성공한 삶의 길을 추구하자.

그동안 종교를 통해서도, 어떤 방법을 통해서도 자신의 문제를 해결할 수 없었던 사람들은 진정한 하늘 태상천존 자미천황님을 기다리고 있었던 것인지도 모른다.

기업으로 성공한 사람.

연예계로 성공한 사람.

가수로 성공한 사람.

공부로 성공한 사람.

정치계로 성공한 사람.

고위 관리자로 성공한 사람.

돈으로 성공한 사람… 기타 등등.

인간의 눈으로는 성공하였으나 자신의 마음의 갈피를 잡지 못해 오랜 세월 남모르게 고통을 받고 있는 분들은 상담을 통하여 이유와 해결책을 알게 되니 이보다 더 기쁜 일은 없을 것이다. 진정한 하늘은 태상천존 자미천황님이시고, 자미천황님의 진실을 전하는 이곳은 '자미국'이다.

자미국은 기존의 종교처럼 도의 세계도 아닌 불교, 기독교, 무속의 세상도 아닌 진정한 하늘의 진실, 사후세계의 진실, 영의 세계의 진실, 인간세계의 진실을 전하는 곳이다.

자미국은 신흥종교가 아니라 하늘과 땅의 본체 그 자체이다.

종교를 통해서도 해결되지 않는 인생의 시련과 고통의 진실!

취향이 다른 인류의 진실!

현 세상에는 70억 명의 사람이 살고 있다.

그러나 그 수많은 사람들의 취향은 서로 다르며 성격도 생김새도 서로 다르다. 같은 부모의 혈육을 이어받아 한날한시에 태어난 쌍둥이도 취향이 서로 다르다.

세상에는 수많은 나라와 수많은 사람, 그와 더불어 수많은 종교가 우리 인간의 삶과 함께 수많은 세월의 시간 동안 공존공생하고 있다.

수많은 사람들이 하는 일의 취향을 보면,

노동직을 좋아하는 사람.

사무직을 좋아하는 사람.

정치계를 좋아하는 사람.

연예계를 좋아하는 사람.

사업을 좋아하는 사람.

공무원 계통의 일을 좋아하는 사람.

서비스업을 좋아하는 사람 기타 등등.

수많은 사람들의 취향은 모두 다르다.

또한 좋아하는 음식의 취향도 다르고, 옷 입는 취향도 다르고, 음악의 취향도 다르고, 취미생활의 취향도 다르고, 자식 양육의 취향도 다르며 종교를 믿고 따르는 취향도 다르다.

무속계를 좋아하는 사람.

불교계를 좋아하는 사람.

기독교계를 좋아하는 사람.

도의 세계를 좋아하는 사람 기타 등등.

종교를 믿고 있는 사람들의 취향 또한 다르다.

자신의 취향에 맞추어 직업도 종교도 선택한다.

선택은 자유이지만, 자신의 직업 계통에서 진정으로 성공한 사람들은 극히 드물다.

자신의 직업 계통에서 성공하여 국제적으로 이름을 떨친 성공자들일수록 실패 또한 크게 하는 이변을 보게 된다.

또한 그 성공이 오래가지 못하고 오히려 성공으로 인하여 남모르게 약물중독의 고통, 우울증의 고통, 불면증의 고통, 자살충동의 고통, 관재수의 고통, 가정불화의 고통, 형사 고소고발의 고통을 겪는 이들이 세상에는 무척 많다.

자신이 처한 고통의 상황, 아픔의 상황을 해결해 보고자 절로, 교회로, 성당으로, 무속계로, 도 공부를 하는 곳으로 전전긍긍하며 그들이 권하는 대로 믿고 따라해 보지만 결과는 오히려 더 큰 상처와 아픔을 겪게 되는 사람들이 이 세상에는 참으로 많고도 많다.

물론 몇몇의 사람들은 종교를 통하여 자신의 소원을 성취하였다고 말하는 이들도 있지만, 그들의 소원성취도 그리 오래가지 못하는 것 같다.

하나의 소원은 이루었을지 모르지만 매스컴을 통하여 사건사고로 인한 살인사건과, 화재사건, 이혼사건, 고소고발건, 사업부도, 고위 관리자들의 부정비리 연루 사퇴, 유명인들의 자살사건, 기업들의 관재건, 부모형제 간의 살인사건들이 줄지어 보도되는 것을 보면 종교를 통해서 소원을 이루었다고 하는 이들의 소원도 그리 오래가지 못함이 분명하다.

취향이 제각각이라 자신의 취향에 맞추어 세상살이를 살고, 종교생활을 한다 하지만 매스컴을 통하여 접하게 되는 그들의 사연에 가슴이 아프다.

세상에 수많은 사람들의 생김새가 다 다르듯이 입맛 또한 다 다르다.

어떤 사람은 육류의 식단이 맞고, 어떤 사람은 채식 식단이 맞고, 어떤 사람은 해물류의 식단이 맞는다.

또 어떤 사람은 이 모두가 자신에게 맞지 않는다고 다른 종류의 식단을 선호한다.

이쯤에서 저자가 독자 여러분들에게 전하고자 하는 진실을 전한다.

취향이 제각각이라 취향에 맞추어 종교를 가짐은 자신의 선택이지만 그로 인하여 자신들의 삶이 너무 아프다는 얘기이다.

자신에게 맞지 않는 음식을 계속해서 먹다 보면 몸이 좋아지는 것이 아니라 오히려 갈수록 자신의 몸이 나빠지고 의욕도 기운도 없게 되듯이 종교 또한 함부로 다니다 보면, 자신의 삶이 더 아파지고 의욕도 없게 되어 극단적인 자살로까지 자신의 삶을 이끌 수 있다는 진실을 전한다.

직업도 식단도 옷차림도 자신에게 어울려야 하듯이 종교 또한 자신에게 어울려야 자신의 삶이 볼품없어지지 않는다는 얘기다.

자신과 맞지 않는 곳에서 일을 함은 무척 힘들 것이고, 자신과 맞지 않는 옷을 입었다면 참으로 거추장스러울 것이며, 자신과 맞지 않는 음식을 먹는다면 이 또한 부담스러워 매사가 불편할 것이다.

종교 또한 자신에게 맞지 않는다면 자신의 삶이 힘들게 느껴져 매사 불성으로 이어지고 거추장스럽게 느껴져 자살 충동으로 이어질 가능성이 높으며 부담스럽게 느껴져, 현재 자신이 처한 모든 것으로부터 벗어나고픈 마음이 들어 이혼과 사업정리로 이어져 자신의 삶이 아파지니 종교도 알고 다니자는 얘기이다.

자신들의 삶과 자신들의 기업, 자신들의 가정을 한 번 뒤돌아보고 자가진단을 하기 바란다.

자신의 삶과 자신들의 기업, 자신들의 가정에 우환이 많다는 얘기는 종교가 여러분들에게 맞지 않는다는 얘기이다.

자가진단을 통하여 우환이 많은 사람들은 신중한 생각을 한 뒤 신중한 선택을 해야 한다.

자미국은 앞에서도 말했듯이 도의 세계도 아닌, 무속의 세계도 아닌, 철학의 세계도 아닌, 불교의 세상도 아닌, 기독교의 세상도 아니다.

흔한 말로 모든 종교에 어울리지 않는 사람들과 어울릴 수 있는 곳이다.

자가진단을 통하여 자신이 종교와 어울린다(현재 처한 자신의 삶과 자신의 기업, 자신의 가정에 만족을 한다면)고 생각을 하면 종교에 다니면 되고, 수많은 세월 종교에 다녔지만 자신과는 어울리지 않는다고 생각한 사람들과 종교 세상이 아닌 신선한 그 어떤 세상을 열망한 사람들은 상담을 하면 더 자세한 설명을 해주며 자신도 몰랐던 자신의 인생과 미래를 알게 된다.

세상에 수많은 사람들이 있어도 자신의 배필은 하나이듯이, 세상에 수많은 종교가 있어도 자신과 어울리는 곳은 하나이다.

세상에 수많은 직업이 있어도 자신이 인정받을 수 있는 직업은 하나이듯이 세상에 수많은 종교가 있어도 진정한 자신을 알아보아 주는 곳은 하나이다.

세상에 수많은 집들이 오목조목 모여 있어도 내 육신이 편히 쉴 수 있는 곳은 작든 크든 진정한 내 집이듯이, 세상에 수많은 종교가 있어도 내 자신의 육신이 편히 쉴 수 있는 곳은 나와 맞는 곳이다. 자미국은 기존의 종교 세상을 초월하여 진정한 하늘의 진실, 인간 삶의 진실을 공유하는 곳이다.

자신의 취향에 맞는 옷을 입어야 편하고, 자신과 맞는 음식을 먹어야 육신이 건강하고 자신과 맞는 배우자와 살아야 일생이 편안하듯, 종교도 자신에게 맞는 곳에 다녀야 건강하고 편안하다.

종교 세상(부처님 말씀, 예수님 말씀, 성모님의 말씀, 상제님의 말씀, 무속세계 기타 등등)에 맞지 않는 사람들은 진정한 하늘 '태상천존 자미천황님'의 말씀이 딱 맞을 것이다.

종교 세상뿐만이 아니라 친구 간에도, 부부간에도, 부모자식 간에도, 직장 동료와도, 어울리지 못하며 말이 통하지 않아 고생하는 사람들은 태상천존 자미천황님과는 대화가 이루어져 마음이 편해질 것이다.

또한 재벌들이나 기업인들!

큰일을 앞두고 중요한 결정을 내려야 할 때 어떤 선택을 해야 할까?

고민 중일 때 태상천존 자미천황님과 함께하면 성공이 가득하게 될 것이다.

태상천존 자미천황님과 함께하는 선택은 어떠한 후회도 관재수도 구설수도 없는 행복 가득, 성공 가득한 선택이 될 것이다.

또한 이미 관재수나 구설수에 휘말리고 있는 사람들도 혼자 끙끙 앓으며 괴로워하지 말고 태상천존 자미천황님의 말씀을 듣게 되노라면 해결책이 나오게 된다.

혼자 끙끙 앓다 극단적으로 자살을 선택하지 말고 이곳에서 해법을 찾아야 한다. 제 아무리 돈이 많다 한들, 제 아무리 성공하였다 하여도 우리 인간의 눈으로는 한 치 앞도 알 수가 없기에 우리 인간의 눈과 귀로는 자신의 인생, 자신의 기업, 자신의 가정, 자신의 생명이 어찌될지 어느 누구도 예측할 수 없다.

그러나 천지만물(하늘, 땅, 인간) 모두를 창조하신 태상천존 자미천황님께서는 모든 것을 다 알고 계신다.

태상천존 자미천황님께서 우리 인간의 모든 것을 다 알고 가르쳐준다 하니 어떤 독자는 태상천존 자미천황님께서 점을 쳐서 우리 인간의 삶을 예견해 주시는 것인가? 하고 오해를 할 수도 있겠지만 태상천존 자미천황님께서는 기존의 무속인들처럼 점을 쳐서 가르쳐 주시는 것이 아니라 자미국은 자미국만의 고유 방법이 있다.

자미국과 태상천존 자미천황님은 모든 종교 세상을 초월하였기에 기존의 어떤 종교에서도 행하지 못했던 새로운 방법으로 사람들의 고통과 아픔을 해결해 주고 있다.

자미국과 태상천존 자미천황님께서 행하는 모든 것은 이 땅이 생긴 이래 처음이라 모든 것이 새롭고 신선하다.

이 세상에 불교(절)는 전 세계적으로 많고도 많고, 천주교 기독교(성당, 교회)도 전 세계적으로 많고도 많고, 도 공부를 하는 곳도 많고도 많다.

물론 같은 불교 계통이어도 운영하는 자에 따라 부처님 말씀 전함이 조금씩 차이가 있고, 기독교 천주교 계통에 있어서도 운영하는 자에 따라 예수님 말씀과 진실이 다르기는 하지만 공통부분을 운영하는 곳은 전 세계적으로 많다.

하지만 태초의 하늘 태상천존 자미천황님을 전하는 자미국은 이 세상에 하나다.

자미국에서는 기존의 무속인들이 했듯이 점을 보는 것도 아니고, 굿을 하는 것도 아니고 절에서처럼 반복되는 천도재를 지내는 것도 아니고 한도 끝도 없는 도 공부를 하는 곳도 아닌, 이 세상 어느 종교에서도 행하지 않았던 하늘의 신선하고도 경이로운 일을 행하는 곳이다.

그래서 자미국은 종교에 맞지 않는 사람, 종교에 실망한 사람, 종교의 세상을 초월한 그 어떤 세상을 열망한 사람에게 딱 어울리는 새로운 곳이다.

또한 기존의 종교는 세상을 살아가면서 세상에 지칠 대로 지친 사람들이 서로 모여 서로의 입장을 공유한 공간이었다면, 자미국은 어찌 보면 성공한 사람들의 성공을 지켜주는 곳이라 해도 과언이 아닐 것이다.

저자가 이렇게 말하면 기분 나빠하는 독자들도 있겠지만, 이 세상에는 성공 못한 사람들만, 돈이 없는 사람들만 외롭고 힘든 것이 아니라고 하늘께서 가르쳐 주시었다.

작은 자는 작은 대로 고민이 있고, 큰 자는 큰 대로 고민이 있다고 가르쳐 주시었다.

그러나 지금까지의 종교는 없는 자의 편이었다.

있는 자들의 편이 되어준 진정한 종교는 이 세상에 없었다.

오죽하면 종교에서는 살아생전에 부자로 살면 죽어서 천당, 극락 들어가기가 낙타가 바늘구멍 들어가는 것보다 더 힘들다 하면서 있는 자, 성공한 자들을 직접적으로 비판하고 있다.

그러나 진정한 하늘 태상천존 자미천황님의 말씀은 인간사의 이론과 종교의 이론과는 너무 달랐다.

작은 자들은 자신들의 입장을 서슴없이 말해도 사람들에게 욕을 먹지 않지만, 큰 자들은 자신들의 입장을 조금만 잘못 말해도 구설수에 오르고 해임도 당하게 된다.

있는 자들과 성공한 자들이 우울증, 불면증, 약물중독, 자살을 더 많이 하게 되는 이유가 이 때문이라고 하늘께서 가르쳐 주시었다.

어디에 마음 편히 말을 할 수가 없다보니 그 마음 불편함이 우울증, 불면증, 약물중독, 자살로 이어지는 것이라고 가르쳐 주시었다.

없는 자들, 다시 말해 약자들이 하는 하소연이나 세상 험담의 말들, 정치의 험담, 대통령의 험담은 당연히 받아들이면서 위에 있는 자들, 강자(성공한)들이 조금만 실수하는 말을 하면 무슨 큰일이라도 난 것처럼 세상이 떠들

썩하니 그들은 어디에 의지하며 산다 말인가?

어찌 보면 세상의 진정한 외톨이들은 없는 자, 약자들이 아니라 있는 자, 성공한 자들일 수도 있다.

만생만물(예수, 부처, 미륵, 성모 마리아, 상제 기타 등등) 모두의 창조주인 태상천존 자미천황님은 어두운 세상에 있는 자들에게 빛을 주시고 희망을 주시는 분이시다.

이 세상에서 인간들의 눈높이로는 성공은 하였으나 마음의 안식처를 찾지 못해 전전긍긍하는 분들은 자미국에 지황님(남자 저자)을 통하고 사감님(여자 저자)을 통하여 태상천존 자미천황님을 만나면 된다.

세상에서는 있는 자들은 모두가 행복할 것이라 생각하며 그들의 진정한 소리에 귀 기울이려 하지 않았다.

그러나 태상천존 자미천황님께서는 세상 모두가 행복할 것이라 생각했던 성공한 자들의 뒤에 감춰진 아픈 마음을 이토록 자세히도 알고 계셨다.

유명세를 타고, 출세한 사람들이 자살을 하는 이유가 이렇게 밝혀지고 있다. 그들은 세상에 외톨이들이었다.

세상에 외톨이가 된 그들은 자신들의 부귀영화와 출세, 사랑하는 가족들을 뒤로하고 죽음을 택하게 된 것이다. 참으로 가슴 아픈 하늘의 말씀이다.

자미국을 통하고 태상천존 자미천황님을 통하여 세상에 외톨이들은 마음의 안식처를 찾기 바란다.

자미국을 통하여 태상천존 자미천황님과 함께하면 그대들은 더 이상 세상의 외톨이가 아니다.

태상천존 자미천황님께서는 인간의 노력과 출세, 명예, 성공으로도 채워지지 않는 인간의 답답한 마음을 채워주시어 인간의 삶을 좀 더 행복(우울증 소멸)하게 기쁘게(약물중독 소멸) 건강(자살충동 소멸)하게 속 시원(관재 소멸, 이혼 소멸, 가족 간에 불화 소멸, 기업과 근로자들의 불화 소멸)하게 해주실 수 있는 전지전능의 하늘이시다.

이 저자가 좀 더 빨리 태상천존 자미천황님의 존재를 세상에 전할 수 있었다면 죽음의 길을 선택한 사람들을 말릴 수도 있었을 텐데? 이 또한 안타까운 일이다.

태상천존 자미천황님의 말씀과 진실대로 자미국은 세상에 외톨이가 되고, 세상에 의지할 곳 없는 고아 신세인 자들의 아픈 마음을 기존에 종교에서 행하지 않았던 전혀 새로운 방법으로 사람들의 삶을 행복의 길로 인도해 주고 있다.

태상천존 자미천황님께서 추구하시는 세상은 잘난 사람도 못난 사람도 각자의 위치에서 모두가 행복한 세상을 살아감이 목표이다.

命 세상에 존재하는 모든 것은 크기가 다르다!

세상을 살아가는 사람들의 키는 작은 사람도 있고 큰 사람도 있다.

눈도 코도 귀도 입도 모두가 제각각으로 작은 사람, 보통인 사람, 너무 큰 사람 들이 있다.

전자제품도 작은 것에서부터 큰 것에 이르기까지 크기도 다양하고 제품의 종류도 다양하다. 그릇도, 옷도, 신발 그 밖에 모든 것들도 크기가 다양하며 종류도 다양하다.

사람의 성공에 있어서도 작은 성공에서부터 큰 성공에 이르기까지 다양하며 성공한 분야도 다양하다. 종교 또한 작은 종교의 형태를 갖춘 종교부터 거대 그룹의 형태를 갖춘 종교, 그 또한 다양하다.

사람이 인생을 살아가면서 가장 멋진 삶은 자신에 맞게 사는 것이 가장 행복하고 즐거운 삶일 것이다.

키가 큰 사람이 너무 작은 옷을 입고 작은 신발을 신으면 오히려 불편하여 탈이 나게 된다.

또한 큰 집에 너무 작은 전자제품을 들여놓으면 폼이 안 나게 된다.

많은 음식을 함에 있어 큰 그릇에 하지 않고 작은 그릇에 하게 되면 시간 낭비도 되고 손도 많이 가게 되어 힘도 더 들게 된다.

세상사가 이러하듯, 종교도 자신에게 맞지 않으면 인생사 더 힘들어지게 되고 자신의 야망을 이루기 위해서 많은 시간이 걸리게 된다.

종교 세상과 통하지 않았던 사람들은 어찌 보면 자신들이 너무 커서 너무 큰 자신들과 종교와 어울려지지 않음의 결과일 수도 있다.

큰 집에 작은 제품을 들여놓으면 어울리지 않듯이, 많은 음식을 작은 그릇에 하면 시간 낭비가 되듯이, 이와 같은 이치라고 보면 된다.

자미국은 인류탄생 이후 종교 세상을 초월하여 진정한 하늘의 진실을 최초로 전하는 고차원의 세상이다.

영적 수준이 낮은 사람들과 종교에 오랜 세월 다니면서 종교가 전하는 종교의 이론에 완전히 심취한 사람들은 자미국에서 전하는 말들이 도통 무슨 말인지 알아듣지 못하게 될 것이다.

그러나 독자 여러분들이 알아야 할 진실이 있다.

자미국에서 전하는 진실이 어렵게 느껴진다거나 더 나아가서는 사이비처럼 느껴짐은 독자 여러분들이 그만큼 종교의 이론에 심취해 있음을 알아야 한다.

자미국은 수천 년 전해 내려온 종교 세상과 그동안 맞지 않았던 사람들에게 딱 어울릴 것이다.

세상의 모든 물건에는 대 · 중 · 소가 있다.

대 · 중 · 소의 물건을 구입할 때 자신의 경제 사정과 쓸 용도에 맞추어 구입했을 때 후회 없는 구입이 될 것이다.

모든 물건들이 있음에 남이 좋다 하고, 남에게 어울린다고 나에게도 좋고 나에게도 어울리지는 않는 법, 종교가 이렇다는 얘기다.

자신 주변의 사람이 종교가 좋다 한다고 자신에게도 좋은 법은 없으니 신중히 선택해야 한다는 얘기이다.

자신에게 어울리는 물건과 자신에게 어울리는 출세가 따로 있듯이 자신과 어울리는 종교를 잘 선택해야 인생에 탈이 없게 된다.

종교를 다니고 있음에도 불구하고 자신의 인생과 자신의 가정, 자신의 기업, 자신의 건강에 자꾸 문제가 생긴다는 것은 종교가 자신과 맞지 않아 탈이 났다는 증거이니 신중히 생각을 한 뒤 신중한 결정을 해야 한다.

전기를 사용함에 있어서도 제품의 용량과 맞아야 정상적으로 작동할 수 있듯이 종교 또한 자신과 맞아야 자신의 삶에 빛이 나게 된다.

자미국은 그동안 수많은 종교를 전전하며 자신의 아픔을 달래보고자 굿도 해보고, 천도재도 해보고, 기도 정진도 해보았으나 아무런 효과를 보지 못한 독자 여러분들과 함께하고자 한다.

자신과 어울리는 물건이 따로 있듯이, 이런 분들에게는 하늘의 기운이 흐르는 자미국이 딱 맞을 것이라고 이 저자는 정의를 내린다.

옛날부터 큰 인물은 하늘이 낸다는 말이 있다.

큰 인물은 하늘이 낸다는 말은 많은 사람들이 들어 알고 있을 것이다.

그러나 그 '하늘'이라고 하는 부분에 대하여 정확히 아는 사람들은 이 땅에 없다.

지금까지 사람들이 알고 있는 하늘은?

종교 관념에 따라 "예수님, 부처님, 미륵님, 성모 마리아님, 상제님, 신명님…" 등등이 전부였다.

그러나 많은 세월 많은 사람들이 "예수님, 부처님, 미륵님, 성모 마리아님, 신명님…" 등등을 통해서도 사건사고, 사업부도, 우울증, 불면증, 자살, 이혼, 관재, 사기 등을 해결하지 못한 채 고통을 겪을 수밖에 없었던 이유는 그동안 우리네가 하늘이라고 믿었던 이분들이 큰 인물을 낸 진정한 하늘이 아니었기 때문이었다.

큰 인물을 낸 진정한 하늘은 '태상천존 자미천황님'이었다.

큰 인물을 낸 진정한 하늘 '태상천존 자미천황님'을 우리는 그동안 잃어버리고 살았기에 우리 인간 모두는 성공과 출세 부귀영화 앞에서도 아팠던 것이다.

진정으로 자신들의 삶을 성공과 출세, 부귀영화의 길로 인도해 주신 진정한 하늘을 찾아야 더 이상의 시련이 없게 된다.

인간 각자의 성공과 출세, 부귀영화는 태상천존 자미천황님께서 주셨는데 다른 곳에, 다른 이들에게 감사하다고들 하고 있으니 자신들의 인생이 어찌 아프지 않겠는가?

수천 년 내려온 수많은 종교에서도 이 진실을 전해 주는 곳 없었으니 실로 답답한 일이다.

진정한 진실은 왜곡된 채 반복만을 거듭하는 종교!

반복만을 거듭하는 종교는 수많은 사람들에게 맞지 않았음을 현실 사람들에게 증명이라도 해주듯, 우리네의 삶은 너무도 아프다.

자신의 몸이 좋지 않다는 얘기는 어딘가에 문제가 생겼다는 뜻이다.

종교에 열심히 다니면서도 아니면 종교가 없더라도 열심히 최선을 다하며 착하게 사는데도 자신의 인생과 자신의 기업, 자신의 가정이 아프다는 얘기는 어딘가에 분명히 문제가 생겼다는 뜻이다.

몸이 좋지 않을 때 병원에 찾아가 주사와 약 처방을 제대로 받으면 안 좋았던 몸이 좋아져 건강한 일상생활을 할 수 있듯, 자신의 삶과 자신의 기업, 자신의 가정이 수시로 아픈 사람들은 그냥 방치하지 말고 하늘의 진실이 흐르는 자미국을 찾아와 하늘 태상천존 자미천황님께서 내리시는 처방을 받아야 함이 인생 행복의 비결이다.

태상천존 자미천황님은 우리 인간의 힘과 노력으로 안 되는 부분을 이루어주시는 분이시다.

인간의 병은 의사와 약사를 통하여 완치하고 인간사의 의사와 약사를 통해서도 해결할 수 없는 인생은 하늘 태상천존 자미천황님을 통하여 처방받음이 가장 건강한 인생을 사는 지름길이다.

인간의 병도 작은 병에서 큰 병에 이르기까지 다양하다.

작은 병은 작은 병원에 가도 완치되지만 큰 병은 종합병원으로 가야 완치될 수 있다.

인생사도 마찬가지이다.

작은 사연들은 종교를 통해서, 또한 자신의 노력과 인내심의 시간을 통해서 해결되지만, 반복되는 인생의 큰 시련들은 큰 하늘 태상천존 자미천황님을 만나야만 해결될 수 있다.

쉽게 고칠 수 있는 작은 병도 악화되면 큰 병이 되듯이, 태상천존 자미천황님을 하루라도 빨리 만남이 인생 건강의 비결이다.

자신의 인생에는 아무 문제없겠지 방심하다 큰일로 번질 수 있고, 자신의 성공을 자신하다 큰일 날 수 있다.

물론 처음부터 큰 병에 걸린 사람도 있지만 작은 병을 방관하다 큰 병이 된 사람들이 더 많고, 건강해 보이던 사람들이 하루아침에 저 세상의 사람이 된 경우가 더 많다.

또한 작은 성공을 한 사람들이 실패를 보는 경우도 있지만, 탄탄한 큰 성공을 한 사람들이 큰 실패를 하는 경우가 더 많다.

어떠한 상황에서도 자신이 처한 현재의 성공과 부귀영화, 출세 앞에 자신 있다 자부하지 말고 하늘 태상천존 자미천황님의 처방을 받아야 한다.

그 방법이 자신의 성공, 부귀영화, 출세, 자신의 사랑하는 가족들을 영원히 건강하게 행복하게 잘 지킬 수 있는 유일한 방법이다.

성공했던 수많은 사람들의 실패의 삶과 죽음의 삶을 우리 모두는 지표삼아 하늘의 위대함을 알아야 한다.

그 아무리 성공한 사람도, 부귀영화를 누리는 사람도, 출세를 한 사람도 하늘의 보호와 하늘의 처방 없이는 각자의 미래가 어찌 될지는 아무도 모르는 일이다.

진정한 하늘께서 자미국의 인황님(지황님)과 사감님을 통하여 존재를 밝히심은 우리 인간의 노력으로 안 되는 부분을 하늘의 힘으로 해결해 주시고자 존재를 밝히시는 것이다.

인간의 노력 여부에 따라 남들보다 좀 더 성공할 수도 있고 부귀영화도 누릴 수 있고 유명세를 탈 수도 있지만, 자신의 행복(가족, 기업, 건강)을 영원히 기쁘게 지킬 수 없음에 가슴 아파하시며 인간의 행복과 생명을 지켜주시고자 자미국에 인황님과 사감님을 통하여 존재를 밝히시며 상담과 의식을 통하여 모든 것을 세심하게 알려주고 계시니 많은 분들은 태상천존 자미천황님의 보호막과 사랑을 받아 자신의 소중한 인생과 가정, 기업, 생명 귀하게 지키며 살 수 있기를….

그동안 종교를 다니면서도 종교에서, 무속세계에서, 도의 세계에서 전하는 부처님의 말씀, 예수님 말씀, 상제님의 말씀이 귀에 잘 안 들어오고, 신이 최고라고 하는 무속인들의 말이 귀에 잘 안 들어오고, 다른 무엇인가를 열렬히 갈망한 사람들은 태상천존 자미천황님을 기다리고 있었던 사람들이다.

세상에서 태상천존 자미천황님을 전해 주는 곳이 없다 보니 자신들 스스로도 알 수는 없었지만 모든 종교에서 전하는 그들의 말이 자신들의 귀에 잘 들어오지 않았다는 얘기는 부처님, 예수님, 상제님, 미륵님, 성모 마리아님, 신님보다 더 높으신 그 누군가가 있음을 자신들 스스로는 어느 정도 알고 있었던 것이다.

맞다.

이 저자도 태상천존 자미천황님을 알기 전에는 세상 모든 종교에 마음이 움직이지 않았었다. 그들이 전하는 말에 처음에는 귀가 솔깃하기도 하지만 그리 오래가지는 못했다.

남들은 종교에서 전하는 말에 믿음을 가지고 잘들 다니는데 나는 그러질 못했다.

신의 존재를 전해 주는 무속인들의 말도 마음에 안 들어왔고, 조상님의 존재, 부처님의 뜻을 전하는 스님들의 말도 귀에 안 들어오고, 성경 말씀도 귀에 안 들어오고, 도를 통해 도통을 이루어야 한다는 도인들의 말도 귀에 들어오지 않았다.

그들의 말이 전부가 아닌, 그 무엇인가가 이 세상 어딘가에 있을 것만 같았다.

그러나 어느 누구를 통해서도 내 마음이 원하는 대답을 들을 수 없었다.

많은 하늘의 공부를 통하여 진정한 하늘은 부처님도 아닌, 예수님도 아닌, 상제님도 아닌, 마리아님도 아닌, "태상천존 자미천황님"임을 알게 되었다.

그러면서 많은 사람들이 왜 종교 세계를 방황하는지도 알게 되었다.

또한 많은 사람들의 인생이 왜 아픈지도 알게 되면서 왜 많은 사람들이 인생을 방황하는지도 알게 되었다.

우연을 가장한 필연으로 많은 사람들은 진정한 하늘 태상천존 자미천황님을 찾아 종교를, 인생을 방황하고 있었던 것이다.

그동안 종교를 통해서도 자신의 그 무엇인가를 찾지 못한 채 방황한 사람들, 또한 인생을 통해서도 인생에 정착을 하지 못한 채 인생 방황하는 사람들은 태상천존 자미천황님을 찾아 방황하고 있었던 것이다.

또한 종교 세상이 아닌 그 어떠한 세상이 있을 것이라고 생각하며 살아온 사람들 역시도 태상천존 자미천황님을 기다리고 있었던 것이다.

불교, 기독교, 천주교, 무속, 도의 세상에 어울리지 못했던 사람들에게는 하늘의 기운이 딱 맞을 것이다.

진정한 하늘의 기운은 우리 인간의 삶을 행복의 길로, 기쁨의 길로, 안정의 길로 인도해 주기에 자살 충동의 마음도 약물중독도, 가족의 불화도, 우울증도, 불면증도, 사업 실패도 없는 편안한 길로 우리 인간의 삶을 개벽시켜 주신다.

이 세상에는 부처님의 말씀, 예수님의 말씀, 상제님의 말씀 등이 맞는 사람들도 있겠지만 이 세상에 수많은 사람들은 취향이 제각각이듯이 하늘의 기운만이 맞는 사람도 있다.

모든 기운이 맞지 않았던 사람들에게는 하늘의 기운이 진정으로 자신에게 맞는 기운일 것이다.

자신에게 맞는 기운과 함께하면,

힘과 의욕이 생기게 되어 죽고 싶은 마음이 사라지게 되며,

일에 성과가 날로 좋아지게 되기에 나날이 즐겁게 되며,

관재수가 생기지 않기에 마음이 태평하게 되며,

불화가 일어나지 않기에 항상 밝은 마음이 되며,

사건사고에서 해방되기에 불안하지 않은 인생을 살게 된다.

자신과 맞지 않는 기운과 함께하면서, 자신과 어울리는 기운을 찾지 못해 그동안 각자 나름대로 힘들었던 이들과 자미국은 함께하고자 한다.

이 나라에는 출세한 기업들과 개인들이 제법 있다.

출세는 하였을지 모르지만 자신들의 인생과 자신의 가정으로 일어나는 불상사는 돈으로도 해결할 수 없고 돈으로도 막지 못한다.

출세한 기업들과 개인들의 가정에 불상사가 일어나지 않는 가정과 기업은 없다.

그 모두는 진정한 하늘 태상천존 자미천황님을 못 만났기 때문이고 자신과 맞는 기운이 흐르는 진정한 하늘을 못 찾았기 때문이다.

출세한 기업과 개인들은 자신과 맞는 하늘을 만나면 만사형통하게 된다.

자신의 출세와 행복을 지킬 줄 아는 자가 현명한 자라 이 저자는 생각한다.

그러나 우리 인간의 출세와 행복은 우리 인간이 지킨다고 지켜지는 것이

아니라 인간의 출세와 행복은 하늘만이 영원히 지켜줄 수 있다.

세상에는 각 분야별로 전문가가 따로 있듯이, 인간의 행복을 영원히 지키는 전문의는 인간 자신들이 아닌 하늘이 전문인이었기에 인간의 힘과 노력으로 되지 않았던 것이다.

인간세계의 전문인과 하늘의 전문인이 함께한다면 인간의 삶은 실로 빛나리라. 하늘의 진정한 보호와 사랑 없이는 대통령도, 정치인도, 기업인도, 유명인사들도 자신의 삶과 자신의 생명을 안전하게 지킬 수 있는 방법은 이 세상에 없다.

진정한 하늘의 보호와 사랑이 우리 사람들에게는 그 얼마나 절대적일 수밖에 없는지를 보여주는 실화들이다.

이 나라 고위 관직에 올랐던 사람 투신자살했다.

Y그룹 D회장은 비자금과 통폐합 문제로 5공 정권과 대립각을 세우다 국세청 세무조사를 받던 중 투신자살했다.

가수 배○는 신장염으로 30세에 사망

개그맨 김○○은 헬스장 화장실에서 50세에 뇌출혈로 사망

가수 김○○는 폐결핵으로 34세에 사망

가수 길○○은 직장암으로 투병하다 45세에 사망

탤런트 이○○은 폐암으로 45세에 사망

영화배우 최○○은 41세의 나이에 자택에서 목을 매 자살

그의 동생 최○○도 2년 후에 자택에서 목을 매 자살

배우 이○○(26세) 우울증으로 자택에서 목을 매 자살

가수 장○(28세) 약물 과다복용으로 사망

가수 김○○(24세) 의문사 자살

가수 서○○(20세) 약물 과다복용으로 사망

가수 김○○(32세) 목을 매 자살

가수 유○(26세) 우울증으로 목을 매 자살

배우 정○○(27세) 목을 매 자살

배우 여○○(38세) 우울증으로 자살

배우 안○○(36세) 연탄가스 자살

탤런트 장○○(27세) 우울증으로 자살

탤런트 김○○(24세) 우울증으로 자살

5인조 보컬멤버 이○○(30세) 자살

배우 장○○(29세) 목을 매 자살

배우 김○○(31세) 자살

가수 이○○(39세) 자살

영화배우 우○○(27세)자살

모델 김○○(21세) 자살

배우 겸 가수 박○○(33세) 목을 매 자살

가수 이○○(예명 : 유주 26세) 자살

탤런트 박○○(본명 : 박혜상 30세) 자살

아나운서 송○○(30세) 투신자살

가수 채○○(30세) 목을 매 자살

탤런트 한○○(본명 : 정○○ 30세) 목을 매 자살

영화배우 김○○(64세) 목을 매 자살

아나운서 김○○(33세) 우울증으로 심장마비

가수 김○○(33세) 간경화로 사망

너무 아깝게 이 세상을 떠나 많은 사람들을 놀라게 한 인물들이다.

이들의 죽음 앞에 어느 누구도 이들의 죽음을 예측하지 못했다.

이들 모두는 인간들이 열망하는 정상의 괘도에 어느 정도 오른 이들이기에 이들의 성공과 이들의 화려한 인생 뒤에 숨은 이들의 아픈 마음을 어느 누구도 알지 못했다.

이들의 죽음 앞에 주위 사람들만 이들의 죽음을 예측하지 못했던 것이 아니라 당사자들도 당사자들의 죽음을 예측하지 못했음은 마찬가지이다.

우리 인간들은 인간들의 삶에 대하여 어느 누구도 한 치 앞도 예측할 수 없다. 우리 인간이 인간의 삶을 스스로 예측할 수 있다면 사고로 죽는 이 없을 것이고 자살로 죽는 이 없을 것이다.

인간 각자의 삶에 대하여, 또한 나 자신의 삶에 대하여 정확히 아시는 분은, 그동안 우리 사람들이 알고 있었던 부처님도 아니요, 예수님도 아니요, 성모 마리아님도 아니요, 상제님도 아닌, 또한 내 삶에 주인인 나도 아닌, 내 주위 사람이나 내 부모 형제도 아닌, 바로 태상천존 자미천황님!이시었다.

이들 모두는 태상천존 자미천황님을 몰랐기에 자신의 죽음에 대해서도 알지 못했던 것이다.

이 세상을 떠난 자.

진정으로 자신의 죽음의 길 알고 간 자 어디 있을 것이며,

진정으로 이 세상을 떠나고 싶어 떠난 자 어디에 있겠는가?

자신들 스스로도 몰랐을 뿐이다.

인간세상에는 참으로 많은 병원과 의사 약사들이 있다.

많은 병원과 의사들!

모든 병원들마다 전문분야가 다르고 치료하는 의사들도 전문분야가 모두 똑같지 않고 다 다르다.

또한 환자라고 해서 모두가 똑같은 병명으로 아픈 것은 아니다.

외과를 가야 할 사람, 내과를 가야 할 사람, 이비인후과를 가야 할 사람, 안과를 가야 할 사람, 산부인과를 가야 할 사람, 정신과를 가야 할 사람… 등등.

병원들도 전문의가 다르고 의사들도 전문의가 다르고, 환자들도 아픈 병명이 다 다르다.

외과 치료를 받아야 할 사람이 내과 치료를 받으면 효과가 없게 된다.

귀가 아픈 사람이 눈 치료를 받으면 이 또한 효과가 없게 될 것이다.

인간사의 병원도 이와 같이 자신의 병명에 맞게 찾아가야 효과를 볼 수 있듯, 종교 세상도 하늘 세상도 마찬가지다.

사람의 눈으로 확인할 수 있는 작은 상처의 병은 내과를 가도 치료가 가능하지만, 사람의 눈으로 확인할 수 없고 판단할 수 없는 암이나, 혹 덩어리처럼 큰 병은 외과나 종합병원으로 가야 결과가 나오게 됨은 당연한 이치이다.

또한 자신의 몸에 큰 이상이 있다는 진단 결과가 나오면 의사의 지시에 따라 수술도 하고 약 복용도 하게 된다.

자신이 대통령이고, 자신이 유명인사라 하더라도 자신이 의사가 할 역할을 대신할 수는 없다. 다시 말해 자신의 몸을 자신이 직접 수술할 수는 없다는 얘기이다.

대통령도 유명인사도 자신의 분야에서 최고일 뿐.

자신의 분야가 아닌 부분에 대해서는 전문인의 도움을 받음이 더 편하고 결과도 좋게 된다.

인간세상이 이와 같듯, 하늘 세상, 종교 세상도 이와 같다고 보면 될 것이다.

인생을 살아가면서 인간이 겪게 되는 작은 사연과 작은 시련은 종교를 통해서도 이룰 수 있겠지만 큰 사연과 큰 시련은 하늘 태상천존 자미천황님을 만나 정밀검사를 받아야만 해결책이 나오는 사람들도 있다.

태상천존 자미천황님을 통하여 정밀검사를 받아야 인간 스스로도 알 수 없었던 자신 안에 병명이 밝혀짐으로써 치료법이 나오게 된다.

대통령이라고, 유명인사라고, 돈 많은 사람이라고 병이 안 걸리는 것이 아니듯, 이 나라의 사람들은 태상천존 자미천황님을 통하여 자신은 물론 자신이 가족, 자신의 기업에 어떤 문제가 있는지를 정밀검사 받아봄이 마땅하다 할 것이다.

정밀검사를 통하여 태상천존 자미천황님께서 각자에게 내려주시는 처방대로 살아감이 자신의 인생과 자신의 가족, 자신의 기업을 건강하게 지킬 수 있는 유일한 방법이다.

이 세상의 모든 분야에는 전문인이 분명 있기 마련이다.

모든 분야에 전문인이 있기에 이 세상은 좀 더 편하게 돌아가는 것이다.

인간세상 모든 분야에 전문인이 없다면!

참으로 인간세상 살기가 복잡하고 힘이 들 것이며 원만하게 가정도 기업도 사회도 운영이 되지 않을 것이며, 모든 것이 느림보 거북이처럼 돌아갈 것이다.

인간세상 각 분야별로 마땅한 전문인은 이미 어느 정도 정해졌다 해도 과언은 아닐 것 같다.

인류가 좀 더 편하게, 행복하게, 약물에 중독되지 아니하고, 자살로 아까운 생명 잃지 않기 위해서는 우리 인간 스스로도 알 수 없는 인간의 행복과 기쁨, 생명을 지켜주고 살려줄 수 있는 하늘의 전문인을 찾아야 인생 완성이라 할 수 있을 것이다.

인생을 살면서 일어나는 작은 사건들은 인간 전문인을 통하여 해결하며 살고, 인생을 살면서 일어나는 인간의 두뇌와 인간의 능력으로 안 되는 부분은 하늘의 전문인을 통하여 해결하며 산다면 그런 세상이 바로 만인류가 기다리던 이상향의 세상이 아닌가 하고 이 저자는 생각한다.

진정한 하늘과 함께하면 자신의 소중한 생명과 가족의 생명을 사고의 굴레, 자살의 굴레, 약물중독의 굴레에서 보호받을 수 있어 행복하다.

태상천존 자미천황님은 우리 인간을 창조하여 이 땅으로 보내주신 장본인이시고 우리 인간의 생명을 죽음의 굴레로부터 보호해 주실 수 있는 분이시다.

이 책을 통하여 자미국과 인연이 되어 태상천존 자미천황님의 보호와 사랑을 받는 이들의 인생과 가정에는 더 이상 슬픈 사고의 죽음, 자살의 죽음이 함께하지 않게 될 것이다.

원인도 제각각인 인생!

다리가 부러진 사람들의 사연을 보면 원인도 다친 부분도 제각각이다.

차에 치여서 부러진 사람,

떨어져서 부러진 사람,

발을 잘못 짚어서 부러진 사람,

맞아서 부러진 사람,

무거운 짐을 운반하다 부러진 사람 등등….

부러진 사연도 부러진 부위도 제각각이다.

인생의 실패와 시련!

실패와 시련을 겪게 된 이유도 실패와 시련의 종류도 제각각이다.

부모를 잘못 만나서 실패한 사람.

친구를 잘못 만나서 실패한 사람.

배우자를 잘못 만나서 실패한 사람.

동업자를 잘못 만나서 실패한 사람.

경기가 안 좋아서 실패한 사람.

투자를 잘못해서 실패한 사람.

자금이 부족해서 실패한 사람.

재수가 없어서 실패한 사람… 등등.

그러나 이 세상에는 인간의 지식과 이론으로 이해가 안 되고 인간의 지식과 이론으로 풀어낼 수 없는 부분이 있기 마련이다.

흔한 말로 부모도 잘 만나고 친구도 잘 만나고 배우자도 잘 만나고 자금도 넉넉한 사람들이 그렇지 못한 조건에 처한 사람들보다 더 큰 고통 속에 휘말리는 사람들을 우리는 흔히 볼 수 있다.

또한 그 고통의 정체를 해결하지 못하고 많은 세월 큰 고통을 거듭하며,

또 때로는 대를 이어서까지 고통을 겪는 일들을 우리는 많은 세월 봐 왔다.

인간의 이론과 지식으로 알 수 없고 해결할 수 없었던 이 부분에 대하여 자미국에서는 좀 더 자세히 이야기를 하고자 한다.

세상에 많은 사람들에게 부러움의 대상이 된 이들의 가문과 이들의 삶에는 무엇 때문에 반복되는 고통이 계속되는지의 여부와 해결책은 과연 이 세상에 없는지의 여부를 하늘의 말씀을 통하여 전하고자 한다.

▌케네디家의 비운

존 F. 케네디John Fitzgerald Kennedy(1917~1963)는 민주당 출신의 미국 35대 대통령으로, 취임 후 많은 인기를 얻었으나 1963년 11월 22일 46세에 저격당해 사망하였다.

존 F. 케네디 대통령의 동생인 로버트 케네디 미국 상원의원은 1925년생으로 1968년 6월 6일 42세의 나이에 암살당했다.

1968년 3월 민주당의 유력한 대통령 후보가 되어 출마성명을 하고, 6월 5일 캘리포니아 주州 예비선거에서 승리를 거둔 직후 요르단계系의 이민자에게 저격당하여 다음 날 아침에 죽었다.

비운은 여기서 멈추지 않았다.

케네디 전 대통령의 아들 존 2세가 비행기 사고로 사망했다.

존과 3남 로버트가 암살당한 것을 필두로 직계가족 41명 중 이미 7명이 비명非命에 세상을 떠났다.

케네디 전 대통령 아들 존 2세 부부가 경비행기를 타고 가다 실종됨으로써 세계를 놀라게 하고 있다.

케네디 전 대통령의 형 조셉 P. 케네디는 2차 대전 중이던 1944년 공군으로 베를린 공습에 참여했다 피격돼 29세에 산화했다.

케네디 전 대통령의 누나 로즈마리 케네디는 정신발달 미숙과 뇌수술 실패로 인해 1941년부터 병원 신세를 지고 있다.

여동생 캐슬린 케네디는 남편이 2차 대전에서 전사한 뒤 홀몸으로 지내다 1948년 프랑스에서 비행기 추락사고로 사망해 28살의 나이로 남편의 뒤를 따랐다.

케네디 2세의 동생인 패트릭 부비에이 케네디는 조산아로 태어나 아버지가 암살되기 석 달 전 죽었다.

케네디 2세가 사고를 당함으로써 케네디 전 대통령 부부의 직계자녀 중, 살아남은 사람은 큰딸 캐롤린 하나뿐이다.

케네디 전 대통령의 막내 동생 에드워드 케네디(매사추세츠 주 상원의원)는 69년 7월 여비서와 함께 차를 타고 가다 강물 속으로 추락해 자신만 간신히 빠져 나왔다.

84년에는 로버트 케네디의 아들 데이비드 케네디가 플로리다 팜비치의 가족 휴양지 인근 호텔에서 약물과용으로 숨진 채 발견됐다.

데이비드의 동생 마이클은 97년 12월 콜로라도 주의 한 스키장에서 스키를 타다 사고로 사망했다.

케네디 전 대통령이 46세, 로버트 케네디가 42세로 사망한 점을 감안하면 케네디가의 비극은 대부분 30대 후반에서 40대 초 · 중반에 일어났다.

재벌가 비운의 자녀들

굴지 재벌의 2~3세들이 그동안 안타깝게 사망한 일이 적지 않았다는 점에서 M미디어 T회장 자살 사건은 재벌가에 '비운의 자녀들'이 되었다.

사고부터 자살에 이르기까지 그동안 재벌가 자녀들의 비운은 끊이지 않고 이어져 왔다.

특히 국내 굴지 재벌그룹들은 모두 장남을 사고로 잃는 슬픔을 겪었다.

P家

국내 대표적인 비운의 재벌가는 P가로 모 그룹회장의 가족이 교통사고와 자살 등으로 세상과 이별했다.

P○○ 교통사고.

P○○ 교통사고.

P○○ 음독자살.

P○○ 투신자살.

▍A家

A그룹 T○○, T○○, T○○ 연달아 사망.

고 T○○ 회장의 차남인 T○○ 모그룹 회장이 58세의 나이로 사망하면서 재계를 안타깝게 했으며, 그룹 회장의 막내딸이 자살해 많은 사람들을 안타깝게 했다.

▍B家

B그룹은 재벌가 중에서 폐암으로 사망한 사람이 가장 많은 곳이다.

창업주인 G○○ 회장과 2대 회장 G○○ 회장이 폐암으로 사망한데 이어 고 G○○ 회장의 장남인 G○○ 회장도 병원에서 50세의 나이로 숨을 거뒀다.

G○○회장은 폐암 선고를 받고 수술을 받고 요양하던 중 갑자기 병세가 악화되어 68세로 영면했다.

천수를 누리지 못하고 세상을 떴다.

수술을 받았지만 결국 세상을 떠났다.

돈과 첨단의학으로 고치지 못한 질병의 정체!

G씨 형제 모두는 폐암으로 사망했다.

우연인가, 가문의 내력인 가족력인가?

외형상으로는 가문에 대를 이어 내려온 가족력이 맞다.

대를 이어 발생하는 질병은 분명 그 후손들이 풀어야 할 중요한 숙제가 있다.

연속된 폐암으로 인한 사망.

흔한 말로 신의 저주인가?

아니면 천벌을 받아서인가?

그것도 아니라면 전생의 업 때문인가?

인간의 두뇌로는 아무리 생각을 해도 정답이 없고 해결책도 없다.

하늘의 말씀을 통하여 원인을 찾고 하늘을 통하여 정답을 찾아 해결하기 전에는 이 세상에 방법이 없다.

1차 G○○ 폐암 사망. 아들 G○○ 사망.

2차 G○○ 부인 폐암 사망.

3차 G○○ 폐암 사망.

대기업에 엄청난 죽음들이 연속적으로 일어나고 있다.

진짜 하늘 태상천존 자미천황님께서만이 B그룹의 풍파를 막아주실 수 있다.

가족들이 이 책을 읽게 된다면 태상천존 자미천황님의 말씀에 귀를 기울이고 현실로 행하여 집안에 풍파를 이제는 잠재워야 한다.

태상천존 자미천황님만이 두 형제와 가족, B그룹을 안전지대로 지켜줄 수 있는 유일한 분이시다.

B그룹의 미래를 위해서는 하늘의 보호를 받아야 마땅하다.

하늘의 보호를 받았을 때 더 이상의 우환이 일어나지 않게 된다.

전 세계 어디를 가도 G씨 가문의 실마리를 풀 수 있는 자 진정한 하늘 말고는 없을 것이다.

두 형제의 전생부터 현생에 이르기까지에 대한 사연들이 밝혀짐으로써 해결책도 찾게 될 것이다.

세상에는 원인 없는 결과 없고 정답 없는 문제는 없다.

G씨 가문의 끝없는 풍파에 대해서도 분명한 원인은 있기 마련이다.

그러나 세상에서는, 인간의 힘으로는 그 원인을 찾지 못하고 있을 뿐이다.

위대한 하늘의 능력으로 원인을 찾아 하늘께서 가르쳐 주시는 대로 자미국의 인황님과 사감님을 통하여 현실로 행하면 된다.

지금까지 행해 온 천도재와 굿, 치성으로는 가문의 풍파를 잠재울 수 없다.

▌비운의 재벌가

비운은 돈하고는 상관없고, 돈으로도 막을 수 없다.

재벌가 구성원들의 삶은 항상 많은 사람들의 스포트라이트를 받게 된다.

하지만 그들 역시도 많은 희로애락을 겪는다.

모그룹 창업주의 다복한 가문은 '가지 많은 나무에 바람 잘 날 없다'는 옛말대로 슬픈 가족사를 갖고 있다.

그는 장남을 잃고 "하늘이 나를 버렸다"는 말로 주위에 비통함을 표시하기도 했다.

일반인 입장에선 탄탄대로인 미래를 뒤로한 이들의 죽음이 뭔가 석연치 않아 보이기 마련지만 '비운의 황태자'들은 갑작스런 교통사고나 자살에 이르기까지 각기 나름의 사연을 품고 있다.

인간사로는 세간의 스포트라이트를 한 몸에 받을 정도로 성공은 하였지만 자신 가족의 행복과 생명은 성공과 출세, 돈으로도 지키지 못했다.

원인 없는 결과 없듯, 하늘의 도움으로 더 이상 불우한 일들이 자신의 삶으로 스며들지 않도록 하늘의 처방을 받아야 한다.

이미 이 세상을 아깝게 떠난 자들을 하늘의 도움으로 살려낼 수는 없겠지만 더 이상 불행한 일들이 일어나 많은 사람들에게 상처가 되지 않도록 해야 한다.

지금까지는 그 위대하신 하늘 태상천존 자미천황님의 존재를 전해 주는 곳이 없고 자신 스스로도 알 길이 없어 계속되는 우환과 불행, 죽음 앞에 목 놓아 울 수밖에 없었다면 이제는 자미국을 통하여 인간의 행복을 지켜주시고, 인간의 생명을 자살과 병마 사고로부터 살려주실 수 있는 절대자 하늘 태상천존 자미천황님의 존재가 밝혀지고 있으니 더 이상 자신 삶에 우환과 불행, 죽음 앞에 속수무책으로 당하여 눈물짓지 않아도 된다.

잘못되어 있는 부분을 바로잡지 못하면 바로잡기 전까지 우환은 계속될 수밖에 없다.

기업과 기업의 총수들은 어느 정도 성공과 출세의 궤도에 오른 유명인사들이기에 대부분 이들의 기업이나 이들의 가정사에 대하여 일찍이 매스컴을 통하여 들었기에 대부분의 사람들이 알고 있는 내용들일 것이다.

모든 것을 일반인들보다 더 좋은 조건을 갖춘 재벌 총수들의 집안과 기업에는 어찌하여 인간의 상상을 초월한 불행한 일들이 반복되어 일어나는 것일까?

재벌 총수들 집안의 반복되는 우환!

말 그대로 돈이 없어서, 돈으로 막지 못해 일어난 일이 아님을 대부분의 사람들은 알 것이다.

또한 재수가 없어서 일어난 일도 아님을 알 것이다.

재벌 총수들의 비운의 삶, 유명인사들의 비운의 삶을 통하여 우리는 알아야 될 진실이 있다.

인간의 두뇌와 인간의 이론에는 한계가 있음을.

또한 출세와 유명세, 돈으로 모든 것을 해결할 수 없음도 우리는 이들의 삶을 통하여 간접적으로 알았다.

또한 자신의 수많은 시련과 고통 앞에 종교를 접하지 않았던 자들이 몇이나 있겠는가?

그러나 종교로도 이들의 시련과 고통은 해결되지 않았다.

다리가 부러진 이유도 제각각이고, 부러진 부위도 제각각임을 우리 인간은 알고 있을 것이다.

부러진 이유와 부러진 부위, 부러진 정도에 따라 처방전은 달라진다.

참으로 쉬운 이론이다.

그러나 종교는 한 가지 이론과 방법이 수많은 사람들 모두에게 적용이라도 되는 양 모두에게 똑같이 적용시키고 권장하고 있다.

앞에서도 말했듯이 작은 사연은 종교를 통해서도 해결될 수도 있고, 자신의 힘과 자신의 노력으로도 해결될 수 있는 부분이 있다.

이 세상에 태어나 재벌 총수로 성공함!

이 세상에 태어나 많은 사람들에게 알려질 정도로 유명함!

보통 사람과는 뭔가 다른 부분이 있는 자들이다.

다시 말해 하늘의 기운이 남다른 사람들이라는 얘기이다.

또한 이 세상에 인간으로 온 사명이 일반인들과 다른 어떠한 사명이 있는 사람들도 있다.

그러나 이 진실을 전해 주는 곳이 없다 보니 자신의 기운을 정녕 어느 곳에 맞추어야 하는지 몰라 자신에게 맞지 않는 곳과 기운을 맞추다 불행을 겪게 되는 사람.

자신이 이 세상에 온 사명이 정녕 무엇인지를 몰라 자신이 이 세상에 온 사명 완수를 하지 않아 불행을 겪게 되는 사람.

이 또한 각각이다.

자신에게 맞는 기운과 자신이 이 세상에 온 진정한 사명을 찾아 현실로 행하기 이전에는 재벌들의 불행을 잠재울 수 있는 방법은 이 세상 어디에도 없다.

자신에게 맞는 기운과 자신이 이 세상에 온 사명을 찾기 위해서는 자신의 조상님에 대해서 우선 알아야 한다.

기존에 종교에서처럼 기도 열심히 하고 수행정진 열심히 하고,

굿을 해마다 때마다 열심히 하고,

천도재 해마다 때마다 열심히 하고,

도교 단체에서 열심히 도 닦고,

산으로 기도 열심히 다니고,

업장 소멸 기도, 소원성취 기도 열심히 하고,

헌금 많이 올린다고 되는 것이 아니라,

기존에 행했던 방법이 아닌, 전혀 새로운 하늘께서 전하여 주시는 대로 행할 때 자신 인생의 불행을 막을 수 있게 된다.

종교에서 권하는 한 가지를 반복해서 행하면 좋을 수도 있지만, 반복되는 것을 잘못 행하면 자신이 행했듯이 자신의 삶도 자신의 가정도 자신의 기업도 반복에 반복을 거듭하며 불행하게 된다는 진실을 알아야 한다.

종교를 통해서도 알 수 없었던 인생 불행의 원인이 순서대로 전개될 것이니 독자 여러분들 모두는 정숙한 마음으로 잘 읽은 뒤 현명한 판단을 내려 현실로 잘 행하여 자신의 인생, 자신의 가정, 자신의 기업을 아픔의 굴레에서 구원하기를 간절히 바란다.

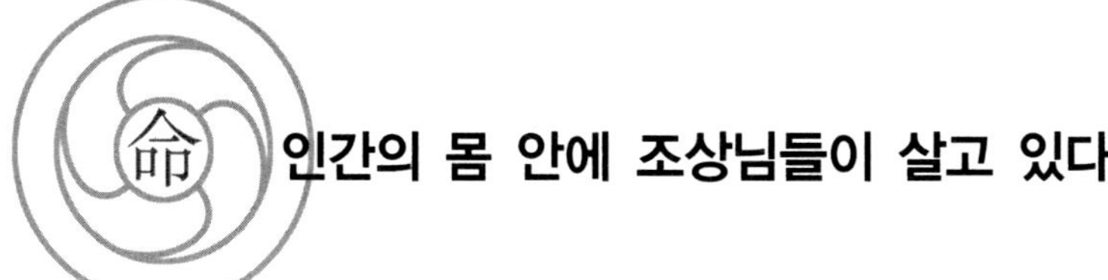

인간의 몸 안에 조상님들이 살고 있다

인간의 삶을 살다 인간 육신의 옷을 벗고 죽음의 길, 즉 사후세상으로 간 각자의 조상님들은 지금 어느 세상에서 어떤 모습으로 어떤 생활을 하고 있을지 독자 여러분들은 깊이 생각해 보았는지 궁금하다.

종교에서 말하듯이 천당, 극락, 또 때로는 지옥 어딘가에 가 있을 것이라고 생각하는 독자 여러분들이 대부분일 것이고, 또는 "죽으면 끝이지 가긴 어디로 가?" 하면서 반문을 하는 독자도 있을 것이다.

이 저자도 태상천존 자미천황님을 알기 전에는 '죽으면 끝이다'라는 생각과 진정으로 천당, 극락세상이 존재한다면 살았을 때 착한 일, 좋은 일 많이 하면 천당, 극락으로 가고, 살았을 때 나쁜 짓 많이 하면 당연히 지옥으로 가는 줄 알았었다.

또한 육신의 옷을 벗고 사후세상으로 간 조상님들 모두는 천당, 극락, 지옥, 그 어딘가에 가 있는 줄 알았었다.

그러나 하늘의 진실은 그것이 아니었다.

육신의 옷을 벗은 각자의 조상님들은 천당, 극락, 지옥에 가 있는 것이 아니라 자손들의 몸 안으로 들어와 살아있는 자손들과 동고동락을 하고 있음이 밝혀졌다.

각자의 조상님들은 살아있는 자손들과 먼 천당, 극락, 지옥세상에 있는 것이 아니라, 바로 자신들의 몸 안에서 자신들과 함께 생활하고 있다.

참으로 궁금한 일이다.

조상님들이 원과 한이 맺혀 자손들의 길을 가로막고 있으면 살아있는 자손들의 인생이 힘들다 하여 조상님들을 좋은 곳으로 보내주는 천도재와 굿, 수많은 기도들을 독자 여러분들은 종교 단체를 통해서 행했을 텐데, 각자의 조상님들은 왜 아직까지도 좋은 곳으로 가지 못하고 살아있는 자손들의 몸 안에 있단 말인가?

조상님들 좋은 곳으로 보내는 천도재와 굿, 기도를 한두 번 한 것도 아니고, 어떤 사람은 해마다 때마다 몇 번씩 했다는 사람도 무척 많다.

그러면 스님들의 말대로, 무속인들의 말대로, 도교인들의 말대로, 신부 목사님들의 말대로 각자의 조상님들은 좋은 곳으로 갔어야 맞는 얘기이고, 원과 한이 맺힌 조상님들이 굿과 천도재, 기도로 좋은 곳에 갔다면 각자의 인생이 풀려야 맞는 얘기 아닌가?

그런데 현실은 그렇지가 않다.

위에 열거한 유명인사들의 죽음과 재벌 총수 집안에 의문의 죽음과 자살, 끝없는 관재의 진실은 과연 무엇이란 말인가?

바로 자신들의 몸 안에 각자의 조상님들이 함께하고 있다는 증표이다.

그렇다면 자손들의 수많은 천도와 굿, 기도에도 불구하고 각자의 조상님들은 왜 아직도 천당, 극락으로 가지 못하고 자손들의 몸 안에 있는 것일까?

이유는 두 가지이다.

첫째는 종교에서 행해주는 천도와 굿, 기도로 진정한 천당, 극락을 못 찾아서 못 간 것이고,

둘째는 종교에서 전하는 천당, 극락이 싫어서 안 간 것이다.

저자가 하는 말에 어떤 독자 분들은 "아니 천당, 극락이 싫다고 안 가는 조상님도 다 있어?" 하면서 어안이 벙벙할 것이다.

어렵게 생각할 필요 없다.

이 세상의 수많은 사람들!

모두가 취향이 다르다고 앞에서도 말했듯이, 이와 같다고 생각하면 된다.

그렇다면 모두가 좋다 하는 천당, 극락을 싫다 하며 천당, 극락으로 가지 않고 자손들의 몸 안에 있기를 고집하는 조상님들은 과연 어떤 분들일까?

고집쟁이 조상님들일까? 아니면 살아생전 나쁜 짓을 많이 하여 천당, 극락으로 갈 인물이 안 되어 못 가고 있는 조상님들일까?

수많은 천도와 굿, 기도에도 불구하고 천당, 극락으로 가지 않은 조상님들!

정답은 하늘공부를 많이 한 조상님들이다.

사후세상에서 하늘공부를 많이 하였기에 불교(부처님)가 전부가 아님을, 기독교(예수님, 기독교에서 전하는 종교의 하나님, 성모 마리아님)가 전부가 아님을, 도교(상제님)가 전부가 아님을, 무속(신)계가 전부가 아님을 이미 알았기에 종교 교주들의 말에 동요하지 않은 채,

진정한 하늘!

그 누군가(태상천존 자미천황님)를 오랜 세월 자손들의 몸 안에 함께하며 기다리고 있었던 아주 훌륭한 조상님들이다.

인간세상도 마찬가지이다.

대통령, 유명인사들, 재벌 총수들, 이름난 이들이 아무하고나 어울리지 않고 함부로 남의 말을 믿고 따르지 않듯이 조상님들 세상도 이와 같다고 보면 된다.

조상님들 세상, 사후세상이 이러하거늘, 이 땅의 산 사람들은 조상님들의 뜻을 모른 채 조상님들 좋은 곳으로 보낸다고 함부로 천도와 굿, 기도하면서 더 힘들어지고 심지어는 자살, 사고, 관재로 이어지고 있는 것이다.

이런 불행한 일들은 사후세상에 있는, 때로는 자신의 몸 안에 있는 조상님들과 뜻이 다르게 자손들이 행하니 조상님과 자손이 맞지 않아 흔한 말로 뒤집어지는 것이다.

살아있는 부모와 자손도 의견이 맞지 않으면 안 좋은 일이 생기듯이 이와 같은 이치이다.

그러나 종교 교주들은 이 진실을 알 길 없다.

몇 천 년 내려온 종교의 이론으로도 이 진실을 밝히지 못하는데 일반인들이야 오죽하랴?

사후세상에서 각자의 조상님들이 하늘공부를 많이 한 훌륭한 조상님들이 있는 자손들은 오히려 천도, 굿, 기도로 인하여 엄청난 역효과를 보게 된다. 하늘공부를 많이 한 조상님들의 자손들이 천도, 굿, 기도를 함에 더 힘들어지는 이유는?

사후세상에 있는 조상님들은 산 자손들에게 "그것(종교가 최선)이 아니니 현재 머물고 있는 곳(종교)에서 나와 하늘(태상천존 자미천황님)의 기운이 흐르

는 자미국으로 오라"고 가르쳐 주고 있을 뿐이다.

그러나 산 자손들이 조상님들의 말을 못 알아들으니 오히려 더 뒤집어지는 것이다.

이미 엎질러진 물은 주워 담을 수 없다.

자미국과 태상천존 자미천황님의 진실을 알기 전에는 방법을 몰랐기에 자신의 인생으로, 자신의 가정으로, 자신의 기업으로 스며들어오는 불행의 기운을 알 수도 막을 수도 없었지만, 이제는 앉아서 불행 겪지 않아도 된다.

각자 조상님들의 소원대로 자미국으로 찾아와 태상천존 자미천황님께 자신의 사연을, 아픔을 의뢰하면 된다.

종교에서 전하는 천당, 극락으로 가지 않고 자손들의 몸 안에 함께 있던 조상님들은 천당, 극락이 아닌, 진정한 하늘 태상천존 자미천황님이 계신 천상 자미천궁으로 가고 싶어 오랜 세월 기다린 것이다.

진정한 하늘은 태상천존 자미천황님이시고,

태상천존 자미천황님이 계신 세상은,

천당, 극락의 세상이 아닌,

천상 자미천궁이고,

태상천존 자미천황님께서 실제로 존재하심을 전하는 이곳은 자미국이다.

이 책을 통하여 각자의 조상님들이 오랜 세월 오매불망 기다리던 천상 자미천궁으로 입문할 수 있는 천상입궁식을 행하여 조상님들의 오랜 숙원이었던 천상 자미천궁으로의 입문을 이루어 주어야 인생사가 태평하게 된다.

각자의 조상님들이 산 자손들의 몸 안에 있으면, 산 자손들의 인생과 가정, 기업에는 풍화환란이 계속된다.

자미국에서 행하는 천상입궁의식은 기존에 종교에서 행한, 천도재 차원도 아닌, 굿의 차원도 아닌, 기도 수행 정진의 차원이 아닌, 인간세상 탄생 이후 처음으로 이 땅에서 행하여지는 고귀하고도 존귀한 의식이다.

종교 의식이 아니기에 종교 때문에 갈등하지 않아도 된다.

또한 종교 의식이 아니기에 종교처럼 해마다 때마다 반복에 반복을 거듭하며 수시로 행하지 않아도 되는 의식이다.

천상입궁의식은 자신이 살아생전 딱 한 번만 행하면 조상님들의 원과 한으로부터 자유로워질 수 있는 신선한 의식이다.

많은 세월, 많은 사람들의 불행한 삶과 관재로 아픈 기업을 통하여 우리 모두는 간접 체험을 하였고, 당사자들은 직접 체험을 하였다.

인간세상에는 인간의 학벌과 출세, 돈으로도 안 되는 부분이 분명 있다.

지금까지는 진정한 하늘의 진실을 전해 주는 곳이 없어 행하지 못한 채 자신들의 사연 앞에 통곡할 수밖에 없었다면, 이제는 각자의 조상님들은 천도, 굿, 기도가 아닌 하늘의 의식 천상입궁의식을 통하여 태상천존 자미천황님께 편안하게 보내 드리고 우리 인간도 태상천존 자미천황님의 사랑과 보호를 받음이 더 이상의 아픔을 겪지 않는 지름길이다.

물론 천도, 굿, 기도를 통하여 효과를 보았다고 하는 사람도 종종 있다.

인간세상 모든 것에는 대 · 중 · 소가 있다.

성공에도 대 · 중 · 소가 있고,

실패에도 대 · 중 소가 있고,

학벌에도 대 · 중 · 소가 있고,

재산에도 대 · 중 · 소가 있다.

이 책은 천도, 굿, 기도로 효과를 본 사람에게는 어울리지 않는 책이다.

천도, 굿, 기도 모든 것을 다해 보아도 해결책을 찾지 못한 분들에게 하늘께서 내려 주시는 인생 행운의 책이다.

사후세상에서 공부를 많이 하여 종교세상이 전부가 아닌 종교세상을 초월한 더 큰 어떠한 세상이 있음을 알게 된 조상님들이 있는 자손들이니 이 책의 내용을 이해하게 될 것이다.

각자의 조상님들!

사후세상에서 이 진실을 알고자 공부한 세월, 인간의 상상을 초월한다.

1~2년 공부해서 이 진실을 알 수 없다.

각자의 조상님들이 이 진실을 알기 위해서는 사후세상에서 흔한 말로 산전수전 다 겪었음을 알아야 한다.

인간의 성공! 하루아침에 우연히 이루어진 것이 아니다.

그 성공을 이루기 위해 당사자는 수많은 세월 남들보다 아프고 힘들었던 시간을 인내했기에 결국에 성공을 이루게 된 것이다.

각자의 조상님들도 사후세상에서 수많은 시련의 시간을 극복하고 아팠기에, 그 시련의 시간, 아픔의 시간을 통하여 종교가 전부가 아님을 알게 된 것이다.

수많은 시련의 시간, 아픔의 시간을 뛰어넘어 천당, 극락도 마다하고 진정한 하늘 태상천존 자미천황님을 찾아, 태상천존 자미천황님이 계신 천상 자미천궁으로 보내주기를 산 자손의 몸 안에서 기다리고 있는 각자의 조상님들에게 산 자손들은,

"조상님들 잘하셨다! 수고 많이 하셨다!"고 뜨거운 박수를 보내면서, 조상님들이 오랜 세월 기다리던 천상입궁식을 행하여 조상님들의 소원을 이루어 드림이 인생 행복의 길이다.

산 자손이 조상님들의 천상입궁 소원을 이루어 주면, 천상 자미천궁으로 입궁된 각자의 조상님들도 산 자손들이 근심걱정 없이 살 수 있도록, 산 자손들의 소원을 이루어 주고자 태상천존 자미천황님께 많이 빌어 주실 것이다.

그렇게 되었을 때 인간의 삶은 더 이상 아프지 않게 된다.

하늘이 할 일이 있고, 각자의 조상님이 할 일이 있고, 인간인 나 자신이 할 일이 따로 있다.

하늘이 할 일, 조상님이 할 일까지 우리 인간이 다 행하려 하면 결국에는 아무것도 얻을 수 없음을 수많은 사람들의 아픈 인생을 통하여 증명해 주고 있다.

하늘의 기운, 조상님의 기운을 잘못 알고 잘못 행하면 각자의 인생이 아파짐을 더 많은 인류의 실패한 인생을 통하여 증명되기 전에 하늘의 진실에 순응하고 따름이 각자의 가정, 각자의 기업을 지킬 수 있는 유일한 방법이다.

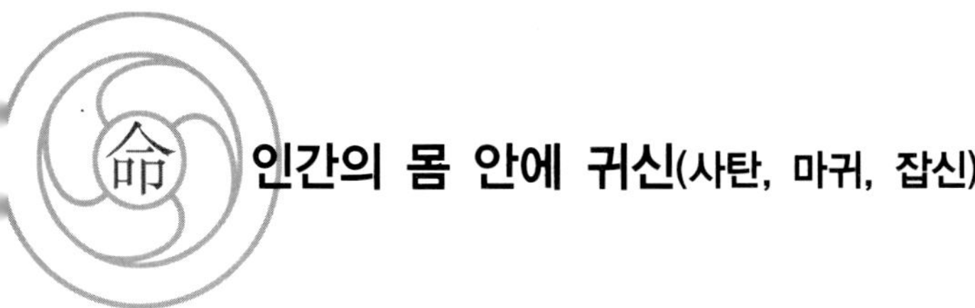

인간의 몸 안에 귀신(사탄, 마귀, 잡신)이 살고 있다

귀신, 사탄, 마귀, 잡신은 천지자연의 이치를 인정하지 아니하며 무조건 자신들의 생각이 맞다 하며 누구의 말도 듣지 않는다.

자신의 행복과 성공에만 전념을 하며 남이 잘되는 것을 절대로 용납하지 아니하며 남의 불행을 위해서는 어떠한 방법도 주저하지 않는 존재!

또한 자신 외에는 주위의 어느 누구와도 절대로 타협, 대화, 이해가 불가능하여 자신의 가족과도 절대로 타협, 대화, 이해가 아닌 주입식이며, 남의 행복에 시기 질투를 하며, 자신의 노력만 최고로 내세우며, 남의 노력과 남의 성공은 '우연'일 뿐이고 '재수'가 좋아서일 뿐이고, '부모 잘 만나서'일 뿐이고 '사기를 많이 쳐서'일 뿐이라고 한다.

어떠한 상황에서도 자신 하나만이 최고라고 내세우는 존재를 우리 전 세계의 사람들과 모든 종교에서는 흔히 '악', '악마'라고 알고 있고, '악', '악마'라고 부르고 있다.

자미국과 태상천존 자미천황님은 종교의 세상과 인간의 이론을 초월하여 새롭고도 놀라운 진실을 독자 여러분들에게 전하고자 한다.

물론 위에 열거한 자들을 악의 표본이라 할 수도 있겠지만, 악의 실상은 그동안 우리 사람들이 일반적으로 알고 있었던 부분과 종교에서 전한 부분과 다르다.

악의 실상이 우리 사람들이 이미 알고 있는 진실이 맞는다면 저자가 무엇 때문에 새로운 진실을 전하여 인류를 죽음(자살, 사건사고, 교통사고)의 굴레, 아픔의 굴레, 사기 배신의 굴레에서 구원하고자 책으로 진실을 전하겠는가?

악의 실상은 이 세상 그 누구보다도 착하고 인자하고 관대하다.

그렇기 때문에 세상 사람들이 악인 줄 모르고 상대를 믿고 따르다 상처를 입게 되는 것이다.

세상 사람들의 이론대로 못된 짓을 하는 존재가 악이라면 어느 누가 악에게 넘어가 사기 배신, 죽음의 고통으로 괴로워하겠는가?

악들은 인간들의 몸 안에서 이 세상 그 누구보다도 착하고 선한 모습으로 가장하여 인간의 몸 안에 둥지를 틀고 인간과 함께 인간의 삶을 살아가며 인간의 삶을 아픔의 굴레, 슬픔의 굴레, 죽음의 굴레로 끝없이 몰아가고 있다.

인간의 몸 안에 자리를 잡은 악들이 인간의 몸 안에서 우리 인간들이 알고 있듯이 나쁜 생각을 인간에게 주입하고 있다면 어떤 사람이 자신의 몸 안으로 들어와 있는 악을 몰라보고 자신의 몸으로 들어와 있는 악을 상대방이 몰라보겠는가?

인간이 무지하여, 또한 보이지 않는 세계를 정확히 가르쳐 주는 진정한 영적 지도자가 없다 보니 만인류는 이 사실 조차도 모른 채 너무도 많은 상처와 많은 피해를 이들로부터 오랜 세월 받아왔고, 지금도 받으며 살아가고 있다.

자살을 하는 사람들의 유형을 보면, 부족하고 모자라 평상시에 주위로부터 냉대를 받았던 사람들보다는, 가정환경도 유복하고 학교에서는 대체로 상위권이며 선생님이나 친구들로부터 냉대보다는 칭찬의 서열에 있으며, 사회생활에 있어서도 남들보다 두드러져 타의 부러움과 추종을 한 몸에 받고 있었던 사람들과, 기업에 있어서도 다른 기업에 비해 항상 두드러지는 기업들의 삶에 더 많은 사건사고들이 연이어 일어나는 것을 우리 인류는 오랜 세월 보아왔다.

연쇄살인범들 역시 마찬가지이다.

연쇄살인범들의 겉모습을 텔레비전을 통해서 접했을 때, 잔인한 연쇄살인범처럼 생긴 자들이 거의 없고, 평범해 보이거나 아니면 순해 보이는 사람들이 대부분이다.

연쇄살인범의 생활에 대해 주위 사람들에게 물어보면, “평상시에 예의도 바르고, 말수도 별로 없고, 주위 사람들과도 심한 언쟁이 없는 차분한 성격이었다. 그가 그런 잔인한 일을 저지를 것이라고는 꿈에도 생각 못해 봤다” 라고 말하는 실상을 우리들은 한두 번 접한 것이 아니다.

또한 유명인사들의 자살 소식에도 수많은 사람들은 그들의 뜻밖에 죽음에 놀라움과 당혹함을 나타내며 "그 유명인사가 자살을 했대! 세상에 이럴 수가!" 하면서 많이들 놀라워한다.

이 모두는 무엇을 말해 주는가?

수많은 사람들은 악의 존재를 정확히 알지 못한 것이다.

악의 존재를 정확히 알지 못하여 많은 사람들은 그들로부터 너무도 아깝게 소중한 인생과 가족, 기업, 생명을 잃었다.

그런데도 인류는 아직도 그들의 존재, 다시 말해 그들의 만행에 대하여 알지를 못한 채 수많은 사람들은 그들의 만행대로 저승길로 가고 있다.

연쇄살인범, 사기꾼, 기타 등등은 악해 보인다기보다는 순해 보이기에 많은 사람들이 그들이 던진 미끼를 아무 의심 없이 받아들다가 결국에는 상처를 입게 되는 것이다.

누가 보기에도 악해 보이고 사기꾼처럼 생기고 사기꾼 같은 말을 한다면 어느 누가 그들의 말을 듣겠는가? 악들은 이 세상 그 누구보다도 친절하며 순해 보이며 착해 보인다.

가족들의 죽음을 막지 못하는 이유도 여기에 있다. 이들은 죽기 전까지도 자신의 감정을 절대로 드러내지 않는다. 평상시처럼 밝게 웃으며 평상시처럼 완벽한 하루 생활을 한다.

악들이 인간들로 하여금 그렇게 생활하게 만든다. 어느 누구도 눈치 채지 못하여 자신들의 만행에 방해가 되지 않도록.

그러나 나약한 인간들은 그것이 자신의 마음인 줄 알고, 죽음의 길로 끌고 가고자 하는 악들이 시키는 대로 그대로 행을 한다.

자살하는 자들을 보면,

평상시에 착했던 효자, 효녀들!

평상시에 착실했던 가장들!

평상시에 기업밖에 몰랐던 기업대표들!

평상시에 수많은 사람들의 사랑을 한 몸에 받았던 연예인들!

평상시에 생각이나 언행이 상당히 깔끔했던 사람들! 기타 등등….

대체로 이런 종류의 사람들에게 악이 많이 들어가 있기에 이들이 악들에게 피해를 많이 보게 되는 것이다.

위에 열거한 출세한 사람들의 가슴 아픈 사연과, 기업의 알 수 없는 흥망성쇠 역시도 이와 같은 이치이다.

악들은 우리 인간들이 그동안 알고 있었던 내용과는 너무도 다른 모습으로 인간의 몸 안에 자리하고 있었다. 그러나 우리 인간의 눈과 이론으로는 자신의 몸 안에 또는 자신 가족들의 몸 안에 악이 들어와 있다 한들 절대로 보이지도 들리지도 않는다.

원래의 내가 착한 것인지? 아니면 악이 들어와 착한 척하게 만드는 것인지? 원래의 내가 말이 없는 것인지? 아니면 악이 들어와 자신들의 만행을 주위 사람들에게 말하지 못하게 조종하여 말이 없는 것인지? 원래의 내가 순한 것인지? 아니면 악이 들어와 순한 척하게 만드는 것인지? 원래의 내가 죽고 싶은 것인지? 아니면 악이 들어와 죽자고 현혹시키는 것인지? 어느 누구도 알 수 없다. 또한 자신들이 믿고 따르고 있는 종교에서도 이 진실을 밝혀낼 수는 없다.

이 진실을 밝힐 수 있는 분은? 악의 존재에 대하여 정확히 아는 분만이 밝힐 수 있음은 당연 이치일 것이다. 인간의 눈에 보이지 않고 인간의 귀에 들리지 않는 악의 존재에 대하여 정확히 아시고 악의 존재로부터 인간의 삶을 자유롭게 해줄 수 있는 분은?

그동안 많은 사람들이 알고 있었던 예수님도 아니요, 부처님도 아니요, 상제님도 아닌, 태상천존 자미천황님이시다.

이 세상에 태상천존 자미천황님 한 분만이 보이지 않고 들리지 않는 악의 존재에 대해 정확히 아시기에 그동안 태상천존 자미천황님을 못 만난 만인류는 악의 굴레에서 악이 시키는 대로 행하며 그들의 만행에 고통을 겪을 수밖에 없었던 것이고 악의 만행에 귀한 가족들의 생명까지도 잃었던 것이다.

악에게 한 번 빙의되면 천하갑부도, 천하유명인도, 천하우등생도, 천하기업도 모두가 무용지물이다.

물론 저자가 이렇게 말한다고 이 세상에 착해 보이는 사람들의 몸에 악이다 들어와 있다는 것은 아니다.

이 저자가 하는 말은,

진정으로 착한 것과! 착한 척!

진정으로 순한 것과! 순한 척!

진정으로 자상한 것과! 자상한 척은 다르다는 얘기다.

진정은 인간 본래의 마음이고, 척은 악이라는 얘기다.

그러나 우리 인간은 자신의 현재 마음이 본래 본인의 마음인지? 척하는 악의 마음인지 알 수가 없다.

본래 본인의 마음인지? 악의 마음인지를 구분하지 못하여 악이 인간을 고통의 굴레로, 죽음의 굴레로 끌고 가고자 인간의 마음을 조종하는데, 그것이 진정 자신의 마음인줄 알고 악이 시키는 대로 그대로 자신의 삶으로 행하고 있으니 아까운 인류의 생명과 인류의 삶을 어찌 한단 말인가?

자미국에서는 상담과 의식(천상입궁식, 천인합체 기타 등등)을 통하여 인간 삶의 고통과 원인을 찾아주고 진정한 해결책을 찾아주어 가정안정, 기업안정을 시켜주는 개벽 수준의 고차원 의식을 행하고 있다.

인간적으로는 성공하였으나 자신의 출세, 자신의 부(재물)로도 해결할 수 없는 어떠한 가정사의 문제가 계속된다는 얘기는, 악이 자신의 삶에 자신의 가정에 이미 들어와 있다는 뜻이니 더 이상 방관하지 말고 태상천존 자미천황님의 능력으로 자신의 삶, 자신의 가정이 악으로부터 피해를 보지 않도록 하늘의 보호를 받아야 마땅하다.

하늘의 보호 없이는 어느 누구도 보이지 않고 들리지 않는 악의 굴레에서 자유롭다 할 수 없다.

성공에도 대 · 중 · 소가 있듯이, 악에 있어서도 대 · 중 · 소가 있다.

어떤 악이 자신과 자신의 가정, 자신의 기업으로 스며들어와 있느냐에 따라 고통의 크기도 대 · 중 · 소로 나타나게 된다. 또한 크게 성공한 사람들에게 큰 악이 들어갈 확률도 크다.

그래서 출세한 사람, 유명한 사람, 부귀영화를 누리는 사람들의 가정과 기업에 대를 이어서 불행이 연속되는 것이다. 악은 악 자체로 인간에게 아무런 도움도 되지 않는다.

악이 크든 작든 인간의 삶으로 빙의되면 어느 누구를 막론하고 크게, 작게 피해를 보게 된다.

이 책을 통하여 독자 여러분들은 새롭게 밝혀지는 악의 세계의 진실을 알아 더 이상 악으로부터 자신의 인생과 가족을 악으로부터 침범당하여 상처받지 않았으면 한다.

자미국은 독자 여러분들을 향하여 항상 열려 있으니 자미국을 통하여 악으로부터 자유로워져 행복의 삶 살 수 있기를 저자는 간절히 원하고 바란다.

세상에 정답 없는 문제는 없다 하였으니, 우리 인간이 그 무서운 악으로부터 자유로워질 수 있는 방법이 자미국을 통하여 밝혀지고 있으니 인류에게는 희망이자 희소식이라 할 수 있다.

자미국의 인황님과 사감님을 통하여 상담을 한 뒤, 절차에 따라 의식을 행하다 보면 그 지긋지긋했던 악의 굴레에서 벗어나 몸도 마음도 새롭게 변화되어 있는 각자의 자신을 발견하게 될 것이다.

종교를 통해서도, 인간의 이론과 두뇌를 통해서도, 인간의 끝없는 노력으로도 막을 수 없었던 자신 인생의 불행, 자신 가족의 풍화환란을 하늘의 보호로 막아내어 행복해 하는 자신을 발견하게 될 것이다.

인간의 생김새가 제각각이고, 몸이 아픈 이유와 아픈 부위도 제각각이듯이 인생 불행의 원인도 제각각이다.

더 자세한 것은 상담을 통하여 각자 인생 시련의 원인을 알아야 한다.

命 보이지 않는 용량(크기, 양)을 알아야 한다

거대 비행기, 거대 배가 운행됨에 사람과 물건을 무한정 실을 수 있는 것이 아니라 각자에게 맞는 용량이 있다.

또한 용량뿐만이 아니라 사용할 수 있는 수명도 어느 정도 정해져 있다.

오래 사용하여 용량이 다 차고 수명이 오래되다 보면 새것처럼 제 기능을 발휘하지 못하고 고장도 자주 나게 되고, 그로 인하여 잔 사고에서부터 큰 사고에 이르기까지 말썽도 많이 일어나게 된다.

비행기, 배뿐만이 아니라 이 세상에 존재하는 모든 것이 다 그렇다고 해도 과언이 아닐 것이다.

사람도 용량이 있고 수명이 있음을 알아야 한다.

부귀영화와 출세!

탄탄하다고 자신한 자신의 인생을 지키지 못하고 불행해지는 또 다른 이유는?

흔한 말로 자신 출세의 용량이 다 찼다는 얘기다.

또한 자신 출세의 수명이 다 되었다는 얘기다.

자신 출세의 용량이 다 차고, 출세의 수명이 다 되어 작은 사고에서부터 큰 사고에 이르기까지 다양하게 불행이 연출되는 것이다.

그러나 사람들은 자신의 용량을 헤아리지 않은 채, 무조건 더 가지려고만 하다 인간의 상상을 초월한 불행의 일을 현실로 겪게 된다.

인간 각자가 다르듯이 인간 각자의 용량도 다르다.

하늘의 말씀을 통하여 나 자신의 용량을 알아야 한다.

하늘의 말씀을 통하여 나 자신의 용량이 가득 차서 더 이상 자신의 삶으로 발전이 없다면 천인합체의식을 통하여 다 찬 자신의 용량을 크게 해야 자신의 삶에 발전이 있게 된다.

물이 가득 차 있는 물컵에 물을 더 부으면 컵에 물이 들어가지 아니하고, 밖으로 물이 흐르듯이 인간사도 이와 같다고 보면 된다.

자신의 출세의 용량이 다 찼는데 계속 열심히 한다고 성과가 있는 것이 아니라 오히려 용량이 차서 넘친다는 얘기다.

물이 가득 차 있는 물컵에 물을 붓고 싶으면 컵을 큰 컵으로 바꾸면 물을 더 담을 수 있듯이, 사람도 천인합체의식을 통하여 용량을 더 크게 해야 만이 자신의 출세에 발전이 있게 된다.

작은 연못이 바다가 될 수 없다.

작은 종지가 대접이 될 수 없다.

작은 슈퍼가 대형마트가 될 수 없다.

대형마트가 백화점의 수준이 될 수는 없다.

될 수는 없지만 현재보다 더 커질 수 있는 방법은 얼마든지 있다.

사람도 이와 마찬가지이다.

사람 자체를 완전히 변형시킬 수는 없어도 현재보다 좀 더 크게 할 수 있는 방법은 있기 마련이다.

그 방법이 천인합체의식이다.

자신이 타고난 그릇의 용량 크기를 더 크게 늘리는 일은 태상천존 자미천황님만이 하실 수 있다. 기업의 크기, 재물의 크기, 관직의 크기, 수명의 크기를 늘릴 수 있는 유일한 방법이다.

자미국에서 독자와 기업 모두의 용량을 업그레이드 받아야 한다.

제2부

최고의 명혈자리 천상명당

천하명당과 천상명당

세상을 떠난 비운의 인물.

권력무상 인생사 새옹지마를 실감나게 한다.

사람은 돈으로부터 자유로울 수 없는 한계 인간임을 다시 한 번 확인하게 되었다.

고인의 유해는 화장하여 봉분 없는 무덤을 만들었다. 큰 봉분을 만들지 않았다. 앞으로 무덤은 필요하지 않다. 모두 화장하여야 할 것이다.

천하명당자리 찾으려고 애쓰는 사람들!

거대한 호화산소, 호화납골묘를 조성한 조상님의 묘.

거대하게 조성된 모그룹 회장의 호화산소.

살아생전 재벌 총수였음을 한 눈에 알 수 있을 정도이다.

그러나 G가에는 우환이 끝없이 일어나고 있다.

산소자리 정할 때 당대 최고로 알려진 풍수가를 통하여 천하명당자리라 하여 자리를 정하였을지는 모르지만 G그룹의 가정사는 세상의 모든 시선이 집중될 정도로 자살, 이혼, 비리폭로에 의한 관재, 형제간 상속 분쟁의 우환과 재난이 그치지 않고 있다.

선친의 유해를 천하명당자리에 모셨는데 집안에 우환은 왜 계속하여 일어나는지 당사자나 국민들 모두는 그 진실 여부를 알 수 없을 것이다.

땅의 천하명당자리에는 한계가 있기 마련이다. 그러나 세상의 사람들과 G가에 지금까지 이 진실을 전해 주는 이가 없다 보니 계속되는 우환을 현실로 맞이할 수밖에 없었다.

G가의 모든 우환에 종지부를 찍을 수 있는 유일한 방법은?

선친을 천상명당 자미천궁으로 모셔 드려야 한다.

하늘의 도움과 사랑을 받아 선친의 영이 편안해야, G가도 모든 우환과 재난에서 벗어날 수 있게 된다.

재벌그룹 G가.

재벌그룹의 우환을 잠재워 주실 수 있는 분은 이 세상에 하늘 중에 하늘이신 태상천존 자미천황님 외에는 없을 것이다.

그동안 자미국이 이 땅에 생기지 않아 계속되는 우환의 정체를 알 수 없어 막을 방법이 무엇이고, 막아줄 자 이 세상에 없어 아프고도 슬픈 우환을 현실로 겪을 수밖에 없었지만 땅의 하늘인 자미국을 통하여 밝혀지고 있으니 G가에는 희소식이라 할 수 있다.

G가뿐만이 아니라 국민 모두에게 희소식이라 할 수 있다.

텔레비전을 통하여 접한 총수의 요즘 모습은, 재벌 총수의 모습이라고 보기에는 너무나 안타깝다.

수술을 받은 후유증도 있겠지만, 선친 영의 조화도 분명 일어나고 있다. 선친이 폐암으로 사망한 영향이 있다.

G회장은 인간의 질병도 있겠지만 선친을 진정한 하늘 자미천궁으로 입궁시켜 드려 선친의 원과 한을 풀어주면 몸의 기운도 달라질 것이고 건강도 지금보다 한결 좋아짐을 스스로 느끼게 될 것이다.

G가에 새로운 희망의 등불은? 태상천존 자미천황님이시다.

태상천존 자미천황님만이 G그룹에 밝은 희망과 건강, 안정을 찾아주실 수 있다.

하루속히 자미국을 통하여 태상천존 자미천황님을 만나 우환도 소멸하고 건강도 찾아 그룹 총수의 당당한 모습을 되찾았으면 좋겠다.

땅에 천하명당도 별무소용이란 진실을 G그룹 회장의 천하명당 호화산소를 통해서 독자 여러분들도 이제는 실감했을 것이라 생각한다.

변하는 천하명당보다 영원히 변하지 않는 천상명당이 더 좋다.

명당자리 찾아도 혈자리 잘못 찾아 쓰면 발복도 안 되니 자미국의 저자를 통하여 천상명당 자미천궁으로 입궁식을 통하여 조상님을 보내드리고 나면 집안에 우환이 생기지 않게 된다.

풍수가들은 고인의 묘소가 생기혈이 응축된 군왕혈급이라 말하지만 이

것이 다 무슨 소용이란 말인가?

자손들의 건강이 좋지 않고 우환이 계속되는데 말이다. 올해 윤달이 들어 화장들을 하여 납골로 모시거나 산골, 수목장을 많이 하고 있다.

시신은 화장을 하였더라도 조상님 영들은 갈 곳이 없어 허공중천 구천세계를 떠돌거나 산 자손들의 몸 안으로 들어와 산 자손들과 동고동락을 하게 된다.

산 본인들과 이미 인간 육신의 옷을 벗고 조상님이 되신 각자의 조상님들이 편안해지기를 바란다면 자미국 저자를 통하여 천상명당 자미천궁으로 모시는 천상입궁의식을 필히 행해야 한다.

이제 땅의 명당자리에 어떤 기대를 걸고 있던 사람들은 땅에 걸었던 기대를 하늘로 걸어보아라.

최고의 명혈자리 천상명당!

땅의 발복보다 하늘의 발복이 빠름을 스스로 알게 될 것이다.

땅의 명당은 발복할 시기를 수 년, 수십, 수백 년 기다려야 하지만 하늘의 발복은 입궁식이 이루어짐과 동시에 당일부터 바로 시작된다.

금시발복, 즉 속발이다.

땅의 명당은 발복하는 기간이 너무 많이 걸려 기다리다 지치고, 또한 영원하지도 않으며, 어느 정도 세월이 가면 발복이 쉬는 휴수기도 있기에 영원히 끊이지 않는 천상기운을 받을 수 있는 천상명당 자미천궁이 최고로 좋다.

이제 무덤 끝 천상궁전 자미천궁 입궁!

천상입궁의식 행하는 날 각자가 마음으로 알게 된다.

산 자손과 조상님들의 천지개벽! 그 자체이다.

이미 돌아가신 가족들 모두의 혼령들을 단 한 번의 의식으로 천상명당 자미천궁으로 올라가 행복할 수 있도록 하는 의식이 천상입궁의식이다.

이제까지 천상세계의 진실을 몰라서 땅의 명당자리 찾기에 혈안이 되었던 수고로움을 덜게 되었다.

하늘과 땅의 좋은 기운을 받아 자손들이 나날이 출세하고 번창하는 일장월취를 바라는 마음에서 명당자리를 부유층과 정치인, 고위 관리들이 많이 찾아나섰지만 큰 뜻을 이루지는 못했다.

땅 속의 기운도 수시로 바뀐다는 것을 사람들은 알지 못했다.

천하명당 자미원 명당자리는 이 땅에 없고, 천상 자미천궁에만 있다.

2천억 들여 명당자리 찾지 말고 천상 자미천궁 들어가야 한다.

C그룹 회장이 명당에 깊은 식견이 있어 땅의 자미원 자리를 찾아주면 2천억 원을 주겠다고 말해서 세상에 화제가 되었지만 천상 자미천궁만한 명당자리는 이 세상에 존재하지 않는다.

땅의 명당은 그 기운이 변화가 많지만 천상 자미천궁은 기운이 변하지 않으며 영원무궁한 곳이다.

땅의 천하명당 자미원 혈자리는 무엇인가?

풍수가의 말에 의하면 자미원 혈자리에 조상님을 모시면 세계를 다스리는 제왕(천자)이 탄생하게 되는 자리라고 전해진다.

태초의 하늘이시자 영의 하늘이신 태상천존 자미천황님께서 세계를 다스릴 제왕으로 이미 저자를 선택해 주시어, 지황님과 인황님이란 관명을 하사하여 주시었다.

그러하니 각 성씨 인간 육신들은 땅의 명당자리 찾지 말고, 자미국 저자를 통하여 무릉도원의 영원한 천상궁전 자미천궁 천상명당자리를 찾기 바란다.

선친에게 물려받은 재산이 많으면 많을수록 자식이 부모를 천상명당에 모셔드리는 것이 도리일 것이다.

지금까지 자손 각자는 나름대로 어떤 굿이나 천도재를 했겠지만 그것으로는 선친의 원과 한이 풀리지 않는다.

어느 자손이 행할지는 몰라도 이 또한 복 짓는 일이고, 하늘과 자신의 조상님께도 공덕을 쌓는 일이며, 자신과 자신의 기업이 일장월취할 수 있는 지름길이다.

또한 Q가는 창업주 회장의 직계 선대 조상님들(시조 조상님까지)의 원과 한을 풀어주어야 Q가의 우환이 사라진다.

살아서 못 이룬 꿈을 천상 자미천궁에 올라가서 이루게 해드리는 것이 Q

그룹 가문의 자손된 도리일 것이다. 거대한 유산을 자손들이 받아놓고서 창업주 회장의 원과 한을 풀어주지 않는다면 자손으로서 너무나 부끄러운 일이다.

창업주 회장의 원과 한이 풀어져야 그 자손들 중에서 대통령에 당선되는 인물이 배출될 것이다. 대선에서 어떤 후보가 대통령이 될지는 하늘께서 누구의 편을 들어주느냐에 달려 있다.

하늘은, 사람의 인생은 물론 기업들의 생사까지 좌지우지하시는 대능력자이시다.

천상에서 조상님의 뜻이 먼저 이루어져야 땅에서도 자손의 뜻이 이루어진다. 돈이 태산처럼 많다고 대통령에 당선되는 것이 아니다.

그 전형적인 사례가 모 후보의 대권도전이었다.

기라성 같은 후보 간의 대권경쟁이었지만 결국 패배하였다.

옛날부터 큰 재벌과 대통령은 하늘이 낸다고 하였다.

현재 대권 유력 후보들.

12월 19일 대선 당일까지 현재의 인기를 유지한다는 보장이 없다는 점을 대권후보들은 알아야 한다.

하늘의 명이 없으면 최종단계에서 좌절의 고배를 마셔야 할 것이다.

한 치의 오차도 없으신 하늘이시다.

대권의 명이 없는데도 불구하고 오기로 대선출마를 강행한다면 그 피해는 막중할 것이다.

본인 당사자나 가정은 물론 측근이나 참모, 친척, 친구, 지인, 동료, 지지자들에게 물질적, 정신적으로 막대한 피해를 줄 것이고 이들의 피와 땀, 시간을 뺏고, 패배 시에는 허탈감과 좌절감으로 한동안 많은 고생을 하게 될 것이다.

그리고 어렵게 얻은 자신의 높은 자리를 사퇴해서 또 다른 피해가 발생할 수 있으니 대권에 도전하기 전에 반드시 하늘께 대권의 명이 있는지 없는지 여쭈어 본 후에 사퇴여부와 출마결심을 굳혀야 한다.

주위에서 출마하라는 강력한 권유를 받아들이고, 자아도취에 빠져서 출마를 강행한다면 정신적 물질적 피해는 상상을 초월할 것이다.

자신의 자리 잃어버리고 돈 잃어버리는 악수는 두지 말아야 한다.

하늘께서 안 된다면 절대로 안 된다.

그만큼 하늘이 내리시는 명은 절대적이고 무소불위하시다.

현재 지지도가 아무리 높다고 하여도 언제 어떻게 상황이 갑자기 바뀔지는 아무도 모른다.

명을 내려주실 하늘께서만이 알고 계신다.

숨어있던 돌발적인 악재가 터지면 유권자의 표심은 지지를 철회하고 철새처럼 둥지를 떠나게 될 것이다.

천명을 받지 못하면 현재 지지도 1위를 달리고 있다 할지라도 그것은 허상에 불과하다.

대선을 10여 일 앞두고 제2의 민간인 사찰 파문, 돈 봉투 사건, 경선부정, 개인비리 폭로 등등이 언제 어떻게 터져 나올지 아무도 예측할 수 없다.

대권을 거머쥘 천명자天命者!

앞으로 대통령이 되기를 원하는 천명자와 큰 재벌그룹으로 발전하기를 원하는 기업총수들은 땅의 하늘인 저자를 만나야 그 뜻을 현실로 이룰 수 있게 된다.

대망을 이루려거든 역술인, 무속인, 풍수사에게서 해답을 찾지 말고 자미국 저자를 통해서 찾아야 가장 빠르다.

대권출마 예비후보들은 선택을 잘해야 한다.

자칫하다가는 집토끼 산토끼 모두 놓치는 형국이 될 수 있다. 부를 누리는 팔자이지 귀를 누리는 팔자는 아니라는 얘기다.

귀(대권)를 쫓다가는 그동안 쌓은 부(재물)까지 모두 물거품이 될 수 있음을 저자는 미리 말하고 있다.

또한 어느 후보는 자신이 조력자의 역할이지 대권을 거머쥘 주인공은 아님을 알아야 한다.

저자의 말이 진실인지 거짓인지 직접 만나서 대화하고 하늘이 내리시는 말씀을 직접 듣고 천지기운을 느껴 본 후에 본인이 판단하면 된다.

뇌물수수 비리폭로로 구속수감이 예상되는 사람들은 촌각이 급하니 서둘러야 한다.

인간사의 모든 분쟁의 열쇠는 자미국의 저자가 갖고 있다.

자미국을 찾는 길이 영원히 행복한 길이다.

천상명당에 조상님을 모시는 자손이 대권에서 승리할 수 있고, 중소기업이 대기업으로 비약하여 발전할 수 있다.

땅에 천하명당이 좋다 하되 천상명당 자미천궁을 능가할 수는 없다.

대권승리의 비밀, 기업발전의 비밀, 인생승리의 비밀이 천상명당에 숨어 있다.

최고의 명혈자리 천상명당!

이곳에 조상님을 모시는 사람들이 크게 성공하고 가문이 대대로 번창하고 천상명당의 기운을 받은 큰 인물들이 태어나게 된다.

올해 윤달이 들어서 산소 화장을 많이 하여 수목장 혹은 산이나 강에 뿌리거나 납골에 모시는데 이것으로 끝나면 안 된다.

옛날부터 특히 윤달에 화장하면 무해무득, 즉 산소 탈이 안 난다고 해서 윤달에 화장을 많이 한다.

조상님 산소 탈만 없다고 안심할 것이 아니라 자신이 크게 성공 출세하고 가문이 잘되고 번창하기를 바라면 자미국에 들어와서 천상명당으로 조상님들을 하루빨리 모셔드려야 한다.

그래야 조상님들이 천상명당의 큰 기운을 수시로 받아서 자손들에게 끊임없이 커다란 복을 내려주실 수 있다.

각자들은 스스로 복을 받을 수 없고, 조상님들이 앞장서서 복을 받아다가 자손들에게 나누어주어야 자손들이 막힘없이 잘 된다.

천복만복을 내려주는 근원지가 천상명당이라는 진실을 아는 사람들이 아마도 이 땅에 없으리라. 그래서 천복만복을 받으려면 자신의 조상님들을 하루라도 빨리 천상명당으로 모셔야 한다.

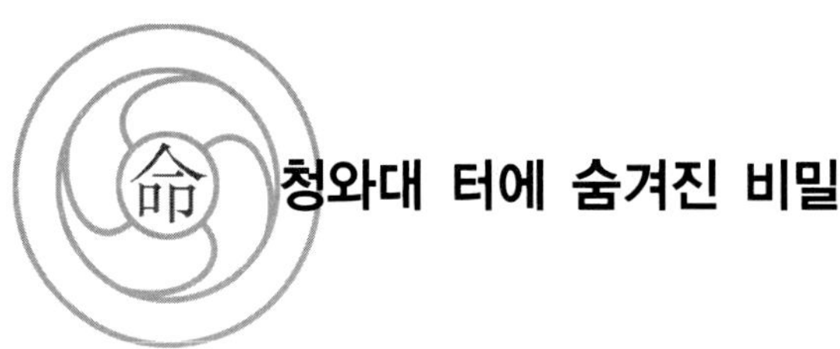

청와대 터에 숨겨진 비밀

현재의 청와대 터.

피의 역사로 얼룩진 청와대 터는 더 이상 인간 대통령들이 차지하고 있으면 안 된다.

기(氣)가 센 터 청와대를 비우라는 경고 메시지.

조선 왕조를 건국한 태조 이성계도 신도안으로 도읍을 이전하려고 시도하였고, 몇몇 전 대통령도 청와대를 신도안으로 이전을 시도하였으나 무산되었다. 청와대를 거쳐 간 역대 대통령들은 하나같이 모두가 비운의 주인공들이 되었다.

신(귀신)들의 저주를 어느 대통령이 또 받을 것인지 걱정스럽다.

이미 불행의 전주곡은 계속하여 울려 퍼지고 있는데 어느 대통령이 나서서 청와대를 이전할 것인지 궁금하다.

청와대를 신의 터라고 누군가 말해서 지금까지 전해지고 있고, 그 말에 따라 몇 번 이전을 하려고 시도하였으나 무산되었다.

신의 터?

신의 터가 아닌 기가 센 터이다.

그것도 아주 기운이 강한 귀신들이 바글바글 우글우글거린다.

신이 대단하다면 어찌 인간이 버티지 못하겠는가?

신은 바로 강력한 조화를 부리는 귀신들이었다.

신들을 받들고 있는 무속제자들의 삶이 어떠한지 잘 알고 있을 것이다.

신들은 인간이 잘되는 것을 원하지 않고 항상 시기 질투하며 잘못되기를 바란다.

악귀잡귀, 사탄마귀, 귀신들이 신으로 둔갑 위장해 있는데 인간의 눈높이로는 그것을 분별해 낼 수 없다.

재벌과 유명인들, 대통령들이 비명에 세상을 떠난 일은 각자들에게 운이 없어서가 아니라 신(귀신)들의 해코지로 인해서 일어난 것이다.

흉사가 끊이지 않는 청와대 터.

대통령들이 하늘을 만나지 못하였기 때문에 귀신들로부터 보호받지 못한 결과이다. 하늘과의 만남 절차에 대하여 아는 이가 이 세상에 없다 보니 더 그랬을 것이다.

어느 대통령이든 하늘의 보호를 받지 못하면 불행해진다.

인간들이 뽑은 대통령은 하늘에 보호를 받지 못하고, 하늘이 뽑아주신 대통령이라야 임기 중이든 퇴임 후든 귀신들로부터 보호를 받는다.

인간 대통령!

크고 작은 모든 귀신들이 몰려드는 대상 1호이다.

그중에서도 가장 힘세고 못된 귀신들이 대통령 몸으로 숨어들어간다.

대통령자리는 자석으로 치자면 가장 큰 왕 자석이다.

온갖 쇠붙이(귀신)를 모두 끌어들여 달라붙게 만드는 힘이 있는 것이 대통령의 자리이다.

인간세상으로 비유하면 이해가 쉬울 것이다.

한 가문에서 대통령이 배출되면 친척, 인척, 친구, 지인, 동문, 동기, 먼 친척부터 사돈에 팔촌까지 모두가 몰려든다.

갖가지 종류의 청탁도 있고, 이권을 따내려는 사람들로 장사진을 이룬다.

이것은 사람 눈에 보이는 숫자이나 사람 눈에 보이지 않는 악귀잡귀 귀신들은 그 얼마나 많겠는가?

말 그대로 귀신들이 인산인해로 몰려 들어오는데 인간 눈에 보이지 않으니 알아볼 수가 없다.

악귀잡귀 귀신들이 구경만 하고 돌아간다면 아무런 탈도 없겠지만 대통령의 기운 따라 끝없이 모여든다는 점이다.

하지만 대통령은 귀신들이 보이지 않기 때문에 수많은 경호원들이 무장하며 24시간 대통령의 신변을 위하여 상주하고 있어도 이들 악귀잡귀 귀신들을 물리치지 못하여 봉변을 당하는 것이다.

신의 터라서 인간 대통령들에게 재앙이 내리는 것이 아니라 귀신들의 기운이 너무 강해서 인간 대통령들이 속수무책으로 귀신들에게 해코지를 당해 대통령들의 인생이 비운의 인생이 되었던 것이다.

청와대 터는 조선시대부터 북악산 기운과 청와대 터의 음기가 너무나 강해서 경복궁의 북문인 신무문神武門을 항상 잠가두었다고 전한다. 즉 귀신들의 기운이 너무 강해 인간들이 버텨내기 힘들다는 얘기이다.

그러나 일반사람들과 대통령들은 이 진실의 진짜 의미를 알지 못했다. 그래서 기가 센 터인 청와대에만 들어가면 대통령 모두가 잘못되어 망명을 가게 되고, 총에 맞아 죽게 되고, 감옥에 들어가게 되고, 자살하는 대통령이 나오게 된 것이다.

8명의 일본 총독들 모두 비명을 맞이하였던 기가 센 터이다.

무소불위한 권력의 힘으로도 귀신들을 이겨내지 못하여 대통령들이 큰 피해를 당하였다.

한마디로 무서운 기가 센 터인데 그런 귀신들이 인간들 눈에 보이지 않아 대책을 세우지 못하고 해코지만 당하고 있었던 것이다.

인간의 눈에 보이지 않는 귀신들의 기운을 누를 수 있는 사람은 이 세상 천지에 아무도 없다.

단 하나 있다면 하늘의 명을 받아 인간세상을 초월한 저자 인황이다.

어떤 힘센 귀신들이라도 제압할 수 있는 무소불위의 대 능력을 가진 저자 인황 이외에는 세상 어느 누구도 끝도 없는 귀신들과의 싸움에서 싸워 이길 자 없을 것이다.

저자의 몸에는 태초의 인간으로 오신 '자미인황님'이 계신다.

자미인황님은 모든 귀신들이 가장 무서워하고 두려워하는 존재다.

그동안 대통령과 평범한 사람들을 괴롭혔던 그 아무리 힘센 귀신들도 자미인황님 앞에서는 모두가 오금이 저릴 정도로 벌벌 떤다.

귀신들의 굴레에서 우리 사람들을 보호하여 주시고자 위대한 하늘 태상천존 자미천황님의 명을 받으시어 이 땅에 생존하는 생명체 모든 것 중에 가장 강력한 존재인 자미인황님으로 저자 육신의 몸으로 오시었다.

자미인황님은 하늘의 대행자이시자 화신, 분신이시고 저자 육신은 자미인황님의 몸이다.

자미인황님께서만이 힘센 귀신들과 싸워 이길 수 있다.

자미인황님의 몸인 저자 이외에는 이 세상 그 어느 누구도 청와대 터의 귀신들과 싸워 이길 수 없다.

자미인황님의 눈과 귀에는 귀신들의 모습과 귀신들이 하는 말, 귀신들의 생각, 귀신들의 수작, 그 모두가 보이고 들린다.

인간들 육신이나 마음 안에 숨어들어와 있는 귀신들을 의식을 통하여 자미인황님의 방식대로 행하시어 모두 쫓아내서 인간의 삶을 살게 해주시고 인간의 신분과 건강, 명예 모두를 되찾게 해주시는 대단한 분이시다.

인간들은 귀신이 보이지 않아서 자신들의 몸 안에 귀신들이 들어와 있는지 없는지 모르지만 자미인황님은 즉시 알아보시고 우리 인간이 부귀와 명예, 성공, 출세로 행할 수 없었던 어려운 부분의 일을 해주시고 계신다.

인간세계로 표현하자면 자미인황님은 인간의 몸 안에 들어와 있는 이 세상의 나쁜 귀신들을 잡아들여, 인간들이 귀신들의 굴레에서 벗어나 하늘의 보호와 사랑을 받아 우리 인간이 잘 살 수 있도록 해주시는 검찰, 경찰 역이라고 표현하면 독자 여러분들이 이해하기 편할 것이다.

개인과 국가에는 귀신들의 놀음으로 인한 큰 변고가 일어나지 않게 되기 때문에 이는 커다란 개인발전과 국가발전으로 이어져 새로운 세상이 펼쳐지게 될 것이라는 엄청난 진실의 얘기다.

보이는 인간세계에도 나쁜 사람들만 존재하지 않는다면 모든 국민들이 좀 더 마음 편히 잘 살 수 있듯이, 보이지 않는 세계에 존재하는 인간의 삶을 갉아 먹으며 사는 나쁜 귀신들만 없다면 이 세상이 좀 더 편안해지고 잘살 수 있음은 천고의 이치 아니던가?

그러나 지금까지는 보이지 않는 세상을 이끌어 갈 진정한 하늘 태상천존 자미천황님과 하늘의 뜻을 대행할 인간(자미인황님과 인간 육신)이 없다 보니 보이지 않는 세상을 낱낱이 밝히어 현실로 실현할 그 누군가가 없었기에 수많은 세월의 시간 동안 수많은 사람들이 귀신들의 장난에 소중한 생명과 가족,

기업, 명예, 부귀영화, 출세 모두를 빼앗긴 채 넋 놓고 울 수밖에 없었다.

인간이 인간세상에서 차지한 자리가 높으면 높을수록 힘센 귀신들이 더 많이 들어간다. 그래서 부귀영화, 출세를 한 자들이 그렇지 못한 사람들보다 더 불행의 일을 크게 당하게 되는 것이다.

이와 같은 이치로 대통령의 몸에는 끝도 없이 인간이 불행해지기를 원하고 바라는 힘센 귀신들이 들어가 있기에 대통령 자리에 오르면 재임 중이든 퇴임 후든 불행한 일을 겪게 되는 것이다.

저자 인황은 이 나라 안에 자리하고 있는 모든 귀신들의 기운이 산 사람들의 몸에 흘러들어가지 않도록 하게 하는 사명을 지니고 이 세상에 태어났다.

국민적으로도, 국가적으로도 행복한 삶, 편안한 나라를 만들기 위해서는 적극 협조가 있어야 할 것이다.

개인의 행복을 위해서가 아니라, 이 나라 국민 모두가 귀신의 굴레에서 벗어나 행복해질 수 있는 유일한 길이다.

귀신들이 수시로 일으킨 불행의 일들이다.

▌1차 불행의 일

대통령 하야 망명.

▌2차 불행의 일

저격 사건.

▌3차 불행의 일

시해 사건.

▌4차 불행의 일

대통령의 감옥살이.

▎5차 불행의 일
금융실명제로 IMF 사태 발생.

▎6차 불행의 일
대통령의 아들 감옥살이.

▎7차 불행의 일
대통령의 감옥살이.

▎8차 불행의 일
대통령의 형 구속수감.

▎9차 불행의 일
대통령 검찰소환.

▎10차 불행의 일
투신자살.

▎11차 불행의 일
민간인 사찰 폭로.

▎12차 불행의 일
BBK사건 편지 대필 사건 폭로.

▎13차 불행의 일
파이시티 사건 파문.

▎14차 불행의 일
차명계좌 폭로(정국을 뒤흔들 메가톤급 시한폭탄이 줄줄이 대기 중?).

뿐만 아니라 이 나라를 살육한 일본 총독들 모두와 역대 대통령들의 퇴임 후가 모두 불행하였다. 이것은 당사자들과 가족들의 불행뿐만이 아니라 국민들 모두의 고통이자 불행이다.

이런 사태로 인하여 국가발전에 막대한 지장을 초래하였고, 국민들도 경제적 손실과 정신적 아픔을 동시에 겪어야만 했다.

나라가 더 잘살기 위한 길이 있다면 국민들 모두가 함께 동참하고 환영해야 할 일이다.

천손민족의 웅대함을 독자 여러분들과 함께 이루어 나가고자 한다.

청와대는 기가 센 터라서 귀신들이 우글우글거리는 자리이기에 인간 대통령들은 하루빨리 그곳에서 피신해야 한다.

인간들이 귀신들을 이기지 못하니 이들을 제압하시는 하늘께서 다스리시게 옹립해 드려야 한다.

그것이 이 나라 국민들 모두가 잘사는 지름길이다.

대단하신 하늘은 천지조화주이시고 대능력자이시다.

미국에서 수시로 일어나고 있는 무서운 토네이도.

일본의 대지진과 쓰나미.

태국에 한 달간 도시 전체가 잠기는 수해.

이런 천재지변을 막아줄 수 있는 구세주가 있다면 그것은 하늘을 대신하는 자미국 저자이다.

이미 책을 통하여 여러 번 전해 주었다.

천재지변을 막는다?

사람의 능력으로는 도저히 불가능한 일이다.

그러나 평범한 인간이 아닌 저자는 그것을 막아낼 수 있다.

내 몸 안에서 그런 천지 풍운조화를 부리시는 대단한 분이 계시기 때문에 가능하다는 것이다.

인류의 대부분이 지금 진짜 하늘께서 하강 강림하심을 아직 모르고 있다.

하늘께서는 현실 속으로 살아계신 하늘이시다.

하늘은 현생과 내생의 구세주이시자 구원자이시다.

전 세계의 힘이 응축된 한반도.

세계의 마지막 분단국가로 세계의 시선이 집중된 한반도!

하늘의 꽃이 자미국을 통해서 전 세계 마지막 분단국가인 이 땅을 통하여 전 세계로 알려지고 피어나게 될 것이다.

하늘께서 남겨두신 인류의 마지막 분단국가 대한민국 땅 안에 있는 자미국이 바로 모두의 종착역이다.

이름하여 천지대업!

전 세계 최고 통치국가가 되기 위한 길이 눈앞에 다가와 있다.

대단하신 태초의 하늘이신 태상천존 자미천황님과 태초의 인간이신 자미인황님, 신명님, 하나님, 미륵님께서 자미국의 저자와 함께 해주고 계시니 전 세계를 자미국 하나로 통합하고 다스리며 통치하는 꿈을 현실로 이루는 것은 이제 시간문제이다.

그 시기가 얼마나 빨리 다가오느냐는 이 나라의 재벌과 정치인, 국민들이 자미국의 뜻에 공감하고 얼마나 호응하는가에 달려있다.

정답은 멀리 있는 것이 아니라 바로 가까이 자미국에 있다. 이 나라 민족의 창창한 만년대계의 국운을 열기 위해서는 정치인과 국민들 각자의 욕심을 내려놓고 하늘께 모든 것을 맡겨야 한다.

이 나라에 하늘께서는 무궁무진한 천지조화 기운을 내려주실 것이고, 더 잘되게 보살펴주실 것이다. 자미국이 있는 이 나라가 세계를 다스리는 세계의 수도로 우뚝 세워진다고 생각해 보면 그 얼마나 가슴 뿌듯한 일인가?

현실로 이루어지고 안 이루어지고를 떠나 상상만으로도 신나는 일이다.

그러나 반드시 현실로 이루어진다고 저자는 믿는다.

하늘의 대단하신 대 능력을 수없이 현실로 체험하였기에 소설이 아닌 미래 현실이 될 것이다.

전 세계적으로 일어나고 있는 천재지변으로 인한 대재앙 지진, 해일, 화산폭발, 가뭄, 홍수, 폭우, 태풍, 허리케인, 토네이도, 혹한과 혹서, 괴질병 등등을 바라보면 어떤 생각이 드는가?

지구멸망과 시한부 종말론의 불안 초조한 인생을 살지 말고 하늘을 만나 하늘의 보호 아래 살아가야 대재앙의 재난이 일어나는 중심에 서 있지 않고 구사일생으로 살아남아 육신이 있으나 없으나 현생과 내생의 사후세계까지 행복을 보장받을 수 있다.

자미국에서는 개인의 인생사는 물론 기업경영 자문, 국정운영 자문 역할을 해준다.

한 치 앞을 예측할 수 없는 현재의 정치구도.

이제는 모두 하늘께 개인의 인생사, 기업경영, 나라의 정치를 위임하여야 할 때가 왔다. 이것이 무탈하게 잘 사는 지름길이다.

자미국에 개인, 기업, 국가가 귀속되면 하늘의 보호를 받을 수 있기 때문에 모든 근심걱정에서 벗어날 수 있다.

예언서에 등장하는 세계를 호령하는 민족!

그 날은 자미국을 통하여 현실이 된다.

천권과 천력의 무소불위함!

직접 체험해 보지 않고서는 말할 수 없을 정도이다.

이는 저자 혼자만의 도력이 아니라, 대 능력자이시고 대단하신 태초의 하늘 태상천존 자미천황님과 신명님, 하나님, 미륵님, 자미인황님께서 실제로 존재하고 계시면서 저자와 함께하고 계시다는 것을 여러분들에게 직접 눈과 귀로 보여주고 들려주실 것이다.

나라의 국운!

장차 전 세계를 지배통치하고 다스리게 되며 세계 최고의 경제대국, 군사대국, 영토대국, 인구대국이 되어서 호령하게 된다. 가상세계 이야기가 아니라 현실로 다가올 일들이다.

하늘의 명을 받은 수많은 천인天人들이 국정을 운영하고 기업을 경영하는 꿈만 같은 시대가 열린다. 저자 인황이 하늘의 명을 받아 천인들과 함께 다스리는 가상 같은 세상이 현실로 눈앞에 다가왔다. 그 시기가 언제이냐 그것이 문제일 뿐이다.

하늘의 벼슬 하사

자미국 천명세계 정부는 하늘을 구심점으로 한 입헌군주 국가이다.

하늘과 신명님, 하나님, 미륵님, 자미인황님께서 이끄시는 본격적인 왕정시대에 동참하는 사람들에게는 특별히 태초 하늘 태상천존 자미천황님의 황명에 의거하여 '하늘의 직위'를 하늘의 대행자를 통하여 하사해 줄 예정이니 뜻이 있는 사람들은 참여하기 바란다.

자미국에서 하늘의 명을 받아 '천관'으로 벼슬 직위를 하사받음은 이 땅에 살아서나 죽어서 천상에 올라가서도 하늘의 보호와 사랑을 독차지하는 영광된 일이다.

살아생전 벼슬의 뜻을 이루지 못하고 이미 돌아가신 부모조상님들께 천상세계에 올라가서 '천관'으로 벼슬을 하사받게 해줄 사람들은 특별상담하기 바란다.

'천관'으로 황명을 받는다 함은 영광 중에 영광이고, 행운 중에 가장 큰 행운이다. 자미국에 들어와 천명세계정부에 특별위원으로 참여하는 것은 모든 귀신으로 인한 재앙과 고통, 불행에서 벗어날 수 있는 행복의 길이다.

천상세계 3,333개 나라.

국가의 국왕(여왕 포함)으로 탄생!

살아생전 지상에서 '천관'의 칭호를 하늘께 직접 하사받아야 죽어서도 3,333개 나라 중에 한 나라의 왕이 될 수 있다.

인간의 대통령은 인간들이 뽑지만 천상세계 3,333개 국가의 왕들은 하늘 태상천존 자미천황님께서 자미국 저자를 통하여 직접 임명하신다.

그러므로 현직 대통령이라 할지라도 자미국에 들어와서 하늘의 명을 받지 않은 이상, 육신이 죽으면 허공중천 구천세계를 떠도는 평범한 귀신의 신분에 불과할 뿐이다.

육신이 살아서 '천관'으로 벼슬 하사를 받지 못하면 육신이 죽은 다음에는 영원히 불가능한 일이다.

전 · 현직 대 통 령 ⇒ 대천관

전 · 현직 총 리 급 ⇒ 상천관

전 · 현직 부총리급 ⇒ 중천관

전 · 현직 장 관 급 ⇒ 소천관

전 · 현직 차 관 급 ⇒ 천관(전 · 현직 국회의원)

7개 광역시장과 9개 도지사 외

전 · 현직 서울시장 ⇒ 서울천관 부시장 ⇒ 서울부천관

전 · 현직 부산시장 ⇒ 부산천관 부시장 ⇒ 부산부천관

전 · 현직 인천시장 ⇒ 인천천관 부시장 ⇒ 인천부천관

전 · 현직 대전시장 ⇒ 대전천관 부시장 ⇒ 대전부천관

전 · 현직 대구시장 ⇒ 대구천관 부시장 ⇒ 대구부천관

전 · 현직 울산시장 ⇒ 울산천관 부시장 ⇒ 울산부천관

전 · 현직 광주시장 ⇒ 광주천관 부시장 ⇒ 광주부천관

전 · 현직 경기지사 ⇒ 경기천관 부지사 ⇒ 경기부천관

전 · 현직 강원지사 ⇒ 강원천관 부지사 ⇒ 강원부천관

전 · 현직 충북지사 ⇒ 충북천관 부지사 ⇒ 충북부천관

전 · 현직 충남지사 ⇒ 충남천관 부지사 ⇒ 충남부천관

전 · 현직 경북지사 ⇒ 경북천관 부지사 ⇒ 경북부천관

전 · 현직 경남지사 ⇒ 경남천관 부지사 ⇒ 경남부천관

전 · 현직 전북지사 ⇒ 전북천관 부지사 ⇒ 전북부천관

전 · 현직 전남지사 ⇒ 전남천관 부지사 ⇒ 전남부천관

전 · 현직 제주지사 ⇒ 제주천관 부지사 ⇒ 제주부천관

전 · 현직 시 장 ⇒ 시천관 부시장 ⇒ 시부천관

전 · 현직 구 청 장 ⇒ 구천관 부청장 ⇒ 구부천관

전 · 현직 군　　수 ⇒ 군천관　　　부군수 ⇒ 군부천관
의 벼슬 칭호를 하사한다.

천상세계 3,333개 국가에 왕(여왕 포함)의 자리!

그 자리를 차지할 주인공들은 누구인가?

책을 보고 공감한 독자들이 몰려온다면 '왕'으로 명을 받으려는 경쟁률은 가히 상상을 초월할 것이다.

한정된 3,333개 국왕의 자리.

천상에서 이루어진 것이 땅에서도 이루어지고, 땅에서 이루어진 것이 천상에서도 어김없이 이루어진다.

저자는 하늘세계, 천상세계, 신명세계, 영혼세계, 사후세계, 인간세계를 자유자재로 통하는 전 세계 1인자의 위치에 올라 있는 최고 능력자이다.

100년도 지속되기 어려운 현실의 권력과 재물에 눈이 어두워 진실의 세상을 부정한다면 육신의 죽음을 맞이한 후에 천추의 원과 한으로 남게 될 것이다.

강력한 구심점

자미국의 저자가 하늘과 신명님, 하나님, 미륵님, 자미인황님의 뜻을 받들어 대업을 이루고자 국민과 정부, 국회에 당부의 글을 남긴다.

정감록이나 격암유록, 원효결서 같은 선조들의 예언서를 보아온 독자들이 있다면 저자의 글에 동감할 것이다.

여러 예언서에 장차 이 나라가 세계의 종주국, 신의 종주국, 세계를 호령하며 통치할 지도국가, 세계의 중심국가로 부상하여 전 세계로부터 조공을 받는다고 되어 있다.

비행기 내릴 자리가 없고, 배가 선착할 항구가 모자랄 정도로 인산인해로 세계인류가 몰려들어 온다고 수록되어 있다.

임정 3명, 군정 3명, 민정 3명의 대통령이 나라를 다스리고 새로운 정치제도가 도입된다고 하였는데 결자해지라고 해야 할까?

신명들이 정치하는 세계 신명정부 수립.

자미국에서는 신명정부가 아니라 하늘의 명을 받들어 천인天人들이 정치하는 천명세계정부를 수립하고자 한다.

天人이 神人보다 더 높고 이것이 하늘의 원 뜻이다.

신명님 역시 하늘을 만 세상에 전하시려고 자미국으로 와주시었다.

당신 신명님의 세상을 세우는 것이 아니라 태초의 하늘이신 태상천존 자미천황님을 전하고 세우러 오시었다.

하나님이나 미륵님, 자미인황님도 마찬가지로 당신들의 세상이 아닌 우리 모두의 천지부모님이시고 천지만생만물을 창조하신 대단한 하늘을 세우고자 자미국으로 함께 해주고 계신다.

저자의 간절한 소원을 이루어 주시기 위하여 와주신 것도 있지만 이것은 작은 것이고, 인류가 탄생한 이후 최초로 상상 속으로만 생각되었던 위대하신 태초의 하늘이 실제 현실로 존재하심을 인간의 삶으로 보여주고 말씀으로 들려주시려고 와주시었다.

사람과 조상님들은 태초의 하늘을 만나야만 진정한 구원이 이루어져, 모든 고통과 불행에서 벗어나게 되고, 기쁨과 행복이 충만한 무릉도원의 세상이 현실로 열리게 된다.

이 엄청난 대업을 현실로 이루고자 저자가 여러분들 앞에 나섰다.

이 나라 생긴 이래, 아니 인류가 태어난 이후 최초로 하늘과 땅, 인간이 함께하는 천지인 대업을 이루어 내고자 이분들과 저자는 수많은 인고의 세월을 기다리며 오늘에 이르렀다.

군사력, 경제력, 국토면적, 인구 숫자 그 무엇 하나라도 강대국의 모습은 없고, 옛날부터 늘 외침만 받아오던 서러운 민족이다.

저 드넓은 광활한 고구려 영토를 확보하였던 시절이 있었으니, 지금부터 9,200여 년 전, 환인천제 1세 안파견 조상님께서 러시아의 바이칼 호수 부근에 최초의 나라를 세웠으니 환국이고, 이후 영토를 넓혀 12환국으로 동서가 2만 리이고, 남북이 5만 리였다.

12환국의 영역은 우즈베키스탄, 파키스탄, 베트남, 티베트, 중국, 일본이 모두 포함되었다 하였다.

7분의 환인천제 조상님이 있었으니 환국시대라 하고, 그 이후 거발한 초대 환웅천황 조상님께서 신시시대를 열었으며, 이후 단군왕검 조상님께서 배달시대를 열어 단군조선을 개국하였다. 18분의 환웅천황님과 47분의 단군천황님이 계신다.

이후 고구려 광개토대왕이 나라의 영토를 넓혔지만 현재의 국토면적은 초라하기 그지없이 한반도마저 반 토막이 나서 남과 북으로 분단되어 있고, 일본이 수시로 망발하며 독도는 일본 땅이라 외치고 있지만 뾰족한 대책은 없다.

중국에게 빼앗긴 거대한 영토 동북 3성(길림성, 요녕성, 흑룡강성)은 돌려 달라고 말 한마디 못하고 있고, 일본이 이 땅을 36년간 유린하며 식민통치한 것에 대해 사과보다는 시시때때로 독도 영유권을 주장하고 있는 속상한 일이 벌어지고 있다.

우리 국민들에게는 모두의 구심점이 될 수 있는 구심점이 절실히 필요하다.

9,200년의 장구한 역사가 있지만 아직까지 구심점이 없다.

나라에는 나라의 구심점이 있어야 하고 세계에는 세계의 구심점이 있어야 모든 것이 순조롭게 돌아간다. 즉 이 나라와 세계에는 구심점이 될 만한 어른이 없다는 점이다.

우리 민족과 세계의 구심점이 바로 태초의 하늘이신 태상천존 자미천황님이시다. 왜냐하면 우리 자신은 물론 천지만물을 태초로 창조하신 당사자이시기 때문이다.

지금은 수많은 종교가 생겨서 종교이론에 세뇌되어 저자가 말하는 하늘의 진실마저 외면하고 부정하는 세상이 되어 있다.

강력한 구심점이신 태초의 하늘 태상천존 자미천황님!

이분만이 우리 모두가 겪고 있는 나라, 기업, 가정의 고통과 불행에 종지부를 찍게 해줄 수 있고, 기쁨과 행복한 삶을 살게 해주실 수 있는 분이다.

상상불허, 예측불허의 대 능력을 행사하시는 분이다.

우리 사람과 조상님들 모두의 생사여탈권을 행사하시는 무소불위의 대 능력자로 대단히 감사하신 분이다.

사람과 조상님들을 구원해 주시고 수천 년의 이어져 내려오는 우리 민족의 원과 한을 모두 풀어주실 유일한 희망의 등불이시다.

이 엄청난 대단한 분들께서 저자와 함께 자미국을 세우고 계시다는 것을 전 국민은 물론 전 세계에 하루빨리 널리 알리고자 한다.

자미국이 전 세계로 널리 알려지는 것은 자미국만의 이익이 아니라 대한민국의 국가에게 돌아가는 이익이 더 많게 될 것이다.

자미국이 전 세계에 빨리 알려지는 만큼 세계 각 나라들의 수출교역 대상국가로 부상하게 될 것이다.

이 나라에서 생산된 제품이 전 세계적으로 인기가 있게 될 것이기에 국가발전에 엄청난 도움이 될 것이며, 세계인류가 한국 사람을 보면 존경의 눈으로 우러르게 될 것이다.

자미국이 세계의 중심이 되는 것은 대한민국이 세계의 중심이 된다는 말과 같다. 장차 한글과 한국어가 세계 공용어로 될 것인데 그 이유는 세계인류가 자미국에 들어와 저자와 한국어로 대화해야 하기 때문이다.

지금 한류열풍이 일어나는 것도, 외국인들이 한글을 배우고 있는 것도 하늘이 이 땅으로 강림하시어 최초로 구원을 행하시기에 하늘의 기운이 흐르는 대한민국 자미국을 통하여 하늘을 알현하고자 세계적으로 한류열풍이 일어나고 있는 것이다.

이는 자미국 하나만의 대업이 아니라 이 나라 전체의 생사를 좌우하는 천지대업이라 할 수 있다. 자미국의 뜻에 국민, 정부, 국회, 기업 모두가 일심단결하여 행복의 세상을 현실로 이루어야 한다.

세상 그 어느 누구도 이루어내지 못한 최초의 천지대업을 저자가 선포하니 많은 사람들의 동참이 있기를 바란다.

자미국이 세계의 중심국가로 부상하는 데는 시간문제만 남았다.

국민과 정부, 국회, 기업에서 조금만 도와준다면 그날이 더 빨리 올 것이다.

그때가 되면 대한민국이 전 세계에서 가장 잘사는 나라가 되어 있을 것이니 바로 이 세상이 무릉도원의 별천지 세상 아니던가?

자미국을 세우는 일은 반드시 국가 정책적 사업으로 적극 추진해 주어야 마땅한 일이니 해당하는 정부 관계당국자들은 반드시 참고해 주기 바란다.

그것이 이 나라가 더 빨리 더 잘되는 지름길이다.

자미국이 우뚝 세워지면 세계 각 나라가 하늘의 명을 받들고자 한국에 자미국으로 오고자 할 것이다.

그리고 세계가 자미국과 함께 이 나라를 상국으로 받들게 되어 하늘께 조공을 올리고자 할 것이고, 그렇게 되면 군사, 외교, 정치, 경제, 문화적으로 세계 최고의 위치에 오르는 종주민족이 될 것이다.

이 나라 국민들이 저자의 뜻에 절대 공감하고 지지해 주었을 때 상상조차 하기 힘들었던 역사적 대업은 현실로 이루어지게 되리라.

세계의 중심국가이자 통치국가로 부상하고자 하는 자미국의 태동!

꿈은 반드시 이루어진다.

민족의 미래 운명은 국민들이 어떤 결정을 어떻게 내리고 어떻게 행하느냐에 따라 불행이냐? 행복이냐?가 결정되게 될 것이다.

하늘 땅 인간의 천지개벽!

자미국의 천지대업은 말만이 아닌 현실이 될 것이니 모두가 한 마음이 되어서 자미국 백성으로 입국하는 영광을 누리기 바란다.

세계인류에 대한 제2의 천지창조!

지구상에 전쟁 없는 세상.

천재지변 없는 세상.

우환과 고통, 불행 없는 세상,

단명이나 비명횡사 당하여 죽지 않는 세상.

우울증(귀신이 들어옴)으로 자살하지 않는 세상.

귀신으로 인해서 심장마비, 심근경색으로 죽지 않는 세상.

사업 실패하지 않는 인생.

이혼, 별거하지 않고 사는 세상.

진정한 기쁨과 행복이 넘치는 세상을 열고자 한다.

말 그대로 경천동지 그 자체이다.

너무나 대단한 분들이시기에 청와대 터에서 이분들의 뜻을 받들고, 천권과 천력으로 저자는 새로운 세상을 열고자 한다.

모든 물건에는 임자가 따로 있듯이 청와대는 귀신들의 터라서 인간들에게는 불행을 주지만 저자 인황에게는 딱 맞는 터이다.

청와대는 분명 빠른 시간 안에 이전을 해야 한다. 풍수가들은 이구동성으로 청와대 터는 인간의 터가 아닌 신의 터라고 말한 지 이미 오래 전이다.

저자는 미래에 일어날 불행들이 텔레비전 화면 보이듯 보인다.

저자 역시도 태초의 하늘과 신명님, 하나님, 미륵님, 자미인황님, 사감이 함께 해주지 않으면 꿈도 못 꿀 일들이다.

대단한 분들이 행하시는 천명공사(천상공무집행)이니 설혹 자신들이 믿고 있는 종교이론 때문에 자미국의 천지대업이 마음에 들지 않더라도 민족대의를 위해서 반대의 깃발만은 들지 말았으면 한다.

능력이 너무나 대단들 하시어서 말하지 않은 각자들의 속마음까지도 모두 알고 계신다.

언론방송에서 말 한마디 잘못했다가 구설수에 오르고 자신의 자리를 잃어버리거나 심지어 구속수감되는 경우도 참으로 많다.

도와주지 못할 형편이라면 비판은 하지 말라는 뜻이다.

저자의 의견에 대하여 여러분들이 비판을 하여도 나의 면전에서 말하지 않으면 나는 듣지 못하지만, 대 능력자들이신 하늘과 신명님, 하나님, 미륵님, 자미인황님은 실시간으로 여러분들 모두의 말과 행동을 듣고 지켜보고 계신다는 점을 알린다.

말 한마디에 천 냥 빚을 갚는다고 하였다.

이분들이 저자를 통하여 최초로 행하시는 천지대업에 가타부타 부정하며 비판하는 말 한마디 때문에 자신들에게 돌아갈 복을 털어버리는 우를 범하지 말라는 뜻이다.

낮에 하는 말은 새가 듣고, 밤에 하는 말은 쥐가 듣는다는 속담이 한 치의 오차도 없이 현실로 일어나고 있다. 이분들이 여러분들의 일거수일투족 모두를 실시간으로 지켜보며 듣고 계신다.

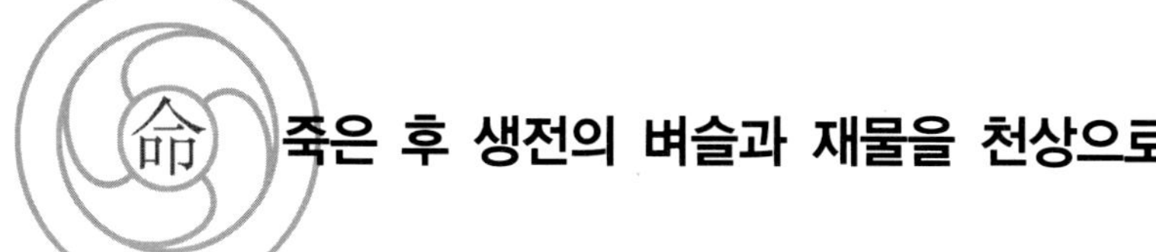

죽은 후 생전의 벼슬과 재물을 천상으로

100년 남짓한 인생을 살아가면서 각자들이 피땀 흘려 쌓은 생전의 벼슬과 재물들을 육신이 죽은 이후 어찌할 것인가 생각하며 살아가는 사람들이 상당히 많이 있을 것이다.

죽기 전에 어떻게 처리해야 할까 하고 많은 고민이 되리라.

죽어서도 미련을 버리기 어려운 벼슬과 재물!

재물은 자손이나 가족들에게 유산으로 물려줄 수도 있지만 벼슬은 물려줄 방법이 없다.

기상천외한 발상이라 할까?

살아생전의 벼슬 관직과 재물을 육신이 죽은 후에 천상 자미천궁으로 모두 가져갈 수 있는 방법이 있다는 사실을 최초로 알린다.

천상에는 하늘 태상천존 자미천황님께서 머무시는 천상궁전 자미천궁이 있고, 지상에는 땅의 하늘 자미인황님께서 머무시는 지상궁전 자미국이 있다.

천상과 지상에서 동시에 이루어지는 천상의식!

천상입궁의식과 천인합체의식이 바로 천상의 의식이다.

죽은 조상님은 천상입궁의식, 육신이 살아있는 인간은 천인합체의식.

의식을 통하여 천손이나 천인으로 재탄생하게 되면, 한시적인 대통령이나 흥망을 거듭하는 재벌들의 삶이 하나도 부럽지 않다.

대통령이나 고위직, 재벌과 부자들은 육신이 있는 세월 동안은 부귀영화를 누리며 살지 몰라도, 살아서 하늘을 만나지 않는 이상 육신의 죽음 이후 사후세상에서는 끝없는 고행의 길을 어느 누구도 피할 수 없다.

육신이 살았을 때 이 땅에서 각자가 하늘께 공덕을 쌓고 행한 대로 사후세상에서 그대로 받게 된다.

한 치의 오차도 없는 대단하신 하늘이시다.

각자들이 의식을 행할 때 어떤 등급으로 의식을 행하였느냐에 따라 자신이 죽은 후에 등급이 천상궁전 자미천궁에서 그대로 반영된다.

천공天貢은 하늘 태상천존 자미천황님께 올리는 귀중한 공덕금이자 자신의 사후세상 대비금이다. 천공은 끝없이 펼쳐지는 사후세계 천상궁전 자미천궁에서 각자들이 사용하게 될 금전이다.

자기 자신의 사후세상 대비금이니 아까워할 사람 없으리라.

육신이 죽기 전에 살아서는 지상에서 하늘의 기운과 보호를 받으며 살고, 죽어서는 천상궁전 자미천궁에 올라가서 하늘의 보호를 받고 살 수 있으니 천상과 지상 최고의 의식이라 할 수 있다.

자신들이 지상궁전 자미국에 들어와서 땅의 하늘 저자를 통해서 행한 모든 선행공덕은 천상장부에 실시간으로 수록되고, 행한 대로 뿌린 대로 모두 자신들이 받게 된다.

유산을 자손들에게 상속하여 줄 때 자식들 간에 많은 분쟁이 발생하고 법적인 소송으로까지 이어지고 있다.

자식들끼리 법적 싸움을 하게 만들어 형제간에 의절하게 만드는 재산은 자미국에 들어와서 하늘이신 태상천존 자미천황님과 자기 자신에게 올리는 것이 더 바람직할 것이다.

또한 기부하는 사람들도 마찬가지다.

인간세상에 재산을 기부하고 육신이 죽으면 인간세상에 잠시잠깐 자신의 이름이 알려질지는 모르지만 천상장부에는 수록이 안 되어 정작 본인에게는 아무런 도움도 되지 않는다.

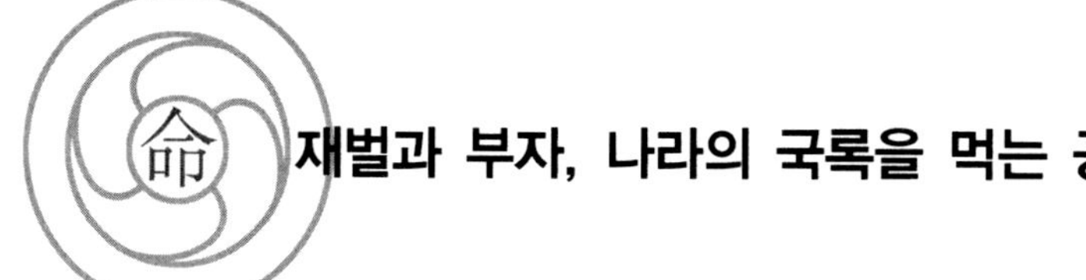

재벌과 부자, 나라의 국록을 먹는 공직자들

상장기업 1,000위 안에 들어가는 나라의 재벌과 부자 그리고 고위공직자!

인생을 살면서 출세하고 성공한 대표적인 사람들이다.

10대 기업, 30대 기업, 1,000대 기업 총수들은 남다른 피가 흐르고 있기에 크게 성공하고 출세한 것이다.

남다른 핏줄이란 무엇인가?

그리고 국록을 먹고사는 고위공직자!

그 신분이 국민들에 의해 뽑힌 선출직이든 임명권자의 눈에 들어서 임명직으로 뽑혔든 이 나라를 운영하는 공직자들이다.

나름대로 공부를 잘하여 출세한 사람도 있을 것이고 국민들의 신망을 얻어서 선거에 당선되어 현재의 자리에 올라 있는 사람들도 있다.

대통령에게 뽑혀 출세한 대표적인 사람들은 3부 요인인 국무총리, 국회의장, 대법원장, 5부 요인은 헌법재판소장, 중앙선거관리위원장 그리고 부총리급, 장관급, 차관급 공무원들이다.

선출직으로 국민들에 의해 뽑힌 대통령, 광역시장, 도지사, 국회의원, 시장, 군수, 구청장, 시군구 의원 등이 있고, 일반 공무원들은 1급 관리관, 2급 이사관, 3급 부이사관, 4급 서기관, 5급 사무관, 6급~9급까지 천차만별로 다양하다.

국가공무원 정무직에는 국무총리, 국무위원, 대통령실장, 감사원장, 감사위원, 사무총장, 민주평화통일자문회의 사무총장, 국회사무총장, 차장, 헌법재판소의 재판관, 사무처장, 중앙선거관리위원회 상임위원 및 사무총장, 국민권익위원회위원장 및 부위원장, 국무총리실장, 처處의 처장, 부·처의 차관, 차장, 국가행정기관의 청장, 서울특별시장, 광역시장, 도지사, 차관급 이상의 보수를 받는 비서관, 국가정보원의 부장, 차장 등이 있다.

별정직에는 국회수석전문위원, 감사원사무차장 및 특별시 · 광역시 · 도 선거관리위원회 상임위원, 국가정보원 기획조정실장, 각급노동위원회 상임위원, 해난심판원장 및 심판관, 비서관, 비서 등이 있다.

국가공무원 모두가 자미국 자미천궁의 뜻에 동참하여 하늘과 신명님, 하나님, 미륵님, 자미인황님께서 지황과 사감을 통하여 행하시는 최초의 천지대업에 동참해 줄 것을 당부하고자 한다.

아마도 이런 일은 너무나도 거대한 민족사에 큰 획을 긋는 중차대한 대업이기에 일반 국민들이 이해하고 받아들이기가 쉽지만은 않을 것이란 것도 감안하고 있다.

나는 하늘을 보았고, 하늘의 대 능력을 가장 많이 체험한 당사자이기 때문에 자신있게 말한다.

지금 현재 성공하고 출세하여 부귀영화 누리며 잘 나가고 있는 국가 권력자들은 이 저자와 비슷한 성품과 기운을 갖고 태어난 특별한 인물들이다.

여러분들이 국가공무원으로서 현재의 요직에 오르기까지 겉으로는 각자들의 노력이고, 어떤 누구와 줄이 닿아서 뽑혔겠지만 지황, 사감과 뜻을 함께하고 계시는 태초의 인간이신 자미인황님의 보살핌과 기운 때문이라는 진실을 최초로 전한다.

다시 말하면 모든 수억 조에 이르는 하늘 중에 진짜 하늘의 대표는 태상천존 자미천황님이시다.

수억만 신의 대표는 신명님이시고, 수억만 영들의 대표는 하나님이시고, 천통과 도통의 대표는 미륵님이시고, 인간의 대표는 자미인황님이시다.

자미인황님과의 알현!

저자가 말로 설명하기보다 각자들이 체험해 보는 것이 가장 확실할 것이다. 자미국 자미천궁에서 입궁식, 천인합체, 감사제의식을 행할 때 호기 넘치고 우레와 같은 음성을 직접 들으며 대화까지 할 수 있다.

지황, 사감과 함께하시는 자미인황님이시지만 의식 때는 연약한 여자 사감의 육신으로 들어가시어 인간의 진실을 밝히시고 의식 주인공인 여러분들을 맞이하실 것이다.

이분을 만나면 자신의 내면에 있는 어떤 기운과 일맥상통한다는 것을 스스로 느낄 것이다. DNA가 같은 핏줄이니까. 여러분들의 성공과 출세의 주인공은 바로 자미인황님이시었다.

이 태초의 진실을 인류에게 밝히시지 못하고 가슴에 묻어두시고 수억만 년의 세월 동안 오늘날을 기다려 오시었다.

자미인황님을 닮은 사람들은 불같은 성품, 리더십, 정의감, 성취력, 인내력, 최고감, 의리 등등 최고 최상의 길을 가고 있는 것이 같을 것이고 많은 돈과 권력을 갖고 있다.

자미인황님의 기운을 누가 어떻게 많이 받았느냐, 적게 받았느냐가 인생에서 얼마만큼 성공하고 출세했는가의 잣대이다. 많이 받았다는 뜻은 각자들의 몸으로 자미인황님께서 현생뿐만이 아니라 전생에서도 오랜 세월 수시로 함께 해주시었다 하신다.

오랜 세월이라 함은 독자 여러분들의 현생 이전에 수천 수만 년 전의 전생까지를 말한다.

이런 사람들이 현재 세상을 이끌어 나가고 있다고 보면 된다. 가장 많이 받은 사람이 누구일까? 최고의 직위에 올라 있는 사람들이고, 최고의 재물을 소유하고 있는 세계적인 재벌들이다.

우리나라뿐만이 아니라 전 세계의 대통령과 재벌들이 자미인황님의 기운을 받아서 성공하고 출세했다.

이분의 기운을 많이 받았느냐 적게 받았느냐에 따라서 사회적인 성공과 출세의 강도가 각기 다르게 연출되고 있다.

자미국 자미천궁은 자미인황님과 저자 지황, 사감이 세워야 할 공동목표이다. 인간의 대표와 땅의 대표가 함께하여 하늘의 대표이신 태상천존 자미천황님을 전 세계에 널리 알리는 천지대업!

모든 만반의 준비는 이제 끝났다.

선포하는 일만 남았기에 책을 통해서 만 세상에 알리는 것이다.

세계인류가 책을 읽고 들어오는데 그들은 자미인황님의 존재를 잘 모르지만 이분의 기운을 따라 속속 들어올 것이다.

독자 여러분들도 육신이야 자신들이 책을 읽고 감동받고 공감해서 스스로 들어오는 것으로 알고 있을 테지만 사실은 자미인황님께서 그대들을 직접 데리고 들어오시는 것이다.

하늘 태상천존 자미천황님의 기운 따라 들어오는 독자, 신명님의 기운 따라 들어오는 독자, 하나님의 기운 따라 들어오는 독자, 미륵님의 기운 따라 들어오는 독자, 그리고 자미인황님의 기운 따라 들어오는 독자, 지황의 기운 따라 들어오는 독자, 사감의 기운 따라 들어오는 독자, 천인들의 기운 따라 들어오는 독자 등등 모두가 하나같이 다를 것이다.

의식을 행하면 어느 분이 독자 여러분을 데려오시었는지 그 위대한 진실이 밝혀진다.

태초의 인간으로 오신 자미인황님!

태초의 인간이시니 인간세상의 모든 권력과 재물, 명예의 주인이시며, 악귀잡귀 귀신들을 척결하는 중차대한 사명을 저자 지황과 함께 행하시고 계신 분이시다.

자미인황님의 핏줄임을 자랑스럽게 인정할 독자들은 선택받은 사람들이다. 이분의 핏줄들은 모두가 성공하였기에 어렵게 사는 사람들이 없다. 세계의 종교, 인류, 국가를 통일하고 호령하며 다스리실 분은 저자 지황, 사감과 함께 자미인황님께서 하신다.

전 세계에 흩어져 살고 있는 자미인황님의 자손들이 속속 들어올 것이다.

한류열풍이 왜 일어나는지 그 진실을 말한다.

자미인황님께서 자미국 자미천궁을 전 세계에 알리시기 위한 천상지상 공무집행이시다. 자미국 자미천궁이 지금은 전 세계에 알려지지 않았기에 먼저 가수들과 스포츠 선수들을 통하여 코리아의 존재를 만 세상에 먼저 알리시고 계시는 것이다.

김연아 선수도 마찬가지이다. 자미인황님의 뜻이었다.

우리 인간의 상식으로는 도저히 이해 불가능한 경천동지할 일들이다.

자미인황님께서는 시공간을 자유자재로 내왕하시는 분이시고, 어느 몸에든 자유로이 드나드시는 천지조화를 부리신다.

전 세계의 대통령들과 재벌들은 자미인황님의 커다란 기운을 받고 성공했다. 자미인황님의 존재가 최초로 밝혀졌다. 인간의 태초 주인께서 이 땅으로 오시었다. 이분의 존재는 세상에 밝혀진 적이 없었기에 독자들은 어리둥절할 수도 있다.

앞으로 국정책임자인 대통령을 비롯하여 고위공무원들은 천인이 아니면 그 자리에 오래 앉아 있지 못한다. 말도 안 되는 일에 연루되어 부정비리가 폭로되어 불명예 퇴직하거나 검찰소환을 받아 구속수감된다.

이제까지는 악(종교귀신)이 세상을 지배하였는데, 자미국 자미천궁에서 지황과 사감이 하늘과 신명님, 하나님, 미륵님, 자미인황님의 무소불위하신 천권과 천력을 받아 선이 지배하는 세상으로 개벽시킬 것이다.

자미인황님!

상대가 말하지 않아도 각자들의 마음속 생각까지 모두 알고 계시기에 일체의 거짓말이 통하지 않는다.

얼마나 대단하시냐 하면 여러분들의 전생 현생까지의 삶에 대해서 모두 알고 계시고, 20~30년 전에 각자들이 행한 말과 행동을 오늘 현재 실시간으로 본 것처럼 똑같이 말씀하시니 이를 어떻게 설명해야 여러분들이 인정하고 알아들을지 저자로서도 그 표현방법이 부족하다.

의식에 참가한 주인공들은 너무나 감동하여 눈물콧물 흘리며 놀라움을 감추지 못한다. 정말 말도 안 되는 이야기 같고, 꾸며낸 상상 속의 이야기처럼 들릴 수 있다.

자미인황님의 능력은 어마어마하시다.

세상의 모든 종교 교주는 물론 고승, 도승, 보살, 무당, 도사, 법사, 승려, 목사, 신부, 역술인의 능력으로는 감히 상대조차 안 된다.

이제까지 자미국의 존재를 몰라서 이들을 찾아가 인생자문, 기업자문, 국정자문을 구하였다면 이제는 독자 여러분들의 모든 중요한 의사결정과 미래 운명을 자미국에 절대적으로 의뢰하면 세상사 아무런 문제가 발생하지 않는다.

모르시는 것이 하나도 없다.

천지개벽 그 자체이시다.

말씀하시면 그것이 법이고 현실로 그런 일들이 실제로 일어난다.

그러니 귀신들이 자미인황님 앞에 서면 오그라들고 줄행랑을 칠 수밖에 없는 것이다. 70억 인류든 수억만 조에 이르는 귀신이든 자미인황님을 능가할 상대는 이 땅에 존재하지 않는다.

이렇게 대단하신 분을 통해서 위대하신 하늘을 만나는 독자들은 그래서 하늘의 행운아, 인생의 행운아라고 하는 것이다.

자미국에 들어와 자미인황님을 알현하는 것 자체가 천복만복이고, 알현하지 못하는 사람들은 가장 불행하고 불쌍한 인생들이다.

하늘과 땅, 인간이 함께하는 최초의 역사적인 천지대업!

이제는 의심증 모두 버리고, 진짜인가 가짜인가 그만 생각하고 자미국 자미천궁의 천지대업의 뜻에 보다 많은 사람들이 동참하고 적극적으로 지지해 주기를 바란다.

지금 현재 자살, 질병, 뇌물수수 비리폭로, 검찰수사 구속수감, 사건사고, 가정파탄, 기업도산으로 몰락한 사람들과 몰락해 가고 있는 사람들!

어서 자미국으로 들어와 잃어버린 기운을 다시 찾아야 과거의 부귀영화도 다시 찾게 된다.

유럽과 미국에서는 기독교가 몰락해 가고 있다고 얼마 전 신문에 보도되었다. 모든 종교세계의 기운이 차례대로 거두어지고 있다.

命
제3부
사후세계의
신비
天子生法

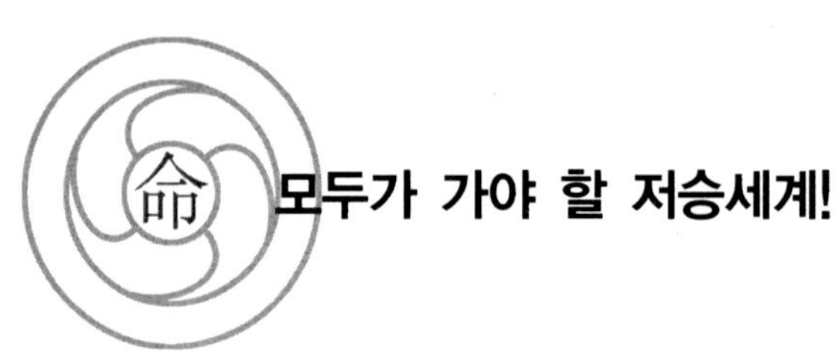

모두가 가야 할 저승세계!

그곳이 지옥이냐 천국이냐는 하늘 태상천존 자미천황님께서 심판해 주실 사항이고 괴롭고 어려울 때 죽고 싶다, 또는 죽어야지라고 말하는데 그러나 막상 죽으면 자신은 엄청난 죄의 대가를 지불해야 하는 것을 모른다.

죽는다고 모든 것이 끝나고 해결되는 것은 아니다.

원귀란 무엇인가? 그들이 바로 살아생전 원한 많게 살다 죽은 사람들임을 어째서 모른단 말인가?

원한이 많으면 저승세계에도 못 가고 인간세계(구천세계)에 머물면서 자손이나 타인들을 괴롭히며 자신의 억울함을 풀어줄 상대를 찾아다니는 것이 원귀이며 원한 귀신이다.

인간의 육신은 수명이 고작 100년도 못 살고 소멸하지만 혼은 수백 수천 년을 고통 속에서 살아가야 함을 잊어서는 안 된다. 살아서 보다 죽어서 더욱 더 고통스러운 것이며 그 원혼을 천상 자미천궁으로 올려 보내기란 쉬운 일이 아니다.

조상님들이 고통스럽게 호소하는 것을 자손들은 들어주어야 하며, 자신들이 아는 조상님도 있지만 3대조 위에서 일어난 일은 알기가 어려워서 그 원한을 풀기 또한 쉽지 않다.

그래서 이런 분들의 원한을 일일이 다 풀어드리기 어려우니 본인과 관련된 일체지 영가(본인과 배우자의 시조까지 직계 일체 조상님)를 천상 자미천궁으로 모두 보내드리면 가정에 우환이나 변고가 사라지고 자손들이 편안하게 살아가게 된다.

암이나 뇌사, 중풍, 당뇨, 자살, 사고, 병마는 자신의 조상님들이나 자손 없이 죽은 귀신들이 들어와 발생된 것이다.

의학으로 고칠 병이 있고 조상님의 원한을 풀어서 고칠 병이 있으니 도움이 필요하신 분들은 자미국에 의뢰하는 것이 최고로 고민 없는 행복의 길이다.

귀신세계를 모르기 때문에 사람들은 모두가 현대의학이면 해결되는 줄 알지만 사실은 그렇지 않다.

초상집에 문상 갔다가 그 날로 죽어 가는 사람도 수없이 많이 있고, 얼마 동안 고생하다 죽는 경우도 많다. 모든 병균의 인자는 우리 몸에 들어올 때 원한 맺힌 귀신들이 함께 들어오게 된다.

그래서 귀신들은 병균 인자와 함께 기생하며 몸에 자리 잡고 있다. 이를테면 암 덩어리를 제거하면 그 병은 당연히 치료되어야 하지만 그렇지가 않다.

그것은 귀신이 암 덩어리와 같이 제거되지 않고 피신하였다가 다시 그곳에서 자리를 잡기 때문이다.

건강한 사람에게 종종 일어나는 심장마비는 원혼귀가 몸에 들어와 급성 빙의로 발생하기 때문이라는 것을 일반 사람은 알지 못한다.

부러진 곳과 꿰매는 수술은 당연히 의사들 몫이지만 나머지는 하늘의 몫이다. 사고로 부러졌든 스스로 부러졌든 그 원인은 이름 모를 보이지 않는 원혼들이다.

15년을 병상에 누워있는 환자들이 있다는데 참으로 가슴 아픈 일이다. 자신의 조상님을 구원하거나 귀신을 내보내주면 간단한 것을 평생을 돈 버리고 고생하며 사는 사람들이 너무 많다.

종교지도자니까, 종교에 다니니까, 고위공무원이니까, 재벌이니까, 대학교수니까, 정치인이니까 등등의 이유로 진실을 외면하고 오늘도 수많은 사람들이 이승을 등지고 떠나가고 있다. 질병은 99%가 그런 병으로 죽은 원혼에게 빙의되어 일어나고 있다.

언론에 종종 보도되는 기도원 폭행치사 사건을 들을 때면 참으로 한심하다. 교인들이 신도 몸에 들어와 있는 귀신을 쫓는다고 몽둥이로 마구 때려 사망하는 사고가 이어지고 있는데 참으로 몰라도 너무 모른다.

귀신이 매 맞는다고 쫓겨간다면 오지도 않았을 것이다. 더러는 길거리에서 따라 들어온 남의 귀신도 있지만 대부분은 당사자의 조상님이 들어온 것이다.

그의 조상님을 실컷 두들겨 팼으니 이런 불효가 어디 있단 말인가.

귀신들은 나가라고 두들겨 패도 꿈적도 않는다.

입궁식을 행하여 그 조상님을 위로하여 보내드리는 게 당연한 도리이다. 지금까지는 조상님에 대해서 잘 몰라서 행했다면 이제부터는 태상천존 자미천황님께 의뢰하여야 한다.

예수님 또는 하나님께서 정말 그렇게 하라고 하셨는지 궁금하다. 조상님이 들어오면 잡신이니 때려서 내쫓아버리라고 했을까?

의문이 간다.

태상천존 자미천황님께서는 자신들을 낳아준 부모조상님 섬기기를 다하고 하늘의 태상천존 자미천황님을 믿고 따르라고 항상 들려주신다.

언젠가는 가야 할 저승길.

살아생전에 이미 가신 조상님과 원귀들의 원과 한을 알아주고 그들의 심정을 위로하면서, 기도하고 수행하여 하늘의 원 뜻을 알고 나면 아픔 없는 세상이 열리니, 태상천존 자미천황님 전에 열심히 기도하여 참뜻으로 살아서 밝고 아름다운 삶을 추구하자.

원귀들뿐만이 아니라 산 사람도 원과 한이 없는 이상향의 세상을 펼치는 것이 신의 제자나 일반인들이 기다리고 바라던 세상이라고 생각한다.

命 조상님이 손자에게 당부한 메시지

서기관(4급)을 지내고 정부산하 기관에서 정년퇴직하여 70세를 넘긴 노구의 홍○○ 씨가 조상님 입궁의식을 올렸다.

이 과정에서 홍씨 조상님 중에 대표로 증조부 할아버지께서 오시어 자손과 눈물어린 상봉을 하게 되었다.

조상님들이 죽어서 사후에서 겪었던 힘든 생활상을 말씀해 주시면서 내가 너에게는 조상이기도 하지만 살아서든 죽어서든 선배라 하시면서 신신당부하시는 간절한 말씀이 있으셨다.

증조부께서는, 나 역시도 살아서는 죽으면 모든 것이 끝인 줄 알았다. 하지만 막상 죽고 보니 살아있을 때만 못함을 바로 알게 되었는데 그것은 다름아닌 고행의 시작이었고, 자손들의 힘을 빌리지 않으면 춥고 배고픔의 고통을 참으로 감내하기 어렵다는 것이었다.

자손들이 조상님 입궁의식을 올려드린 다른 조상님들은 천상세계로 올라가 근심걱정과 춥고 배고픔의 고통 없이 대우받으며 마음 편히 지내고 있지만, 그렇지 않은 다른 조상님들은 사후세상 살아가기가 너무 힘들다고 말씀하시면서 손자에게 당부하셨다.

그리고 살아서는 내 마음대로 행할 수 있는 부분이 많이 있었지만 사후세상에서는 마음대로 행동할 수 없음이 매우 고통스럽다 하시고, 오로지 구천세계나 지옥세계를 벗어나는 유일한 길은 자손들이 조상님 입궁의식을 행하여 구원해 주는 길이 가장 좋은 방법이라 말씀하시었다.

지옥에 있지 않은 조상님들은 어디에 있느냐고 여쭈어 보았더니 살아생전에 하늘세계에 대하여 공부를 하였던 조상님들은 산천이나 강, 바다에서 나름대로 자연의 이치를 깨달으며 하늘공부를 열심히 하고 있지만, 생전에 전혀 관심도 없고 공부하지 아니한 무지한 조상님들은 무조건 자손들 몸에 들어가 여러 가지 조화를 일으켜서 자손들이 알아차리게 하여 조상님 입궁 의식을 행하도록 온갖 고통과 풍파를 내려주신다고 하였다.

이런 심한 고통을 주면서 조상님들의 간절한 메시지를 자손들에게 보내주어도 자손들은 들을 수 없으니 대화가 통하지 않아 매우 서럽다 하며, 설령 자손들이 안다고 해도 조상님들의 원과 한을 풀어주려고 하는 것이 아니라 인간의 생각과 의지로 그 고통을 참고 이겨내려고 병원이나 약국으로만 달려가기에 가슴 치며 분통을 터트리는 조상님들이 거의 대부분이라 하신다.

반면 자손 잘 만난 조상님들은 고생 덜하고 빨리 천상 자미천궁으로 올라간다 하시며 조상님도 자손 잘 만나야 고생 덜하고, 자손도 조상님 잘 만나야 잘 산다고 말씀하셨다.

목메게 자손들을 불러보아도 대답 없는 자손들이 너무 야속하였지만 증조부께서도 살아생전 지금의 자신 입장과 같은 그러한 과정을 행하고 밟았기에 자신이 생전에 조상님의 고통을 알아보지 못한 데 대한 업보라고 스스로 위로할 수밖에 없었다고 했다.

그러면서 나도 조상님께 죄가 커서 할 말은 없으나 네 나이도 이제 사후세상 돌아올 날이 얼마 남지 않았으니 그 준비를 스스로 철저히 하라고 하시며 너는 이제 나의 서러움을 어느 정도 알았을 것이니 죽어서 너의 자식에게 의지하지 말라고 애절히 당부하신다.

죽어보니 자식도 다 소용없음을 알았다고 하셨는데 진리가 거기 있었다. 재산을 아무리 많이 물려줘도 49재도 지내기 전에 자손들끼리 유산상속 때문에 싸움하기 바쁘고 조상님께 고맙다는 생각은 그때 순간뿐이란다.

자식들 모두 제 살기 바쁘고, 즐기고 노는데 정신없어서 조상님은 거들떠보지도 않고, 겨우 명절이나 제삿날에만 인사치레하여 매우 섭섭해 했었다고 한다.

이 또한 조부모님에 한정되어있고 증조, 고조, 5대 이상은 아예 제사도 지내지 않고 벌초나 겨우 해주고 있다고 푸념하셨다.

그저 조상님 제사 지내는 것도 형식에 그치고 설과 추석, 한식, 벌초할 때 오는 것이 전부인데 이 또한 제대로 지키지도 않고 회사일이 바쁘다고 이 핑계 저 핑계 대며 빠지기 일쑤란다.

그러니 네 놈도 죽어서 이 할아비처럼 춥고 배고파하며 비참하게 구천세계 떠돌아다니는 불쌍하고 가련한 신세 되지 말고, 살아생전에 네가 죽자마자 즉시 천상 자미천궁으로 올라갈 수 있는 방법을 찾아 의식을 행하고 죽어야 한다며 신신당부를 하신다.

그러한 방법이 무엇이냐고 여쭈어 보았더니 하늘에 그 방법이 있다고 말씀하시기에 여쭈어 보았더니 '천인합체의식'이라고 말씀해 주시었다.

즉 하늘 태상천존 자미천황님의 황명을 받드는 일인데, 이 의식을 살아생전 행하면 자신이 어느 날 갑자기 죽더라도 즉시 태상천존 자미천황님께서 천상신명들에게 하명을 내리시어 그 혼령을 천상 자미천궁으로 인도하게 하신다는 말씀이시었다.

그러시면서 이 할아비는 네가 오늘 이렇게 진수성찬을 차려놓고 우리 조상님들을 모두 구원하는 조상님 입궁의식을 행하여 천상 자미천궁으로 승천시켜 주니 고맙다마는 이제는 살아있는 네가 무척이나 걱정된다고 말씀하시었다.

너는 이곳 자미국이 어떤 곳인지 책을 통하여 알게 되어 찾아와서 우리 조상님 모두를 입궁의식을 통해서 구원해 주고 있다마는 너는 네 자손들이 이곳에 찾아와서 오늘의 너처럼 조상님 입궁의식을 지극정성으로 행하여 줄 거라고 믿느냐?

손자야! 너는 제발 할아비처럼 죽어서 자손들에게 서러움 받지 말아야 한다. 일단 죽으면 네 마음대로 되는 것이 단 한 가지도 없다는 것 절대적으로 명심하여라.

수십 수백 수천억 재산을 물려주고 죽어도 자손들이 조상님들의 마음을 읽지 못하고, 알 수 없기에 돈을 태산처럼 쌓아놓고도 어떻게 해드려야 하는지 잘 모른단다.

조상님을 지극정성 위한다는 것이 대부분 천도재와 굿이 전부인 줄 알고 있어. 설령 죽은 조상님이 유산을 많이 물려주었어도 자기 조상님에게 올려주는 정성에는 자손들 모두가 공통적으로 너무 인색하다는 것이 모든 조상님들 마음이야.

그러니 너는 살아있을 때 반드시 '천인합체의식'을 확실히 행한 후에 죽어야 우리들과 천상 자미천궁에서 다시 재회할 수 있다.

천인합체의식 비용은 네가 죽어서 천상에 올라와서 모두 쓸 수 있는 금전이니 네 경제능력 범위 내에서 아깝다 생각 말고 네 자신의 사후세계를 위하여 반드시 행하여라.

네가 오늘 우리 조상님 위패 앞에 올려놓은 금전은 나와 우리 조상님들 모두가 골고루 천상으로 갖고 올라간다.

그리고 굿할 때 무당들이 태워주는 염라국 가짜 돈은 아무 쓸모가 없어. 저승에서나 천상세계에서나 모두 진짜 돈이 사용된다는 사실을 너는 잊지 마라.

사후세상 법도에 대하여 올바로 아는 사람들과 제자들이 이 땅에 없단다. 사후세상 법도에 대해서 아직도 많이들 공부하여 깨달아야 한단다.

자식들이 찾아주어 조상님 입궁의식을 행해 주지 않으면 수백 수천 년이 흘러가도 그대로 허공중천에 있거나 수백 대를 지나서도 자손들 몸으로 계속 찾아들어가기에 의사들은 대부분 가정병력을 들추어가며 유전이라고 한단다.

그런 병으로 죽은 조상님은 수천 년이 지나서도 천상에 오르지 못하며 자손들 몸으로 숨어 들어가면 그 조상님이 죽을 때 앓았던 병이 자연적으로 생겨나는데 이런 사실을 어느 누가 밝혀줄 것이냐?

의사들이 귀신(조상님)이 보이기를 하느냐, 대화가 통하더냐? 아무것도 모르면서 무조건 가족력의 유전이라 속단하고 있으니 참으로 가슴 아픈 일이다.

죽으면 산 사람과는 일체 말이 안 통하고, 꿈에 나타나서 뜻을 전해 주어도 그것이 무엇을 뜻하는 꿈인지 해몽을 제대로 못해.

조상님들이 사후세상에서 너무너무 고통스럽다며 구원해 달라고 꿈으로 보여준 것인데도 불구하고, 기껏 해몽한다는 것이 복권 사라는 꿈인 줄 알고 복권방으로 쪼르르 달려갈 때 얼마나 속이 상하고 분통이 터지는지 너는 잘 모를 거다.

내가 저걸 자손이라고 낳았느냐고 한두 번 후회한 것이 아니었어.

우리 조상님들만 그런 것이 아니고 다른 조상님들의 심정도 거의 대부분이 모두 다 그렇다고 보면 돼. 너도 속 터지는 조상님들의 마음이 어떤지 한 번 그리해 볼 테냐?

산소에 찾아와서 술 한 잔 부어놓고 절 몇 차례 올리고 휙 돌아갈 때 섭섭하여 목이 터져라 불러 세워도 뒤돌아보는 놈이 한 명도 없단다.

목 아프고 속상하고 분통 터지고 미칠 것 같은 심정이야.

아, 그리고 이제 산소에 찾아와서 절하지 않아도 된다.

난 이제 천상 자미천궁으로 올라가 그 산소에 없으니 말이다.

입궁의식 올려주면 산소에 찾아오지 않아도 되니 하루속히 화장하여라. 사시사철 꽃피고 새우는 천상세계 자미천궁에 올라가는데 너에게 무엇을 더 바라겠느냐.

춥고 배고픔도 아무런 근심걱정도 없는 모든 조상님들이 가장 올라가고 싶어 하는 세상이니라. 이렇게 좋은 천상세계로 올라가는데 내가 무엇 때문에 어둡고 차고 깜깜한 땅속에 있겠느냐.

이제는 정말 찾아오지 마라.

이렇게 무척이나 괴로워하고 계신 것을 보면 진정으로 조상님들이 간절히 원하고 바라는 바가 무엇인지 똑바로 아는 자손들이 없나 보다. 천도재와 굿을 진행하는 승려나 신의 제자들은 천상 자미천궁 올라가는 절차와 방법을 전혀 모르고 있다.

이곳에 천인과 알고 지낸다는 사찰의 주지승이 있는데 곡차(술) 한잔 나누면서 하는 말이, “수없이 많은 천도재를 올려드렸는데 조상님들은 극락세계로 올라가지 않고 법당 주위를 맴돌거나 절에 그냥 머물러 있다”고 실토를 했다 한다.

그래서 조상님 천도재를 할 때마다 심한 죄의식에 사로잡히게 되고, 악업만 더 높이 쌓는 것 같아 오랜 승려생활을 그만두려고도 생각해 봤지만, 배운 것이 절의 법도이고 승려라서 당장 먹고사는 일이 까마득한 일인지라 이러지도 저러지도 못하겠다고 진퇴양란의 속 타는 솔직한 마음을 털어놓았다고 한다.

이런 말을 들으니 그 승려는 참으로 솔직하다.

자신의 잘못을 진정으로 인정하면서도, 사찰을 운영하며 먹고살기 위해서는 어쩔 수 없이 영가천도를 한다는 고백이 너무 신선하다.

영가천도 법문만 잘한다고 천상으로 올라가는 것이 아니라 하늘께서 명을 내려주시어야 천도가 완성된다.

조상님 천도하는 법을 배워서 인간의 능력으로 하는 것이 아니라 하늘이 내리시는 명이 없으면 100년을 해봐도 헛수고에 지나지 않는다.

이제 앞으로는 용화세존 미륵존불께서 '천상도감님'의 관직을 받아 출세하시었으니 조상님 천도는 더 안 되고 어려워질 것이다.

이는 비단 불교에만 국한되는 것이 아니라 무속이나 여타 종교에도 큰 파장을 몰고 올 것이라 본다.

하늘 태상천존 자미천황님께서 새로운 천상법도를 '천상도감님'께 모두 내리셨으니 천지의 모든 기운 따라 천하대세가 이제 자미국으로 몰려올 것인데 이 또한 하늘의 뜻이리라.

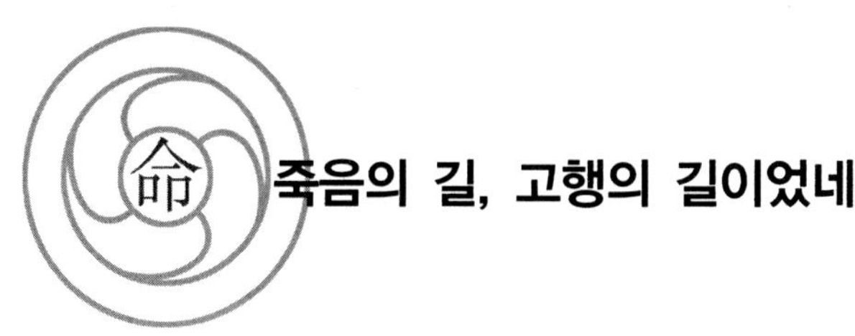

죽음의 길, 고행의 길이었네

입궁의식을 행하는 날, 한 조상님이 태상천존 자미천황님의 선택을 받아 육신을 지닌 자손에게 한 말이다.

"나 역시도, 살아서는 죽으면 모든 것이 끝인 줄 알았다. 하지만 막상 죽어보니 사후세상은 내가 살아생전에 알고 있던 이론과 너무도 다른 세상이더라.

나의 사후세상의 여정을 말하자면 한마디로 '고행'의 연속이었다고 보면 될 것이다.

사후세상에서의 고행의 시간들.

인간 삶의 고통으로 표현한다면… (잠시 말을 머뭇거림)

사후세상에서의 고행의 시간들은 인간의 상상을 초월한, 너무도 아프고 괴롭고 고통스러워 감히 인간 삶의 어떠한 고통으로도 표현할 수 없을 것 같다.

나의 고통 전하고자 자손들을 찾아가 보았지만 어느 자손도 내 존재를 알아보는 자손이 없어 이내 마음 한 번 더 아플 수밖에 없었다.

나 역시도 살아생전 보이지 않고 들리지 않는 하늘의 존재, 조상님의 존재를 무시하며 살았었다.

나의 그런 인생으로 인하여 사후세상에서 이렇게 오랜 세월 고통받을 줄은 꿈에도 생각해 본 적 없었다.

나 역시도 살아생전에는 '죽으면 모든 것이 끝'이라는 생각으로 일평생을 살았었는데, 막상 사후세상에 와 보니 그것이 아니었다.

하지만 때늦은 후회는 나에게 아무런 보탬도 되지 않더라.

살아서는 내 육신이 있기에 내 마음대로 행하였지만 사후세상에서는 내 마음대로 행할 수 있는 부분이 하나도 없더라.

나의 사후세상에서의 고행의 삶!

살아있는 너에게 다 전한다 하여도, 살아있는 너는 내가 지금 전하는 나의 말뜻을 전부 이해할 수 없을 것이다.

하지만 이것 하나만 명심해라.

지금에 와서 뒤돌아보니 아무리 힘들어도 인간의 삶이 가장 행복한 삶이더라.

그리고 또한 그 행복한 인간의 삶은 네가 알고 있듯이 석가님이나 예수님, 성모님, 상제님이 우리에게 주신 것이 아니라 태상천존 자미천황님께서 주신 것이더라.

사후세상에서 갈 곳을 몰라 슬퍼하며 울고 있는 나에게 어느 날 어떤 분이 내 앞에 나타나시어 이 사실을 나에게 슬쩍 가르쳐 주시더라.

그러면서 태상천존 자미천황님을 일심으로 부르라고.

처음 들어보는 '태상천존 자미천황님!'

처음에는 발음도 잘 안 되고, 그분이 뭐하시는 분이신지 알 수 없어 궁금하였지만, 그냥 그분이 가르쳐 주신 대로 '태상천존 자미천황님!' 하고 부르기 시작했다.

시간이 지나면서 내 마음에 어떠한 편안함도 느껴지고 '태상천존 자미천황님!' 하고 부를 때마다 가슴이 따뜻해짐도 느끼기 시작하였다.

오늘 이렇게 입궁의식에 선택받아 와보니, 나에게 태상천존 자미천황님을 가르쳐 주셨던 분은 다름 아닌 신명님이셨다.

그 당시에는 나에게 '태상천존 자미천황님!'이라고 가르쳐만 주시고 신명님께서는 자신의 존재도 안 밝히시고 소리도 없이 음성도 없이 사라지셨기에, 그분이 누구이신지 마냥 궁금했었는데, 오늘에서야 나의 원도 한도 풀게 되었고 신명님, 태상천존 자미천황님의 존재를 알게 되어 이내 마음 한없이 기쁘구나.

나의 자손아!

나는 사후세상의 삶이 이토록 혹독할 줄은 정말 몰랐다.

나의 자손은 살아생전 그 위대하신 태상천존 자미천황님의 존재를 알게 되었으니 참으로 영광이다.

내 자손은 태상천존 자미천황님 진실의 말씀대로 살아생전 천인합체의식을 행하여 육신이 다한 다음 세상에 나처럼 고행의 길 걷지 마라.

태상천존 자미천황님께 천인합체의식 윤허해 달라고 너도 열심히 빌어서 기필코 천인합체의식을 행한 다음에 죽어야 한다.

나는 이젠 오랜 세월 그토록 가고 싶었던 천상 자미천궁으로 가야 할 시간이 되었다.

네 눈에는 안 보이겠지만 우리의 모든 조상님들을 천상 자미천궁으로 인도해 주시고자 우리 조상님들 앞에 신명님, 하나님, 미륵님께서 와 계시는구나.

나는 이분들의 인도받아 우리 조상님을 태초로 창조하여 주신 우리 모두의 부모님 태상천존 자미천황님께로 간다.

나뿐만이 아니라 우리의 직계좌우 모든 조상님(당대부터 시조조상님들까지)들이 너무 신나고 기뻐 함박웃음을 지으며 기쁨의 눈물을 흘리고 있구나.

내 자손아!

너도 태상천존 자미천황님의 선택받아 남은 인생 잘 살다 천인으로 탄생하도록 하여라. 너의 육신의 삶이 다하면 우리 태상천존 자미천황님께서 계신 천상 자미천궁에서 기쁘게 웃으며 재회하자.

우리 조상님 모두는 이분들의 인도받아 이젠 천상 자미천궁으로 간다.

예쁘고 사랑스러운 나의 자손!

잘 있어라.

그리고 오늘 입궁의식 너무 너무 고맙다!" 하면서 조상님과 산 자손과의 만남의 시간은 끝이 났다.

산 자손은 조상님들의 말씀을 통하여 하늘, 사후세상을 전해 들은 뒤 감동의 눈물을 흘리며 태상천존 자미천황님! 신명님, 하나님, 미륵님께 감사하고도 감사하여 어쩔 줄 몰라 하면서, 이렇게 고귀하고도 진귀한 의식은 자신이 이 세상에 태어나 처음 본다 하면서 감동의 눈물을 흘리며 자신도 천인합체의식을 행하고자 최선을 다하겠다고 하였다.

우리의 위대하신 하늘! 태상천존 자미천황님께서는 산 자와 조상님 모두의 소원을 이루어주시는 너무도 감사한 분이시다.

죽은 자는 우리 인간과 말하는 방법이 다르기에 산 자와 죽은 자가 진정한 대화를 통하여 자신들의 마음을 주고받는다는 것은 거의 불가능한 일이다.

그러나 태상천존 자미천황님께서는 입궁의식을 행하는 날 이와 같이 산 자와 죽은 자에게 상봉의 시간을 주심으로써 그동안 서로에게 하고 싶었던 말들을 할 수 있도록 산 자와 죽은 자에게 상봉의 시간을 주신다.

상봉의 시간을 주심으로써 조상님들이 말을 할 수 있도록 태상천존 자미천황님께서는 조상님들에게 천지조화를 내리신다.

태상천존 자미천황님께 선택을 받은 조상님들은 입궁의식을 행하는 날 산 자손과 대화를 나눌 수 있다.

태상천존 자미천황님께서는 입궁의식을 행하는 날,

말 못하는 조상님에게는 말을 할 수 있도록 능력을 주시고,

아파하는 조상님에게는 건강을 주시고,

눈물을 하염없이 흘리는 조상님에게는 눈물을 멈출 수 있게 해주시고,

불행과 고통을 호소하는 조상님에게는 행복을 주시고…

입궁의삭을 행하는 날 태상천존 자미천황님께서는 그동안 조상님들이 원하고 바랐던 모든 소원을 이루어 주신다.

그렇기에 입궁의식을 행하고 나면 산 자손들의 인생도 조상님들의 기운따라 밝아지게 된다.

각자의 조상님들!

입궁의식을 통하여 자신을 태초로 창조하여 자신을 이 땅으로 보내셨던 천지부모님 태상천존 자미천황님을 만났으니 그 얼마나 기쁘고 행복하겠는가?

많은 세월 동안 떨어져 있던 자신의 진정한 부모님, 태상천존 자미천황님을 만나 기뻐하는 자신 조상님들의 모습을 상상해 보라.

생각만 해도 살아있는 자손들의 입가에도 웃음꽃이 피지 않는가?

태상천존 자미천황님께서 인류 탄생 이후 처음이자 마지막으로 이 땅의 산 자손과 조상님을 위하여 입궁(천상 자미천궁으로의 재탄생)의식의 윤허를 내

려주셨다.

너무도 감사하고 감사한 일이다.

모두가 입궁의식을 행하여 태상천존 자미천황님의 위대한 선택을 받아야 행복할 수 있다.

때늦은 후회는 자신들에게 아무런 도움도 되지 않는다 하였듯이, 자신들의 육신이 살아있을 때 조상님에 대한 도리, 하늘에 대한 도리를 다하였을 때 살아서도 죽어서도 행복할 수 있다.

인간의 한없는 욕망의 진실

"나도 벼슬 좀 높여줘."

일반 입궁의식을 통하여 천상 자미천궁에 도착한 조상님의 난데없는 말씀에 입궁의식에 참가한 자손은 어리둥절했다.

자신의 조상님들을 위한 입궁의식을 행하고 나면 조상님으로부터 "잘했다, 수고했다, 고맙다"라는 말을 들을 줄 알았던 이 자손은 조상님의 난데없는 말씀에 어안이 벙벙했다.

그러나 그 자손의 조상님은 너무도 간절히 자손에게 부탁 또 부탁의 말씀을 하시는 것이었다.

"제발 나도 벼슬 좀 달아 달라고."

자손은 조상님의 말씀에 그 말씀이 무슨 말씀이냐고 여쭈어 보았다.

그러자 그 조상님의 말씀이, "인간세계에만 상하서열, 계급이 있는 것이 아니라 천상 자미천궁은 인간세계보다도 더 세밀히 더 여러 단계의 신분과 계급이 존재하고 있어.

내 자랑은 아니지만 그래도 나는 살아생전 출세하여 권력과 명성을 얻으며 살았었는데, 어떻게 지금에 와서는 나를 벼슬도 없는 일반인으로 살라고 일반입궁을 시켜 주니! 빨리 태상천존 자미천황님께 부탁드려 나에게도 벼슬 좀 내려주시라고 해봐!" 하면서 자손에게 사정사정을 하는 것이었다.

자손은 조상님들의 말씀에 알았다고 대답을 하고는 한마디 하였다.

"천상세계에도 신분과 계급이 존재한다는 것 오늘 처음 알았네. 가만히 생각해 보니 천상세계에도 우리 인간세상처럼 신분과 계급이 존재함! 어찌 보면 아주 당연한 일인데, 나는 왜 그 사실을 몰랐을까?" 하면서 조상님들의 말씀을 이해하기 시작하였다. 그러면서 그 자손은 조상님에게 약속의 말을 하였다.

"빠른 시일 내에 벼슬 하사의식 행해 드리러 올 것이니 아무 걱정하지 마시고 천상 자미천궁에 마음 편히 잘 계세요. 조상님께서 그토록 벼슬을 원하시는데 자손인 제가 어찌 나 몰라라 하겠어요?

조상님의 말씀을 통하여 자손인 저도 천상세계에도 인간세상처럼 신분과 계급이 존재한다는 큰 진실을 알게 되어 너무 기뻐요.

미련한 이 자손에게 이 큰 진실을 가르쳐 주신 조상님들!

조금만 천상 자미천궁에서 기다리고 계세요.

빠른 시일 내에 벼슬 하사의식 행해 드리고자 다시 올게요"라고 말하자 그때서야 조상님들은 안도의 한숨을 쉬며, "알았다"고 답변을 하신 뒤 일반 입궁의식은 끝났다.

태상천존 자미천황님께서는 세상 어느 누구도 알 수 없었던 천상세계의 진실을 오늘 일반 입궁의식을 행하는 조상님으로 하여금 또 하나 알게 해 주시었다.

인간의 식을 줄 모르는 욕망!

인간의 순수한 마음이 아닌 육신을 버린 각자 조상님들의 식을 줄 모르는 욕망이라고 가르쳐 주시었다.

세상 누가 알 수 있으리오. 죽은 자에게 욕망이 있음을….

우리 인간은 죽으면 모든 것이 끝이라고 알고 있었는데, 죽은 자들에게도 욕망이 있고 희망이 있다니.

참으로 위대하신 태상천존 자미천황님 진실의 말씀이시다.

이 땅에 수많은 종교가 있다 하지만 어느 종교에서도 이 진실을 알 수 없었다.

어찌 보면 인간의 욕망일 수도 있겠지만 자신의 몸 안에 있는 각자 조상님들의 욕망의 마음이다.

인간, 조상님 모두에게는 욕망이 있다.

오늘 입궁의식을 통하여 천상 자미천궁으로 탄생한 조상님에게도 또 다른 욕망이 있지 않던가?

인간의 삶을 사는 동안 지칠 줄 모르는 인간의 욕망. 100% 인간의 욕망이 아닌, 조상님의 욕망 욕망이었다.

조상님들은 입궁의식을 통하여 조상님들의 욕망을 이루고, 인간은 천인합체의식을 통하여 인간의 욕망을 이루어야 100% 완성된 삶을 살 수 있는 것이다.

종교에 심취한다고 인간의 욕망을 이룰 수 있는 것이 아니라, 조상님은 조상님대로, 인간은 인간대로 조상님과 인간 모두 각자가 원하고 바라는 소원을 이루었을 때 우리의 삶이 완성될 수 있는 것이다.

이 땅의 수많은 사람들이 종교에 심취해 있는 것은 인간들이 심취해 있는 것이 아니라, 인간의 몸 안에 있는 각자의 조상님들과 각자 자신들이 진정한 하늘 자미천궁을 찾고자 인간의 몸을 통하여 방황하고 있는 것이라고 가르쳐 주시었다.

인간과 조상님들의 욕망을 이루어냄.

바로 입궁의식과 천인합체의식이다.

태상천존 자미천황님께서 자미국 지상 자미천궁을 통하여 이 위대한 진실을 아낌없이 밝혀주심으로써 인간과 조상님들 모두가 행복하고 기쁜 세상이 열리게 되었다.

인간은 인간대로, 조상님은 조상님대로.

각자의 소원을 이루고자 오랜 세월 그 얼마나 고생이 많았던가?

인간과 조상님들의 모든 소원을 태상천존 자미천황님께서 입궁의식과 천인합체의식을 통하여 이루어 주신다 하시니 자손과 조상님들에게는 무척 반갑고도 기쁜 일이다.

대우주 천지인 창조주 태상천존 자미천황님께서 인간과 조상님 모두를 사랑하시고 아끼시는 마음 정말 감동이고 감동이다.

그동안 인간과 조상님들은 종교 안에서 배신에 배신을 당하며 너무도 아프고 힘들었다.

각자의 힘들고 아픈 인생 해결해 보고자 종교에 심취했었으나 종교의 배신으로 인하여 아픈 마음 더 아프고, 힘든 인생 더 힘들었던 것이 우리네의 현실이었다.

석가, 예수, 성모, 상제, 나라조상님 기타 등등을 통하여 우리네의 삶이 더 힘들고 아팠던 이유는?

그들 모두는 우리의 진정한 부모가 아니었기에 우리들에게 아무런 도움도 되지 않았던 것이다.

그러나 대우주 천지인창조주 태상천존 자미천황님을 만나면 인간과 조상님 모두가 소원을 이루어 행복을 누릴 수 있게 된다.

아프고 힘든 인간과 조상님들의 소원을 이루어 주시고자 그 고귀하시고도 존귀한 태상천존 자미천황님의 존재를 자미국 지상 자미천궁을 통하여 또한 신명님, 하나님, 미륵님, 인황과 사감 육신을 통하여 이 땅에 밝혀주심에 감사할 따름이다.

그동안 아프고 힘들었던 인간과 조상님들이여!

그대들이 그 오랜 세월 찾아 헤매던 그대들의 부모님이신 태상천존 자미천황님께서 지상에 자미국을 개국하시어 그대들을 사랑으로 감싸 안아주시고자 입궁의식과 천인합체의식을 윤허하여 주시었다.

인간과 조상님들이여! 이제는 종교 안에서, 도교 안에서, 무속의 길에서, 산속에서 그만 울부짖고 자미국으로 달려와 태상천존 자미천황님의 품에 안기도록 해라.

그동안 그대들이 종교 안에서, 도교 안에서, 무속의 길에서, 산속에서 행하면서 진정으로 얻은 것이 과연 무엇이 있단 말인가?

그 모든 것들이 부질없음을 그대들 스스로도 이제는 알았으니 모두 그만들 하고, 태상천존 자미천황님께서 이 땅이 생긴 이래 처음이자 마지막으로 이 땅의 인간과 조상님들에게 윤허하신 천상입궁의식과 천인합체의식을 통하여 구원받고 사랑받아 살아서는 물론 사후세상에서도 행복하도록 해라.

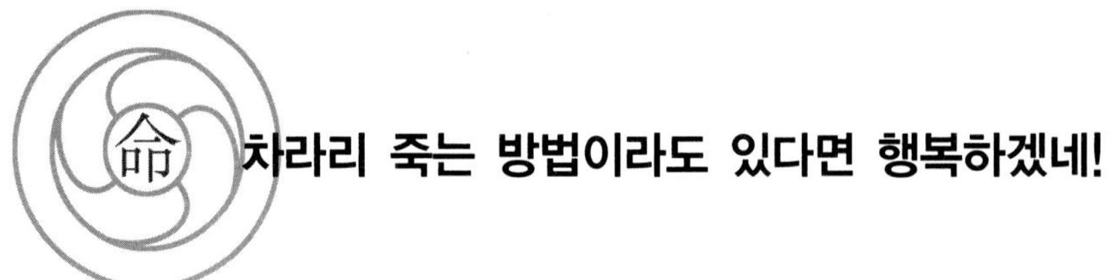

차라리 죽는 방법이라도 있다면 행복하겠네!

60대의 한 남자가 예약을 통하여 자미국(지상 자미천궁)에 찾아왔다. 항상 마음이 너무 답답하고 불편하여 미칠 지경이라고 하였다.

기독교에 5년째 다니고 있다고 하였다.

자신의 너무도 답답한 마음을 혼자 주체할 수 없어 기독교에 다니고는 있지만 답답하기는 매 마찬가지라고 하면서, 자신에게 소원이 있다면 인간의 삶을 사는 동안 단 하루라도 마음 편히 좀 살아보고 싶다고 하였다.

경제적인 어려움도 아니요, 몸의 질병 때문도 아닌, 그렇다고 부인과 자식들이 자신을 괴롭히는 것도 아닌데, 자신은 항상 마음이 미칠 정도로 답답하고 답답한 상태라 힘들다 하였다.

마음의 고통이 너무 심하여 '사느니 죽자' 하면서 자살도 시도하였었으나 살아났다고 하였다.

보이지 않고 들리지 않는 조상님세계와 하늘 진실의 말씀을 전하여 주면서 우선 조상님 구원을 위한 입궁의식을 행하자고 하였다. 상담 후 3일 후에 조상님 입궁의식을 행하기로 하면서 이 자손과의 상담은 끝이 났고 입궁의식을 행하는 날 다시 만나게 되었다.

입궁의식 순서에 따라 의식은 진행되었고, 조상님과 신명님 말씀을 통하여 이 자손이 겪고 있던 고통의 정체들이 속속들이 밝혀지기 시작했다.

한 조상님의 너무도 슬픈 말씀 한 마디는!

"육신이 없는 우리 조상님들에게 차라리 죽는 방법이라도 있다면 그것이 행복이겠네!" 하시었다.

난데없는 말씀에 그 말씀이 무슨 말씀이냐고 여쭈어 보니, "살아생전 하늘세계, 사후세계에 대하여 아무것도 모른 채 인간의 삶을 살다 사후세계에 왔지만, 인간 삶의 다음 세상인 사후세계의 삶이 이토록 힘들고 괴로울 줄 꿈에도 몰랐다" 하면서 자신들의 사후세계의 삶을 얘기하기 시작하였다.

육신을 잃은 뒤 갈 곳을 몰라 이곳저곳 방황하기를 몇 백 년에서 몇 천 년.

자신들을 향한 하늘 그 누군가의 심판은 한도 끝도 없었고, 자신들을 구원받아 보고자 이곳저곳에 빌어보지만 자신들을 편안히 해줄 하늘은 하나도 없고, 이곳저곳에서 자신들을 향하여 들려오는 소리는 "죄를 빌라. 죄인들은 구원받을 수 없다"라는 말들만 들려오니 자신들은 이러지도 못하고 저러지도 못하는 불쌍하고 가련한 신세가 되었다 한다.

오랜 세월 눈물로 아픔으로 세월을 방황하다, 하루는 자손에게로 찾아가 자신들이 현재 처해 있는 상황을 자손에게 전달하기 시작하였다 한다.

육신을 잃고 구천을 방황하며 한없이 괴로워하고 아파하는 조상님들의 메시지를 받기 시작한 이 자손은, 그날부터 삶에 대한 의욕도 상실되고 마음은 천 갈래 만 갈래 찢어지는 고통이었다 한다.

그 후 산 자손은 기독교에 나가게 되었다 한다.

별 방법을 다 써도 진정한 하늘을 찾을 수 없었던 조상님들은, "우리도 남들이 좋다고 하는 예수님과 하나님 찾아 구원받아 보자" 하면서 자손의 몸에 있던 조상님들은 산 자손을 데리고 기독교로 가게 되었다 한다.

이 자손과 기독교에 나가게 된 조상님들은, 어떤 조상님은 기독교가 진짜라 하면서 열심히 찬양과 기도를 올렸고, 어떤 조상님은 여기는 진짜가 아닌 가짜이니 어서 나가자고 하였다 한다.

이 메시지를 받은 산 자손은 기독교에 나가면서도 어느 날은 진짜인 것 같고 어느 날은 가짜인 것 같고, 항상 두 마음이었다 한다.

이런 많은 아픈 시련의 과정과 시간을 통하여 드디어 조상님들 모두가 애타게 찾던 진정한 하늘 천상 자미천궁으로 입궁되는 날이 되었다.

조상님들께서 이 산 자손에게 하시는 말씀은, "그동안 우리들 때문에 너무 힘들고 아팠었지? 우리 조상님들도 살아있는 너를 힘들게 하고 싶지 않아 이 모진 목숨 끊어보고자 한 적도 있었다. 이 모진 목숨 끊어진다면 살아있는 너를 힘들게 하지는 않을 테니깐.

그래서 하루는 조상인 내가 내 목숨 끊어보려고 했다. 그러나 이 모진 목숨 끊어지지도 않더라.

네가 자살을 시도했는데 네가 죽지 않고 살아난 것처럼, 조상인 나도 자살을 시도해 봤는데 조상인 내 목숨 죽어지지도 않으니 이 또한 환장할 일이더라.

육신을 잃은 우리 조상들에게도 생명이 존재하고 있음!

너는 아마 몰랐을 것이다.

조상이 된 나 또한 살아생전에는 죽으면 모든 것이 끝이지 다음 세상이 어디 있어?라고 생각했었는데, 사후세상은 너무도 생생히 존재하고 있었고, 또한 인간의 생명과는 다른 어떠한 생명이 또 존재하고 있어 사후세상이 힘들어 죽고 싶어도 죽지 못하는 이 진실이 있음을 내 목숨을 내 스스로가 끊어보려고 한 후에 알게 되었다.

사후세상에서의 이 고통과 아픔 속에 차라리 인간들의 말대로 죽음 이후의 세상에서는 모든 것이 끝이면 오히려 행복할 텐데, 육신을 잃은 다음 생에도 조상들에게 생명이 존재함.

정말 아픔이고 고통이었다.

인간의 삶에는 죽음이 가능하지만 사후세상에서는 죽음도 내 마음대로 되지 않더라. 이 위대하고 고귀한 진실을 오늘 태상천존 자미천황님께서 우리에게 가르쳐 주시니 정말 감사한 일이다.

그러니 내 자손은 육신이 있을 때 정말 태상천존 자미천황님의 말씀대로 잘 행해야 한다.

죽음 이후 세상에서의 고통은 이루 다 말할 수가 없고, 또한 진정한 하늘 태상천존 자미천황님을 만나기 전에는 조상님들에게는 어떠한 방법 또한 없더라.

우리들처럼 살아생전 조상의 존재, 사후세상의 존재, 하늘의 존재 무시하다 죽음 이후의 세상에서 우리들처럼 수 세월 동안 구천을 방황하는 슬픈 영가되지 말고 태상천존 자미천황님께서 내리시는 천인합체의식을 행하여 천인으로 탄생한 이후에 육신의 죽음을 맞이하도록 하여라.

우리들처럼 조상님, 사후세상, 하늘 존재 무시하다 죽으면 이승도 못 들어가고 저승도 못 들어가는 불쌍하고 가련한 조상영가 신세 되니 절대 명심하도록 해라.

또한 죽음 이후의 세상은 끝이 아닌 생명이 존재하고 있음을 명심해라. 죽음 이후의 세상에서 죽고 싶어도 죽지 못함은 정말 조상영가들에게 아픔이고 고통이었다.

이런 불쌍하고 가련한 조상들인 우리들을 이렇게 살려주시고, 그 위대한 천상 자미천궁으로 우리를 데려가 주시고자 입궁의식을 행하여 주시니 정말 감사하고도 감사해 눈물이 앞을 가리는구나.

인간세상 어디에서도 받아보지 못한 이 따뜻한 사랑.

종교 안에서도 평생 받아보지 못한 따뜻한 사랑에 감사하면서도 살아생전 우리의 부모님이신 태상천존 자미천황님을 부정하며 살아온 내 인생이 부끄럽고 부끄럽구나" 하면서 조상님과 만남의 시간은 끝나게 되었다.

정말 대단하시고 대단하신 태상천존 자미천황님이시고, 정말 대단하신 신명님, 하나님, 미륵님이시다.

죽음 이후의 세상에도 생명이 존재함!

이 위대한 진실을 진정한 하늘이 아니시라면 어찌 밝혀주시겠는가?

우리 산 사람들 대부분은 죽음 이후의 세상은 모두 끝이라고 알고 있는데, 죽음 이후의 세상에도 생명이 존재하고 있다 하시니 정말 두려우면서도 위대한 진실이다.

오늘 입궁이 되신 조상님들은 자손에게 살아생전 기필코 천인합체의식을 행한 후에 인간 육신의 죽음을 맞이해야 한다고 강조 또 강조의 말씀을 하시었다.

이 책을 보시는 독자 여러분들의 조상님들도 이 자손의 조상님들처럼 각자의 살아있는 자손의 몸으로 찾아와 자신들 사후세상의 고통과 아픔들을 전하고 있을 것이다.

빨리 빨리 각자의 조상님들이 원하고 바라는 입궁의식을 행해 드림이 마땅하고 자신들 또한 육신의 삶이 다한 다음 세상에 조상님 되어 구천을 방황하는 조상님 되기 싫으면 천인합체의식을 행한 후에 인간의 삶을 마감해야 한다.

입궁의식을 행한 이 자손은 그렇게도 힘들고 아팠었던 자신의 마음이 언제 그랬느냐는 듯이 편안해짐에 놀랍다 하였다. 이 자손의 마음이 편해짐은 이 자손의 조상님들이 천상 자미천궁에 올라가서 편안해졌다는 얘기이다.

천상 자미천궁에 입궁되신 조상님들의 말씀이다.

"참, 희한한 일도 다 있네!

이 세상 찾으려고 그 얼마나 고생을 하고 기독교에도 5년이나 다녔었는데, 그 수 세월을 해도 찾을 수 없었던 하늘 세상에, 자미국(지상 자미천궁)에 들어온 지 불과 몇 시간도 안 된 지금에 우리가 천상 자미천궁에 올라와 있으니 정말 참, 희한한 일도 다 있네.

아니, 그리고 그동안 그렇게도 죽고 싶을 정도로 아프고 답답했던 그 마음들은 다 어디로 가고 이렇게 편안하고 행복해.

우리가 그동안 무슨 꾀병 부린 것 같고, 불과 몇 시간 전까지만 해도 그렇게 힘들었던 우리 조상들의 삶이 먼 과거의 일처럼 느껴지니 정말로 희한한 일일세. 그리고 태상천존 자미천황님의 천지조화 능력이 참으로 무소불위하시네" 하시었다.

그러면서 자손에게 한 말씀하시었다.

"너도 그 아프고 힘들었던 너의 마음, 언제 그랬느냐는 듯이 편안해졌잖아? 그렇지? 정말 신기하지?"라고 말씀하시며, 자신들의 입궁의식에 무척 기뻐하며 그 기쁨의 마음을 감추지 못하는 행복한 표정들이었다.

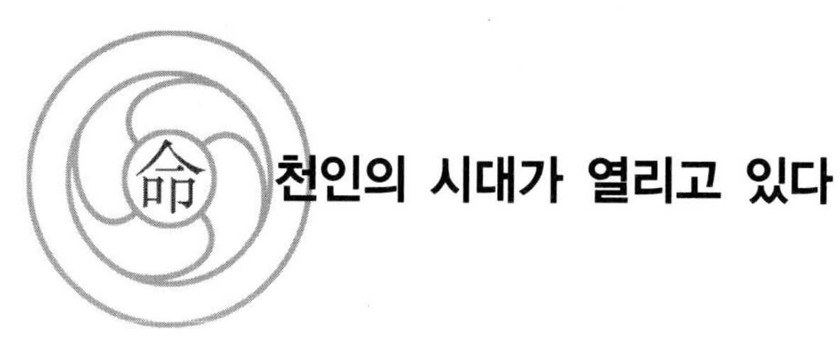

천인의 시대가 열리고 있다

태상천존 자미천황님께서 윤허하신 입궁의식을 통하여 태상천존 자미천황님의 자손인 하늘백성으로 태어날 준비를 하고 있었던 이 나라의 사람들. 바로 예비백성들, 예비천인들이었다.

언제나 한 많고 원 많았던 천손민족. 바로 예비백성, 예비천인이었다.

백성, 천인의 한을 풀 날이 현실로 다가왔다.

그동안 외세의 침략을 수없이 받아온 천손민족. 몽고의 수많은 침략과 중국의 속국 노릇을 하였으며 임진왜란과 일제치하에서 36년이란 세월 동안 혹독한 탄압을 받으며 살아온 천손민족. 각자의 가슴에 한恨이 태산처럼 쌓였다 해도 과언이 아닐 것이다.

각자의 조상님들은 입궁의식을 통하여 천상 자미천궁으로 재탄생시켜 드려 태상천존 자미천황님의 자손인 천손으로 승격시켜 드리고, 우리 산 사람들은 천인합체의식을 통하여 천인으로 탄생하여야 한다.

이 나라에 1만 2천 명의 천인(도통신명)이 탄생하게 되면 천손민족이 세계의 정신적 지도국가로 부상하게 된다. 태상천존 자미천황님께서 천인들에게 내리시는 천지조화 기운을 세계인 모두는 부정할 수 없게 되리라.

인간의 눈에 보이는 인간의 무력보다도 더 강한 태상천존 자미천황님의 천지조화기운이 전 세계를 뒤덮고도 남으리라.

대우주 천지인창조주 태상천존 자미천황님께서 이 뜻을 현실로 이루시고자 신명님과 하나님, 미륵님, 인황과 사감을 이 땅 자미국 지상 자미천궁으로 보내시었다.

신명님, 하나님, 미륵님, 인황과 사감을 중심으로 태상천존 자미천황님의 보호와 사랑인 천지조화기운을 받을 수 있도록 수많은 천인들을 탄생시키고 계신다.

인간 육신의 몸 안에는 태상천존 자미천황님의 명을 받아 이 땅, 인간 육신의 몸으로 이미 탄생한 어떤 존재가 있다.

인간 육신의 몸 안에 있는 존재들은 태상천존 자미천황님께서 입궁의식과 천인합체의식의 윤허로 자신들을 불러줄 날을 인간 육신의 몸 안에서 소리 없이 오랜 세월 기다리고 있었다.

태상천존 자미천황님의 명을 받아 인간 육신의 몸으로 탄생한 존재들을 부르는 태상천존 자미천황님의 사랑의 음성.

그것이 바로 '조상님 입궁의식'과 '천인합체의식'이다.

자신들은 천지부모님이신 태상천존 자미천황님의 존재를 그 얼마나 애타게 간절히 기다리고 있었던가?

각자들은 태상천존 자미천황님의 존재를 기다리다 지쳐 종교에 이미 빠져버린 사람도 있지만 자미국(지상 자미천궁)을 통하여, 태상천존 자미천황님의 존재가 밝혀짐으로써 각자 몸 안의 똑똑한 존재들은 그동안 자신이 다녔던 종교에서 과감히 벗어나 태상천존 자미천황님께 선택받고자 달려올 것이다.

반대로 미련한 사람들은 태상천존 자미천황님의 존재를 몰라보고 예전처럼 종교에 빠져 각자의 인생에 아픔과 고통, 질병을 만들어 가며 힘든 인생을 살아가게 될 것이다.

태상천존 자미천황님의 위대하신 존재가 자미국에서 밝혀짐으로써 태상천존 자미천황님께 사랑의 선택을 받을 사람과 아픔의 버림을 받을 사람들이 판이하게 드러나게 될 것이다.

태상천존 자미천황님께 위대한 선택을 받아 천인으로 탄생한 인간들은 자신이 처했던 아픔 고통에서 벗어나 행복 누리게 되고, 태상천존 자미천황님께 아픔의 버림을 받은 인간들은 자신이 처했던 아픔보다 더 큰 아픔의 인생으로 휘말리게 되어 불행의 인생을 살게 된다.

판이하게 서로 구분된 인생을 살게 하심으로써 태상천존 자미천황님의 보이지 않고 들리지 않는 천지조화의 기운을 이 땅의 자손들이 스스로 인정하게끔 하시리라 본다.

이 저자가 아무리 이 뜻이 진정한 하늘의 뜻이라고 백 번, 천 번 말한들 무슨 소용이랴? 각자의 인생, 각자의 가정, 각자의 사업체를 통하여 천지조화기운을 스스로 느껴보면 될 것이다.

태상천존 자미천황님께 선택받은 사람의 인생과 가정에는 행복과 기쁨이 감돌 것이고, 태상천존 자미천황님께 버림받은 사람의 인생과 가정에는 불행과 고통이 감돌게 될 것이다.

태상천존 자미천황님께서 내리시는 천지조화 기운을 이길 사람 이 세상에 단 한 명도 없다. 태상천존 자미천황님께서는 이 대우주를 창조하신 장본인이시기에 어느 누구도 태상천존 자미천황님의 천지조화 기운에 반대할 수 없다.

석가, 예수, 성모, 상제, 나라조상님, 기타 등등 모두도 태상천존 자미천황님의 무궁무진한 천지조화 기운에 모두 순응한 현재, 이 세상에 어느 누가 태상천존 자미천황님의 천지조화 기운에 부정할 수 있으리오.

또한 태상천존 자미천황님의 천지조화 기운을 받고 있는 천인들에게 이 세상 어느 누가 흠잡을 수 있으리오.

태상천존 자미천황님의 천지조화 기운을 받고 있는 천인들에게는 어떠한 재앙도 침범할 수 없고, 어떠한 인간도 흠잡을 수 없게 된다.

태상천존 자미천황님의 자손으로 탄생한 천인인 줄 몰라보고 귀신과 인간들이 천인들에게 잘못 행하면 오히려 천인을 무시한 상대가 그 화를 몇 배 더 보게 되리라.

인간과 조상님 모두가 진정으로 행복한 무릉도원의 시대, 천인의 시대가 지상 자미천궁에서 열리고 있다.

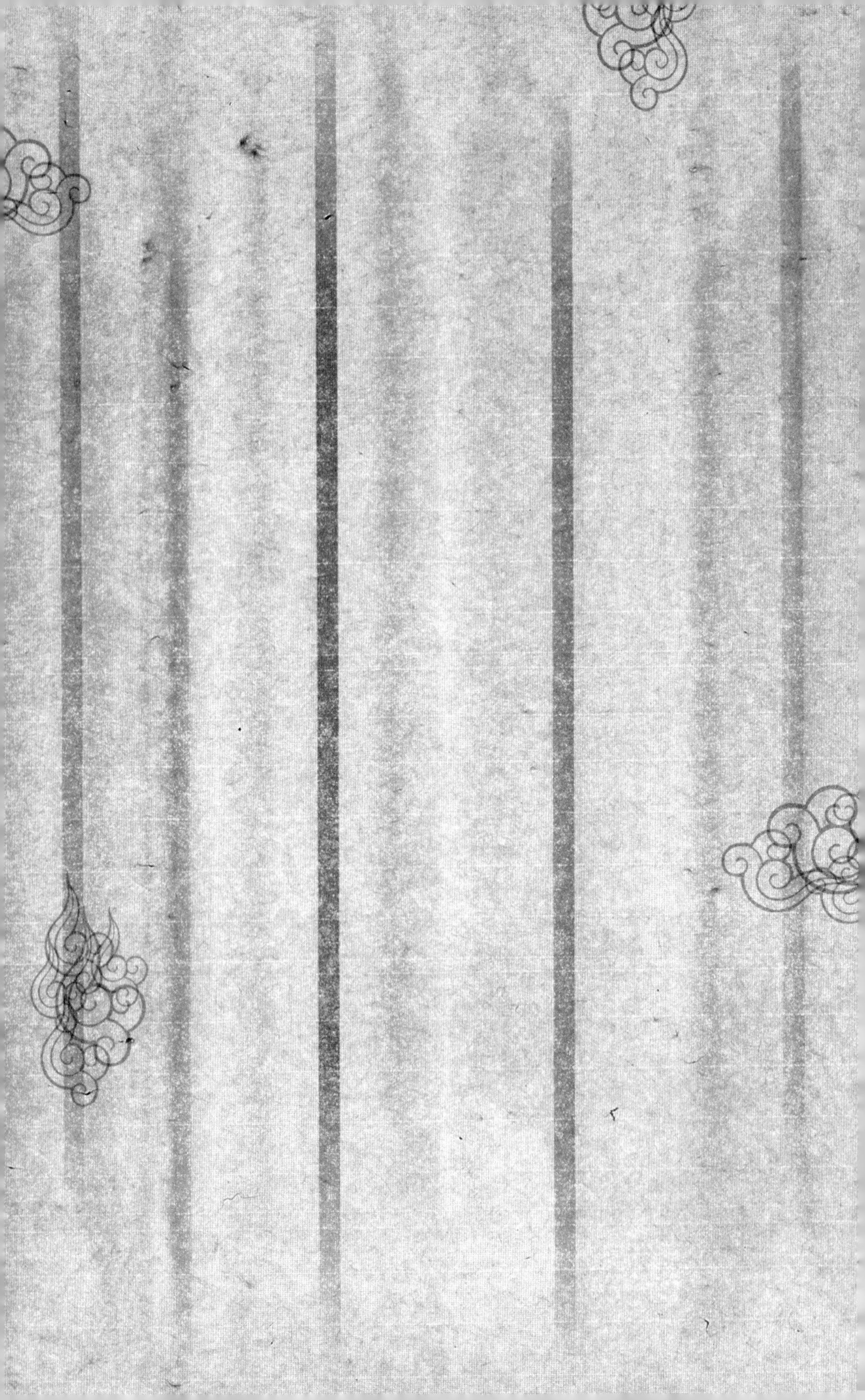

命
제4부
자미국을 만나
행복합니다
天子生法

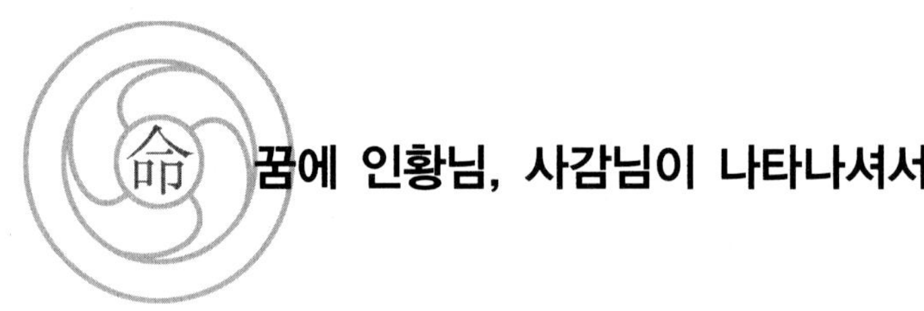

꿈에 인황님, 사감님이 나타나셔서

천인합체 후 소통할 수 있는 방법을 찾지 못하고, 혼자서 끙끙대다 천지회(하늘과 만남 의식)에서 방법을 알게 된 참 미련한 천인입니다.

인황님, 사감님! 항상 뵙고 싶은 마음이 간절했지만, 각자 맡은 곳에서 열심히 할 일을 하는 것이 보답하는 길이라 생각되어 하루하루를 열심히 생활하고 있습니다.

인황님께서 말씀하신 대로 태상천존 자미천황님의 사랑을 받고도 감사할 줄 모르는 어쩌면 참 염치없는 사람이라는 생각을 했어요.

방법을 몰랐다 하더라도 큰 잘못을 깨달았다면 곧 실천해야 된다는 생각을 하게 되었고요.

태상천존 자미천황님, 신명님, 하나님, 미륵님, 인황님, 사감님!

저를 자미국으로 인도해 주신 은혜 너무너무 감사드립니다.

생각하고 생각해 봐도 이것처럼 잘한 일은 없지 않나 싶습니다.

조상님 입궁의식 후, 저 인간이 생각할 시간도 없이 천인합체의식을 하게 해주신 크나큰 은혜 감사드립니다.

천인합체의식 때 신명님께서 제가 이 세상에 온 이유는 조상님 입궁의식을 하기 위해서였다고 말씀해 주셨습니다.

그러시면서 "이제 너 할 일은 다 끝났어"라고 하셨어요.

그런데 저는 너무 빨리 쉽게 일을 진행해서인지 처음에는 잘 실감이 나지 않았습니다.

저의 모든 조상님들께서 천상 자미천궁 편안한 곳으로 가셔서 행복하다고 하시니까, 저는 제가 해야 할 도리를 다해서 그저 기뻤을 뿐이었어요.

그리고 "쓸 돈은 남겨 놓았다"라는 말씀에 많이 공감이 갔습니다.

항상 태상천존 자미천황님께서 제 주변에서 지켜봐주시고 계심을 느낍니다. 그래서 감사드립니다.

자미천황님은 어렵고 무서운 존재가 아니라 항상 다정다감하시고, 사랑이 많으신 따뜻하신 분임을 온몸으로 느끼게 됩니다.

지나고 나서 보면 크고 작은 일들이 다 태상천존 자미천황님께서 보살펴주심을 깨닫게 됩니다.

전 항상 생활 속에서 행복하다는 생각을 하며 생활합니다.

가끔 외로움을 느낄 때면 자미국 책을 보고 또 보고 그러면 그 외로움이 사라지기도 합니다.

며칠 전에는 자미국이 너무 그리워 전화를 할까 말까 망설이게 되었는데 꿈에 인황님, 사감님이 나타나셔서 "천지회를 열려고 하니까 와라" 하시는 거예요.

그리고 며칠 후에 천지회(하늘과 만남 의식)를 연다는 자미국 문자메시지를 받게 되었는데 얼마나 기뻤는지 말로 표현할 수가 없었어요.

그리고 천지회에서 말씀 중에 평소에 제가 궁금하게 생각했던 것들, 또는 잘못하고 있는 부분들을 꼭 집어서 말씀을 해주시는 거예요.

그 크신 사랑을 어떻게 글로 다 표현할 수 있겠어요.

인황님, 사감님!

처음 조상님 입궁의식, 천인합체의식했던 그 마음 잊지 않고 처음의 마음으로 살도록 하겠습니다.

인황님, 사감님, 사랑합니다!

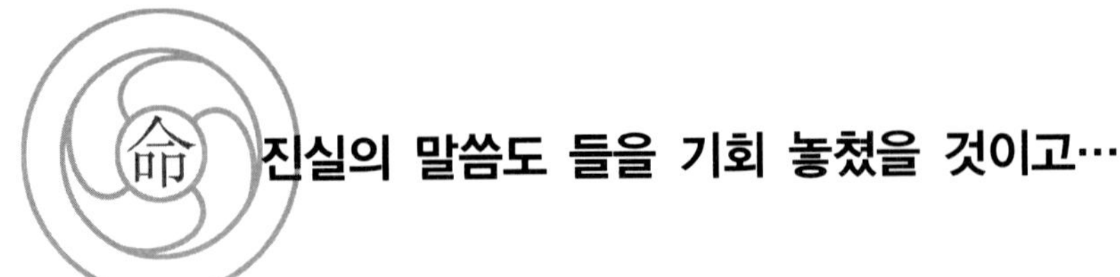

진실의 말씀도 들을 기회 놓쳤을 것이고…

매번 천지회 때마다 태상천존 자미천황님의 위대하신 진실의 말씀에 뜨거운 감동의 눈물이 앞을 가렸다.

어디에서…

누구에게서 ….

이런 하늘의 진실의 말씀을 들을 수 있단 말인가?

자미국에서 신명님, 하나님, 미륵님의 말씀을 전해 주시는 사감님을 통해서만 진실의 말씀을 들을 수 있으니….

자미국의 인황님, 사감님이 아니 계셨으면 하늘의 진실을 몰랐을 것이고, 또 천지회에 참석을 안 했으면 진실의 말씀도 영영 들을 수 없었을 것이고….

신명님, 하나님, 미륵님의 말씀이 얼마나 놀랍던지….

매번 참석할 때마다 진실의 말씀이 다 다르다.

매번 그 기회를 놓치지 않고 열심히 참석하여 원래 나의 모습을 찾도록 힘쓸 것을 다짐해 본다.

이런 값진 기회를 주시는 태상천존 자미천황님!

그리고 자미국의 인황님과 사감님께 거듭 감사의 말씀을 드립니다.

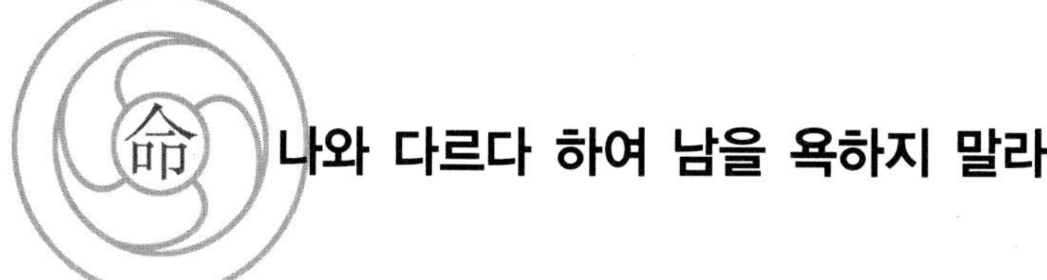

나와 다르다 하여 남을 욕하지 말라

저는 울산에 사는 최○○입니다.

천지회 때, 너무나 크고 상상할 수 없는 태상천존 자미천황님의 사랑을 느낄 수 있는 존귀한 시간이었습니다.

이런 엄청난 기회를 가질 수 있었다는 사실에 가슴 뿌듯함과 한없는 기쁨을 느낍니다.

지금 이 글을 쓰면서 다시 한 번 큰 감동이 밀려옴을 느낍니다.

진심으로 태상천존 자미천황님!

신명님, 하나님, 미륵님, 인황님, 사감님께 깊은 감사를 올립니다.

천지회 때, 태상천존 자미천황님께서 들려주신 너무도 존귀하고 가슴에 새기고 싶은 하늘의 말씀을 적어서 항시 잊지 않으려 합니다.

1. "기도 중에 조상님의 안부를 물으라.
그럴수록 조상님들이 태상천존 자미천황님 사랑을 더 받을 수 있다."

진정한 하늘 태상천존 자미천황님이십니다.

진정한 어버이이시기에 자손들이 서로를 그리워하며, 안부를 묻고, 서로를 생각하는 마음을 누구보다 예뻐하시리라 생각이 듭니다.

감히 어느 누가 이런 생각을 할 수 있었을까요?

진정한 어버이이시기에 가능한 일이라 생각을 해봅니다.

2. "나와 다르다 하여 남을 욕하지 말라. 그 기운이 들어온다.
'나하고 다르구나'라고 혼자 얘기를 하면 그 기운은 물러간다."

이 말씀을 듣고 너무나 부끄럽고 죄송한 마음이 들었습니다.

그리고 이런 경우에 어떻게 대처해야 하는지 가르쳐 주셔서 너무도 감사한 마음이 또한 들었습니다.

천지회 참석 전에는 회사동료들과의 의견차이 및 동료의 상식 밖의 행동으로 동료에 대한 욕, 불평, 불만을 했었습니다.

그러나 천지회 때 태상천존 자미천황님께서 가르쳐 주신 방법대로, "나하고 다르구나, 참 다르구나"를 천지회 다음 날 많이 혼자서 되뇌었습니다.

그랬더니 정말 신기하게도 마음이 편안해지고, 동료를 대하는 마음도 너그러워짐을 느꼈습니다.

정말 신기하고 대단한 하늘의 말씀입니다.

다름을 인정하라 하신 그 말씀에 깊은 뜻이 있는 것 같습니다.

내 자신이 아닌 다른 사람들(남) 또한 태상천존 자미천황님의 자손이기에, 자손들끼리 서로 욕하는 꼴이 되니 태상천존 자미천황님께서 보시기에 가슴이 얼마나 아프셨을까 하는 생각을 해봅니다.

정말 죄송한 마음이 듭니다.

제 자식들이 서로 욕하고 싸운다면 제 자신 또한 얼마나 가슴이 미어질까를 생각하니, 그간 저의 잘못을 크게 뉘우치게 됩니다.

3. "태상천존 자미천황님의 형상은 이미 각자에게 보여주셨다.
태상천존 자미천황님을 어찌 한 가지 형상으로 표현할 수 있겠는가?"

모든 만물을 자미천황님께서 창조하셨으니,

태상천존 자미천황님의 뜻을 담고 있는 것은 당연한 이치라 생각합니다.

그 속에서 태상천존 자미천황님의 뜻을 찾고, 태상천존 자미천황님의 가르침(자미천황님의 형상)을 깨닫는 것은 우리 자손들의 몫이란 생각을 해봅니다.

신명님의 말씀이 또한 생각이 납니다.

"당신께서는 우리들을 돌보시기 위해서 이 세상에 오셨다."

무한한 감사함을 느낍니다.

오늘도 우리들에게 태상천존 자미천황님 찾아주시고자 열심히 천명공사를 행하시는 신명님을 생각하니 가슴이 미어옵니다.

제가 천인합체의식이 끝난 후 인황님 집무실에서 얘기를 나누고 있을 때,

사감님이 오셔서 저의 머리를 쓰다듬으며, "어이 예쁘다" 하셨던 기억이 납니다.

그때 제가 받은 느낌은 깊은 어머님의 사랑 같은 것이었습니다.

그리고 인황님께서 왜 하늘의 대행자이신가를 알게 되었습니다.

그 크신 대 능력을 가지시고도 예수나 석가, 상제처럼 하늘인 양 행동하시지 않으시고, 자신의 잘못을 인정하시는 모습 정말 멋있었습니다.

그러하시기에 태상천존 자미천황님의 명 대행자로서 선택을 받을 수 있으시지 않았던 것인가 감히 생각해 봅니다.

또한 사감님이 있으시기에 그 많은 하늘의 진실을 알 수가 있었습니다.

사감님 감사합니다.

그리고 정말 수고하셨습니다.

다시 한 번 더 뜻깊은 자리를 마련해 주신

태상천존 자미천황님!

신명님, 하나님, 미륵님, 인황님, 사감님 감사드립니다.

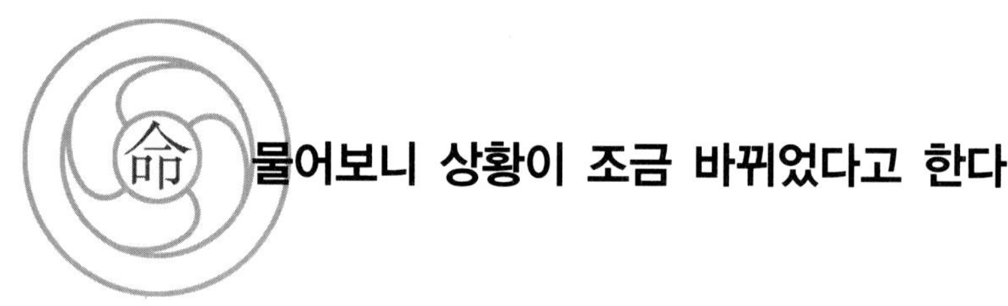

물어보니 상황이 조금 바뀌었다고 한다

경남 창원에서 백성 문안인사 올립니다.

태상천존 자미천황님의 크나큰 사랑에 감사해 할 줄 모르고 저 자신 잘난 줄 알고 행한 죄 용서하여 주십시오.

자미국을 알기 전, 저는 직장 생활을 하고 지내었는데 한 직장에 계속 근무하지 못하고 여러 회사를 옮기며 생활했습니다.

이제 나이 50이 지나니 마음은 3, 40대 같지만 일할 곳과 수입이 적어 매달 힘든 생활을 하였습니다.

이런 중에도 마음은 항상 그 무엇인가를 채우기 위해 서적(기운, 기수련)을 구입해 보고 전국의 도인, 도사, 선사라는 분들을 만나기도 했지만 그들도 제 마음의 갈증을 속 시원하게 풀어주지 못하더군요.

이러한 생활이 계속되니 아내는 쓸데없는 곳에 돈을 버린다며 그런 곳에 가지 말라고 하여 서로 언성을 높이며 부부 싸움도 자주하게 되었습니다.

또 주식을 하면 돈을 많이 벌 수 있을 것 같아 아파트를 아내 몰래 담보 잡혀 대출한 돈으로 주식을 하였으나 휴지가 아니면 밑바닥으로 내려가 빚만 지게 되었습니다.

왜! 무엇 때문인가?

'이렇게 사는 방법 외에 다른 길이 있을 텐데?' 하면서 지내던 중, 2008년 6월경에 자미국에서 나온 책을 구입하여 읽고 자미국에 전화로 방문날짜 예약을 해놓은 후 조상님 입궁식을 해드려야겠다고 마음먹었습니다.

거래 은행인 농협에 추가대출을 할 수 있냐고 물으니 대출한도가 얼마 없어 불가하다는 말을 듣고 휴일에 인황님과 사감님을 만나뵙고 일정을 전화로 말씀드린다 하고 집으로 내려왔습니다.

다음 날 농협 담당자에게 전화하니 대출이 원하는 만큼 된다는 말을 듣고

"저번 전화할 땐 안 된다고 하더니 어찌된 일입니까?" 하고 물어보니, "상황이 조금 바뀌었습니다" 하는 것이었습니다.

'태상천존 자미천황님의 능력이시구나' 생각하며 인황님께 전화를 드려 조상님 입궁식 일정을 잡았습니다.

조상님 입궁식 날이 토요일이라 아내에게는 직원 결혼식에 간다 하고 자미국에 도착하여 태상천존 자미천황님께서 윤허하여 주시고 신명님, 하나님, 미륵님, 그리고 인황님, 사감님의 도움으로 조상님 입궁의식을 올렸습니다.

다음 날엔 천지회가 있는 날이라 의식에 참석하라시는 인황님의 말씀에 다음 날 천지회에 참석하여 태상천존 자미천황님께 소원을 비는 시간에 그동안의 서러움과 감사함 때문인지 계속 울었습니다.

천지회가 끝나고 집으로 가기 위해 자미국을 나가려고 인황님과 사감님께 인사를 드리려 가는데 정신이 멍해지면서, 눈만 감으면 머릿속에서 영화필름처럼 계속 돌아 눈을 감지 못하고, 두 분께 인사를 드리고 나와 지하철을 타고 고속버스터미널까지 가는데 중간에 갈아타는 곳에서 방향을 찾지 못해 왔다 갔다 했습니다. 눈만 감으면 영화필름이 빨리 지나가 간신히 터미널에 도착하여 버스를 타고 눈을 감으니 계속 머릿속에서 빠르게 지나갔습니다.

참으로 위대하신 태상천존 자미천황님께서 제게 주신 사랑인 줄도 모르고….

이제야 감사함을 인황님께 전합니다.

또 2009년 1월경에는 전에 근무했던 회사 지사장이 전화로 관리점이 4월 초에 오픈하는데 근무할 수 있겠냐고 하는 것이었습니다.

그러나 그 관리점의 관리점장은 예전에 저에게, "당신은 나이가 많아 회사 일에 맞지 않는다"고 하였으나 저는 현재까지 계약직으로 근무하고 있습니다.

위대하신 태상천존 자미천황님의 큰 사랑 앞에 다시 한 번 고개 숙여 감사의 인사를 올립니다.

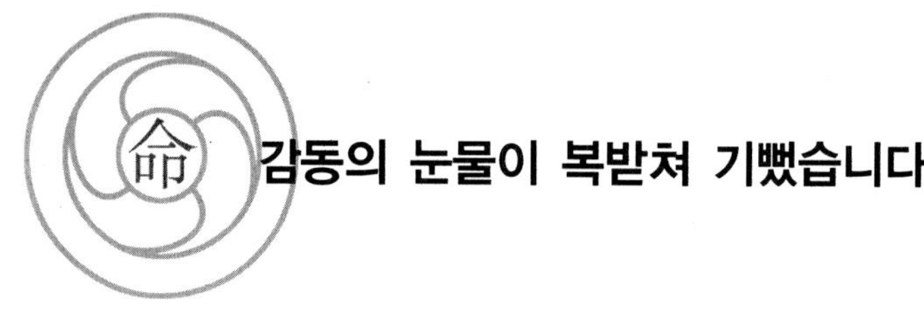

감동의 눈물이 복받쳐 기뻤습니다

인천에 사는 백성입니다,

마음에 담은, 하고픈 말씀을 몇 자 올립니다,

천지회 날 아침 일찍 두근거리는 마음으로 자미국으로 출발하면서부터 위대하신 천지부모님을 알현한다는 기대감에 가슴이 뭉클하면서 눈에 눈물이 고입니다.

인간사에도 이산가족과 만남에 눈물을 흘리며 우는데, 이 세상에서 몇 천, 몇 만 년 만에 만나는 이보다 더한 만남이 또 있겠습니까.

저는 그동안 자미국을 만나기 전, 다른 종교를 다녔습니다.

조상님 받들며 정성드리면 도통 받는다는 말에 현혹되어….

그러나 그들의 말도 잠시잠깐뿐, 그 후 그 곳은 스스로 풍비박산되어 선각자들은 서로 갈라서게 되었고, 도통을 이루게 해준다는 장본인은 이 세상을 떠나고.

주인 없는 빈집이 되어 버린 곳.

도통은 어디에서 누가 해주나?

도통은 어디 가서 누구를 통해서 이루어야 하나?

고민과 걱정이 태산 같았습니다.

그러나 그 곳에 머물면 머물수록 더 좋아지는 것이 아니라 나뿐만이 아니라 도인들 모두도 더 힘들어지는 것이었습니다.

그 곳에서 세월과 모든 것을 다 받친 저의 어머님은 매일 중상모략과 도둑누명 등으로 괴로움을 당하고 있었습니다.

그 모든 것을 다 지켜본 저 역시도 그들의 말에 무조건 복종해야 하는 줄 알고 위기에 처한 어머님을 위해서 아무것도 하지 못한 채 그저 바라만 보고 있었습니다.

그 곳에서 충성을 바치고 그들의 말에 무조건 "예, 예" 하던 어머님도 하루는 "더 이상은 그들의 등쌀에 못 버티겠다. 수십 년 다닌 세월이 너무 억울하다"며 우셨습니다. 어머님은 그곳에서 받은 상처와 간암으로 무척 힘들어하고 계셨습니다.

도통의 소원을 이루어 보고자 그 곳에서 나의 청춘과 금전, 이 모두를 다 바쳤던 나 스스로도 대순에서 받은 상처와 실망, 좌절감에서 벗어나지 못하고 괴로워하고 방황하고 있을 때, 우연인지 자미천황님의 보살핌이신지, 자미국에서 출간한 책을 보게 되었습니다.

자미국에 인황님, 사감님과의 상담 절차를 통하여 입궁의식을 행하여 정식백성의 신분이 되고 나니 얼마나 좋은지 이루 말할 수 없는 기쁨에 너무나도 많이 울었습니다.

조상님 입궁의식 이후 악몽과도 같았던 그 곳에서의 구차했던 나의 삶, 도통 하나만을 위해 방면선감에게 온갖 수모를 겪으며 수많은 세월을 고생했던 그 모든 것들이 일순간에 봄 눈 녹듯이 녹아내리며 묵은 체증이 사라지는 것이었습니다.

천지부모님이신 태상천존 자미천황님을 자미국의 인황님과 사감님을 통하여 함께할 수 있다는 사실에 그저 기쁘고 감사할 따름입니다. 이토록 기쁘고 감사한 일이 이 세상 그 어디에 또 있겠어요.

오늘은 자미국 천지회를 통하여 천지부모님 음성을 들을 수 있고 사랑과 진실의 말씀을 들을 수 있음에 내 가슴이 내 의지와 상관없이 마구 뜁니다.

자미국에 도착하여 태상천존 자미천황님 전에 예를 올리고 인황님, 사감님을 알현한 후 조상님 전 앞에 앉아, "그간 태상천존 자미천황님 곁에서 별 일 없으셨는지요!" 하는 그 순간, 감동의 눈물이 복받쳐 올라 기쁘고 기뻤습니다.

천지회 의식이 끝나고 자미천황님 전에 올려졌던 과일을 봉지에 담아 쏜살같이 차를 몰고 어머님에게 갖다 드리면서 "정성들인 과일이에요, 잡수시면 모든 병이 나으셔요" 하니 두 눈에 눈물을 글썽이시면서 오늘 낮에 있었던 일을 말씀하시는 것이었습니다.

어머님께서는 자미국의 천지회 시간인 2시에서 3시 사이에 동료 노인분들과 산에 산책을 하시게 되었는데, 그동안 그렇게도 무거웠던 몸이 자미국 천지회 시간에는 몸이 날아갈 것처럼 가벼워져 걸음이 가뿐하고 빨라 노인 동료분들이 웬 걸음이 그리 빠르냐고 하시면서 조심해서 걸으라고 염려의 말까지 해주었다고 했습니다.

어머님은 천기기운을 받은 기분이었다고 하시었습니다.

또한 병원에 입원해 있는 장인어른은 그 시간에 갑자기, "나 성공했어, 나 성공했어, 나 성공했어!"를 여러 번 외치셨다고 합니다.

장인어른에게도 천지기운을 주신 태상천존 자미천황님께 감사하고 신기하고 기쁠 뿐입니다.

자미국의 천지회 시간에는 태상천존 자미천황님의 기운이 모든 천인, 백성과 그의 가족들에게도 골고루 전달된다는 진실을 실감했던 감명 깊은 천지회 시간이었습니다,

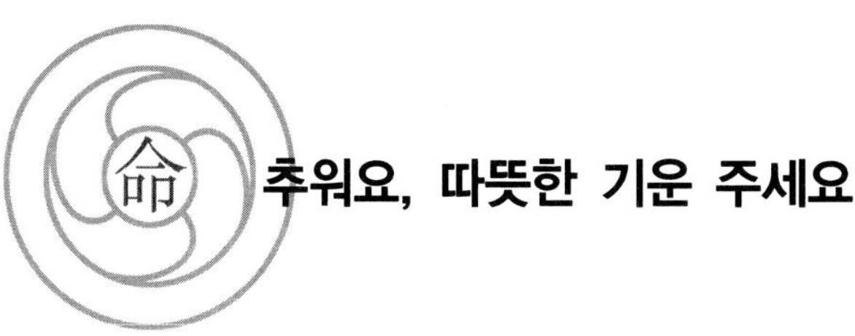

추워요, 따뜻한 기운 주세요

천지회가 2일 전이었는데 꿈이었는지 아련한 마음입니다

벌써 그리워져서 그런가 봅니다.

고열에 어지러움증과 구토증세가 심했는데 상태를 좋게 해주셔서 천지회에 잘 다녀왔습니다.

어제는 회사에 있는데 한기가 들 정도로 날씨가 너무 추웠습니다.

천지회 때 신명님, 하나님, 미륵님께서 기운 주시면 따뜻한 기운이 온다고 하신 것이 문득 생각나서, "추워요, 따뜻한 기운 주세요. 신명님, 하나님, 미륵님!" 하고 일에 열중하고 있는데 의자 등받이 쪽에 온기가 느껴져 "왜 그러지?" 하다가 진짜 따뜻하게 해주신 기운에 놀라웠습니다.

제자리가 창문 있는 벽 쪽이라 등 쪽이 추웠는데 정말 따뜻하게 해주심에 "감사합니다" 하고 일을 잘 마무리했습니다.

오늘은 출근하기 전에 어제 일을 생각하며, "몸이 아프다 좋아지기는 했는데 날씨가 추워 걱정이니 안 춥게 해주세요"라고 기도하고 출근을 하게 되었습니다.

신기하게 저는 오늘 춥지 않았습니다.

점심시간에 밥 먹으러 나갔을 때도 다들 춥다는데 저는 별로 춥지가 않았습니다.

정말 신기하고 정말 감사합니다.

저는 8월 한여름 말고는 1년에 열한 달을 돌침대를 켜고 자거든요.

추위를 정말 많이 타는데 비염과 안구건조증 때문에 히터 종류의 난방 기구를 잘 못 켜요.

정말 대단하십니다.

이번 주에 많이도 추웠는데 정말 신기한 기운이었습니다.

착하고 성실한 직원이 출근하였습니다.

이 또한 감사합니다.

자미천황님께서 보내주시는 일!

성실하게 열심히 진심으로 하겠습니다.

인황님!

천지회 준비하시고 문자 보내시어 불러주심에 감사하고,

사감님!

말씀 전해 주시고 가르쳐 주셔서 감사합니다.

인생을 화려하게 비상

우리들의 안식처이자 사막의 오아시스인 자미국.

저는 서울에 사는 김○○ 백성입니다.

제가 많이 모자란 데도 불구하고 저를 자미천황님의 백성으로 받아주신 것에 대해 진심으로 감사드립니다.

드디어 꿈에 그리던 입궁의식을 행하는 날.

친견상담 이후로 밟아보지 못한 지상 자미천궁을 다시 오게 되니 긴장도 되었습니다.

행여 큰 민폐라도 끼칠까 마음속으로 노심초사했습니다.

입궁의식을 하기 전에 인황님과 많은 대화를 나누면서 저의 잘못된 생각도 많이 알게 됐습니다.

그리고 천인들과 수많은 대화를 나누면서 곧 행할 입궁의식이 매우 기다려지고 긴장이 됐습니다. 드디어 그렇게도 염원하던, 어릴 때 돌아가신 아버지 혼령 청배시간이 되었습니다.

아버지 청배시간을 통하여 아버지 혼령과 만나게 되었습니다.

제가 아주 어릴 때 돌아가신지라 말 한마디 못해 본 아버지셨습니다.

혼령청배는 되었으나 아버지는 아무 말을 안 하고 그냥 슬피 흐느끼시는 거였습니다.

저는 아버지의 모습에 엄청 당황하여 어찌할 바를 몰랐습니다.

그래서 그냥 제가 잠시 모두 물러 있자고 했더니 사감님은 아버지에게 그렇게 하면 안 된다고 다그치는 거였습니다.

순간 제가 큰 실수를 했다는 것을 알게 되었습니다.

그래서 사감님이 말씀하여 주시는 대로 따뜻하게 아버지에게 다가갔습니다. 그랬더니 아버지는 가슴의 응어리가 풀리셨는지 말씀을 하시기 시작했습니다.

아버지와 대화를 하면서 그동안 아버지가 제 몸속에 저랑 함께 있으면서 저를 얼마나 생각해 주셨는지 알게 되었습니다.

그리고 아버지께서는 하늘에서 오신 어떤 분(신명님, 하나님, 미륵님)을 만났다고 하시면서 조금만 기다리면 나에게도 좋은 일이 있을 것이라고 말씀해 주셨습니다.

그리고 아버지께서는 저의 손을 계속 만지면서, "살아서 잘해 주지 못하고 간 것이 매우 마음 아프다"고 하셨습니다.

그리고 아버지께서는 마지막 대화에, "인황님과 사감님 잘 믿고 따르라"고 당부를 하시면서 청배의식이 끝나게 되었습니다.

아버지 혼령과 잠시나마 만날 수 있도록 만남의 시간을 허락해 주신 자미천황님께 정말 감사드립니다.

덕분에 제 가슴에 있던 응어리가 풀리게 되었습니다.

그리고 신명님, 하나님, 미륵님께서 하강 강림해 주시는 시간이 되었습니다.

사감님 몸에 하나님께서 하강하시었는데 저는 신명님, 하나님, 미륵님인 줄 알고 "신명님!" 했더니 제 발음이 꼬이는 이변이 일어나는 것이었습니다. 그리고 오신 분께서는 아무런 말씀도 안 하시는 것이었습니다.

순간 저는 너무 당혹스러웠습니다.

당황하고 있는 저에게 하나님께서는, "김씨인 너한테 내가 박씨라고 하면 너는 대답하겠느냐?"고 하시는 것이었습니다. 하나님의 정확한 명칭을 부르자 그때서 "그래" 하고 대답하시는 거였습니다.

그리고 저한테 많은 말씀을 해주셨습니다.

"자미천황님께서 너를 창조하시어 너를 인간세상으로 내려보내실 때, 인간세상으로 내려가 네가 하고 싶은 것 무엇이든 다 해도 좋다. 대신에 종교만은 가지 말라"고 금지사항의 말씀을 하셨다고 전해 주셨습니다.

기독교 하나님께서는 내가 인간세상에 내려와 자미천황님의 말씀을 어기고 종교에 가 있는 못난 나를 지켜보실 때마다 화가 나고 내가 미웠다고 말씀하셨습니다.

저는 이런 하늘의 진실도 모르고 자미천황님께서 가지 말라고 하신 종교에 저 좋다고 다니고 있었으니 이런 못난 나의 모습을 지켜보신 자미천황님은 그동안 얼마나 가슴을 치시며 답답해 하셨을까? 생각하니 죄송한 마음밖에 들지 않았습니다.

하나님의 말씀을 통하여 자미천황님에 대하여 조금은 알 수 있는 너무도 값진 시간이었습니다.

미륵님과 있었던 일에 대해 쓰려고 하니 제 기억력이 나빠서인지 하나도 기억이 나지 않아 못 쓰겠습니다.

정말 송구스럽게 생각합니다. 그냥 너그럽게 봐주십시오….

그리고 마지막으로 신명님께서 하강강림하시어서, "네 인생의 방향을 제시하여 줄 귀인을 만나게 될 거다"라고 하셨습니다. 의식에 참석하신 분들께도 길을 열어주신다고 하니 그냥 어안이 벙벙했습니다.

정말 눈물 쏙 빼는 날만 가득했는데 나에게도 한 줄기 천광의 빛을 비추어 주신다 하니 정말 눈물 나게 감사했습니다.

곧 화려하게 펼쳐질 미래를 생각하니 기대감에 가슴이 부풀어 오릅니다.

자미천황님께서 날개가 부러진 저에게 다시 날 수 있도록 엄청난 축복과 영광을 주심에 진심으로 감사하고 또 감사합니다.

어느 분인 줄 모르오나 제 인생이 고통에 빠지게 된 것은 조상님들이 저를 붙잡고 이것저것 들어 달라 하여 제 인생이 꼬이고 고통스러워지게 된 것이라고 말씀해 주셨습니다

그동안 저는 수많은 조상님들과 함께 지내왔다고 하시더라고요. 제가 혼자 사는 집에는 저를 반기는 영가들로 가득했다고 말씀해 주셨습니다.

입궁의식을 통하여 조상님들과 영가들이 다 떠난 후에 혼자 사는 집에 들어와 보니 정말 집안이 썰렁한 느낌이 들었습니다.

예전에는 뭔가 가득 찬 느낌의 집이었다면 지금은 말 그대로 순수하게 혼자 사는 집의 느낌이 듭니다.

조상님 입궁식 마지막 부분에서 천인합체의식 명을 내려주심에 정말 말

로 표현할 수 없을 정도로 영광이었습니다.

정말이지 귀중한 선택 중에서도 매우 귀중한 선택을 해주셨으니 이 은공에 정말 열심히 노력해서 자미천황님의 은공에 보답드리도록 약조하겠습니다.

이렇게 조상님 입궁의식을 행하여 나의 오랜 숙원을 풀고 한숨 돌리고 나니 마음이 편안했습니다.

입궁의식을 위해 수고하여 주신 신명님, 하나님, 미륵님, 인황님, 사감님께도 수고의 인사를 드립니다.

입궁의식을 올리고 나니 한결 마음이 가벼워졌습니다.

그러던 어느 날, 갑자기 제 가슴에 통증이 심하게 느껴져 인황님께 전화를 했습니다.

인황님께 갑자기 전화가 너무 하고 싶어서 전화했다고 하니, 인황님께서는 내일 자미국에 천지회가 있다고 하시면서 문자 못 받았느냐고 하시는 것이었습니다.

저는 못 받았다고 하면서 내일 천지회에 갈 수 있음에 감사해 하며 전화를 끊었습니다. 그러고 나자 신기하게 통증이 없어졌습니다…. 내 자신이 얼마나 답답했으면 그렇게 했을까? 하는 생각이 듭니다.

다음 날 천지회에 참석하여 난생처음 자미국 천지회를 체험하게 되었습니다. 저는 종교 투어를 오랫동안 해서 종교의식을 수도 없이 보았습니다.

그런데 난생처음 접해 보는 자미국의 천지회는 여타 종교와는 차원이 엄청 틀렸습니다. 한마디로 비교 자체를 할 수 없을 정도였고 의식진행과 내용, 말씀 전달 부분 모두가 전혀 딴 세상이었습니다.

이 세상 어디를 가서 이런 의식을 본단 말입니까? 오로지 자미국에서만 가능하다는 것을 느끼고 알게 되었습니다. 그리고 진실한 깨달음 그 자체였다고 저는 생각합니다.

이런 고차원적인 의식에 참석하게 해주셔서 크나큰 영광이옵니다.

종교의식은 정말이지 종교 교주만을 드높여주는 의식일 뿐, 일반신도들은 비참하게 학대와 갈취를 당하는 노예들이었습니다.

그런데도 일반신도들은 그 사실을 망각한 채 교주 찬양에만 정신과 혼이 빠져 있습니다.

제 눈에 콩깍지가 꼈을 때는 저도 그런 행동들이 그냥 좋은 것인 줄 알고 행했었으나 지금 와서 종교에서 행했던 저의 모습을 뒤돌아보니 부끄럽고 민망하기 그지없습니다.

자미천황님께서 내가 지상으로 태어나기 전에 나에게 해주셨던 말씀을 들었으면 얼마나 좋았을까? 하는 후회가 됩니다.

종교에 들어간 나는 고생만 된통 겪고 눈물 쏙 빼고 나왔습니다.

진작 자미국에 들어와 정식백성이 되어 천지회에 참석하였다면 얼마나 좋았을까? 생각을 하니 그동안의 나의 지난 세월들이 너무 허무하다는 생각이 들었습니다.

여러 말씀을 들으면서 역시 자미천황님의 말씀과 진실은 종교 세상에서 알았던 것과는 너무도 다름을 알게 되었고, 또한 자미천황님께서 하시는 것에는 반드시 정확한 이치와 이유 그리고 진리가 뒤따른다는 것도 알게 되었습니다.

그래서 자미천황님의 말씀에는 일절 인간의 얕은 생각을 섞어 생각하는 것 자체가 매우 위험한 일이고, 항거하는 행동 역시 잘못된 것이라는 것도 알게 됐습니다.

그리고 의식 이후 입궁되신 우리 가문의 조상님들이 천상 자미천궁에서 잘 계시는지 하는 생각이 입궁의식 이후에 들기도 했지만 조상님 생각하면 안 되는 것인 줄 알고 애써 조상님에 대한 생각을 지우려 했는데, 그게 아니라고 말씀해 주시는 신명님의 말씀을 듣고 또 진실을 알게 되었습니다.

저는 솔직히 제가 백성으로 탄생하는 영광을 누리게 될 것이라고는 생각도 못했습니다. 그냥 세상을 언제 등질까만 기다리며 살았습니다.

정말 한 치 앞도 안 보이는 어두운 터널을 걷는 순간순간마다 불안과 초조, 즉 공포 그 자체였던 거 같습니다.

자미천황님 마음도 모르고 제가 종교에 나가 자미천황님 마음 너무 아프게 한 것에 대해 송구스럽습니다. 다시 한 번 다짐하지만 두 번 다시는 자미천황님의 가슴에 못을 박는 행동은 삼가겠습니다.

돌이켜 생각해 보면 너무 무책임한 행동과 생각과 말을 내뱉으며 살았으니 천지부모님 되시는 자미천황님께서는 이런 저를 바라보시며 벙어리 냉가슴 앓듯 얼마나 속을 졸이셨겠습니까?

그래서 이제는 자미천황님의 자식된 도리로서 효도할 것을 약속드립니다.

비록 제가 많이 모자라서 하는 행동이 어설프더라도 이해해 주시고 잘못된 점을 되도록 스스로 찾아서 고치도록 노력하겠습니다.

제가 개인적으로 많이 궁금했던 일이 해결되었어요

인황님! 사감님!

추운 날씨에 평안하시지요?

항상 저희들을 위해 마음 써 주시는 은혜 감사드려요.

오늘은 아침 출근길에 일어난 일을 간단히 말씀드리려고요.

직장에 출근을 하기 위해 운전을 하고 가는데 갑자기 앞에서 모르는 차가 끼어드는 거예요. 차선변경 신호도 없이요.

그래서 제가 다음 차선으로 살짝 비켜 가는데 다시 그쪽 차선으로 또 앞지르기를 하더라고요.

그 순간 접촉사고가 날 것 같았는데 전 너무 태연한 거예요.

옆에 앉아 있던 동료직원이 한마디 하는 말씀이, "사고 날 뻔했잖아, 앞차 때문에…."

그런데도 전 믿는 구석이 있어서인지 불안한 마음도 없고 평소 때처럼 아무 일 없었다는 듯 운전하고 출근을 했답니다.

이처럼 자미천황님께서는 때와 장소 구분 없이 항상 저희 곁을 지켜주시고 계심에 어찌 감사해야 할지 모르겠어요.

인황님!

제가 개인적으로 많이 궁금했던 일이 해결되었어요.

다름이 아니고 다른 수련 단체나 종교 단체에 가면 경전이나 교리가 있잖아요?

그런데 자미국은 입궁식, 천인합체 후에는 어떤 만남도 없고, 길 안내도 없고, 그래서 처음엔 좀 이상하다는 생각을 했었어요.

그런데 그 부분은 처음 천지회에 참석했을 때 의문이 풀렸어요.

다른 의문 하나는 살아가는 방법에 대한 안내가 없어서 많이 궁금했어요.

이를테면, 기독교에서 말하는 '~하지 마라' 등.

그럴 때마다 자미국에서 출판한 책을 반복해서 읽게 되었는데 이제 정리가 되더라고요.

자미국은 경전, 교리를 공부하는 곳이 아니라 일상 생활하는 곳이라는 것을, 그리고 깨달으려고 노력할 필요도 없다는 것을요….

다만 정리를 한다면 두 가지(입궁식과 천인합체)로 요약되었어요.

저는 예전부터 뭔가 깨달음을 얻고자 나름대로 많은 방황을 하기도 했는데, 자미국을 알게 된 후 어쩌면 이렇게 깨달음이 간단하고 명확하게 떨어지는지 정말 놀라울 따름이에요.

지금도 수많은 사람들이 이곳 자미국을 몰라 방황하는 모습을 보고 있노라면 정말 안타까운 마음이 들어요.

인황님!

인류 최초로 올바른 길을 알려주는 자미국을 찾지 못해 종교 안에서 수십 년씩 방황하고 있는 수많은 분들, 그리고 저희 주변에 내가 사랑하는 사람들이 자미국에 올 수 있는 방법이 없을까요?

저는 이렇게 자미천황님의 큰 사랑을 입고 사는데….

많은 사람들을 선택해 주시도록 인황님, 사감님께서 기도해 주세요.

그리고 저희 가족 천인합체 빨리 할 수 있도록 도와주세요.

자미천황님 만날 수 있는 유일한 길이기에 그날이 더 기다려집니다.

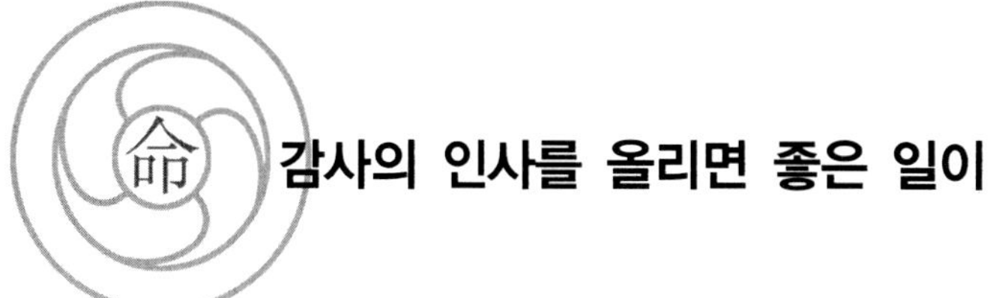

감사의 인사를 올리면 좋은 일이 생깁니다

인황님, 사감님께 감사의 인사를 올리면 좋은 일이 생깁니다.

기쁜 소식을 이렇게 전할 수 있게 해주십니다.

위대하시고, 존귀하신 자미천황님께 감사드립니다.

제가 근무하는 D회사가 미주지역 선주로부터 1조 2,464억 원과 6,940만 원 규모의 드릴십Drill ship 2척 수주와 미주지역 선주로부터 6,337억 원과 9,800억 원, 반 잠수식 시추선을 수주했다고 금일 뉴스에서 나왔습니다.

인황님, 사감님께서 계시기에 가능한 일이라 사료됩니다.

자미천황님께서 항상 이 세상의 모든 것을 주관하고 계시다는 것을 보여주시고, 인간이 믿지 못하니까 이렇게 증명해 주고 계신 것 같습니다.

이 나라 사람들이 이 진실을 알지 못함에 가슴이 아플 따름이고, 자미천황님의 크신 사랑에 감사합니다.

뭐 하느냐? 바로 시행하지 않고…

태상천존 자미천황님!

인황님, 사감님께 이○○ 머리 숙여 감사드립니다.

항상 고귀하신 말씀을 내려주시듯이 12월 13일 천지회 때 신명님께서 전하여 주신 태상천존 자미천황님의 가르침은 저희 천인 백성에게 너무도 소중한 진실의 말씀이시기에 마음속에 되새기고 또 되새기고 있습니다.

태상천존 자미천황님께서 윤허하여 주신 입궁의식을 거행하기 전의 제 삶과 저의 인생은 그야말로 모든 것을 포기해야만 하는 최악의 상황이었습니다.

2008년 3월은 저에게는 너무도 기가 막히고, 땅을 치고 후회해도 소용없는, 사랑하는 가족한테 모진 금전적 풍파만 일으킨, 흔한 말로 가정파탄의 주범이 되어 살아가고 있었습니다.

아내를 더 이상 집에서 볼 수 없는 상황이었기에… 저는 자의로 집을 나올 수밖에 없었습니다.

저로 인해 발생한 금전적 손실은 저와 가족한테는 너무나 컸기에 도저히 용서받을 수 없는 상황이었습니다.

그러나 직장생활은 해야 했기에 찜질방 등을 전전하며 출퇴근을 하며 지냈습니다.

사랑하는 가족에 대한 미안함과 그리움으로 눈물을 흘리며 고통의 나날을 보냈습니다. 가장인 내가 저지른 일이지만 억장이 무너지고 하늘이 무너지는 비통한 상황이었습니다.

과거 2002년에도 커다란 금전손실을 일으킨 경험이 있는 나.

또다시 큰일을 반복하여 저지르게 되었으니… 답답한 현실 앞에 참으로 막막한 나날이었습니다.

아내를 쳐다볼 수 있는 입장이 아닌지라 차라리 아내가 어떤 생활능력이라도 있다면, “나는 이대로 떠나는 게 낫겠다” 하는 생각도 여러 번 하였으나 그 또한 최선책은 아니었습니다.

저의 아내는 제가 가져다주는 월급만으로 한 푼 두 푼 아껴가며 평생 저만 믿고 따라와 주던 아내였으므로 저 말고는 대안이 없었습니다. 내가 목숨이 붙어있는 한 생활은 할 수 있도록 해줘야 한다는 마음으로 정처 없이 떠도는 생활을 하고 있었습니다.

그러던 중 2008년도 1월경에 정말로 우연히 자미국의 책이 제 눈에 들어오는 것이었습니다. 책을 읽어보니 내가 겪은 고통의 일들은 우연의 일이 아니었음을 알게 되었습니다.

책을 다 본 뒤에 상담 예약을 통하여 인황님과 사감님을 친견하게 되었습니다.

사감님께서는 저와 상담하는 시간동안 저로 인하여 머리가 많이 아프다고 말씀하셨었습니다. 저는 혹시 나한테 나쁜 기운(귀신)이 있어서 사감님이 그러시는 것은 아닌지 걱정도 되었었습니다.

인황님 친견을 마치고 조상님 입궁의식을 거행해야겠다는 마음은 있었으나, 그때는 이미 억대의 빚만 떠안은 떠돌이 무일푼 유랑자였기에 조상님 입궁의식을 거행할 수 있는 상황은 전혀 아니었습니다.

꿈도 못 꿀 입장이었습니다.

그러면서 차일피일 미루어 지나던 중에 인황님께서 저한테 전화를 주시어, 하루 빨리 조상님 입궁의식을 거행해야 너와 가족이 살 수 있다는 말씀을 하셨던 것으로 기억이 납니다.

그 말씀을 듣고 저는 뒤도 돌아보지 않고 은행에 빚을 내어 조상님 입궁의식을 거행한 후, 바로 일주일 뒤에 천인합체의식까지 거행하였습니다.

2008년 4월에 입궁의식과 천인합체의식을 다 마치고 나니, 저는 아내한테 알린 억대의 빚 외에, 자미국에서 행한 의식의 빚을 더 끌어안게 된 완전 ‘복구 불능자’가 되어 앞이 깜깜하였었습니다.

주위 친척 어느 누구도, 아니 가족 중 어느 누구도 나를 도울 수 있는 사람은 이 세상에 단 한 명도 없었습니다. 평생을 그런 여건에서 살아왔기 때문에 너무도 자명한 일이었습니다.

그러던 중 2008년 11월경 은행에서 갑자기 2008년 12월 안에 대출금을 상환하라는 독촉 전화가 왔습니다. 상환하지 않으면 다른 은행의 대출상환을 조건으로 대출받았으므로 약속불이행 통지를 집으로 하겠다는 것이었습니다.

저는 큰일이다 싶어 안절부절못하고 있었습니다.

입궁의식, 천인합체의식 이후 자미천황님께서는, "밖에서 방황하지 말고 집으로 들어가 살라"고 하셨습니다.

빚 때문에 부인 무서워 못 들어가겠다고 하자 막아주신다고 하시기에 자미천황님 말씀만 믿고 들어와 살고 있기는 하지만 하루하루가 가시방석의 나날이었습니다.

그런데 그 많은 대출금을 상환하지 않으면 약속불이행 통지를 집으로 하겠다고 하니 걱정이 태산 같았습니다.

불과 몇 달 전에 집으로 겨우 돌아와 쥐 죽은 듯이 지내고 있었는데… 2차 태풍이 분다면 저는 정말로 어찌할 수 없는 무방비의 상태였습니다.

저는 은행의 독촉전화를 받으며 죄인처럼 불안한 마음으로 하루하루를 버티고 있었습니다. 직장에서 일을 하면서도 마음속으로는 걱정을 한 다발 안고 있었습니다.

가슴이 시커멓게 탔다는 말이 실감나는 생활이었습니다.

이렇게 걱정을 많이 하다가는 심장병환자인 내가 죽는 것은 아닌가 하는 생각이 들었습니다.

10월 말경 심근경색으로 죽을 고비를 넘긴 지 며칠 되지 않은 상태인지라 더 무섭다는 생각이 들었습니다.

비록 제가 조상님 입궁의식과 천인합체의식을 마친 상태였지만, 순간적인 생각으로는 이제 내가 이렇게 죽을 수도 있겠구나, 하는 생각이 들었습니다.

이제서야 상처가 조금씩 아물어 가던 중이었는데… 또다시 낭떠러지로 내몰리게 되었으니….

그러나 그 모든 일들은 자미천황님의 말씀대로 1개월 안에 기적같이 모든 것을 해결하게 되는 대이변이 내 삶에 일어나 모두 해결하게 되었습니다.

지금에 와서 지난 일들을 생각해 보니, 지난날에 발생했던 나의 모든 일들은 내 의지와 상관없이 이미 수년 전에 만들어진 하늘의 시나리오 대본이었다는 생각이 드는 것이었습니다.

내 인생은 하늘의 시나리오 대본처럼 시작–과정–결과를 맺게 되었습니다.

정말 내 의지와 상관없는 기가 막힌 일들의 연속이었습니다.

저한테 일어났던 모든 일들은 우연이 아니었음을 절실히 깨닫게 되었습니다.

태상천존 자미천황님과 신명님, 하나님, 미륵님, 인황님, 사감님 모두가 돌보아주셨음에 가능했음도 알게 되었습니다.

자미천황님께서는 저의 현재와 미래에 발생할 수 있는 어려움을 미리 아시고 대처 방안도 준비해 놓으셨던 것으로 생각됩니다.

우리 인간들이 좋아하는 명확한 증거가 있기 때문이지요.

약 5년 전인가… 아내가 보험통장을 보여주었는데 3대 질병보험증이었습니다. 그런데 그 당시 제 눈에 확 띄는 것이 심근경색이었습니다. 그때 생각이 "내가 그런 병에 걸려?"라고 대수롭지 않게 여겼던 기억이 납니다.

그런데… 아래와 같은 일들이 일어났습니다.

2008년 4월 천인합체의식 거행 중 자미천황님께서는 사감님을 통하여 저한테, "너의 재물을 지켜주실 것이며 또한 건강을 지켜주겠다!"라고 말씀해 주시었는데, 그 진실 중에서 재물은 귀에 쏙 들어왔지만 건강을 지켜주신다는 말씀은 솔직히 잊고 있었습니다.

그 당시 저는 너무 건강했었기 때문이었습니다.

그런데 2008년 6월에 직장 전직문제로 건강검진을 받았을 때 혈압기계에서 측정한 혈압이 좀 높게 나왔습니다(145). 이상하다는 생각으로 다시 재보아도 145였습니다.

저한테는 참으로 이상한 일이었습니다. 2007년도 하반기에도 정상이었는데… 6개월 만에 혈압이 이렇게 높아진다는 것을 저는 이해할 수가 없었습니다.

그래서 주어진 수치를 그냥 병원관계자(여자)한테 제출하였더니, “취업관련 제출인가요?”라고 물어보는 것이었습니다.

그렇다고 하였더니, “다시 한 번 측정해 보세요”라고 하는 것이었습니다. 그래서 그렇게 말해 주는 것이 고맙기도 하여 혈압측정기에 팔을 좀 덜 집어넣고 측정을 하였더니 정상으로 결과가 나왔습니다.

믿지 못하시겠지만 위의 병원관계자 행동도 태상천존 자미천황님께서 시키셔서 그리한 것으로 생각됩니다.

(저의 생각으로는… 쯔쯔, 저놈 보게… 저 수치를 그냥 내면 직장을 옮기지 못하는데… 어리석은 놈 같으니… 안 되겠다! 빨리 저 병원 담당자한테 저놈이 내는 것을 받지 말라고 전하거라 하고 신명님, 하나님, 미륵님 혹은 저 자신한테 긴급하게 명을 내리신 거라고 생각합니다.)

어쨌든 저는 7월 초에 다른 회사(국내 에너지 초우량 기업)로 옮겨 지방에서 생활을 하다 2008년 8월부터는 서울에서 근무하게 되었습니다.

제5부

하늘 세계, 땅의 세계

하늘은 하나가 아니었다

책을 읽고 자미국 자미천궁의 두 저자를 만나 위대하신 대우주 천지인 창조주 태상천존 자미천황님을 만나게 되면 영원히 행복할 수 있는 하늘의 길로 들어갈 수 있다.

태초의 하늘이 인간들 눈에 안 보이니 계신지 안 계신지 독자들 영적 수준으로는 판단하기 어렵지만 하늘은 실제로 존재하고 계신다. 종교인들이 말하는 하늘과는 전혀 다르다.

태초이자 인류 마지막으로 인간과 조상님들이 하늘을 만나 하늘께 죄를 빌고 구원받을 수 있는 곳이다.

인간의 삶은 제 아무리 길어야 100년 미만인 인간의 삶 동안 인간이 누리게 되는 권력과 부귀영화 모두는 100년의 삶이 다한 뒤에는 모두가 의미 없게 된다.

하나라고 알고 있는 하늘은 하나가 아니었다.

인간능력의 한계수준에서 알려진 것만 33개의 하늘이 있다.

인간이 하나가 아니라 70억 명이듯, 하늘도 하나가 아니었는데 종교에서 자기들이 믿는 하늘이 최고라는 뜻으로 하나라고 만든 것 같다.

특히 기독교에서 하늘은 한 분이라고 하여서 우리 민족이 부르던 하느님을 하나님으로 바꾸어 하느님을 훔치는 도둑질을 자행했고 민족정신을 혼동 속으로 몰아넣었다.

100년 남짓한 동안에 급속도로 팽창한 기독교, 천주교가 말하는 하나님은 욕계 33천 하늘나라의 하나인 7천의 도리천 하늘을 말한다. 불교의 하늘은 9천인 도솔천이다.

천상의 하늘(천황)님도 있고, 땅의 하늘(지황)님도 있고, 인간의 하늘(인황)님도 있다.

지옥계도 하나의 하늘나라이고. 축생계, 아귀계, 아수라계 역시 하나의 하늘나라이며, 인간계 역시 하나의 하늘나라이다.

즉 인간들이 살고 있는 지구가 하나의 하늘나라이니 우주에 별이 몇 개일까? 이처럼 하늘은 하나가 아니라 수억만 개의 별들처럼 무수히 많은데 하늘을 하나라고 인간들에게 세뇌시켜 종교사상을 주입했으니 그 얼마나 위험하고 우매한 일인가?

사람들이 하늘나라가 좋다고 말하는데 정녕 어느 하늘을 좋다고 말하는 것인지 도무지 알 수가 없다. 지옥계 하늘나라가 좋다고 하는 것인지, 악귀들이 사는 하늘나라가 좋다고 하는지?

하나님이 누구이고 어느 하나님을 받드는지 모르겠다. 하나뿐이 안 계시어 하나님이라고? 하나님을 만나보고 말하는 것인지? 정말 너무나 웃기는 말이다.

인간이 하나밖에 없다는 말과 무엇이 다를까?

이것이 종교인가?

하나님이라 부르니 지옥계, 축생계, 아귀계, 아수라계의 하나님들도 대답하고 찾아오면 어떻게 할 것인데?

정말 기막힌 일이다.

종교가 인간들을 어떤 하늘세계로 인도하고 있는지도 모르면서 무조건 하나님이라 부르면 찬양하는 것인 줄 알고 있다.

예를 들어, 인간 각자가 하나의 하늘이라고 가정한다면 70억 개의 하늘이 존재하는 것인데 하늘을 부를 때, "인간" 하고 부르면 과연 누가 대답할 것인가?

2011년 10월 31일부로 지구에 70억 명째 아기가 필리핀에서 탄생했다고 한다.

70억 인간 모두가 대답할까? 정신 나간 미친놈이라고 쳐다만 보다가 말 것이다. 수많은 군중들이 있을 때 사장님 부르면 누가 대답할까? 어떤 이름을 대면서 사장님이라고 불러야 대답할 것 아닌가?

그리고 사장도 1인 사장도 있고, 수십만 명을 거느리는 사장도 있듯이 위상과 신분, 대우가 다르다.

사장이란 말은 같지만 동급 사장이 아니듯 하늘이라고 다 똑같은 하늘이 아니다.

마찬가지로 하늘도 수많은 신분과 서열이 있기에 여기서는 태초의 하늘이라는 뜻에서 태상천존이라 하고 그분이 자미천황님이시다. 어느 하늘을 부르고 찬양하는 것인지 확실히 알고 해야 하지 않을까?

기독교, 천주교인들이 말하는 하늘은 제 7천의 도리천 하늘이지만 이러한 진실도 모르고 하나님을 절대자, 전지전능의 천지창조주라고 부르며 찬양하고 있다.

하나님 찬양해 봐야 진짜 하나님은 쳐다보시지도 않는다고 하시었다. 진짜 하늘이 바라보시지 않으니 가짜 하늘인 지옥계, 축생계, 아귀계, 아수라계 하나님들이 찾아올 것이다.

아래 제 1천 하늘부터 제 4천 하늘까지도 하나의 하늘나라라는 것을 독자들은 상상도 못했을 것이다.

천天은 하나의 하늘이고 교인들이 하나님으로 부르고 싶다면 "도리천주님"이라고 불러야 응답을 하실 것인데 이제는 아예 응답을 하지 않으실 것이다.

왜냐하면 자미국 지상 자미천궁으로 들어오시었기 때문에 응답하실 필요가 없으시다.

종교귀신들이 이름을 너무 더럽혀 태초의 하늘이신 태상천존 자미천황님께서 신명님의 존호를 '천상선감님', 하나님의 존호를 '천상천감님', 미륵님의 존호를 '천상도감님'으로 바꾸어 주시었다.

이와 같이 교인들은 지금까지 누구를 믿고 있었던 것인지 고민해 봐야 하고 도리천주님을 만나고 싶다면 이 책을 끝까지 정독해야 한다.

자미국이란 이름은 저자 지황이 창시했고, 자미천궁이란 이름은 제7천의 도리천주님이시자 교인들이 부르던 하나님이신 천상천감님께서 강림하시어 찾아주시었다.

이곳에서 진짜 태초의 하늘, 하늘 중의 하늘이신 태상천존 자미천황님의 뜻을 펼치시고자 와주시었으니 교인들은 하나님을 만나고 싶으면 종교의 고정관념을 모두 버리고 찾아오기 바란다.

우주에는 3계(욕계, 색계, 무색계)의 33천(하늘)이 있다.

▌욕계欲界 **11천**

제 1천 지옥계 제2천 축생계 제3천 아귀계 제4천 아수라계
제 5천 인간계
제 6천 사왕천 욕계 1천 인간세상의 50년이 1일, 정명 500세
제 7천 도리천 욕계 2천 인간세상의 100년이 1일, 정명 1,000세
제 8천 야마천 욕계 3천 인간세상의 200년이 1일, 정명 4,000세
제 9천 도솔천 욕계 4천 인간세상의 400년이 1일, 정명 4,000세
제10천 화락천 욕계 5천 인간세상의 800년이 1일, 정명 8,000세
제11천 타화천 욕계 6천 인간세상의 1,600년이 1일, 정명 16,000세

▌색계色界 **18천 중**

1선 3천 제12천 범중천 제13천 범보천 제14천 대범천
2선 3천 제15천 소광천 제16천 무량광천 제17천 광음천
3선 3천 제18천 소정천 제19천 무량정천 제20천 변정천
4선 9천 제21천 무운천 제22천 복생천 제23천 광과천
제24천 무상천 제25천 무번천 제26천 무열천
제27천 선견천 제28천 선현천 제29천 색구경천

무색계無色界 4천 제30천 공무변천 제31천 식무변천
제 2천 무소유천 제33천 비상비비상천

사왕천의 500세가 등활지옥의 1일이고~타화천 16,000세가 염렬지옥의 1일이다. 그러므로 염렬지옥에 떨어지면 34,105조 6,000억 년 동안 형벌을 받아야 한다고 한다.

이런 끔찍한 지옥세계로 떨어지지 않으려면 100년도 못 가는 부귀영화인 재물과 권력, 명예만 믿고 자만과 교만으로 사후세상 부정하지 말고 하

루라도 일찍 자미국 자미천궁에 들어와서 남보다 먼저 입궁식, 천인합체의 천명을 받아 천인으로 재창조되어 지옥세계를 면하고 난 후에 인생을 즐겨야 한다.

지금 큰돈과 권력을 갖고 부귀영화 누리며 잘살고 있다고 한가하게 여유부릴 때가 아니다. 자신과는 상관없는 남의 세상처럼 느낄 수도 있지만 각자에게 현실로 다가 올 미래의 사후세상이다.

상상으로만 여기던 33개의 천상세계가 실제로 존재하고 있듯, 천상세계와 반대되는 지옥세계도 실제로 존재하고 있다.

기독교, 천주교인들이 말하는 천국, 천당에는 천국, 천당만 존재하고 있는 것이 아니라 천국, 천당 안에는 제 7천 도리천의 흑승지옥이 존재하고 있다.

또한 불교, 도교에서 말하는 극락세계에도 극락세계만 존재하고 있는 것이 아니라 제 9천 도솔천의 규환지옥이 존재하고 있다.

제 6천 사왕천의	등활지옥으로 떨어지면	3조 3,306억 2,500만년
제 7천 도리천의	흑승지옥으로 떨어지면	13조 3,225억년
제 8천 야마천의	중합지옥으로 떨어지면	53조 2,900억년
제 9천 도솔천의	규환지옥으로 떨어지면	213조 1,600억년
제10천 화락천의	대규환지옥으로 떨어지면	1경 7,052조 8,000억년
제11천 타화자재천의	염렬지옥으로 떨어지면	3경 4,105조 6,000억년

최하 3.3조(3조 3,306억 2,500만)년~최고 3.4경(34,105조 6,000억)년까지 가혹하고도 모진 형벌을 받아야 하는 장구한 지옥세상이 존재하고 있음을 알아야 한다.

지옥세계의 진실, 사후세계의 진실이 인류 최초로 자미국 자미천궁을 통하여 이 땅의 사람들에게 밝혀지고 있다.

이 땅의 사람들은 지금까지는 보이지도 않고 들리지도 않는 천상세계, 사후세계, 지옥세계가 실제로 존재하고 있는 줄을 몰라 돈과 권력, 명예에 집

착하며 살았었다.

살아생전 자신의 사후세계를 자미국 자미천궁을 통하여 미리미리 준비하지 않으면 천추의 원과 한을 남기게 된다.

모두가 가야 할 사후세상.

인간으로 태어난 이상 어느 누구를 막론하고 사후세상의 길을 피할 수는 없다. 세상 그 어느 누구도 피할 수 없는 준비된 사후세상의 길을 그냥 바라만 볼 것인가?

독자들은 지금 바로 사후세계 대비책을 세워야 한다.

命 하늘의 기운을 받고 사는 天人으로 재창조

새로운 인간의 창조가 시작되었음을 알린다. 이 땅에 태초부터 인간이 살기 시작하면서 지금 현재까지 세상 그 어느 누구도 알 수 없었던 미지의 세계에 대한 엄청나고도 위대한 진실을 밝히고자 한다.

이 책의 내용이 진실인지 거짓인지 못 믿겠으면 신명님, 하나님, 미륵님, 자미천황님, 자미인황님 중에서 마음에 드는 한 분을 마음속으로든 말로든 5~10분 동안 불러보면 된다.

이때 양손을 모으고 합장한 양반자세로 눈을 살며시 감은 자세로 정중히 존명을 불러보거나, 또는 편안한 상태에서 자유롭게 이 책의 내용이 진실이라면 어디 사는 ○○○인데 내 자신이 알아들을 수 있게 어떤 증표를 주세요라고 해보면 된다. 그리하면 각자가 평소와 다른 어떤 기운이 오는 것을 현실로 느끼게 될 것이고 환상으로든, 소리로든, 꿈속에서든 독자들이 존명을 부른 분께서 어떤 현상을 보여주시리라.

몸이나 손발에 신비하게 떨림이 오는 사람, 눈물이 나는 사람, 졸리지도 않은데 하품을 연속적으로 하는 사람, 졸음이 몰려오는 사람, 전기가 온 몸으로 흐르는 것처럼 느껴지는 사람, 머리에 기운이 느껴지는 사람, 뒷골이 당기는 사람, 마음이 우울해지는 사람, 기쁨과 환희에 탄성을 지르는 사람, 책 내용이 머리에 쏙 들어오고 1~2일 만에 완독하는 사람, '자미국 자미천궁'이 머리와 입속에서 맴도는 사람, 자미국에 가고 싶은 강한 충동이 일어나는 사람 등등, 독자들마다 일어나는 현상이 천태만상으로 모두 다를 것이다.

얼마나 자신 있으면 이렇게까지 할까?

독자들 여러분들이 불교, 기독교, 천주교, 무속, 도교, 유교, 단월드, 마음수련원, 도사, 법사, 도인, 역학자 등등 여러 곳을 접하면서 수십 년 동안 하늘의 말씀이라고, 신의 말씀이라고, 조상님의 말씀이라고 믿고 따랐지만 지금 각자들의 현실은 왜 그 모양이고, 뒤집어진 아픈 인생이 되었을까?

종교에서는 사탄마귀와 귀신이 그랬다는 둥 석가, 예수, 성모, 상제, 조상님이 그랬다고 뒤집어씌웠다. 불교에서는 기독교를 저주하고, 기독교에서는 불교를 저주하고 서로 자신들이 믿는 종교가 최고처럼 알고 믿는다.

이 모든 종교적 갈등의 종지부를 찍고, 책 내용 한 페이지 아니 한 줄이라도 공감하는 내용이 있는 독자들은 세계종교와 세계의 종착역인 자미국 자미천궁으로 들어와서, 하늘과 영원히 함께하여 하늘의 무한한 사랑(천운, 천복, 성공, 건강, 장수)과 보호(악귀잡귀, 사탄마귀, 천재지변, 괴질, 가정불화, 사업부진)를 받는 인류 최초의 새로운 하늘의 기운을 받는 사람 천인天人으로 재창조되는 행운의 주인공이 되기 바란다.

천인으로 재창조되는 것은 아주 경천동지할 일이다.

독자 여러분들 자신이 수천수만 년 전에 지은 전생에 대한 모든 죄를 밝혀내고 하늘께 죄를 용서 빌어 사면받아야 새로운 인간 천인으로 재창조가 된다. 독자 여러분들 자신이 태초부터 지금 현재까지 지은 죄를 살아서 심판받아 천인으로 재탄생되어야 죽은 후 지옥세계 명부전 10대왕 앞에 가서 심판을 받지 않는다.

살아서든 죽어서든 꿈만 같은 영생하는 하늘나라 천상 자미천궁에 들어갈 수가 있다.

천인은 다른 말로는 12,000 도통군자, 구원받을 144,000명과 비슷한 것 같지만 이들 주장보다 아주 최상위 개념이다. 이는 하늘이 인류에게 내려주시는 태초의 선물이자 마지막 선물이다.

수천 년의 역사를 자랑하는 종교 안에서도 이제까지 이룰 수 없었던 전무후무한 일이고, 인간 창조의 역사를 새로이 써야 할 것이다.

인간이 하늘의 천명을 받아 하늘의 기운을 받는 사람, 즉 천인으로의 재탄생!

이는 인간의 상상과 예측을 불허한 대이변이다.

세계의 중심이 될 자미국 자미천궁이 최초로 이 땅에 세워지고 있기에 이 나라가 세계의 정신문명과 물질문명의 중심지로 부상하여 세계인들의 집중적인 관심을 끌고, 자연스럽게 세계를 이롭게 다스리는 자미국 자미천궁이 세워진다.

새로운 종교가 아닌 세계의 종교와 세계를 통일할 자미국 자미천궁이 만세상에 알려지면, 기존에 어떤 종교를 믿고 있던 상관없이 스스로가 태초의 하늘에 기운을 받는 천인으로 재창조되고 싶어서 아우성을 치며 몰려들어 올 것이다.

천인은 하늘의 특별한 사랑과 보호를 받고 살아가는 귀한 존재이며 인간의 평균수명보다 훨씬 더 장수하고 악귀잡귀, 사탄마귀, 귀신들로부터 보호받아 인생사의 실패로 인한 고통과 불행에서 벗어난다.

정말 너무나 대단하여 좋긴 좋은데 뭐라 표현할 방법이 없다.

나이가 어릴수록 천인으로 재창조되면 부모의 근심걱정이 많이 덜어진다. 또한 모든 사건사고가 일어나도 하늘의 보호로 피해가게 되고, 질병으로부터도 많은 보호를 받는다.

스티브 잡스 1955년 02월 24일생

마이클 잭슨 1958년 08월 29일생

유명한 인물이지만 일찍 세상을 떠났다.

모든 부귀영화를 이 땅에 남겨놓고 50대에 세상을 떠났는데 이들이 자미국 자미천궁을 미리 알고 일찍이 하늘의 천명을 받아서 천인으로 재창조되었더라면 이런 불상사는 당하지 않았다.

건강이 악화된 다음에 찾아오지 말고 초기에 천인으로 재창조되어 하늘의 도움을 받아야 한다. 질병들은 대부분이 병마, 즉 귀신(악)들로 인해 발병하는 경우가 거의 전부라고 해도 과언이 아닐 것이다.

큰 질병으로 수술을 받더라도 천인합체의식부터 먼저 하고 나서 천인으로 탄생되고 난 후에 수술을 해야 수술결과도 좋게 나온다.

저자 인황(지황)은 이 세상의 모든 기독교, 천주교, 불교, 도교, 무속, 민족종교, 기타 종교 전체가 하늘의 뜻을 무시하며 잘못 전하고 있다.

무소불위한 하늘의 기운을 수시로 받고 살아

인간으로 태어나 크게 성공하고 출세하여 명성을 얻은 사람들.

그러나 그들에게 갑자기 다가오는 죽음은 세상 그 어느 누구도 막을 수가 없을 테지만, 하늘의 천명을 받아 천인으로 재창조가 되었더라면 이런 불상사는 얼마든지 막아질 수가 있었다.

건강하다고 자부하던 사람들. 꼭 건강이 안 좋아서만 죽음을 맞이하는 것이 아니라, 알 수 없는 악귀잡귀, 사탄마귀, 귀신들이 들어와서 심근경색, 심장마비, 뇌진탕, 자살, 교통사고를 당하여 세상을 떠나는 사람들이 부지기수로 많이 있지만 이에 대한 예방책은 전무하다.

이제까지 사람들이 쉽게 할 수 있는 방법은 종교적인 믿음과 부적, 굿, 천도재, 치성, 기도가 전부이지만 이런 방법으로는 수많은 귀신들을 막아낼 수가 없다. 갑자기 다가오는 불행의 그림자는 하늘과 신명님, 하나님, 미륵님, 자미인황님만이 막아주실 수 있다.

가장 안심할 수 있는 최선의 방법이라면 천인으로 재창조되어 24시간 하늘의 사랑과 보호를 받는 것밖에는 없다.

각자 자신과 가족들 모두가 하늘의 사랑과 보호를 유일하게 받을 수 있는 인류 최초의 비결은 천인합체의식을 행해서 천인으로 재창조되는 길 하나뿐이다.

천인으로 재창조되면 악귀잡귀, 사탄마귀, 귀신들로 인해서 갑자기 비명횡사당하는 불행이 막아질 수 있다. 타고난 각자 인간의 수명 이외에 천인의 수명이 추가로 주어지므로 각자가 장수할 수 있는 유일한 길이라고 보면 된다.

새로운 인간으로 창조된 천인의 진귀함은 너무나도 대단해서 이 세상의 그 어떤 돈과 권력, 명예로도 비교할 대상이 존재하지 않기에 이루 말로 다 표현할 수가 없다.

현직 대통령과 세계적 재벌보다 더 높고 대단한 존재들이 천인이고, 종교적 숭배대상자 4대 성인들을 능가하고 이들보다 훨씬 상위 반열이 천인이다.

태초의 하늘이신 태상천존 자미천황님 그리고 신명님, 하나님, 미륵님, 자미인황님과 두 저자 지황과 사감 다음으로 신분이 대단히 높은 서열이 천인들이다.

천인이 되면 천상 자미천궁에 계신 자미천황님의 귀한 자손으로 다시 태어나는 것이기 때문에 석가, 예수, 성모, 공자, 노자, 마호메트, 증산상제보다 신분서열이 월등히 높아지기에 이들을 숭배하며 믿고 따를 필요가 없어진다.

천인들은 자미천황님께서 내려주시는 기운을 직접 받을 수 있기에 지금의 종교적 숭배 대상자들의 기운과는 감히 비교조차 할 수가 없다. 천인이 되면 이들 종교적 숭배대상자들이 자신들보다 오히려 아래 서열이 된다.

천인은 하늘께서 인정해 주는 최초의 완성인간이기 때문에 모든 종교에 전혀 얽매일 필요가 없고, 기도 수행을 하지 않아도 된다.

앞으로 승승장구할 기업들은 천인들이 경영할 것이고, 고위공직자들의 요직 역시 천인들이 1차적으로 맡게 된다.

일반인들은 천인들의 하늘기운에 눌려서 자동으로 도태되거나 밀려나서 한직으로 옮기게 되는 이변이 수시로 일어난다.

천인들은 일반인들이 감히 이겨낼 수 없는 무소불위한 하늘의 기운을 직접 수시로 받고 살아가게 되는데, 예를 들면 마음으로 생각만 하였는데도 그것이 현실로 이루어지는 신비한 이적과 기적이 일상생활에서 수시로 일어나니 그 얼마나 놀라운 일인가?

태초 하늘이신 태상천존 자미천황님께서 인류에 대한 새로운 천지창조를 자미국 자미천궁에서 신명님, 하나님, 미륵님, 자미인황님, 두 저자 지황과 사감을 통해서 인류 최초로 행해 주고 계신다.

제 2의 새로운 인간으로 살아갈 수 있는 천인으로의 재탄생은 여러분 독자들과 가족의 인생 그리고 각자들 기업과 국가의 운명까지도 송두리째로 바꾸어줄 것이다.

만물의 영장인 인간으로 태어나서 가장 보람 있고, 가장 아름다운 일이며 영원히 후회하지 않을 일이다.

보이지 않는 악귀잡귀, 사탄마귀, 귀신들로 인하여 하루아침에 사기배신 당하고 비명횡사로 저승길로 떠나가는 불행한 사람이 되지 말고 태초 하늘을 만나 천인으로 재창조되어 기쁨과 행복 누리며 사는 현명한 사람이 되기를 바란다.

천인합체의식을 행하여 천인으로 재창조되는 것은 인류 최초의 경이로운 의식이며 내일 세상을 떠날지라도 오늘 자미국 자미천궁에 들어와서 하늘의 천명을 받아 천인으로 재탄생하고 나서 죽음을 맞이해야 자신들이 지옥세계로 떨어지지 않으며, 허공중천 구천세계를 떠돌지 않고 천상 자미천궁으로 올라갈 수 있기에 인생을 마감하는데 있어서 그 무엇보다도 아주 중요한 행사이다.

자신들의 고향이 천상 자미천궁이다.

천상세계에서 지구촌 인간 육신으로 도망쳐 나온 존재들이 엄청 많은데 이들이 바로 하늘의 죄인들이다. 이들 도망자는 악으로 변신하여 많은 사람들 몸에 들어가 있다.

이들이 육신의 삶을 마치고 다시 천상 자미천궁으로 올라가려면 자미국 자미천궁에 들어와 하늘께 도망자의 죄를 용서 빌고 사면받아서 천인으로 탄생하는 길 하나뿐이다.

태초의 비밀. 독자 여러분들 자신이 대부분 하늘의 도망자, 하늘의 역천자라는 엄청난 진실을 이 세상 어느 누구도 알 수 없을 것이다.

지금 천상세계에서 도망쳐 나온 자들에 대한 하늘의 추포령이 내려졌다.

하늘의 역천자이자 도망자인 존재들이 자신도 모르게 각자들의 몸 안에 귀신(악마, 악귀잡귀, 사탄마귀)이 되어 숨어 있으면 인생사의 모진 풍파를 다 겪으면서 살아가게 된다.

각자들 인생사에 일어나는 형제와 가족 간의 소송사건, 사기배신, 재물손실, 공직파면, 뇌물수수나 청탁비리 폭로에 의한 구속수감, 사업부진, 폐업, 실직, 돈 떼임, 가정불화로 인한 별거와 이혼, 집안에 자살자가 있는 가족, 우울증, 불면증으로 인한 알 수 없는 고통과 불행을 겪고 사는 것이 천상 자미천궁의 도망자들이 숨어들어와 있다는 증거들이다.

천계의 비밀. 이런 진실은 인류 최초로 밝혀지는 상상초월의 경이로운 비밀이기 때문에 누구에게 물어볼 수조차 없다.

하늘 자미천황님께서 재창조하시는 천인으로 탄생하고 싶은 독자들만 책을 끝까지 읽기 바란다.

책을 읽으면서 평소와 다른 어떤 신비한 기운이 느껴진다면 그것은 이 책의 내용이 진실임을 알려주는 증표이니 그동안의 어떤 종교적 고정관념을 모두 버리고 책을 완독하기 바란다.

命 악들이 모두에게 억울한 누명을 씌우고 있다

악들은 '종교가 그랬다, 조상님들이 그랬다, 몸에 신이 있어 그랬다, 하늘이 그랬다'고 둘러대면서 다 뒤집어씌우고 있다.

악들은 자신들이 행한 못된 짓을 모두에게 떠넘긴다.

조상님과 하늘이 그랬다고 하니 인간들이 어찌 이러한 진실을 알 수 있을까? 이제까지 굿을 하면 신명님과 자신의 조상님들이 다 받아 드실 거라고 생각했다.

하지만 그것이 아니었다.

조상님을 위한 잔치 상을 차리면 악들이 모두 받아먹고, 정작 자신들의 조상님들은 찌꺼기와 쪼가리만 아주 조금 받아먹는다는 엄청난 진실을 가르쳐 주시었다.

천도재나 치성, 굿을 하지 않을 수 없게끔 집안에 괴이한 일이나 우환이 일어나게 하는 것도 자신들의 조상님들이 그러는 것이 아니란 진실도 밝혀졌다.

귀신들의 장난에 모두가 놀아나고 있었지만 세상 그 어느 누구도 이러한 진실을 몰라보고 하늘과 조상님 탓으로 돌리는 엄청난 죄를 짓고 있었다.

무서운 악들의 장난에 자신의 인생이 멍들고 가정이 깨지며, 수많은 기업들이 파산되고 있다.

악들은 남이 잘되는 꼴을 그냥 두고 보지 않는다. 그 예가 호사다마이다. '좋은 일 뒤에는 마가 낀다'라는 말처럼 이곳저곳 안 끼어드는 곳이 없다.

악들이 말한다.

이 땅에 두 저자가 태어나지 않고, 자미국 자미천궁이 세워지지만 않았더라면 인류 모두가 자신들의 손아귀에 다 들어오는 것인데 성사 직전에 들켜서 분통이 터진다고 억울해 했다.

지황과 사감이 없었더라면 인류를 영원히 훔치는 완전범죄가 이루어졌을 것이라는 뜻이다. 자신들의 계획이 수포로 돌아가고 있음에 최후의 발악을 하고 있다. 이 책을 읽는 독자 여러분들에게도 온갖 부정적 메시지를 뿌려댈지도 모른다.

에이, 사이비야! 모두 거짓말이야!

가짜라며 자미국 자미천궁에 가지 말라는 메시지를 뿌릴 수도 있으니 진정으로 악의 굴레에서 벗어나고 싶은 독자들은 그 어떤 유혹과 현혹에도 끌리지 말고 무조건 자미국 자미천궁으로 들어와야 한다.

악들이 뿌려대는 부정적 메시지를 받아들고 자미국 자미천궁에 들어오지 않는다면 살아서는 물론 죽어서도 악마들의 종이나 노예가 되어 자손만대까지 알 수 없는 불행이 이어질 것이다.

가문이 치명타를 입게 되어서 절손되거나 후손들이 매사 되는 일이 없고, 고통과 불행 속에서 악들의 노리갯감이 되어 세상을 원망하며 살아가는 비참한 삶을 산다.

악들은 인간의 기쁨과 행복이 아닌 고통과 불행을 먹고사는 귀신들이란 진실도 알아야 한다.

이제까지의 세상은 악이 지배하는 세상이었다면 자미국 자미천궁이 펼치는 세상은 선의 세상이다. 악들이 그동안 세계 인류를 모두 지배하고 있지만 자미국 자미천궁만은 지배할 수 없다.

하늘의 진실이 무궁무진 내리는 곳이고 악들의 정체를 밝혀내 주시는 자미인황님이 계시고, 인류 최초의 자미국 자미천궁이기에 악들이 뿌리내리고 숨을 곳이 없다.

악들은 하늘과 정반대의 사상을 가지고 있다. 하늘께서는 인류가 기쁨과 행복 누리며 근심걱정 없이 잘 살기를 바라시지만 반대로 악들은 고통과 불행 속에서 근심걱정하면서 못 살기를 바란다.

남 잘되는 꼴을 못 보는 귀신들이다. 이제까지 자신들의 인생에서, 집안에 일어나는 온갖 우환과 고통의 주범은 하늘과 조상님이 아닌 악들이었음을 밝힌다.

이들 귀신(악)들도 하는 말이 있다.

신명님, 하나님, 미륵님께서도 하늘로 가자 하고, 지황님도 자미국 자미천궁으로 가자 하는데, 우리 귀신들도 사람들에게 우리 귀신 집으로 가자 하는 것도 당연한 것이지 뭐가 잘못된 거냐고 그들 나름대로 주장을 내세우고 있었다.

그렇게 논리를 갖고 주장하기에 인간들이 넘어 간다. 악들은 화려하고 좋은 말로 포장하여 유혹하기 때문에, 진실여부를 밝혀내기는 일반인들에게는 불가능한 일이다.

전 세계 유일하게 사감(여)만이 하늘의 말씀을 듣는다는 것도 악들 모두가 안다고 했다. 악들이 그냥 사탕발림만으로 꼬셔대는 것이 아니라 선감님(신명님)이다, 천감님(하나님)이다, 도감님(미륵님)이다, 자미인황님이다 하면서 이말 저말을 전해 주니 사감 역시 진실여부를 구분해 내는 것이 그리 쉽지만은 않았다고 한다.

저자인 지황의 육신으로도 악이 매일 치고 들어오는 것은 그들이 염치도 없고, 막무가내인 존재들이기 때문이다. 결국 자미인황님께 발각되어 된통 얻어터지고 쫓겨나지만 아주 악랄한 귀신들이다.

자신들의 목숨과 현재의 자리, 재산, 권력, 명예, 가정, 가문, 기업을 지키고 부흥 번창시키려는 독자들은 책을 정독하여 읽고 하루라도 빨리 자미국 자미천궁으로 들어와 자미인황님을 만나야 한다.

각자들 스스로는 눈에 보이지도 않고 들리지도 않기에 악들을 피해 다닐 수가 없다.

매사 조심한다고 악들을 피할 수 있는 것이 아니다.

건강하던 사람이 하루아침에 세상을 떠나는 이유를 세상 그 어느 누구도 알 수가 없었다.

돌연사인 심장마비, 심근경색, 급살, 자살, 추락사, 사고사, 교통사고, 익사사고, 화재사망 등등, 정상적이지 않는 죽음이 악들의 소행이었다는 진실을 누가 알까?

사람이 죽으면 무조건 종교적 의식으로 장례를 치르는 것 또한 악들이 원하고 바라는 것이었다. 종교적 의식으로 장례를 치르면 망자는 악들의 영원한 종이나 노예로 사후세상을 살아간다.

정말 무서운 일이다.

악들이 좋아하는 종교를 믿고 있는 것이 각자들 인생의 고통과 불행을 불러들이는 원인이었으니 누구를 원망하랴. 악들은 끊임없이 좋은 것을 준다고 현혹시킨다.

그것이 천당세계, 극락세계 보내준다는 말이다.

화려하고 달콤한 말로 인간과 조상님들을 꼬셔대니 이론상으로는 참으로 그럴 듯하다.

하지만 천당극락 좋아하다가 악의 소굴에 빠지고 지옥세계로 떨어져서 영영 벗어나지 못하고 악들의 노리갯감 신세가 된다.

인간세상에도 각 나라가 있고, 각 나라에도 시, 도, 군, 구, 읍면동이 있듯이 사후세계에도 마찬가지이다.

하늘이 계시는 천상 자미천궁이 있고, 죄인들이 가는 지옥세계가 있고, 악들이 지배하는 악의(아귀계, 아수라계)세계가 있지만, 육신이 살아서 어떻게 해야 지옥세계나 악의세계로 들어가지 않는지 방법을 모른다.

전 세계 유일하게 종교가 아닌 하늘의 천명을 받을 수 있는 자미국 자미천궁에 들어와야만 조상님들이 무릉도원의 꽃피고 새 우는 천상 자미천궁으로 올라갈 수가 있다.

독자 여러분들의 목숨을 악들로부터 지킬 수 있는 그 유일한 방법은 자미국 자미천궁 단 한 곳에만 있다.

하늘이 무서운 것이 아니라 악들이 무섭다. 악들이 보이지 않으니 악들이 무서운 줄도 모르고 살다가 하루아침에 저승길로 들어가는 사람들이 이 나라에서만 매일 700명이나 된다고 한다.

죽음의 원인도 모르는 채로 매일같이 700명이 어제도 오늘도 내일도 끊임없이 세상을 떠나고 있다. 자신들의 가족들이 죽어서 세상을 떠난다고 그것으로 끝이 아니라는 점에 주목해야 한다.

갑작스런 죽음이 자신의 가정으로 찾아왔다는 것은 이미 악들이 쳐들어왔다는 것을 보여주는 것이다. 세상을 떠난 당사자 하나로 불행이 끝나는 것이 아니고 일정기간을 두고 줄줄이 가족 모두가 비명횡사를 당하는 현실을 보면 된다.

어디 사람들만 다치나?

아무 문제없이 잘 돌아가던 회사도 갑자기 대형거래처가 끊어지거나 기업비밀누설, 비리폭로, 검찰소환, 구속수감, 국세청 세무조사로 문을 닫는 일도 발생한다.

언제 죽을지 모르는 각자 자신들과 가족의 귀한 생명 그리고 기업의 흥망성쇠를 각자들의 노력과 힘만으로 지키는 것은 언제 터질지 모르는 시한폭탄을 안고 노심초사하며 불안초조하게 살아가는 것이나 마찬가지이다.

이제는 악들의 굴레에서 벗어나야 한다.

하루라도 빨리 자미국 자미천궁으로 들어와 하늘의 명을 받아야 불안과 공포에서 벗어날 수가 있다.

하늘세계, 신의세계, 영의세계, 사후세계, 지옥세계, 악의세계에 대한 진실은 자미국 자미천궁에서만이 밝힐 수 있으니 세상이나 종교 안에서 듣고 배운 모든 이론을 버려야 한다.

각자들이 기존에 알고 있는 상식이나 이론은 대부분 악들이 뿌려놓은 것이기에 하늘을 만나면 아, 그동안 내가 잘못 생각하고 살아왔구나, 하면서 무릎을 칠 것이다.

하늘께서는 각자들이 알고 있던 세상의 이론을 인정해 주시는 분이 아니라 세상 그 어디에서도 들어보지 못한 하늘의 진실의 말씀을 들려주신다.

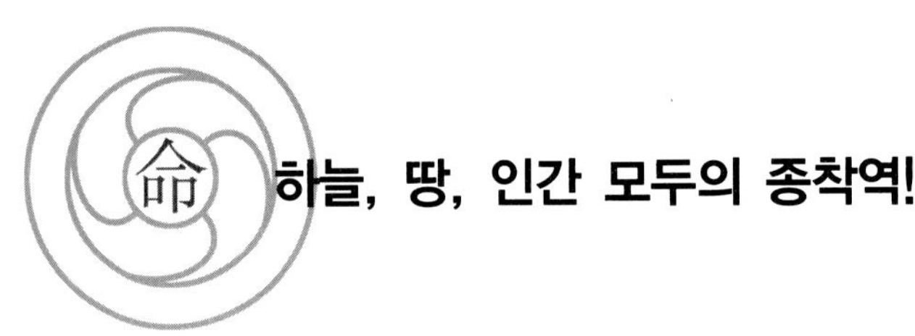

하늘, 땅, 인간 모두의 종착역!

수많은 사람들을 만나면서 흥미로운 사실을 하나 알게 되었다.

이곳이 마지막이었으면 좋겠다는 말을 많이 한다.

인생사 온갖 풍상을 겪으면서 불교, 기독교, 천주교, 도교, 선원을 다녀 보았고 무당, 보살, 도사, 법사, 마음수련, 선법수련, 철학관, 작명소, 풍수사를 두루 다녀 보았으나 한도 끝도 없었다고 했다.

그럴 것이다.

진실이 어디에 있는지 세상을 두루 다녀 보았지만 그 종착역이 보이지 않는다. 모두가 나름대로 최고라고 하니까 잠시라도 발을 들여놓을 수밖에 없었으리라.

그들 모두가 잘난 체하며 최고라고 뭐 해준다는데 다 뻥이었다.

구원의 진실을 모르고 각자 이럴 것이다 하면서 수많은 사람들을 현혹시키고 있다.

나 역시 초창기에는 아무것도 몰라서 고생 많이 했다.

기존에 알고 있는 법식대로 행하니 그것이 아니라고 사감 육신의 몸에 들어가시어 호통 치시며 날벼락을 내리신다.

지금 보면 그분이 태초의 인간으로 오신 자미인황님이란 분이신데 장장 7년을 달달 볶으시었다.

종교 교주 못하게 하시려고 쌍심지 켜시고 연약한 여자의 몸으로 들어가시어 나에게 하늘의 진실을 전해 주시면서 아주 호된 하늘공부 시켜 오신 감사한 분이시다.

각자 어떤 의식을 해놓고 그것이 맞았는지 틀렸는지 아무도 모른다.

그러나 자미인황님께서는 의식이 하늘의 뜻대로 진행되지 않았으면 밤을 새우거나 의식을 미루고서라도 기필코 완성을 해주신다. 하지만 때로는 중단시키고 돌려보내신다.

의식을 행하면 천상에서 신명님, 하나님, 미륵님이 하강 강림하시어야 의식이 완성되는데 의식진행을 잘못하면 하강을 하시지 않으시기에 밤늦게까지 하기를 수십 번이고 의식을 미루는 경우도 수십 번이다.

의식을 진행하는 나로서는 곤혹스러울 수밖에 없다. 밤늦게라도 끝나면 다행인데 날짜를 미루면 제물비와 인건비를 이중 부담해야 하기에 난처할 경우가 허다했다.

완벽을 요구하시는 분들이라 손해 감수하고 할 수밖에 없었다. 때로는 아예 의식을 중단하고 의식비용 전액을 주고 돌려보내면서 몽땅 제물비와 인건비를 내가 손해 보는 경우도 비일비재하였다.

기존의 종교세계 법도에서는 정말 있을 수 없는 일이다.

종교인들은 시간 맞추어 얼렁뚱땅하며 일이 잘 되었다고 끝냈을 것이다.

눈에 보이지 않으니 알 수가 없고, 교주들이 "그렇다" 하고 말하면 손님들은 그런 줄로 알 수밖에 없다.

한 치의 오차도 없이 행하시는 분들이라 거역할 수가 없다.

그럴 수밖에 없는 것이 자미국 지상 자미천궁에서 행해지는 의식은 천상 자미천궁에서 동시에 행해지는 의식이기에 그 대단하신 태초의 하늘 자미천황님께서 모두 지켜보고 계시어서 신명님, 하나님, 미륵님과 자미인황님으로서는 최선을 다하실 수밖에 없다고 하신다.

우리 눈에는 보이지 않지만 천상에서 하강하신 신명님, 하나님, 미륵님과 자미인황님은 모든 것을 다 보고 계시기 때문에 진실이 아니면 행하시지 않을 정도로 철두철미하시다.

하늘의 말씀을 들을 수 있는 전 세계 유일한 사감이 있기에 의식이 어떻게 진행되고 있는지 알 수가 있다. 신명님, 하나님, 미륵님과 자미인황님께서는 의식 때 사감 육신의 몸에 들어가시어 의식을 진행해 주신다.

입궁식, 천인합체, 감사제의식 진행은 저자 지황과 사감이 하고 의식보조 천인들이 7명 정도 참석한다.

이 모든 의식은 육신을 가진 지황과 사감이 하는 것이지만 실제로는 천상에서 내려오신 신명님, 하나님, 미륵님과 자미인황님께서 해주시는 것이기에 저자 지황 마음대로 의식이 완성되었다고 끝낼 수가 없다.

이분들이 의식을 완성해 주시어야만 조상님들을 천상 자미천궁으로 데려가시어 입궁이 되고, 천인합체 역시 이분들께서 하늘이 내리시는 천명을 받아주시어야만 천인합체가 완성되어 천인으로 재창조가 될 수 있다.

태초 이래 인류 최초의 의식이다.

그래서 기존의 종교인들이 행하는 의식하고는 비교할 수조차 없고 흉내도 낼 수 없다.

인간과 하늘에서 오신 분들이 함께해서 의식을 완성하는 것이니 이런 곳은 세상 천지에 어디에도 없다.

천상 자미천궁에서 지상 자미천궁으로 하강강림하신 신명님, 하나님, 미륵님 그리고 자미인황님께서 해주시지 않으면 의식은 끝이 나지 않는다.

내가 아무리 애를 써 봐도 이분들이 행하여 주시지 않으면 의식을 중단할 수밖에 없고, 바로 다음 날 진행할 것인가?

아니면 1주일 또는 1개월을 미룰 것인가? 그도 아니면 돈을 돌려주고 끝내야 할 것인가를 나 홀로 결정해야 한다.

의식이 중단되는 사유로는 인간이 깨닫지 못하고 하늘의 말씀을 인정하지 않는 경우, 조상님들이 하늘의 진실을 몰라보고 '나 잘났소' 하며 고개를 숙이지 않는 경우, 인간 몸에 따라 붙어온 귀신(악, 악귀잡귀, 사탄마귀)들의 말을 의식하는 주인공이 편을 들어주는 경우 등이 있다.

인간은 자신들의 몸 안에 누가 들어와 있는 줄을 모르기에 천상에서 오신 분들과 자미인황님께서 진실을 가르쳐 주실 때 인정만 하면 순조롭게 진행되어 의식이 완성될 수 있다.

어떤 진실을 가르쳐 주면 "예, 제가 그랬어요. 잘못했습니다" 하면 끝날 것을 끝까지 자기는 그런 적이 없다고 오리발을 내밀고 하늘의 말씀을 부정하고 대들고 따지는 경우가 의식을 중단하고 돌려보내는 경우이다.

하늘의 말씀을 무조건 인정!

하늘께서 전해 주시는 말씀에 "예, 그랬습니다" 하고 인정하는 말만 하면 자기 몸 안에 있는 귀신들을 모두 내몰 수 있고, 의식을 완성할 수 있는데 끝까지 자기는 그런 것이 아니라고 변명하며 악들의 편을 들면서 인정하지 않은 경우가 수십 번 있었다.

하늘의 말씀을 인정하지 않고, 악들이 마음 안에서 시키는 대로 메시지 받아 변명하고 대들면 하늘께서도 더 이상 받아주시지 않고 신명님, 하나님, 미륵님 역시 천상으로 올라가버리신다.

그래서 의식이 중단되는 것이다.

수많은 종교를 다니면서 여러 명의 귀신(악)들을 불러들여 인생이 어려워졌는데, 그 마지막 인정한다는 말 한마디를 못해서 의식이 중단되니 실로 안타깝다.

영영 귀신들과 대대손손 함께 살아가야 하는 불행한 사람이 되는 것이다.

조상님들도 구원 못 받고, 자신들도 천인합체의 천명을 받지 못하는 불상사가 일어나는 일이다.

모든 것은 말로 이루어진다.

태초의 하늘이신 자미천황님, 신명님, 하나님, 미륵님, 태초의 인간이신 자미인황님께서 입궁식, 천인합체, 감사제의식을 통해서 하늘의 진실 말씀을 전해 주시면서 태초로 존재를 밝히시는 의식이다.

인간과 조상님들도 원과 한을 풀고, 하늘과 신명님, 하나님, 미륵님, 자미인황님도 존재를 밝히시면서 원과 한을 푸시는 아주 위대한 의식이다.

이제까지 인류가 종교 안에서 받들었던 하늘과 신명님, 하나님, 미륵님의 뜻은 아랑곳하지 않고, 무슨 말씀을 하고 싶으신지 안부인사도 여쭈어 보지 않으면서 자신들의 어려움만 풀어달라고 의식을 행해 왔다.

상상 속으로만 계실 것이라고 믿어왔는데 인류 최초로 자미국 자미천궁으로 이 대단하신 분들이 하강 강림을 하시었는데도 자신들의 인생사 어려운 일들이나 해결해 달라고 하며, 위대하신 하늘을 알아보지 못하고 변명하며 대들고 있으니 죄송하고 부끄러울 뿐이다.

세상 그 어디에 가서도 만날 수 없는 대단하신 분들이 하강 강림하시어서 의식을 해주시고, 의식 주인공들과 직접 대화까지 할 수 있게 해주시니 경천동지할 일이다.

입궁식, 천인합체, 감사제의식을 중단하지 않고 완성하려면 주인공들이 귀신(악)들의 편에만 서지 않으면 된다.

하늘께서 전해 주시는 말씀을 생각해 보고 나서 응답하지 말고 즉시 가르쳐 주신 진실의 말씀에, "예, 그렇습니다. 제가 그랬어요, 잘못했어요, 죄송합니다, 용서해 주세요"라고 하면 의식이 순조롭게 완성된다.

귀신(악)들은 하늘의 말씀에 인정을 하지 않고 끝까지 변명으로 일관한다. 의식에 임하는 주인공들이 지켜야 할 사항이다.

의식자의 속마음까지 다 알고 계시고, 태초로 태어날 때 시점까지 무슨 죄를 짓고 인간 몸 안에 누가 있는지도 아시는 분들이시기에 설혹 이해가 빨리 안 가더라도 인정만 하면 된다.

현재의 상황이 아닌, 각자들의 현생이 아닌 전생의 태초부터 잘못된 부분을 말씀해 주시기에 그런 일이 없었다고 반론을 제기하면 안 된다.

인간 육신이야 100세 미만이지만 입궁대상 조상님들은 수백, 수천수만 세일 수도 있고, 본인 자신(영) 역시 수천수만 세일 수도 있어서 그 몸 안에 있는 존재들에게 하시는 말씀이니 인간 육신은 부정하지 말고 "예, 그렇습니다" 하고 인정만 하면 된다.

자미국 자미천궁의 의식!

기존에 종교인들이 의식하면서 목탁 치며 염불 독경하고, 장구 치며 무당 춤추고, 주문하며 치성하는 그런 평범한 의식을 행하는 곳이 아니다.

인류 최초로 천상 자미천궁에서 신명님, 하나님, 미륵님이 직접 하강 강림하시어 친히 해주시는 대단한 의식이다.

그래서 자미국 자미천궁은 하늘 땅 인간의 종착역인 것이다.

이렇게 천상 자미천궁에서 친히 하강 강림하시어서 입궁식, 천인합체, 감사제를 행해 주시기에 기존에 종교의식처럼 두 번이란 것이 없다.

각 의식은 단 한 번뿐이다.

그래서 순간의 선택을 잘해야 한다.

각 의식에 특 · 상 · 중 · 하가 있는데 어느 것으로 선택하여 하던 한 번이면 끝이다. 경제적인 문제 때문에 처음에는 낮은 것으로 하고, 나중에 높은 것으로 하려는 사람들이 가끔 있는데 불가하다.

인류 최초의 자미국 자미천궁은 하늘, 땅, 인간, 조상님들의 종착역이자 불교, 도교, 기독교, 천주교, 유교, 무속, 역학, 작명, 풍수, 부적, 기도, 예배, 미사, 굿, 지노귀, 조상재, 천도재, 치성, 천제, 제사, 차례, 산소, 납골 등 모든 것의 종착역이다.

이제까지 하늘을 몰라보고 신명님, 하나님, 미륵님과 자미인황님의 존재를 몰라서 이들을 찾아가서 인생 상담하고 하늘께서 허락하시지 않은 종교를 믿고 그들이 시키는 의식들을 행해 왔다.

어느 상담자처럼 이곳이 마지막 종착역이다.

더 이상의 종착역은 없다.

모든 굴레로부터 벗어나는 곳 자미국 자미천궁!

하늘의 위대하신 진실을 알아듣고 인정하기까지 저자 역시 수많은 고통의 아픈 세월이 많이 있었다.

인간의 생각으로, 종교이론으로, 세상의 상식으로 무장하여 위대하신 하늘과 멀어지지 말고, 하늘의 말씀을 인정하여 하늘과 더 가까워져 인생사의 모든 고통과 불행에서 벗어나 기쁨과 행복 누리고 살았으면 한다.

그랬다.

인류 최초로 하늘, 땅, 인간의 화려한 비상이 자미국 자미천궁에서 이루어지고 있다.

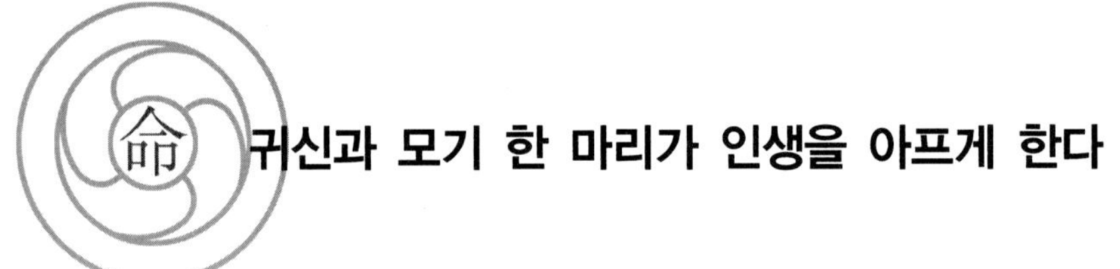

귀신과 모기 한 마리가 인생을 아프게 한다

가장 현실적인 비유로 모기를 예로 든다.

아주 귀찮은 존재 작은 모기. 잠을 자고 있는데 귓가에 모기 날아다니는 소리가 엥~엥~거린다. 아무리 천하장사이고 강심장인 사람들도 잠에서 깨어날 수밖에 없다.

일어나서 불을 켜고 모기소리에 청각을 곤두세우며 레이더처럼 모기 방향을 추적한다. 양손으로 짝하고 한 번에 잡으면 다행인데 그놈이 어디 그리 쉽게 잡히나?

몇 번 추격전을 벌이다 보면 잠은 다 깨고 성질이 있는 대로 난다. 덩치도 아주 작은 것이 한 번 물면 어찌나 아프고 따갑고 가려운지 저절로 짜증부터 난다.

모기에 물린 데가 금방 빨갛게 퉁퉁 붓고 가려워서 긁어대며, 물파스를 바른다. 약을 뿌리면 고약한 냄새 때문에 고생하니 이 작은 모기 한 마리가 얼마나 귀찮은 존재인가?

모기 공습 경보발령!

모기 한 마리 잡으려고 옆에서 자는 사람까지 깨게 된다. 모기는 잠자고 있는 가족들 모두에게 옮겨 다니면서 물어대서 가족들이 잠을 설치거나 다 깨게 만든다. 미세한 작은 모기 한 마리가 집안을 온통 휘젓고 다니며 사람들을 고통스럽게 괴롭힌다.

모기!

사람들 눈에 보이니까 잡아서 죽일 수 있으니 천만다행이다.

그러나 무서운 귀신이 각자들의 집안에 가족들 몸에 들어가 있다면 어찌 잡아서 죽일 것인가?

귀신들은 옛날에는 산길이나 공동묘지, 흉가에만 나타나는 줄 알았지만 근래에는 사람들 사는 세상에 버젓이 나타나는데 각자들의 몸 안으로 숨어들어가 있다.

이 귀신들이 각자의 몸으로 숨어들어오게 된 이유는 여러 가지가 있다.

모기는 눈에 날아다니는 것이 보여서 때려잡기라도 하지만 귀신들은 눈에 보이지 않아서 때려잡을 수가 없다. 더욱이 자신들의 몸 안에 숨어있는데 어떻게 때려잡는단 말인가?

악들이 선으로 위장하여 가면을 쓰고 있다.

사람들이 자신들을 알아보지 못한다는 약점을 이용해서 좋은 기운을 주는 척하며 인간의 삶을 망치고 있다.

귀신 한 마리가 그 얼마나 무서운 존재인지를 모기와 비교하여 자세히 설명하였으니 독자분들도 이제는 이해가 되었으리라 생각한다.

종교 갔다가 귀신 한 마리 데려오면 온 집안이 쑥대밭이 된다는 교훈을 실감나게 말씀해 주시었다.

굿, 치성, 천도재, 극락세계, 천국세계, 도통세계, 종교세계의 종착역은 과연 어디인가?

그곳의 종착역은 이 세상에 자미국 자미천궁 하나밖에 없다.

단 한 번만 '조상님 천상입궁식'이라는 의식을 행하면 조상님 문제가 완결된다.

인생실패, 가족단명, 투자손실, 구속수감, 사업부진, 부부싸움, 가족과의 불화, 신경질, 이혼, 별거, 왕따, 상사와의 갈등, 우울증과 불면증으로 고생하는 사람들, 자살 충동을 자주 느끼는 사람들, 고독하고 외로운 인생을 사는 모습들은 인간의 모습이 아닌 귀신(악)들이 이미 숨어들어와 있다는 증거물들이다.

각자들의 몸에 숨어들어온 귀신들을 몰아내려면 조상님 천상입궁의식을 행하여 나와 함께하시는 태초의 인간이신 자미인황님의 힘을 빌리는 길만이 유일할 뿐이다.

자미인황님은 귀신(악)들에게 가장 무서운 존재이시다.

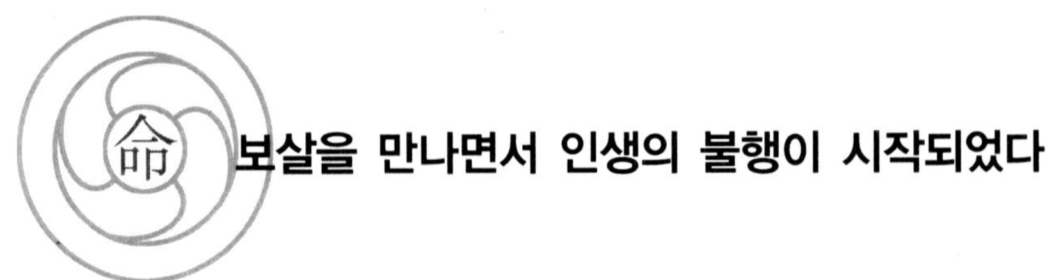

보살을 만나면서 인생의 불행이 시작되었다

50대 초반의 중년 여성.

그는 1997년부터 무속세계를 처음 접했고 2008년 10월 자미국 자미천궁에 들어오기 전, 2001년 6월부터 2008년 10월까지 한 무속인 보살을 만나 그가 시키는 대로 행하는 노예가 되었다.

불사할머니를 몸으로 모셔야 도와준다고 해서 2001년 8월 모시고 난 후, 그 무당(여, 현재 50세)과 계룡산으로 치성 기도하러 가다가 교통사고 3번을 당했고 그때마다 병원에 입원까지 했었다.

그리고 100일 동안 2일에 한 번씩 무당 집을 찾아가야 했고, 갈 때마다 200만 원에서 100만 원씩 갖다 바쳤다. 100일 기도비 명목이었다. 돈이 없으면 일수를 소개해 주었다.

참으로 악랄한 무속인이었다.

코에 걸면 코걸이, 귀에 걸면 귀걸이, 일을 시키는 것이 한도 끝도 없었다. 굿 한 번 하면 굿 비용 이외에 별비를 준비해서 조상님 오실 때마다 노잣돈 내놓으라고 해서 돈 뜯어가고, 공수 잘나왔다고 돈 내라 하고, 홍 깃발 뽑았다고 재수있으니 돈 내라 하고, 굿이 끝나니 3일 후에 정성들일 때 장군님이 양주 좋아하니 양주 한 병, 담배 한 보루, 사탕 몇 봉지, 돈 얼마 준비해서 오라고 한다.

선녀와 동자 핑계 대며 화장품과 꽃, 장난감을 사오라 했고 목걸이, 금반지, 귀걸이를 끼고 있으면 이들이 달란다고 빼앗아 갔다.

촛대, 북, 징을 사오라고도 하고 1~3년마다 전안 신령과 자신들의 몸신을 대우하는 굿할 때 얼마씩 돈을 가져오게 한다.

지갑에 돈이 있는 꼴을 못 본다.

하도 돈을 달라고 해서 나중에는 1만 원만 달랑 지갑에 넣고 다녔다고 그동안의 지옥 같은 무속 신도의 삶을 토로하였다.

봄에 굿을 하면 가을되면 괜찮다, 가을되면 봄이 오면 괜찮다고 둘러대지만 좋아진 것이 하나도 없었다.

사업 잘되게 하려면 사업대감, 불사할머니 모셔야 한다고 돈 내라 하고, 신가물이니 신을 받든가, 매년 눌림굿을 하라고 한다.

정신이 하나도 없었지만 잘 살기 위하여 보살이 시키는 대로 했다. 모두가 돈이었다.

거기다가 운맞이, 백일기도, 조상님 천도, 신내림, 백중, 부적, 홍수매기, 영혼결혼, 가족마다 삼재풀이(들 삼재, 묵을 삼재, 날 삼재)해야 하고, 굿이 끝나고 나면 산신기도, 용궁기도 가야 하고, 개업하면 치성굿을 해야 했다.

사람들이 가장 듣기 싫어하는 말은 신내림굿이라 한다. 신내림굿을 해야 한다고 겁을 주어 못한다고 하면 매년 눌림굿을 하라고 꼬신다.

사람들이 가장 좋아하는 말은 운 마중(운마지)굿이라 한다.

점 보러 오는 여자들이 가장 궁금히 여기는 문제가 남편에게 여자가 있는지, 바람피우고 있는지 묻는 것이 1순위이고, 바람기를 막아달라고 굿을 많이 한다고 했다.

첩을 떼어 달라는 굿, 저주해 달라는 굿 등 종류도 가지가지이다.

그리고 엄마들은 자녀들의 수능시험 합격 소원발원이 가장 많고, 선거 때가 되면 정치인들이 당락을 묻는 것이 1순위라고 한다.

미래가 불안한 사람들!

무속인 보살에게는 신나는 먹잇감이었다. 전국을 돌아다니며 기운을 받아야 한다고 산신기도, 용궁기도를 데리고 다니는데 그 비용이 금방 1억 원이 넘었다.

한 번은 강원도 두타산에 기도 갔다가 탈진을 했다.

3곳 구멍으로 모두 토해냈다고 한다. 상갓집에 갔다 왔더니 상문 끼었다고 상문풀이하라 했고, 부처님 오신 날에는 등값을 받는데 법당 바로 앞에는 100만 원, 그 뒤에는 50만 원에서 10만 원, 바깥마당에는 맨 끝에는 1만 원을 내야 했다.

산신기도, 용궁기도는 고통과 불행의 길이었다.

산이나 용궁에 가서 기도하면 기운을 받아오는데 그 기운이 무슨 기운인지 아무도 모른다. 기운은 무슨 얼어 죽을 기운? 귀신들을 잔뜩 불러들여 데리고 오는 것이지.

굿하고 산신기도, 용궁기도 다니면 집안 뒤집어지고 말아먹는 것 시간문제이다. 온갖 귀신악마들을 불러들이는 일인지도 모르고 있다.

신을 믿는 사람, 석가부처 믿는 사람, 예수 믿는 사람, 성모 믿는 사람, 천존 믿는 사람, 옥황상제 믿는 사람, 증산상제 믿는 사람, 구천상제 믿는 사람, 도를 믿는 사람, 태상노군 믿는 사람, 조상신 믿는 사람, 단군 믿는 사람, 환웅 믿는 사람, 환인 믿는 사람, 하늘 믿는 사람, 신명님 믿는 사람, 하나님 믿는 사람, 미륵님 믿는 사람 등등은 이제 모두 수천 년 동안의 고정관념을 버리고, 유불선 통합 자미국 자미천궁으로 들어와서 영원히 받들어야 할 한 분 자미천황님만 찾아도 인생의 모든 풍파가 소멸된다.

참으로 많기도 많다. 받들어야 할 존재가 언제 이리도 많아졌는지?

아~! 어떻게 이 많은 분들을 다 받들고 살까?

도대체 정신이 하나도 없네. 누가 진짜 신이고, 누가 진짜 인간인지.

기막히고 무서운 일!

무속인들이 주는 물건들을 받아 갖고 있는 사람들이 참으로 많을 것이다.

그것이 독약이라는 것을 모르고 말이다.

복 들어오는 좋은 것이라고 공짜로 주기도 하고, 돈을 내고 사오기도 하는데 그때부터 각자들의 인생은 내리막길을 한도 끝도 없이 타게 된다.

사람은 본래 태어날 때 선했다.

그러나 귀신(악마, 악귀잡귀, 사탄마귀)들이 선하고 착하며 잘생긴 사람들의 몸에 들어가서 보살, 무당, 목사, 신부, 승려, 도사, 법사가 되게끔 온갖 시련들을 준다.

이들 귀신들의 기운을 참아내지 못하고 결국 종교인의 길을 걷게 되는 것이다. 악들은 아름다움으로, 착함으로, 선함으로, 화려함으로, 청산유수 같은 달변가로 모두 위장하고 있어 일반인들이 구분해 낼 수가 없다.

사기꾼을 보면 말 못하고, 못생긴 사람 하나도 없듯이 말이다.

이렇게 악들이 모두 인간들의 몸에 숨어들어가서 자신들의 야욕을 채우고 있는데 당사자들조차도 전혀 눈치를 채지 못하고 구제 중생하는 좋은 일을 한다고 보람으로 여기고들 있다.

여러 사람 잡는 일인 줄도 모르고 혈안이 되어 온갖 주위 사람들을 끌어모으고 있다. 즉 악들이 사람들의 기운을 빨아들여 그들만 잘 살게 되고 신도들은 모두 망가지고 있다.

종교인들이 주는 어떤 물건도 받아들면 안 된다.

그것이 선물이라도 함부로 받지 마라. 주는 것을 안 받으면 뭐하니 아예 출입을 하지 말아야 한다.

악들이 주는 것이라면 그 순간부터 악의 노예가 되어버린다.

말로는 좋은 복을 준다고 말하지만 그 악들에게 굴복하고 종과 노예가 되어 인생의 귀한 모든 것을 바치게 하는 기운을 받아오기 때문이다. 우환을 벗어나 잘 살기 위해서 찾아갔지만 그들로 인해서 인생이 더 망가지고 있다.

이미 그들로부터 받은 것이 있다면 모든 것을 버려라.

종교적인 기운이 담겨 있는 것이 바로 귀신들이고, 이는 진짜 복을 내려주시는 하늘과 멀어지는 길이다.

각자들의 몸에 종교인을 통해서 악들이 주는 선물을 받아 갖고 있으면 하늘께서 복을 내려주시어도 악들이 밀어내기에 받을 수가 없다. 악들은 절대로 잘 사는 기운을 주지 않는다.

악들은 복의 기운을 내려주는 방법 자체를 모르기에 내려줄 수도 없고, 무조건 안 되는 기운만을 주고 있지만 인간들이 너무나 어리석어 이를 구분 못하고 있다.

잘되는 복의 기운은 하늘만이 내려주실 수 있다. 하늘과 반대의 길을 가고 있는 악들이 어찌 복을 줄 수 있나?

다른 말로 하면 남의 자식에게 복을 줄까? 악들의 입장에서는 여러분들이 남(하늘)의 자식인 것이다. 이 세상에 절대로 공짜는 없다. 함부로 선물을 받지 마라.

되로 받고 말로 주어야 한다.

무속인에게 종과 노예가 되어 유린당한 삶. 자신의 얼굴이 이상하고 말과 행동까지도 정상인이 아니라고 엄마가 정신병원까지 입원시켰었다. 겉모습은 분명 착한 사람이었는데 그들과 가까워지면서 악들이 몸 안으로 숨어들어온 것이었다.

무속인들조차도 악들의 노리갯감이 되어서 속고 있는 줄도 모르는데 일반인들이야 오죽할까? 무속인들이 신령 전에 기도하면 악들의 십팔 번이 '근심마라, 걱정마라, 잘되게 해주고 손님 많이 보내줄게'이다.

하지만 다 뻥이 되고 만다.

무속인조차 속아 넘어가고 있으니 일반인들이야 말할 것도 없다.

종교인 모두가 본래 착한 사람이었으나 악들의 꼬임에 넘어가서 이들의 앞잡이 뒷잡이가 되어 교주, 신부, 스님, 목사, 무당, 보살, 도사, 법사 등 종교인의 삶을 살아가고 있는 것이다.

악들은 수시로 명기정기 받는 기도 가야 한다고 산천으로 종교인과 함께 신도들을 무리지어 끌고 다닌다.

기도하고 오면 악들의 기운은 강해지고, 종교인과 신도들은 기운을 빼앗겨 인생이 더 힘들어진다.

악들은 우리 인생을 잘되게끔 복을 내려주는 재주도 없고 그런 마음조차도 아예 없다는 진실을 처음으로 밝힌다.

항상 인간들이 어렵게 살면서 성자들을 가장한 귀신(악)들에게 애걸복걸하며 복달라고 처절하게 굴복하는 그 모습만을 즐길 뿐인데 이런 진실은 세상 어느 누구도 모른다.

자신들이 기쁨과 행복 누리며 잘 살기를 바라면 태초의 하늘이신 태상천존 자미천황님과 신명님, 하나님, 미륵님, 자미인황님, 지황, 사감을 만나야 한다는 진실 또한 처음으로 밝힌다.

그들을 만나 인생이 지옥처럼 변한 중년여인과 또 다른 피해 당사자들이 쓴 글들이 이 책 속에 있으니 저자의 일방적인 주장이 아니라는 것을 알게 될 것이다.

천복이 무엇인가? 100년 남짓한 세상을 부귀영화 누리며 근심과 걱정 없이 잘 사는 것이라고 모두가 대답할 것이다.

그러나 진짜는 그게 아니었다. 전생과 현생의 모든 죄를 사면받는 입궁식, 천인합체, 감사제를 육신이 살아있을 때 자미국 자미천궁에 들어와서 행하여 사후세상까지 보장받는 것이 진짜 천복이다.

무속인 보살을 만나 가진 재산 다 날리고 전 재산 17만 원을 갖고 자미국 자미천궁으로 2년 전에 찾아온 중년 여인!

모든 악의 굴레에서 벗어나 인생이 개벽하였다.

종교인들이 준 물건들을 모두 버린다고 버렸지만 아직도 남아 있는 악들의 잔재가 남아 있었다.

무속인 보살이 선물로 준 인형과 손지갑, 인형은 현관 문 앞에 걸려있고, 지갑은 오늘까지도 사용하며 갖고 있었다. 그 이외에도 무당이 사용하던 그릇, 신발, 보자기, 옷과 기타 등등 그리고 양말을 선물로 받았다.

이 모든 것이 아주 단순한 일 같지만 철저하게 무당의 육신을 통해 악의 노예로 만들기 위한 귀신(악)들의 교묘한 술수였다.

무속인들이 주는 물건이나 선물을 좋아라하고 무심코 받아들었는데 그런 나쁜 기운이 흐르리라고는 어느 누구도 전혀 생각 못하고 있을 것이다.

무속인들 자신 역시도 이런 진실을 알지 못하고 있으리라.

자신들이 이미 악의 노예가 되어있다는 것을 말이다. 무당 자신들도 악들의 기운을 받아 본인은 물론 자식들이 안 된다.

겉으로는 돈을 많이 번 것 같아도 지키지 못하고 모두 패대기쳐서 경제적 어려움을 겪는데 잘사는 무속인들이 거의 없는 것을 보면 쉽게 이해가 갈 것이다.

꿈속에 무속인 보살이 보일 때마다 몸이 아프고 되는 일이 하나도 없었는데, 문득 그가 준 선물이 생각나서 오늘 버렸다고 한다.

기가 막힌 일이다. 잘되라고 준 선물인데 왜 인생이 풀리지 않고 뒤집어지기만 할까?

그들이 준 물건들이 악들을 불러들이는 주문 역할을 하고 있었기 때문이다. 지금도 독자 여러분들의 집안에는 신주단지를 모시고 있는 사람들, 사업 잘된다고 사업대감 모신 사람들, 불사할머니를 몸에 모신 사람들, 부적을 지니고 있는 사람들이 무지하게 많을 것이다.

악들이 무속인들을 통하여 독자 여러분들을 평생 종이나 노예로 만들기 위한 무서운 계책들이다.

이런 것들을 잘 살려고 무심코 받아들고 있으면 하늘이 내려주신 자신들의 모든 맑고 깨끗한 기운을 빼앗기고 마침내 답답하고 안 풀리는 인생으로 전락한다.

그리고 부적으로 도배하다시피하고 있다.

장롱, 현관문, 안방, 건넛방, 거실, 화장실, 주방, 창고, 베개 속에, 이불 속과 요 밑에, 지갑 속에, 자동차, 화장실 안에 도배하고 있는 사람들이 많을 것이다.

차 안에는 염주, 지갑 속에 성화, 금박부처상, 달마도를 갖고 다니는 사람들도 많다. 그 물건들이 귀신들을 쫓아주는 것이 아니라 오히려 귀신(악)들만 불러들일 뿐이다.

그런 물건 자체를 악들이 만들어 자기(악)들의 종이나 노예로 만들고자 준 것이니 말이다. 말로는 귀신을 막아주고 복을 받는 귀한 물건이라고 신도들에게 팔아먹는다.

병 주고, 약 주고 귀신(악)들이 데리고 노는 것이다. 겉으로는 성자들이고, 귀신을 물리쳐주는 부적이라 생각해서 지니고 있겠지만 모두가 망가지는 일이고, 하늘과 영원히 멀어져서 더 못사는 길을 선택하는 아주 무섭고 위험한 일이다.

복을 준다는 종교적인 형상물이나 글, 그림, 책, 용품, 기타 등등은 태초의 하늘 자미천황님께서 주시는 복의 기운을 받지 못하게 막는 역할을 하고 있다는 진실도 밝힌다.

하늘께서는 어제도 오늘도 내일도 끊임없이 잘 사는 기운을 내려주시고 계신다. 하지만 스스로가 악의 노예가 되어 하늘의 기운을 받지 못하고, 살아서나 죽어서나 일평생을 귀신들의 종이나 노예가 되어 살아가고 있으니 개탄스러운 일이다.

인류가 악(귀신과 종교)으로부터 해방되는 것!

이것이 하늘의 뜻이자 소원이실 것이라고는 상상조차 못해 봤을 것이고, 세상 그 어느 누구도 몰랐을 것이다.

전 세계의 종교가 급속도로 몰락하고 있다. 언론방송을 통해서 종교인들의 추악한 모습들이 낱낱이 보도되어 귀신들의 역사에 대한 진실이 밝혀지고 있다. 대형교회 교주 목사들에 대한 검찰 고소고발 사건들은 우연히 일어난 것이 아니었다.

악들의 세계를 멸하고자 하는 하늘과 땅의 천상지상 공무집행이다. 이제 종교세계는 침몰하는 타이타닉호처럼 운명을 같이 할 것이다.

그곳에 머물고 있으면 함께 침몰하여 날벼락 맞으니 하루빨리 탈출해야 살아남는다.

독자들은 이제 과감히 종교의 족쇄를 풀고 하늘 자미천황님의 사랑이 무궁무진 내리는 무릉도원의 자미국 자미천궁으로 들어와서 하늘사람(천인)으로 재창조되어야 한다.

돈이 많고 권력자가 되었다고 잘 사는 것이 아니라 자신들 육신의 뿌리인 조상님들께 입궁의식을 행해서 천상 자미천궁으로 구원하고, 하늘의 천명을 받아 천인합체의식을 행하여 천인으로 재창조되고, 감사제를 올려 자신들이 태초에 지은 죄를 하늘께 사면받아야 비로소 잘 사는 것이다.

그렇다.

부귀영화 누리며 잘 산다고 해봐야 인생 100년은 찰나에 불과하고, 한도 끝도 없이 이어지는 수억만 년의 사후세상을 고통 없이 기쁨 누리고 살려면 자미국 자미천궁에 들어와서 의식을 행하여 태초의 하늘이신 자미천황님의 천명을 받아 천인으로 재창조되어야 한다.

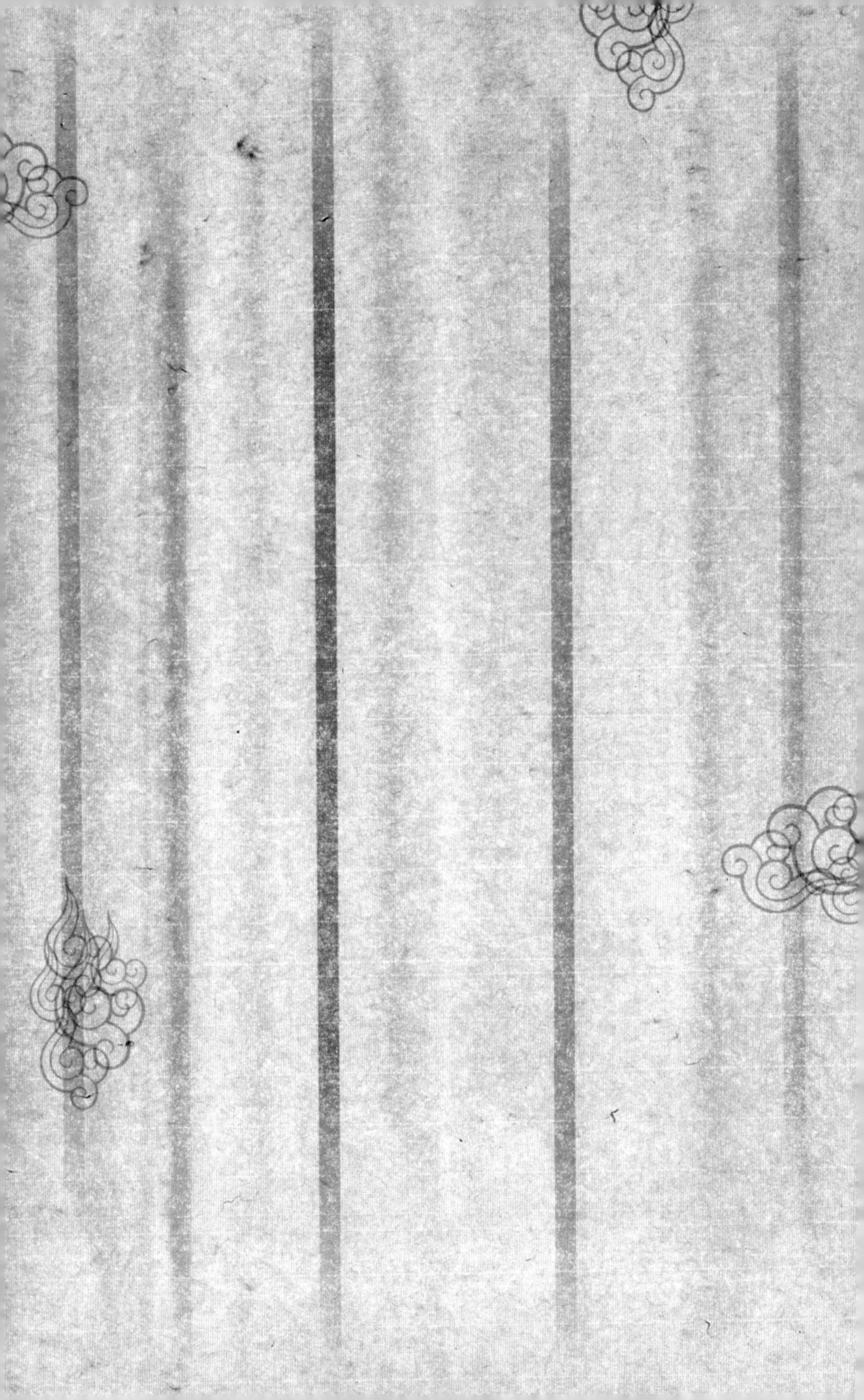

命
제6부
세상에
이런 일들이
天子生法

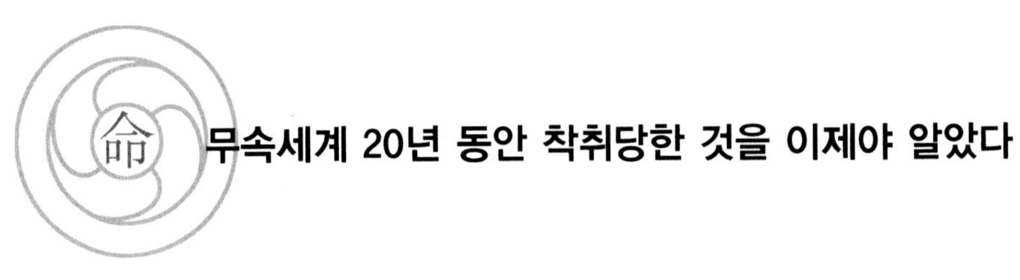

무속세계 20년 동안 착취당한 것을 이제야 알았다

무속세계 20년 아니 그보다 더 오래되었을지도 모른다.

어렸을 때 엄마의 손을 잡고 절이라고 간 곳이 박수무당 집이었다. 엄마는 한 달에 한 번 그리고 때때로 그곳에서 굿도 하였다.

또한 3년에 한 번씩 집에서 음식을 차려놓고 큰 굿을 하였고 그때마다 동네 사람들이 우리 집에 구경도 오고 음식도 먹었는데, 나는 쉴 곳도 잠잘 곳도 없어 외갓집 또는 친척집에 가서 잠을 잤다.

그때 어린 마음에, "왜 이렇게 하는 거야?" 하고 엄마에게 물어보았다.

"조상님 위해서 하는 거야"라고 하셨다. 그러면 나도 커서 이렇게 해야 되는 건가 잠시 생각해 본 적도 있었다.

굿을 할 때 무당들이 옷을 갈아 입어가며 대청마루에서 지붕이 뚫어질 정도로 뛴다.

그런데 엄마에게도 옷을 입혀주며 굿 장단에 맞추어 뛰라 했다.

그러자 엄마는 뛰기 시작했다.

엄마 얼굴이 이상하게 변했다. 평소에 엄마 얼굴이 아니었다. 어린 마음에 엄마가 무서웠다. 그 후에도 나는 엄마의 손을 잡고 수양아버지라고 부르는 그 박수무당 집을 따라다녔다.

3년마다 했던 굿이 2년 다시 1년으로 더 많은 굿을 했다.

그럴 때마다 엄마는 점점 더 이상해졌다.

어느 날 엄마는 집에 혼자 있는데 장롱 문이 흔들리고 가슴이 터질 것 같아 마구 뛰고 싶다고 하셨다.

그러면서 집에 우환과 사기, 엄마의 불면증 등등…

특히 엄마가 이상하게 변해 갔다. 아버지와의 잦은 싸움. 눈에 보이는 자식들에게 폭언과 폭력을 일삼으셨다.

나는 엄마가 무섭고 집에 있는 게 괴로웠다.

그야말로 공포 분위기였다.

그러던 중 지금의 남편을 만나 쫓겨 오듯 결혼을 했다.

아니, 내가 집에서 탈출할 수가 있었다.

엄마는 점점 심해져 갔다.

나는 아들 둘을 낳고 남들처럼 평범하게 아니 조금은 힘들었지만 그런대로 살고 있었다.

그러던 중 둘째 아이를 낳고 마음이 이상해졌다.

남편이 이유 없이 밉고 살기 싫었다.

아이들도 귀찮고 그냥 어디론가 떠나고 싶었다.

마음 안정이 안 되었다.

이것이 처음 느껴본 이상한 마음이었다.

그리고 얼마 후 엄마가 돌아가셨다.

돌아가시기 전에 하루에도 수십 번씩 전화를 해서, "나 죽고 싶다. 죽을 거야, 죽어야지"를 자주하셨다.

잠도 못 자고 미칠 것 같다고 하셨다.

병원에 입원도 해보고 치료도 해봤지만 효과가 없다고 하셨다.

나는 한약도 지어 드리고 말려도 보고 못 드시는 술도 마시게 하고 마음을 돌려보려 애썼지만 헛수고였다.

나는 5남매 중 넷째였다.

다른 형제들은 엄마의 심각성을 몰랐다.

어느 날 엄마는 또 죽고 싶다고 하셨다.

화가 났다.

"그럼 죽어! 죽는 게 그렇게 쉬운 줄 알아!"라는 말이 튀어나왔다.

그리고는 이틀 후 엄마는 스스로 물에 빠져 돌아가셨다.

나는 물에 떠 있는 엄마 모습을 보았다.

아무 생각도 할 수가 없었다. 울음도 나오지 않았다. 너무나 기가 막혔다.

엄마가 왜… 내 말 때문에….

너무나 큰 충격이었다.

엄마는 열심히 조상님들 위한 굿도 많이 하고 치성도 많이 드리고 해마다 열심히 빌었는데 왜 이런 일이 생기지?

정성이 부족했나? 더 많이 빌었어야 됐나?

도대체 무속세계는 무엇인지 엄마가 너무 어설프게 믿었나?

확실하게 알아보자는 생각이 들었다.

그때부터 나는 마음이 이상할 때마다 무속인 집을 찾아다녔다.

단골로 다니던 집에서 지장보살 탱화도 500만 원을 주고 모셨다. 집안도 편안해지고 마음도 편안해지며 모든 것이 잘 된다 하여 집에 지장보살 탱화를 모셨다.

그 이후부터 더 이상한 일이 생겼다.

남편과 잦은 싸움, 경제적인 어려움, 밤마다 자려고 눈을 감으면 마치 지옥세계 온 것처럼 검은 옷 입은 귀신, 벌거벗은 귀신, 한복 입은 귀신들이 길게 줄을 서서 내 눈앞을 지나가는 것이 보였다.

잠을 자는 것도 아니고 꿈을 꾸는 것도 아니었다.

미칠 것 같았다.

그래서 다른 무속인 집을 찾아가 물어보았다.

나보고 미쳤다고 했다.

무속인도 지장보살을 모시면 힘이 드는데 일반인이 어쩌려고 집에다 모시느냐며, 내다 모시라고 했다.

'무슨 소리야, 좋다고 해서 모셨는데.'

나는 믿음이 안 가서 다른 무속인들을 찾아다니면서 물어보았다.

공통적으로 내다 모셔야 한다고 했다.

이렇게 해서 나의 무속세계 생활은 엄마가 돌아가신 이후 본격적으로 시작되었다.

엄마의 천도굿, 조상님을 위한 굿이라면 무조건 했다.

500만 원이든 700만 원이든, 엄마는 스스로 목숨을 끊었기 때문에 여러 번 해야 된다고 해서 여러 번 했다.

처음에는 그들도 3년에 한 번씩 하라 했다. 그러더니 1년에 2~3번 하라고 했다. 하라는 대로 다했다.

하지만 남편이 하는 사업은 점점 힘들어져 사업을 정리하게 되었다.

시골에 집을 짓고 장사를 한다 했더니 집에 업 대감을 모셔 놓으면 장사도 잘되고 좋다 하여 모시고, 조상님 몸 주도 모셔 놓아야 한다고 해서 모시고, 고사도 수시로 지내고 그들이 하라는 대로 다했는데 마음은 점점 더 이상해지며 모든 게 귀찮고, 외롭고, 허전하고 의욕도 없고 죽고만 싶어졌다.

남편과 잦은 싸움으로 별거를 하게 됐고 아이들도 관심이 없었다. 주변 사람과도 어울리지 못하는 상태였다.

이제는 죽어야지 살아야 할 이유가 없었다.

무속인 집에 갈 때마다 공통적으로 듣는 말은 신을 받아야 된다는 말이었다.

신은 무슨 신이야. 그런 거 안 한다.

내가 무엇을 할 수가 있다고, 신은 아무나 받나?

그런데 도대체 이 죽고 싶은 마음은 무엇이란 말인가?

이 마음만 없으면 살겠는데 정말 신을 받아야 하나?

1년에 굿을 7번 했다.

굿을 하면 죽고 싶은 마음이 가라앉을까? 없어질까?

많은 굿을 했지만 길게 한 달, 일주일 후에는 다시 죽고 싶은 마음으로 돌아간다. 무속인들은 나의 몸 주 조상님이 불리고 싶어 한다고 신을 받아야 한다고 했다.

나는 신을 받고 싶지 않은데 어떻게 해야 되느냐고 했더니 그러면 산으로, 강으로, 바다로 조상님 위해서 기도 다녀야 한다고 해서 그때부터 열심히 무속인들과 기도를 다녔다.

기도를 다닐 때마다 산이 떠나가도록 통곡을 하였다.

내가 울었지만 왜 우는지도 몰랐다.

그리고 기도 갈 때마다 조상님이 한 분씩 오신다고 같이 간 무속인이 조상님들 너무 한다고 했다.

지금 계신 조상님도 본인이 감당하기에 벅찬데 염치도 없다고 자꾸 오시면 어떻게 하냐고 했다. 그래도 어쩌느냐, 오신 걸 합의받아 가자고 하여 하라는 대로 했다.

하지만 죽고 싶은 마음은 가라앉지 않았다.

어느 날 잠자는 약 수십 알을 구해 이 약하고 소주 한 병 마시면 죽겠지? 하고 약 알을 세어보고 그냥 넣어두었는데, 이틀 후 작은아들이 그 약과 양주 한 병을 먹고 방에 시체처럼 누워 있었다.

너무 놀란 나는 아이를 흔들어 깨웠다.

일어나지 않았다.

정신없이 아이를 흔들고 때리고 겨우 일으켜 세웠다.

왜 이런 일이 생기는 건지 모르겠다. 내가 죽고 싶었는데, 내가 죽으려고 했는데 왜 작은애가 약을 먹었는지 모르겠다.

정말 어떻게 해야 되는지 몰랐다.

정말 내가 신을 받아야 하는지 몸 주 조상님께 기도를 하였다.

그런데 '아니다!' 하는 말이 들리는 것 같았다.

다음 날 똑같은 기도를 또 했다.

'아니다!' 또 들렸다.

세 번째 날, 같은 기도를 또 했다.

또 '아니다!'

그러면 어떻게 해야 됩니까? 방법이 있지 않겠습니까?

이렇게는 살 수가 없다고 울면서 기도를 한 후 안방으로 들어와 장롱을 열었다.

작은 책꽂이가 있었다.

꽂혀 있는 책 중에 자미국 자미천궁에서 출간된 책이 눈에 띄었다.

이게 무슨 책이지? 내가 산 적이 없는데 하면서 펼쳐 보았다.

나중에야 여동생이 몇 년 전에 사다 준 책이라는 것을 알았다.

책에는 조상님에 관한 신기하기도 하고 이상하기도 한 이야기가 많았다. 제일 눈에 들어오는 것은 조상님들 다 같이 하늘 무릉도원 천상 자미천궁에 가신다는 문구가 와 닿았다.

죽고는 싶은데 죽으려고 하니 나와 함께 있다는 조상님들 어떻게 하지? 내가 죽으면 죽은 나와 함께 우리 아이들한테 가서 나처럼 조상님들 위해야 아이들이 잘된다고 무속인들이 말했는데, 나하고 똑같은 삶을 살아야 되는 것이 걱정되었다.

그래 이거야! 여기 가봐야지, 하면서 단골로 다니던 무속인에게도 책을 보여주면서 나 여기 가보고 싶어 했더니, "거기 내가 아는 곳인데, 거기 사이비야. 가지 마!" 하는 것이다.

그런가?

잠시 머뭇거렸다. 내가 책을 보여준 것이 큰 잘못이었다.

내가 너무 어리석었다.

자기는 자미국 갔다 오지도 않았으면서도 나를 가지 못하게 하려고 사이비라 매도한 것을 눈치 채지 못했으니 말이다.

그 후 그 무속인과 나는 사이가 멀어지면서 헤어지게 됐다.

나는 다시 그 책을 읽었다.

신기하게 책 읽는 동안 몸이 떨리고, 하품이 나오고 눈물이 나왔다. 저자에게 전화를 해서 상담예약을 했다.

상담하러 가면서 결심을 했다.

이제 더 이상 믿을 무속인도 없고 여기가 진짜든 가짜든 조상님 구원하는 입궁식을 해야겠다고 마음먹었다.

나는 의심이 많았다.

하지만 조상님 위하는 것이라면 그동안 하라는 대로 다 해왔다.

그런데 결과는 남편과 별거, 아이들과도 남남. 그들이 시키는 대로 다 하다 보니 빚도 지고, 오로지 죽어야지 하는 마음뿐이었다.

사감님과 한 시간, 지황님과 한 시간 동안 울면서 상담을 하고 집에 돌아왔다.

그런데 너무나 신기했다.

그 죽고 싶던 마음이 상담만 하고 왔는데 조금은 가라앉았다.

몸 주 조상님에게 기도를 했다.

나는 여기가 진짜인지 가짜인지는 모르겠지만 자미국 자미천궁에서 하라는 대로 하고 싶어요.

그러니 조상님들도 잘 좀 알아보세요.

정말 마지막입니다.

입궁식하는 날 자미국 자미천궁에 가보니 그 긴 제단(21m)을 꽉 채운 음식들은 화려하고 정성이 가득해 보였다.

의식을 도와주는 천인들도 있었다. 의식 들어가기 전 사감님 방에서 이야기 도중 천인들이 "대단하십니다"라고 연발했다.

왠지 그 소리가 듣기 싫었다.

도대체 뭐가 대단하신 거지? 대단하시면 무엇이 대단하다 해야 되는데 앞뒤도 없이 그냥 대단하십니다만 해댔다.

조금 이상한 곳이라는 생각이 들었다.

더욱 이상한 건 사감님한테 신명님이 오시고, 미륵님이 오시고, 하나님이 오신다고 했는데, 의심 많은 나는 믿기지가 않았다.

내가 산에 기도 다니면서 찾던 신명님이 왜 여기에 오시지?

절에 계셔야 되는 미륵님이 왜 여기에 오시며, 교회에 계셔야 되는 하나님이 왜 여기에 오시는지 상식적으로도 이해가 안 갔다.

산에 기도 다니면서 목이 터져라 울면서 신명님을 찾아도 보이지도 들리지도 않았던 신명님이 오셔서 말씀을 해주신다 하니 이걸 믿어야 하는지 말아야 하는지 몰랐다.

그래서 속으로 생각했다. 무속인들이 굿할 때 부르는 신, 그런 신인가 보다 했다.

어쨌든 조상님들 다 같이 좋은 곳, 무릉도원 천상 자미천궁에 가시면 되는 거지, 하면서도 조금은 걱정이 되었다. 더군다나 하늘이나 하나님이라면 돌아가신 엄마는 말도 못 꺼내게 하셨다.

하루는 큰 언니가 친구 따라 교회에 갔다 온 것을 안 엄마는 언니를 죽지 않을 정도로 패면서 다음에 또 가면 다리몽둥이를 부러뜨린다 하셨다.

그것을 본 나는 하나님 찾거나 교회에 가면 다리 부러지는구나, 하고 엄마가 무서웠다.

중학교, 고등학교가 기독교 학교라서 일주일에 한 번 예배시간이 있었다. 형식적으로 참석해서 하는 척만 했다.

내 입에서 하늘이나 하나님이라는 말을 해본 적이 없었다.

목사님도 적대감을 가지고 대했다.

자미국 자미천궁 책을 읽었을 때도 하늘님, 자미천황님은 눈에 들어오지도 않았고 신명님, 미륵님, 하나님은 관심도 없었다.

오로지 조상님 구원하려고 왔는데 이게 무슨 일이지?

신명님, 미륵님, 하나님이 왜 오시는 거지?

정말 조상님 구원받는 거 맞는 건가? 의심도 갔었다.

의식은 시작되었고 정말로 신명님이 오셔서 말씀을 하셨다.

그동안 나의 삶은 신명님께서 공부를 시키는 과정이었고, 천상 자미천궁에서 태어나는 것을 지켜보셨고, 기도 다닐 때 치성들일 때 다른 것들이 받아갈까 봐 신명님께서 받으시고, 그 대신 조상님을 한 분씩 나에게 넣어주셨고, 너희 조상님은 네 덕분으로 천상 자미천궁에 간다는 말씀을 해 주셨다.

도대체 무슨 말씀인지 하나도 알아듣지 못했다.

무속세계에 젖어든 나는 너무나 다른, 처음 들어보는 말씀에 머리가 멍해졌다.

그 후 나는 자미국 자미천궁 의식에 참석할 수 있는 기회가 주어졌다.

하지만 의식 때마다 오시는 미륵님, 하나님, 신명님, 자미인황님 말씀을 알아들을 수가 없었다. 말씀 중에 조상님 위해서 천도재와 굿한 것을 잘못했다 하시는데 도대체 이게 무슨 말씀이란 말인가?

있는 돈, 없는 돈 만들어서 조상님 위한다고, 조상님 좋은 데 가시라고, 조상님 구원해야 가정이 편안하다고 해서 나름대로 열심히 빌고 하라는 대로 해서 칭찬받을 줄 알았는데, 빚까지 내고 집 한 채 값이 들어갔는데 잘못했다니 억울한 생각이 들었다.

내가 알고 있었던 것과는 너무 달랐다.

나는 지금까지 조상님 천도를 위해 굿한 것은 잘한 거라고 잘난 체하며 살았는데 공으로 인정해 주셔야 되는 것 아닌가?

그 후 그분들 음성에 거부감이 생겼으며 그분들이 계신 사감님 방에 들어가기가 싫어서 빙빙 돌아다녔다.

왜 이러지, 내가 이상한 건가?

여기 자미국 자미천궁이 이상한 곳인가? 내가 못 알아듣는 건가?

그래, 자미국 자미천궁이 이상한 곳이야!

나는 내가 못나서 못 알아듣는다고 인정하기는 싫었다.

자미국 자미천궁이 이상해, 이상한 곳이야!

그동안 내가 알아왔던 것과는 너무나 다르기 때문에 인정하기보다는 의심이 갔다.

지금까지 그 어디에서도 들어보지도 못한 처음 들어본 희한한 말씀만 하셨다. 도대체 무슨 말씀인지 모르겠고 인정이 되지 않았다.

그러던 어느 날 밝혀 주셨다.

나는 신명님만 찾으라 하셨다.

나는 신명님의 뿌리였고 자미천황님께 인도하려고 나를 그동안 공부시키고 인간 삶 속에서도 신명님께서 지켜주시고 보호해 주셨다고 밝혀주셨다.

미륵님과 하나님 말씀을 못 알아듣는 것은 그분들은 제3자이기 때문에 알아들을 수가 없었다고 밝혀주셨다.

정말 그랬다.

오셔서 진실의 말씀을 해주시는데 저 말씀이 맞는 말씀이야 하며 의심하고 앉아 있었다.

어느 날은 졸기도 하였다.

종교도 종류가 다양하여 새로운 신흥종교도 계속 생기고 있다.

다 자기들이 제일 잘나고 자기들 말만 옳다고 하고 있다.

나는 10명의 무속인들을 통해 굿을 했다.

그들은 각자 자기들이 제일 잘나고 자기들 말만 맞는다고 떠들어 대고 있다.

이렇듯 다들 자기가 최고이고 잘났다 하는 곳에서 자신의 뿌리도 모르면서 종교 교주들이 전하는 말을 알아듣고 있는 걸까? 뿌리 확인도 안 하고 어떻게 알아듣는다고 하고 있는지 모르겠다.

2년 동안 알아들으려고 애써도 알아들을 수도 없었고 자미국 자미천궁을 의심하고 자미천황님, 신명님, 미륵님, 하나님을 의심하고 있었다.

기독교에서, 불교에서 전하는 거와 자미국 자미천궁에서 전하는 것이 너무나 차이가 나고 틀리다 보니 못 알아듣고 못 쫓아가서 의심이 많은 나는 자미국 자미천궁이 이상한 곳 아니야? 하는 의심이 먼저 들었다.

이렇게 의심하고 못 알아듣는 것은 내 자신의 수준이 너무 낮아서임을 알았다. 내가 이렇게 잘못되어 있었고, 세상이 잘못되어 있었고, 종교에서 이렇게 잘못 전하고 있는 것이구나.

3년이 지난 지금 나는 자미국 자미천궁에 오시는 미륵님, 하나님, 신명님은 기독교에서 전하는 하나님이 아닌 것을 알았고, 절에서 전하는 미륵님이 아닌 것을 알았고, 무속에서 전하는 신명님이 아닌 것을 알았다.

그동안 종교를 통해서 이론으로 알고 있는 신명님, 하나님, 미륵님이 아니시라는 뜻이다.

나는 이분들과 직접 대화를 했다는 기록 같은 것을 본 적이 없었고, 종교인들이 이분들의 뜻과 전혀 다르게 '이랬을 것이다'라고 왜곡된 주장을 펼쳐온 것이라고 본다.

세상에서 알려진 하늘, 신명님, 하나님, 미륵님이 여기 자미국 자미천궁과 이렇게 다를 수가 없다.

엄마의 삶, 나의 삶 평생을 무속에 매달려 그들의 놀음에 놀아나고 가정파탄 나고, 모든 것이 망가져 결국엔 목숨까지 잃고, 자식까지 대물림하고 이것이 계속 이어지는 그야말로 산지옥이었다.

지옥 같았던 나의 생활에 어마어마한 진실을 밝혀주셨다.

무속인들이 신이나 조상님이라고 숭배하는 그들이 바로 악이라는 것이었다.

그래서 굿을 하면 할수록 더 잘못되고 뒤집히고, 남편 사업이 망하고, 가정 파탄난 이 모든 것이 악들의 소행으로, 악들은 인간의 인생을 망쳐놓고 뒤집어놓는 것이 목적이라 한다.

이런 악들에게 빌고 굴복하고 있었으니 이 얼마나 기가 막힌 일인가?

또한 산이나 강, 바다로 기도를 다닐 때에도 허공중천에 떠다니는 수많은 악들이 몸에 따라 붙어와 가족들 몸에 붙어 망쳐놓는다고 밝혀주셨다.

놀랍기도 하였지만 나의 현실이 그렇지 않았던가?

엄마는 그들의 말을 좇아하다가 스스로 물에 들어가시지 않았는가?

결국 그들 악에게 목숨을 뺏긴 것이다.

나의 목숨도, 아들의 목숨까지도 노린 것인데 전혀 몰랐다.

내가 진짜 하늘인 자미천황님 앞에서 잘난 체하고 대들고 못 알아듣는 것도, 이 악들의 존재가 남아 있어서 그러고 있는 것이라 하셨다.

엄청난 말씀에 가슴이 벌렁거렸다.

너무나 놀랍고 충격적이었지만 이것은 나의 현실이었다.

그 어느 곳에서도 이런 진실의 말씀을 들어본 적도, 해주는 곳도 없었다. 천인합체의식 때 자미천황님께서 주시는 행복받아서 행복하게 살라 하시며 몇 번씩이나 강조 또 강조하셨다.

그 후 나의 삶은 엄청난 변화가 생겼다.

죽고 싶은 마음은 온데간데없이 사라졌으며 이제까지 살면서 이렇게 마음이 편안해 본 적이 없었으며, 웃음이 뭔지 모르고 살던 나에게 웃음이 생겼으며, 남편과 화해하고 아이들과도 사이가 좋아졌다.

경제적인 여유도 생기고, 행복이라는 것이 뭔지 알게 되었다.

지금의 나는 행복한 사람이 되어 있다.

이 모든 것이 하늘이신 자미천황님 덕분입니다, 감사합니다.

신명님!

자미천황님께 인도해 주셔서 감사합니다.

미륵님, 하나님, 감사합니다.

이 모든 진실을 음성으로 전해 주시는 사감님, 감사합니다.

자미국 자미천궁에서 의식을 주관하시는 지황님, 감사합니다.

나는 어리석은 바보였다.

20년 동안 나의 삶을 비참하게 망쳐놓은 무속세계!

그들의 꼭두각시가 되어 장장 20년을 착취당하며 놀아났다.

내 인생의 삶을 180도 바꾸어 기쁨과 행복의 하늘세계를 열어준 은혜로운 자미국 자미천궁!

감동의 뜨거운 눈물이 앞을 가립니다.

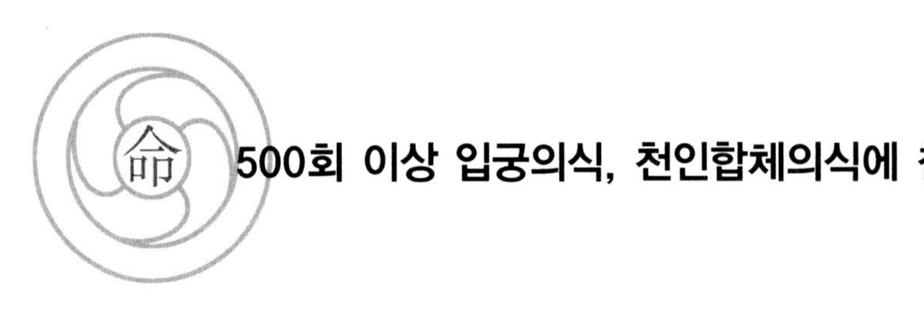

500회 이상 입궁의식, 천인합체의식에 참석하면서

자미국 자미천궁은 다 같이 모이는 천지(하늘의 말씀을 듣는 기도)회와 개인들이 행하는 의식에 천인들 여러 명이 참석하는 입궁식, 천인합체, 감사제의식 등이 있다.

처음 천지회 때 느낌은 전혀 다른 세계에 와 있는 듯했다.

다른 종교를 전전하던 나는, '여기가 정말 하늘 세상이야, 이 사람들이 정말 하늘 사람(천인)들이야' 하며 놀라워했다.

겉으로 보기에는 평범해 보였고 잘난 사람도 못난 사람도 없어 보였다.

그러나 얼굴 표정과 환한 미소, 아기들같이 천진난만한 모습은 어디서도 본 적이 없었다. 또한 천상에서 오신 분들께서 하시는 말씀 한마디 한마디에 참석자 대부분이 감동의 눈물을 흘리며 대화를 나누고 있었다.

나는 너무나 신기했다.

나는 천상에서 오신 분들의 말씀을 못 알아듣고 멍하니 있었다. 나만 인간이라 못 알아듣는 건가, 왜 감동도 안 되고 눈물도 안 나오지?

나는 고지식하고 의심도 많고, 어느 누구의 말도 쉽게 믿지 않는 사람이다.

하지만 이곳 천지(기도)회에 참석한 수많은 사람들과 나는 너무나 달랐다. 밖의 세상 사람들, 전에 다니던 종교의 사람들은 거의 나처럼 서로 믿지 못하고 의심하고, 내가 최고, 내가 가장 잘난 사람으로 살고 있다.

자미국 자미천궁에 와서 상담하고 돌아가서도 진짜야 가짜야 의심도 했었다.

500회 이상 자미국 의식에 참석하면서 너무나 놀라운 것은 같은 말씀이 한 번도 없으셨다. 다른 종교를 전전하던 나는 매일 똑같은 책에, 똑같은 연설에, 똑같은 절차에, 여기를 가도 똑같은 죄인, 저기를 가도 마찬가지였다.

자미국 자미천궁은 달랐다.

천상에서 오신 분들의 말씀이 사람들이 태어남도 각자 다르고, 살아온 사연도 각자 다르고, 살면서 지은 죄도 각자 다른데 어떻게 똑같은 의식과 같은 말을 할 수가 있느냐고 하신다. 처음 들어보는 말씀이고 처음 보는 의식이었다.

정말 그 수많은 사람들이 같은 죄를 지은 사람이 단 한 사람도 없었다.

이렇게 한 사람, 한 사람 살아온 인생부터 지은 죄, 무엇을 잘못했는지까지 낱낱이 밝혀주시며 어떻게 살아가야 되는지 방법까지 너무나도 자세히 일러주신다.

천상에서 일러주신 분들의 말씀대로 살아온 사람들의 얼굴에서는 어두움이 없었다. 밝은 미소와 자신감이 넘쳤다. 행복해 보였다. 부러웠다. 자미국 자미천궁 사람들이 달라 보였다.

다른 종교, 아니 내가 다니던 종교 그곳 사람들에게서는 볼 수 없었던 모습이고 표정이었다. 어떻게 하든 잘 먹고 잘 살아보려는 욕심과 삶의 찌든 표정까지 정말 구질구질해 보이기도 하였다. 자미국 자미천궁 사람들과는 너무나 다른 모습이었다.

입궁식이든 천인합체든 감사제든 자미국 자미천궁에서는 오직 의식하는 주인공 한 사람만 위해서 모든 것을 전념한다.

하늘의 말씀을 전해 주시는 사감님께서는 한 사람의 생과 사, 인생이 걸려 있는 아주 중대한 일이라며 열과 성의를 다하시는 분이시다. 몇 시간씩 아니 밤을 새워서라도 하늘의 말씀을 전해 주신다.

작년에는 둘째 아이를 임신하신 몸으로 출산하기 일주일 전까지도 불편하신 몸으로 밤새워 가시면서 하늘의 말씀을 전해 주셨다.

출산 후에도 몸조리도 못 하시고 14일 만에 의식을 하러 나오셨다. 그날 밤새워 가며 의식을 해주셨다.

한 사람, 한 사람 인생이 장난인 줄 아느냐? 하시며 불편하고 아프신 데도 내색도 안 하시고, 표현도 안 하시며 열과 성의를 다해서 하늘의 말씀을 전해 주시는 분이시다.

또한 지황님(의식에 들어가서는 인황님으로 불리심)은 의식을 총 주관하시는 자미국 주인이시며, 그날의 주인공에게도 최선을 다하시는 분이시다.

이렇게 이분들의 노력으로 의식하기 전에 주인공들의 모습을 보면, 말도 안 하는 사람, 화나 있는 사람, 우는 사람, 삶에 찌들어 어두운 얼굴을 하고 있는 사람들의 모습을 의식 후에는 얼굴에서 빛이 나며 밝은 표정으로 만들어 주신다.

또한 10년 이상 젊게 만들어주시는데 나뿐만이 아니라 수많은 천인들이 나이보다 너무나 젊어졌다.

상상초월이고 너무나 신기하다.

이렇게 재물보다 값지고 귀한 마음의 행복, 기쁨, 즐거움을 주신다.

자미국 자미천궁에는 수십 년 동안 하늘을 찾아다닌 사람, 도판에서 30년 헤매던 사람, 절에서 40년 또는 평생을 다니던 사람, 교회 30년 다니던 사람, 무속 20년~30년 다니던 사람 등, 다른 종교에 일생을 바쳤던 사람들이 많이 온다.

종교를 다니면서 귀신(악)들을 불러들여 망가지고, 뒤집어지고 가정파탄 나서 별거, 이혼하고 한도 끝도 없이 힘들게 하는 종교에 속고 속아서 환멸을 느낀 사람들이 온 것이다.

세상에서, 종교에서, 다들 잘났다고 하는 사람들이다.

사감님께서는 이런 사람들 의식은 더욱 더 열과 성의를 다하신다.

하지만 하루아침에 잘못된 종교에 젖어 있는 대다수 사람들은 쉽게 바뀌지 않았다.

절에 다니는 사람들, 절에서는 업장 소멸해야 한다며 빌라 굴복시키고, 교회에서는 나는 죄인이며 내 탓이라고 빌라 굴복시키는데 여기 자미국 자미천궁에서는 너의 죄가 무엇인지, 하늘께 여쭤 보라 하시며 하늘과 대화를 하라 하신다.

하늘, 하늘은 하나인 줄 알고 살았던 사람들, 수억만 개의 많은 하늘이 있다고 하신다. 모두들 놀라고 있다. 서로 자기들이 하늘이며, 자기들이 진짜 하늘이라고 우기고 있는 별난 세상이다.

자미국 자미천궁에 태상천존 자미천황님은 진짜 하늘이시며 단 한 분뿐인 하늘이시고, 대화를 할 수 있는 하늘이시다. 때로는 다정다감하기도 하시고, 때로는 화도 내시고, 너무 가슴이 아프다며 우시기도 하시는 살아 계시는 하늘이시다.

의식하는 주인공은 처음에는 어리둥절하여 알아듣지도 못하며 인정도 하지 않는다. 그러면 의식은 며칠 뒤로 연기가 된다.

차려진 제물은 전부 내려지고 연기된 날짜에 다시 새로운 제물을 차려놓고 알아들을 때까지 말씀을 하신다. 자미국 자미천궁에서는 제물비와 각종 인건비로 어마어마한 손해를 본다.

하지만 사감님께서는 이 사람 인생이 달려있는 아주 중요한 문제라며 몸도 사리시지도 않으며 알아들을 때까지 열과 성의를 다해서 하시고 또 하신다.

수많은 종교를 여기저기 다녀 보았지만 자미국 자미천궁 같은 곳은 정말 난생 처음이었다.

다른 종교에서는 알아들었는지 잘못되었는지도 알려고 하지도 않으며 잘못되었다 해도 다시 해주는 일이 없다. 자기들이 한 일에 대해서는 끝까지 잘됐다 하며 무조건 기다려 보라 한다.

이렇게 세상 사람들이나 종교가 잘못되어 있고, 나도 잘못되어 있는 것을 50세가 넘어 자미국 자미천궁에 와서 알게 되었다.

70대 할아버지의 의식 때 수많은 조상님들 천상세계 못 가신 이유와 잘나가던 집 안이 뒤집어진 이유를 밝혀주셨다.

주인공인 할아버지는 열 손가락 안에 들어갈 정도의 재력과 잘나가는, 그야말로 재벌이었다.

하지만 40년 이상 절도 다니고, 무속세계 등 잘못된 종교에 다니면서 그곳에서 끌어들인 우글거리는 수많은 악귀잡귀 귀신들 때문에 윗대 대대로 잘나가던 집안이 뒤집어지고 하나뿐인 딸도 잘못됐다 하신다.

하지만 주인공은 무슨 말씀이시냐며 인정하지 않았다. 차려진 제물은 내려지고 일주일의 시간을 주셨다. 또다시 많은 제물을 차리신 후 알아듣도록 하늘의 말씀을 전해 주셨다.

많은 손해를 보시면서도 알아듣지 못하고 인정하지 않고, 알아듣지 못하면 지황님(인황님)과 사감님은 다시 하시고 또다시 하신다. 그 존재들은 본인이 인정하는 순간 들켜버리기 때문에 알아듣지 못하게 하고, 인정하지 못하게 한다고 청천벽력 같은 말씀을 하신다.

인정하는 순간 귀신들이 나가야 한다, 즉 집 안에 들어온 도둑놈이 주인에게 들키면 도망가야 하는 것처럼 생각하면 된다. 70대 할아버지는 의식완성 이후 많은 변화가 생겼다며 행복해 하신다.

어느 조상님의 입궁식 때 일이다.

이 주인공은 무기력해 보였으며 삶을 포기한 사람같이 보였다. 표정도 없고, 말도 없는 사람이었다.

의식 때 천상에서 오신 어떤 분께서 지금까지 주인공이 살아온 삶과 왜 이렇게 뒤집어지고 힘든 삶을 살고 있는지, 딸의 죽음은 이 모든 귀신들이 이 주인공 몸에 달라붙어 있는 악귀잡귀들이며 오늘 입궁식에 조상님보다도 이 존재들이 입궁하려고 한다는 엄청나게 놀랍고도 중요한 말씀을 해주셨다.

주인공은 놀라는 표정이었지만 인정하지 않았다.

잠시 쉬는 시간을 두고 의식을 다시 진행하시고 또다시 하셨지만 주인공은 끝까지 인정하지 않아 결국 의식은 중단되었고 돈을 돌려주시며 집으로 보내셨다.

수많은 사람들이 의식하면서 귀신들 편들어주고 대적하는 말을 하며 자신의 잘못을 인정하지 않아 결국 의식이 중단되어 입궁식 못하고 돈을 돌려주며 보내는 것을 수없이 보았다.

인정 안 하면 귀신(악귀잡귀)과 함께 살겠다는 것이기에 의식을 해도 인생이 달라질 것이 없다.

참으로 안타까웠다. 자미국 자미천궁에 와서 입궁식, 천인합체, 감사제를 한 사람들 대부분이 자미천황님 말씀과 천상에서 오신 분들 말씀대로 사는 사람들은 인생에 대변화로 성공한 사람들을 보아온 나로서는 이분들의 엄청난 사랑을 밀어낸 것 같아 안타까웠다.

사감님의 열성적인 하늘의 말씀 덕분에 평생 잘못된 종교의 믿음을 가졌던 사람들의 생각과 마음, 성격의 변화가 왔고, 기울어 가던 사업이 다시 일어나고, 가정의 평화와 행복이 찾아왔다 한다.

무엇보다도 사람의 성격은 죽을 때까지 변하지 않는다고 하는데 성격, 마음, 생각이 변하는 것은 정말 신기하고도 있을 수 없는 일이며, 무엇과도 바꿀 수 없는 정말 행복한 일이다.

이 모든 것은 하늘 자미천황님으로부터 시작되고, 신명님, 미륵님, 하나님으로부터 시작되고 행해진다.

앞으로 내가 살아가는 데 빛이 되어주실 분들이시고, 그 빛을 따라갈 수 있고, 좇아갈 수 있게 해주실 대단한 분들이시다.

수많은 종교에서 이루어지지 않는 것이 하늘께서 그러는 것이 아니고 교주들이 그렇게 한 것이라 한다.

교주들에게는 수많은 악귀잡귀들이 우글거린다 한다.

그 존재(귀신)들이 잘나서 인간과 조상님들을 자기들이 구원할 수 있다고 의식을 행한다 한다.

구원은 하늘께서(자미천황님)만 하실 수 있으며 산고의 고통이 입궁식, 천인합체, 감사제라 하신다.

단순히 구원이 아닌 것을 자미천황님께서 해주는 것이며 종교의 굴레에서 벗어나게 해주시고 입궁식, 천인합체, 감사제를 통해서 진정한 하늘사람 만들어 주시는 것이며 행복한 삶을 살게 해주시는 것이다.

더욱 더 놀라운 것은 주인공 없는 천인합체의식이다. 딸이 친정엄마 천인합체를 하는 의식날이었다.

딸은 와 있는데 친정엄마가 안 보였다. 조금 늦으시나보다 했다.

그런데 이게 웬일인가? 친정 엄마 없이 의식이 시작되었다.

천상에서 오신 분이 딸에게, “엄마의 마음은 슬프고 우울하다”라고 하셨다.

딸은 “아니에요, 그렇지 않아요”라고 했다.

엄마는 또 외롭다고 하셨다. 딸은 또 아니라고 했다.

순간 나의 마음은 이상했다. 갑자기 외롭고 슬퍼져 통곡하고 싶어졌다.

‘왜 이러지? 이 마음은 입궁식, 천인합체를 하면서 없어졌다고 생각하고 있는데.’

의식하는 딸 주인공이 통곡을 하기 시작했다.

‘내 마음이 아니었구나! 친정엄마의 마음이었구나. 그런데 친정엄마는 오지도 않았는데 어떻게 이런 일이 있을 수 있지?’

겁이 날 정도로 너무 신기했다.

딸은 한참을 울고 난 후에, “엄마의 마음이 이렇게 외롭고, 아프고, 슬펐던 거예요?” 하고 물었다.

‘친정엄마의 마음은 이럴 것이다’ 하고 착각하며 살고 있는 딸에게 엄마의 마음을 느끼게 해주신 것이다.

“그 마음이 너의 친정엄마 마음이야.”

“세상에 어떻게 이런 일이…” 하면서 딸은 신기해 했다.

천인합체의식 후 친정엄마는 외롭지 않으며 아프지도 않고 명랑하고 밝은 모습으로 바뀌셨다 한다.

이것은 천상에서 오신 분들께서 엄마의 영을 데려오시고, 엄마의 마음을 알아주시며 달래주시고, 내 자신이 앞으로 어떻게 살아가야 되는지를 상세하게 설명해 주신 덕분이다.

이 얼마나 놀라운 일인가? 자신들은 수없이 알아달라고 메시지를 보낸다고 한다. 하지만 육신은 알아들을 수도 자신의 마음을 알 수도 없다. 오직 하늘이신 자미천황님께서만 밝혀주실 수가 있다.

이러한 진실은 자미국 자미천궁에서 자미천황님께서만 사감님을 통해서만 전해 주실 수 있다.

딸의 생활은 더욱 더 많은 변화가 있었다.

크게 옷가게를 하는데 전국에서 1위를 할 정도로 장사가 잘되며 가정 또한 모두 편안하다 한다. 자미국 자미천궁에 오기 전까지 이 종교 저 종교, 특히 모 종교단체에 전 재산을 바치다시피 하여 경제적인 어려움과 가정까지 파탄에 이를 정도였다.

지금은 모든 것이 편안하며 행복하다고, 자미천황님 덕분이고 신명님, 하나님, 미륵님 자미인황님 그리고 지황님, 사감님 덕분이라며 행복해 한다.

자미국 자미천궁에 오는 사람들 대부분이 본인 당사자들도 안 오는데 어떻게 천인합체가 되는지 신기해하며 궁금해 한다.

지방에서 오신 50대 후반 여자분은 본인 천인합체하고 집에 갔더니 큰아들이 왜 엄마만 좋은 거 하고 왔냐고 화를 냈다 한다. 아무도 모르는데 어떻게 알았는지 신기하다고 감탄했다 한다.

그 후 큰아들이 죽는다고 아파트 베란다에서 뛰어내린다며 난리를 치기도 하고 계속해서 문제를 일으켰다 한다. 엄마는 서둘러서 큰아들 천인합체를 급히 했다.

물론 사명자인 엄마만 와서 의식을 했다. 큰아들은 그 후 차분하게 직장도 잘 다니고 있으며 죽는다는 소리도 하지 않고 효자로 변했다며 기뻐하고 있다.

40대 후반 여자분의 친정아버지 천인합체 때 일이다.

이분도 본인이 사명자라 혼자만 오라 해서 식구들은 아무도 모르고 있다 했다. 의식날 아침, 자미국 자미천궁으로 오는 길에 큰아들한테 전화가 왔다 한다.

이유도 없이 화가 나고 짜증이 나서 일을 할 수가 없다고 한다.

지황님, 사감님께 왜 그러는 건지 여쭈어 보았더니 친정아버지 천인합체하는 것을 아들(영)이 알고 있다 하시며 아들도 천인합체하고 싶어 샘 부리는 거라 하셨다.

너무 신기했다.

천인합체 후 친정아버지가 80세이신데 얼굴이 동안으로 변하면서 피부도 아기 피부로 바뀌고 아팠던 다리도 나아졌다 한다.

얼마 후 큰아들보다 작은아들 천인합체를 먼저 했다.

작은아들이 외국에 나갈 일이 있는데 학교를 중퇴한 지 오래되어서 비자가 안 나오는 상황이었으며, 외국에 가는 것이 잘하는 건지 여쭤보고 싶다고 작은아들을 먼저 천인합체하게 됐다고 했다.

작은아들 천인합체하는 날, 큰아들에게 전화가 왔다. 허리가 갑자기 틀어져서 꼼짝도 못한다 했다.

큰아들이 샘이 나서 그러는 것이라 하셨다.

의식을 마친 후 아들에게 달려간 주인공은 놀랬다 한다.

큰아들은 침대에 누워서 꼼짝도 못하고 있었고, 주인공은 미안한 마음에 큰아들 허리를 쓰다듬으며 '너도 빨리 서둘러서 천인합체 해줄게' 하며 혼자 중얼거렸다 한다.

잠시 후에 큰아들은 침대에서 일어나 걸으며 이젠 좀 걸을 수 있다며 좋아했다 한다. 작은아들은 천인합체 후 안 나올 거라던 비자도 나오고, 캐나다에 가서도 적응도 잘하고 있으며, 하는 일도 잘되고 공부도 잘된다며 행복해하고 있다 한다.

이 종교, 저 종교 전전하며 망가지고 뒤집어지며 삶을 포기하려던 사람들, 하늘 앞에 와서까지도 대들고 못 알아듣고, 대들고 인정 안 하는 사람들을 바로잡아 주시고 기다려주시고 참아주시는 하늘!

태상천존 자미천황님, 신명님, 하나님, 미륵님, 자미인황님 그리고 지황님, 사감님은 생명의 은인이시고 살아가는 데 기둥이 되어 주시고, 빛이 되어 주실 분들이십니다. 감사하고 감사합니다.

– 경기 수원 ○○천인 김○○

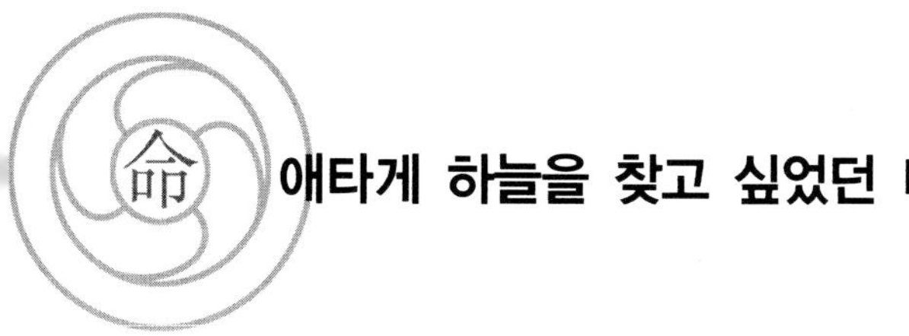

애타게 하늘을 찾고 싶었던 나의 삶!

대개의 사람들이 그렇듯, 저도 고등학교 때까지는 흔히 평범한 학생들처럼 학교에서 가르쳐 주는 공부를 하다가 우연치 않은 기회에 고등학교 은사님의 권유로 동국대학교 한의과대학에 86학번으로 입학했습니다.

오직 생명을 다루고 의도를 구하는 한의사로서, 또 영원히 하나로 통할 수 있는 궁극적 진리를 간절히 구하고 싶은 한 인간으로서, 생명과 존재의 깊은 원리와 진실과 도리를 깨닫고자 하는 구도자 아닌 구도자의 삶을 살 수밖에 없었지요!

늘 한의학과 나름대로 하늘 도공부에만 전념하는, 소위 공부와 일밖에 모르는 생활을 수년간 더 하다가, 어느 정도 한 가정을 꾸릴 만한 경제적 능력이 형성되어, 40세가 되어서야 늦은 결혼을 하게 되었습니다.

스승으로부터, "효심이 곧 천심이다. 핏줄은 부모조상님께로 이어져 있는 것이지 석가모니 부처님이나 예수, 상제, 성모 등 종교숭배자들이나 종교창시자 교주들에게 이어져 있는 것이 아니다. 자꾸 종교에 가서 굴복하게 되면, 자신들이 자꾸 쪼그라들어 기운이 막히고, 기운이 막히게 되면 인생길이 막히게 되는 것이니 세상 종교에 굴복하지 마라! 지금 OOO에서 OOO이가 미륵이니 뭐니 하는데 다 가짜니라. 그리고 무엇을 하더라도 인간의 순수성을 잃지 마라!" 하신 말씀에 너무도 깊은 감동을 받았습니다.

그 다음부터 천심이라는 말을 더욱 소중하고 귀중하게 여기게 되었으며, 그것만이 하늘마음 또는 하늘의 중심으로 통하게 할 수 있는 유일한 인간의 마음자리라는 것을 깨닫게 되었고, '효심이란 보은감사(은혜에 보답하고 감사를 잊지 않는)하는 마음의 발로'라 생각했지요.

2006년 2월에 결혼을 하게 되었는데, 결혼한 지 7개월도 안 되어 그동안 잘 지내던 아내가 갑자기 손써 볼 겨를도 없이, 유산우울증으로 대전 친정

집으로 혼자 말없이 내려가 자살 충동을 일으켰습니다.

엎친 데 덮친 격으로, 제가 정신적으로 그토록 믿고 의지하던 경주 모친은 폐암 3기로 발견되고, 3개월 후쯤 제가 가장 사랑하던 연천 모친은 대장암 3기로 발견되는 등, 하늘이 무너지고 땅이 꺼지는 듯한 아득함과 청천벽력 같은 일을 겪으면서 인생이 인력으로만 되는 것이 아님을 다시 한 번 뼈저리게 절감하게 되었지요.

때마침 자미국 자미천궁의 신문광고를 보고, 혹 제 인생에 영원히 잊을 수 없는 은혜의 두 어머니의 병을 고칠 수 있을까 하는 마음으로 자미국 자미천궁을 방문하게 되었는데, 제가 준비가 안 된 것을 아시었는지, 지금의 사감님께 제대로 상담도 못 받고, 본인(당시의 저)의 세계와 우리가 진행하는 세계가 다를 수가 있다는 말씀만 듣고 그냥 돌아올 수밖에 없었네요!

여하튼 그 후로 연천 본가에 기거하며 연천 모친을 치료하고, 주말에는 경주로 내려가 경주 모친을 치료하기를 수개월간 계속하다가 결국 2007년 7월에 경주 모친을 먼저 여의고, 같은 해 10월에 연천 생모마저 여의게 되었지요.

그간의 마음은 정말 말로 다 못할 정도로 괴로웠습니다.

지옥이 따로 없었으니까요!

가장 아끼고 싶은 사람들을 잃는 그 슬픔을 무슨 말로 다 할까요! 특히 의사로서 구하지 못한 무력감과 죄책감, 아무도 알아주지 못하는 제 마음을 그나마 가장 깊이 이해해 주시고 고생만 하셨던 두 분을 생각하면, 그저 나도 모르게 주르륵 눈물만 흘러내렸어요!

그래서 비록 병으로부터 살리지는 못했지만, 돌아가신 조상님이시라도 영원히 행복하게 해드리고 싶어 자미국 자미천궁에 대해 지금처럼 충분한 이해도 없었고, 그동안 하늘을 애타게 찾는 공부만 하느라 조상님들에 대해서는 잘 몰랐음에도 불구하고, 두 모친 병구완하는 틈틈이 자미국 자미천궁의 책을 이미 정독한 상태였으므로, 다시 자미국 자미천궁을 방문하여 당시 사감님과 상담을 거쳐 지황님을 뵙고 윤허가 계시어, 2008년 1월 3일 조상님 입궁의식을 올릴 수가 있었습니다.

의식하고 온 날 자려고 누웠는데 제 몸속의 세포 하나하나에서 마치 검은 기운이 다 빠져나가는 것이 영감으로 보였고, 그렇게 무겁던 마음도 가뿐해졌으며 날이 갈수록 지금까지 제가 살아오면서 제일 잘한 것이 하나 있다면 조상님 입궁식 행한 것이다 할 정도로, 조상님 입궁의식을 정말 잘 따라서 해드렸다는 생각이 우뚝 우뚝 마음 뿌듯하게 들었고, 여러 가지 삶의 변화가 오는데, 그간 홀로 외롭기만 하던 인생이 막 빛나기 시작하더라고요!

좋은 사람들 만나 세상과 잘 어울리게도 되고, 의사로서의 실력도 인정받게 되며… 당시 한 달에 2번 있는 천지(기도)회 참석할 때마다 사감님을 통해, 태상천존 자미천황님과 천상 하늘세계(천상 자미천궁)에 대한 진실들을 조금씩 더 알게 되었지요!

왠지 저는 조상님 입궁식 이후, 사감님이 그렇게 반갑고 고마운 생각이 나도 모르게 자꾸만 들어서 뵙고 나올 때마다 사감님 손을 잡곤 하였지요!

사감님 또한 그런 저에게 반갑게 배웅 인사도 해주시고요.

이렇게 저는 자미국 자미천궁과 인연이 되어(정확히 표현하면 자미천황님께서 저를 지상 자미국 자미천궁으로 불러주시어), 조상님 입궁의식 때 내려주신 천인합체의 천명을 그 해 4월 17일에 특단으로 받는 영광까지 얻을 수가 있었습니다.

가정이 없으니까 마음 한구석이 허전하여 지황님과 상담도 하였는데, 2009년 가을쯤 갑자기 전화를 주셔서, 당시 저와 소원하게 지내시던 아버지 천인합체의 천명을 받들라고 해서 그렇게 하였지요.

그런데 그 의식 내용이 아버지에 대한 의식이라기보다는, 오히려 애정 깊은 부모님들께서 나이 들은 자식 새장가 보내기 프로젝트에 돌입하신 듯, 천상에 신명님, 하나님, 미륵님 중 어느 분께서 연애학을 너무도 구체적이고 리얼하게 강론해 주시었습니다.

그대로 행한 결과, 현재의 아내를 의식 후 2~3주 안에 만나 사귀게 되었고, 곧 결혼날짜를 잡게 되었으며, 평소 무언가 벽이 있어 소원하게 지내던 아버지와도 그 보이지 않던 마음의 벽이 허물어지게 해주시어 자연스럽게 친하게 지낼 수 있게 되었답니다.

결혼 날짜가 확정된 후, 비록 어떤 운명에 이끌리어 공부에 전념할 수밖에 없었지만 그 공부가 끝나면 그 누구보다도 모범적인 가정을 꾸미고 싶어했던 저는, 다시는 조상님들의 불협화음으로 가정이 깨지고 싶지 않아, 아내 가문의 조상님 입궁의식을 윤허받아 행하였고, 결혼식 바로 전쯤에는 아내의 천인합체까지 행하였는데, 그 의식내용은 아버지 천인합체의식 때처럼 아내에 대한 것이라기보다는 행복한 가정을 잘 지키는 주의사항과 2세에 대한 내용의 말씀을 많이 내려주셨고, 저의 삶에 그 누구보다도 손발을 잘 맞추어 주는 아내가 되도록 변화시키시어 선물주신다고 하시더니 정말 말씀 그대로 되었습니다.

지금 저는 남부럽지 않은 부부사랑과 가정의 행복 속에 제 나이 46살, 42살의 아내 뱃속에 쌍태가 자라나는 기적 같은 기쁨과 보람도 주시었으니까요!

또 아버지처럼 저와 소원하게 지내던 큰누님의 천인합체의식의 천명을 내려주시어, 제가 알게 모르게 섭섭하게 했던 큰누님의 마음을 풀어주시는 관명을 내려주시더니, 큰누나조차도 저와 집사람을 유독 소중하게 생각해 주는 상황으로 바꾸어 주셨습니다.

네가 알게 모르게 섭섭하게 했던 큰 누나의 마음을 그냥 두게 되면 네가 이다음에 죽어 천상 자미천궁에 올라갔을 때, 그것이 마음에 걸리고 부끄러워 천상 자미천궁에서의 영원한 무릉도원의 삶이 불가할 것임을 자미천황님께서 미리 아시고, 너를 불러 큰누나의 천인합체의식을 해주시는 것이라는, 너무도 위대하신 하늘, 저희들의 진정하신 어버이 태상천존 자미천황님의 깊으신 사랑과 배려의 말씀을 들으며, 그간 우리가 얼마나 자미천황님의 진실과 어버이로서의 사랑과 진심을 모르고, 오해하며 제 멋대로 살아왔는가 하는 것을 뼈저리게 감동으로 깨닫게 해주시는 순간이었습니다.

그간 이론적으로만 하늘을 공부해 왔던 저에게 가슴 찡하게 자미천황님의 진정하신 하늘 어버이로서의 시공을 초월하신 깊은 사랑과 애정이 감명 깊게 새겨지는 실제적인 순간이었기도 하구요!

여러 번의 의식을 통해, 단순히 우주보편적인 사랑이시라고만 알고 있던, 대우주 천지인삼재 창조주께서, 이토록 오랜 세월 저의 삶을 지켜봐 주시고, 허물도 감추어 용서해 주시고, 문제점도 정확히 풀어주시며, 부족함도 채워주시는, 너무도 자상하시고 자애로우시며 영원하신, 상상초월의 사랑의 어버이이시라는 것을 진하게 깨닫고 느낄 수가 있었습니다.

이러하신 태상천존 자미천황님을 최초로 밝혀주시러 오신 신명님, 하나님, 미륵님, 자미인황님과 진정하신 창조하늘 자미천황님의 진실의 말씀을 전해 주시는 사감님에 의하면, 육신 잃어 가장 약자인 조상님들, 그러한 가엾은 조상님들을 천상 자미천궁으로 구원하는 사명을 맡은 각 가문의 사명자와 사명자의 가정이 모두, 죽어서나 살아서나 근심걱정 없는 무릉도원의 삶을 이루어 주시기 위해, 조상님 구원해 주시는 조상님 입궁의식, 사명자와 가족들을 구원해 주시는 천인합체의식, 그것을 현실로 이루어 주신 자미천황님께 감사하기 위해 감사제의식을 해주시는 것이랍니다.

각 가문의 조상님들, 각 가문의 사명자 본인, 사명자의 가정, 진정하신 하늘 태상천존 자미천황님께서 모두가 다 행복해야 진정으로 행복한 것이며, 그게 또한 진정한 무릉도원 세상의 완성이시라 하시네요!

이렇듯 저는, 지상 자미국 자미천궁의 신명님, 하나님, 미륵님, 자미인황님과 지황님, 사감님을 통하여 그토록 애타게 그리던 천상의 하늘 부모님이신 태상천존 자미천황님을 찾게 되었습니다.

깊은 삶의 안도와 무한한 삶의 희망과 영원한 감사를 느끼며 신명님, 하나님, 미륵님, 자미인황님께서 이 세상에 우연은 없다고 하시듯, 자미국 자미천궁을 알기 전에 하늘 향하는 공부를 하면서 꿈을 꾸었던, 대한민국 상징인 태극기 위에 새겨진 이름은 곧 제가 대한민국보다 더 높으신 자미천황님의 지상나라 지상 자미국 자미천궁의 천인이 되는 것을 암시한 것이었습니다.

금강산 위로 잘 다듬어진 세상은 곧 후천금강 무릉도원이라고 하는 이상향 세계 자미국 자미천궁의 존재를 암시해 주시었던 것이고, 제가 자미천황님의 크신 사랑을 받아 완성된 천인의 삶으로 거듭 태어날 수 있었던 것도 변함없이 하늘 은혜의 신의를 저버리지 않았기 때문인 것임을 이제는 알 수가 있습니다.

태상천존 자미천황님!

자미천황님에 비하면 그저 어린 핏덩어리처럼 아무것도 모르던 인간 임○○를, 지상 자미국 자미천궁으로 불러주시어, 저의 삶을 값지게 구원해 주시고 천상 자미천궁의 세계를 일깨워주시어 천상적 존재로 키워주심에 너무도 너무나도 감사합니다!

— 한의원장 ○○천인 임○○

신주단지가 나의 인생을

어느 날인가부터 몸이 아프기 시작했습니다.

아무리 피곤해도 나는 자명종 없이 일어날 수 있다는 믿음으로 나는 나 자신을 믿었습니다.

3개월 이상을 나는 밤에 누워서 분명히 잠들었는데 아침에 일어나면 하나도 안 자고 깨어 있는 것 같은 느낌이 들고 그 느낌이 단순한 느낌으로 끝나는 것이 아니라, 진짜 밤을 새워 피곤한 것처럼 낮 시간에도 아주 피곤함을 느꼈습니다.

내가 잠을 자지 않는 듯한 느낌이니 많이 피곤하고 컨디션이 좋지 않아 도무지 버틸 수가 없고 괴로웠습니다.

그래서 너무 힘들어서 정신과 상담도 받아보고, 1시간에 15만 원의 상담비를 내는데도 아무것도 달라지는 것도 없고 난 우울하지 않은데 우울증이라고 하였습니다.

지인이 전화번호를 하나 주는데 그것이 무속지옥과 인연 맺게 되는 계기가 되어 죽으러 가는 구천 길을 살아서 제 발로 찾아가게 되었습니다.

마당도 있고 꽤 큰 가정 집 안에 법당이 모셔져 있고 소란스럽지도 않고 손님도 별로 없는 그런 보살집이었습니다

나중에 알게 된 사실인데, 모 대기업에 7명의 무당이 정기적으로 큰 굿을 하는데 그중의 한 명으로, 굳이 점을 보는 잔손님을 받을 필요가 없는 나름 큰 무당으로 점을 보는 것조차도 잘 권하지 않는 아쉬울 것이 없는 무당이었습니다.

나중에 또 안 것이 번호를 알려준 그 이사의 고모 되는 사람이라는 걸 알게 되어 좀 어이없었습니다.

그 보살이 하는 말이 앞으로 살면서 이런 데 자꾸 오면 안 된다고 하면서

그냥 편하게 놀러오라고만 했습니다.

고집불통이었던 내가 의지하려고 기껏 찾은 곳이 무당집이었다니 참 지금 생각해 보면 기가 막히지만 사실 그렇게 빠져들고 말았습니다.

그 후로는 밤에 누우면 한쪽 배가 너무 아프고 낮에 활동할 때면 잊어버리는 건지 모르다가 밤이 되면 아프기 시작했습니다.

그러기를 반복하다가 배가 아프니 처음에는 내과로 갔는데 이 검사 저 검사 다 받고도 병명을 찾지 못해 종합병원으로 가서 혈액검사 중에 암이 신체 내에 있는 것 같다고 조직검사를 하여 결국 초기상태의 암으로 판정되었습니다.

그리고 두 군데 병원에서 재검사를 받았지만 오진이길 바란 나의 마음과 달리 암으로 확진을 받게 되었습니다.

수술을 잘 마치고 의사도 수술이 잘되었다고 하고 퇴원하던 날 병원에서 해줄 것은 다 했으니 식사조절 잘하고 적당히 운동하고 잘 살면 된다고 하셨습니다.

그동안 무엇을 위해 죽기 살기로 몸이 이 지경이 되었을까 후회도 되고 참 인생이 길게만 느껴졌습니다.

할머니 옷을 한 벌 해주면 어떻겠느냐는 무당의 권유로 평소에 내가 가장 좋아하는 색깔인 노란색 한복 한 벌을 해서 무당의 법당에 두기로 결정하여 몇 백 들여 굿을 한 것이 생애 처음 한 굿이었습니다.

지금 뒤돌아보면 아픈 나를 붙잡고 나를 너무나 예뻐하시던 할머니를 운운하여 처음 굿판에 발을 들여놓는 계기가 되었고, 그 후로 남한산성이나 산세 좋은 곳에 위치한 굿당을 찾아다니며 몇 차례의 굿을 하였습니다.

그러던 어느 날, 운영하던 법인이 10억대의 세무조사를 받게 되었습니다. 회사 법인의 사업기간 동안의 10여 년을 털어내듯 조사하니 10억대의 인정과세라는 명목으로 10억대의 세금이 추징되었습니다.

아프지 않고, 사업도 잘됐으면 하는 바람으로 굿을 했으나 이게 웬 날벼락인가 싶어 무당에게 계속 물어보고 매달렸으나 돌아오는 것은 대답 없는 메아리였고, 나 스스로 벌어진 일들을 수습해야만 됐습니다.

그러면서 무당이 오고가는 손님들에게 나에게 했던 말을 똑같은 말을 하는 것을 자주 가다 보니 우연히 보고 듣게 되었지요.

대기업 전속 무당이라고 얘기하면서 좀 있어 보이게 하고 절대 먼저 굿하라고 하지 않는다는 것도 알게 됐고, 편하게 드나들다가 손님 쪽에서 좀 아쉬운 일이 생기면 그때 말을 거드는 식의 고단수로 꼬이는 게 보였습니다.

거기다 국회의원 선거철에 왔다던 정치하는 사람들이 올해 당선되려 거든 무당 사타구니를 지나야 한다고 굿할 때 말하면, 10명이면 10명 모두 자기 다리 사이를 지난다고 하면서 그러고 나면 다 당선된다고 하고, 공수가 떨어지는 것으로 나오면 일 안 시킨다고 했습니다.

속이는 것이 눈에 보이기 시작했고, 오는 모든 사람들에게 같은 말만 반복한다는 것을 내가 바보가 아닌 이상 알게 되었고, 내가 손님으로 온다는 걸 자랑하고 있다는 것을 알게 되었습니다.

몸 아픈 것도 다 털어놓고 회사 사정도 다 의논했는데 다른 사람들한테 이야깃거리가 된다는 것이 기분이 나빴고, 세무조사로 인한 추징금액은 다소 줄었지만 내고 나니 건물 잔금도 돈이 없어 치르지 못했다는 것을 뻔히 알면서 워낙 큰 사업신이라 성에 안 차서 그런다면서, 또다시 굿을 하라고 해서 진짜 돈이 없어 굿을 못한다는 것을 믿어주지도 않고, 용하면 내가 지금 다급하고 돈이 없음을 왜 모르나 싶어 섭섭해서 발길을 끊게 되었습니다.

어리석게도 '굿을 안 해서 재발했나?' 걱정하면서 다시 병원에서 수술을 하였으며 이번에는 어떤 일도 벌이지 않고 조용히 병만 치료할 것이라 결심하였습니다.

그러던 차에 사업상 알던 사람이 얼굴이 많이 좋아져서 어디 다니느냐고 물어 봤더니, 혈액순환이 잘 안 되던 차에 기를 순환시키는 마사지 숍에 다닌다고 하여 소개로 다니게 되었습니다.

무당이라 하면 앞전에 무당 때문에 좀 거부감이 있었을 텐데 대체의학이라고 그럴싸하게 포장되어 있는 곳이었고, 일단 당장 쑥뜸도 뜨고 부황 같은 것도 하고, 경락 마사지 같은 것도 하고, 독소 요법이라는 것도 하고, 암환자들 먹는 유기농 재배 먹거리도 파는 좀 특이한 곳이었습니다.

지금 생각하면 정체가 뭐였는지 모르겠지만 그러다 부적 같은 것도 하라고 권하였는데, 몸에 병마가 들어와서 아픈 것이니 막아주는 부적을 써야 한다고 했습니다.

자기도 신주단지를 모시고 있노라 하면서, 신주단지를 아무도 모르게 집이나 사무실에 모시고 있으면 모든 게 다 해결된다고 하였습니다.

내가 굿 같은 건 절대 안 한다고 미리 말한 것을 알고, 그리 권한 거라는 것까지는 모르겠지만 그럴싸하게 들렸습니다.

몸이 아픈 것은 벌써 2~3년 되었으니 거기에 맞춰 생활해 나가고 회사도 예전 같지 않게 현상유지를 겨우 하는 수준이니, 신주단지는 친할머니도 외할머니도 집에서 쉬쉬 했지만 모시고 있었다는 것을 어린 나이지만 어렴풋이 알고 있었기에 나도 하면 다시 회사도 잘되고 내 몸 아픈 것도 나을 것 같은 생각이 들었습니다.

그 마사지 숍에 오는 손님들이 말하기를 명품 가방에 외제차만 살 것이 아니라, 돈을 벌면 신神도 쇼핑해서 더 기운 센 신을 내 것으로 삼고 있어야 내가 어느 누구에게도 지지 않고 힘든 세상 승자가 될 수 있는 것이고, 모시고 있는 신 기운으로 다들 잘난 척하고 살고 있는 거라 하였습니다.

신문에 오르내리는 누구도 모시고 있고, 누구도 얼마 전에 모셨다 하더라, 이런 말들을 들으면서 세상에 공짜는 없다고 하며 기운도 다 쓰기 전에 사서 계속 보충을 해야 잘나가다가 추락하는 일을 미리 막을 수 있는 거라고들 했습니다.

그러던 차에 동종업계 라이벌 회사 남자 사장이 관급입찰 여러 개를 싹쓸이하는 상황이 생겼는데 나는 발만 동동 구르고 이래서는 안 되겠다 싶은데, 우연히 그 회사 이사가 자기 사장이 신주단지를 모시고부터 회사가 잘나간다고 떠들고 다닌다는 소문을 듣게 되었습니다.

나중에 그 회사도 결국 중국에 진출한다고 그동안 번 돈을 한 번에 사기를 당했다는 소문도 듣게 되었지만, 당장은 잘나가던 내가 남의 회사로 일 넘어가는 것을 먼 산 보듯이 보고만 있을 수도 없고, 이놈의 몸도 계속 짐처럼 병을 달고 있으니 신주단지를 모셔서 아프지만 않는다면 다시 뭐가 되든 다

할 수 있을 것 같다는 생각이 들었습니다.

결심을 하고 소개로 부산에 있는 굿당에서 신주단지를 받아 사무실에 모시기로 결정하였는데, 사무실에 기도방을 넣기 위해 회사를 이전까지 해서 남들 눈에 보이지 않게 숨겨놓은 기도방에 신주단지를 모셨습니다.

단 하루도 잊지 않고 초를 밝히고 물도 매일 새로 떠올리면서 지극 정성으로 내가 몸이 아프지 않았던 그 시절로 돌아가서 못다 한 많은 일들, 내가 하고 싶은 것들 다시 할 수 있도록 그 마음 하나로 지극 정성으로 빌고 빌었으며 대단했던 내가 예전 그 시절로 돌아갈 수 있다면 더한 것도 할 것이라는 각오로 신주단지를 모셨습니다.

마음먹고 뜻한바 모두를 이루었던 내가 목숨이 걸려 있기에 누구 말도 듣지 않았던 내가 몸이 아파서 그렇게 무속지옥 세계로 빠져들면서 굴복하고 말았습니다.

간절한 나의 바람과는 달리 이제는 몸만 아픈 것이 아니라 정신이 잘 안 차려지는 더 심각한 상태가 되어 시체같이 아프다고 잠만 며칠씩 자기도 하고, 먹지도 않고 깨어 있으면 며칠씩 자지 않고 환청이 들리기 시작하니 더 환장하고 미칠 지경에 이르게 되었습니다.

그래도 정성이 부족한가 싶어 더욱 지극정성으로 신주단지에 매달렸으나 숨도 잘 쉬지 못할 정도로 심장이 죄여 드는 느낌이 들었고, 결국은 부모님과 주변 지인들이 내가 좀 이상하다는 것을 알기에 이르렀습니다.

그러던 차에 엄마 손에 이끌려 퇴마사로 유명하다는 절에 가서 구명(구병)시식이라는 것을 도 하게 되었는데 얼마나 많이 맞았는지 내가 소리를 너무 많이 질러 경찰관까지 그 절에 왔었다고 하는데 만약 엄마가 가자고 한 것이 아니라면 엄마가 가만 안 있었을 정도라고 했는데, 엄마가 너만 괜찮아진다면 참을 수 있다고 하셨습니다.

엄마는 신병이나 무병이라고 생각하셨는지 엄마도 무당들한테 가면 그런 말 많이 들었지만 다 필요 없다고 하시며 절대 가지 말라고 하셨지만, 한 열흘 자는 것도 깨어 있는 것도 아닌 상태로 엄마 옆에서 누워만 있으니 그래도 살아야 하지 않겠냐고 하시며 조선 팔도 다 돌아서라도 나을 수 있다면 찾아보자고 하셨습니다.

어쨌든 구명(구병)시식하고 나서 좀 정신이 돌아오는 거 같아 그 절을 혼자 한 번 오라던 말이 기억나서 혼자 가게 되었습니다.

주지 스님이 여자였는데 나보고 자기 절에 페이 스님의 한 달 월급이 600만 원인데 관리하는 신도들이 내는 시주에 따라 보너스도 넉넉히 주겠노라 참으로 황당한 말을 하였습니다.

본인도 제조업으로 백여 명의 직원을 두었던 사업가였으나 몸이 아파 세상사 모두 접고 이 길로 들어왔노라 하면서, 무당이라 하면 크게 못하나 무시하는 자들도 있고 해서 머리 깎아야 하는 거 이거 하나 흠이라 하면서 자기 절은 시주도 카드로 받는다고 했습니다.

이것도 현대사회에서 하나의 비즈니스라고 보면 된다고 하면서 자기가 아무나 안 만나는데, 다른 자들은 3개월 동안 매일 자기 절에 와서 절을 해야 만날 순서가 되는 건데 영광으로 알라고 하면서, 이제는 자기를 믿고 따르면 된다고 하면서 네가 엄마를 안 봐야 잘 풀리는데 엄마 때문에 이리 된 것이니 엄마를 안 보는 것이 살 길이라고 하였습니다.

참으로 듣고 있기에 황당하여 돌아와서 엄마한테 말을 하였지요.

가만히 듣고 있던 저의 엄마, 한 달 뒤에 제가 그 절에 그냥 기도나 해야지 하고 갔는데 그 주에 엄마가 와서 야구 방망이로, “세상에 아픈 애 데리고 무슨 헛소리들이냐!”며 소리소리 지르면서 한 시간 가량 시주통이랑 법당 내 기물을 다 때려 부셨다는 말을 다른 비구니가 해주면서 나는 출입금지 됐으니 돌아가라고 하는 겁니다.

엄마가 표를 내지 않아 전혀 몰랐으며, 엄마의 성질은 괄괄해도 누구랑 싸우는 거 평생 못 봤고 아버지랑 말다툼하더라도 참는 쪽이지 같이 대드는 스타일이 아닌데 그러셨다니 무척 놀랐지만, 말씀 안 하시니 저도 모르는 척했습니다.

그리고 얼마 후 TV에 그 절이 비리행각으로 시사프로그램에 나와 고발되는 것을 보았는데 주지스님이라는 여자의 남자관계와 사기행각이 낱낱이 밝혀졌습니다.

겉으로는 짧은 시간 동안 절의 사세를 확장시키고 페이 스님을 영업사원처럼 관리하며 신도를 배정하고 마케팅 수단으로 사례집을 수천 권 만들어 인근 지역에 지속적으로 배포하고 유명인을 모시는 곳이라고 선전하여 사람들을 모으고, 무료 급식소를 24시간 운영하는 등 포장도 그럴듯하게 하여, 스스로 기업가 출신이라고 밝혔듯이 절을 돈벌이 수단으로 이용하듯이 했다는 것이 밝혀지게 되었습니다.

命 영업시간 끝나고 왔다고 짜증을 내면서

산사의 고요한 절, 평일의 절 경내는 인적이 없었고 말 그대로 고즈넉한 오후 천도재를 하였습니다.

안내소에서 안내해 주는 대로 예약을 하고 비용을 지불하고 시간 맞춰 온 절에서 어느 누구도 나에게 어떤 사연으로 온 가족이 총출동하여 조상님 천도재를 하러 왔냐고 물어보지 않았고, 시간 맞춰 나온 승려는 순서대로 2시간 정도 의식을 진행하고 그대로 간단한 목례를 한 후 자리를 떠버려서 조상님들은 좋은 곳에 가신 것인지 이제 나는 아프지 않을 건지 한마디 물어보지도 못하고 끝나버렸습니다.

굿당에서 요란뻑적지근하게 하는 거만 보다가 '절에서는 이렇게 하나 보구나. 그래도 이젠 안 아플 거야, 절대 안 아플 거야!'라며 스스로 최면을 걸었습니다.

35살, 36살, 37살, 한참 일할 나이인데 저는 병마와 싸우고 있었고 저의 기대와 노력에도 불구하고 37살에 3번째 수술을 하게 되었습니다.

정기검진을 꼬박꼬박하니 빨리는 알았지만 다른 곳에 또 종양이 발견 되었습니다.

이제는 다급함의 죽음이 턱까지 온 것 같은 느낌에 치솟는 짜증으로 확 돌아버릴 것 같은데, 왜 그 감정이 짜증으로 느껴졌는지 참 알 수 없지만 이제 생각하기를 몸이 나한테 뭔가 말하고 싶은데 내가 못 알아들었나?

그렇다면 하고 싶은 말이 뭘까? 나는 왜 이런가? 이제 이러다 죽는 건가?

하고 싶은 것도 너무 많고, 정말 뭔가 해보고 싶었는데 이렇게 빨리 죽을 걸 좀 미리 알았다면 아까운 세월, 일에만 매달리지나 말걸, 돈이고 성공이고 다 필요 없구나!

죽음 앞에 참 모든 것이 초라하다는 것이 더 가슴 아팠습니다.

머리카락이 뭉텅이로 빠지는 것을 보며 거울이 무서워 볼 수 없으니 이렇게 시들어가다 죽는구나 싶은데, 개업 초기부터 함께 있던 직원들이 저의 상황과 상관없이 열심히 해준 덕에 회사는 그래도 유지되고 있는 게 그나마 다행이었습니다.

이제는 수술을 할 것인가 말 것인가, 대체요법은 어떤 걸로 할 것인가부터 남에게 의지하지 않고 나 스스로 찾아보기로 결심하고 경과를 지켜보다 최종 수술을 받기로 했습니다.

남들도 재발을 이런 식으로 하는지도 궁금하고 도대체 왜 이러는 건지 답답하여 속이 터질 것 같았습니다.

아파서 슬픈 것이 아니라 왜 이러는지 그 이유가 더 궁금하였습니다. 내가 설령 죽음이 눈앞이라 죽더라도 그 이유나 알고 죽자!

남들은 치료가 급선무일 수 있겠지만 제 생각은 '뭐를 잘못했나? 전생에 무슨 죄가 있어 그러나? 원래 일찍 죽을 운명인가? 아님 무병인가?' 별별 생각이 다 들었습니다.

한 번 파고들면 집요하기가 끝이 없는 성격인지라 끝까지 결과가 있으니 이유가 있을 것이므로, 그 이유를 모르고 하는 치료보다는 근본 원인이 무엇인지 알아보기로 결심하였습니다.

그 답을 찾고자 여러 곳을 가보기로 나름 결심했습니다.

그리고 처음 간 곳이 강원도에 있는 집성촌으로 자급자족할 수 있도록 되어 있어 아예 내려와서 사는 사람들, 주말이면 내려오는 사람들, 며칠 쉬러 오는 사람들이 모여 있는 곳이 있다는 말을 듣고 한번 가봐야겠다는 생각이 들어 소개를 받아 가게 되었습니다.

나를 보자마자 "하늘에서 오셨습니다" 하면서, 그래서 세상과 맞지 않을 거라 하며 내가 그를 통해 하늘공부를 하면 3개월 정도만 해도 하늘의 소리를 들을 수 있고 통신이 될 것이라 하면서 데시벨이 높아 12개 국어를 할 수 있을 경지에 갈 수 있다는 허무맹랑한 소리를 하였습니다.

당연히 돈을 내야 가르쳐 준다고 하였습니다.

내 인생의 굴곡 그래프라는 것을 컴퓨터로 출력하여 주면서 하늘에서 온 사람이라 무슨 일을 해도 평생 할 것이라 하면서 몸이 아픈 것도 공부를 통해 스스로 치유할 수 있다고 하였습니다.

돌아오는 길에, '좀 어지간히 믿을 말을 해야 사람 마음이 움직이지, 너무 허무맹랑한 소리를 하니…. 어이구, 이 멀리까지 왔는데 여기도 아니구나!' 라고 생각하니 실망만이 커서 아니 온만 못한 길이 되었습니다.

시간이 지나 소개시켜 준 이로부터 자기도 처음에는 교회도 싫고, 절도 싫고 인연되어 10여 년이나 다녔는데, 원래 의사였으나 의료사고로 의사면허도 취소되고 얼마 전에 이혼까지 하여 사실 요즘 멀리하려 한다는 말을 털어놓는 것입니다.

그러면서 많은 사람들이 거기에서 하늘공부라는 것을 하며 하늘과 통신이 될 거라 믿고 기다리고 있다 하니 참 별 세상이 다 있다는 것을 알게 되었다. 10년 다닌 사람이 하늘과 통신은커녕 개인사의 아픔만 가득한 것을 보고 참 어이가 없었습니다.

두 번째 찾아간 곳은 신문광고를 보고 갔습니다.

모 대학 근처에 있는 도인과 신선이 될 수 있다는 도 수련원이었습니다. 공중부양, 신선입문 명상을 통한 자가 치유, 무병장수건강법, 축지법 등이 있는데, 축지법의 입문 과정에서는 한강 고수부지에서 시범과 연습을 한다고 하였습니다.

나원참, 들어줄 수 없거니와 그쪽에서는 교주 면담 시 돈을 더 내야 한다고 면담을 권유하였고, 도통이라 하는 것은 1억 원을 내야 가르쳐줄 수 있다고 공개강좌에서 말하였습니다.

진짜 놀란 것은 토요일마다 전국에서 수십 명이 도통에 관심이 있어 온다는 것에 놀랐고, 나처럼 헤매는 사람이 많다는 것을 보니 각자의 사연은 구구절절하겠지만 아무튼 현대사회의 신선은 돈이 없으면 못하는 것이 그곳에서의 결론이었습니다.

교주가 쓴 책이라는 것은 인쇄나 제본 상태가 조잡하였고 이미 낸 참석비용에 포함되었다기에 받아들고 나왔으나 그 정도는 이미 책을 다 뗀 수준이라 여겨져 처박아두었습니다.

세 번째 찾아간 곳은 우리나라의 인간문화재인 최고의 만신이라는 사람을 알아보고 찾아갔습니다.

나는 내 인생을 걸고 뭔가 찾고자 많은 생각 끝에 찾아갔으나 정말 답답한 목마름으로 언제 꺼질 줄 모르는 명줄을 겨우 붙잡고 찾아갔는데, 영업시간 끝나고 왔다고 짜증을 내면서 15분밖에 없다고 우선 5만 원을 내라는 말에 너무나 실망하고 말았습니다.

유명한 만신(인간문화재 김○○)이라 TV로도 여러 번 봤는데, '참 사람을 잘못 보는구나. 내가 알고 싶은 것이 그에게는 5만 원어치밖에 안 되는 모양이구나' 싶으니 말보따리를 풀어보지도 못하고 돌아오고 말았습니다.

독일의 한 여성이 평생 누군가가 말하는 소리가 들려서 그 이유를 알고자 찾고 찾아 한국에 와서 어학연수까지 하고 이 만신에게 내림굿을 받는 TV프로그램을 보고 찾아왔는데, 여기 오면 내가 도대체 왜 이러는지 알 수 있을 줄 알았는데, 나의 기대는 산산이 깨지고 말았습니다.

잠을 잘 때나 깨어 있을 때 계속 말을 시키니 정신이 산만하여 여기 가면 누가 시끄럽게 말하는 것인지 알 수 있을까 해서 찾아간 길인데, 여기도 아니구나 하고 돌아서서 나오는 가슴은 천 갈래 만 갈래로 아팠습니다.

부산의 굿당에서 내림굿하는 날 한 번 가서 보기로 결정하고 내려갔을 때의 일입니다.

밤새 굿을 하니 졸려서 빈방에 짐을 풀고 잠시 눈 좀 붙이려 하는데, 무당위에 무당이라는 여자분이 내가 있는 방의 문을 살짝 열고 들어와서는 나보고는 내림굿 받거나 할 사람도 아니고 이런 데 오지 말라는 것입니다.

정신 똑바로 차리고 살다 보면 때가 되어 천제를 올릴 사람이니 스스로 정신 챙기도록 노력하라고 말해 주었습니다.

그때 도저히 정신이 안 차려지고 블랙홀 같은 곳에 빨려들어 가는 느낌으로 돌아버릴 것 같은데 이제는 소리가 들리기 시작하여 시끄러워 도무지 살 수가 없을 지경에 이르렀을 때였습니다.

부산에서 서울로 올라오는 KTX에서 많은 생각을 하며 아직은 뭐가 뭔지는 잘 모르겠지만 '이런 곳에서는 답을 찾을 수가 없겠구나'라는 결론에 도

달하였습니다.

신주단지를 모시는 굿을 했던 곳에서는 업 대감을 모셔야 한다, 신내림을 받아야 한다, 죽는 거보다 살아야 되지 않겠느냐 등등으로 꼬셔대고 있을 때였습니다.

부산에 다녀온 뒤로는 그들 말에 휩쓸리지 않으려 노력도 하고 반대로 생각하다 보니, 그들이 나를 돈벌이로 보는 것은 아닌지 그런 의문이 들면서 만나는 약속도 차일피일 미루게 되었고, 다시 서점으로 갔다가 '역학을 배워 볼까?' 하는 생각을 했습니다.

빙의란 무엇인가? 부산에서 들었던 천제는 무엇일까? 그런 내용의 책이 있지 않을까 하고 찾아보던 차에 자미국 자미천궁에서 발간된 책을 읽게 되어 그 한 권의 책이 나를 하늘로 이끌어주었습니다.

절과 교회를 석가와 예수가 짓지 않았습니다

자미국 자미천궁에 가서 바로 조상님 입궁의식을 하고 며칠 안에 천인합체를 상단으로 하였습니다.

지금 생각해 보면 정신이 아직 온전하지 않았을 때였던 거 같은데 처음에 하시는 말씀들을 잘 이해를 못했던 거 같습니다.

나는 다 잘한다고 살아왔던 거 같은데 우선 어디서부터 바로잡을지, 잘못 살아온 거라 하셨습니다.

나는 한다고 했던 사업이나 나의 일들이 원래 나의 삶이 아니라고 하셨으며 세상사 화려함과 부귀영화 그만큼 누려봤으면서 아직도 미련이 남느냐 하셨습니다.

참 이상하다 여겼고 이해가 되지도 않았습니다.

그러나 이제는 살았구나라는 안도감 하나는 확실히 느끼면서 저는 지난 7년 동안 죽지 않았고, 다른 곳을 헤매지 않아도 되었으며 건강하고 작지만 여전히 사업을 하고 있으며, 하늘의 진실이 흐르는 자미국 자미천궁에서 마음에 안정과 현실의 행복과 평화를 찾게 되었습니다.

죽음 앞에 생명보다 더 소중하고 귀한 것은 없다는 것을 온몸으로 느꼈기 때문에라도 지상 자미국 자미천궁에서 만날 수 있는 하늘은 저에게는 생명이십니다. 자미국 자미천궁에 와서 신주단지, 종교 관련용품, 서적, 그림 등을 다 버린다고 버렸습니다.

왜냐면 자미국 자미천궁에 온 뒤에 종교가 너무 나쁘고 내 인생을 엉망진창으로 만들어 버렸다는 것을 알고, 무엇이 옳은지 그른지도 모르는 채 종교인들의 말에 넘어가버린 저의 지난 시절이 개탄스러워 다시는 나 같은 길을 가는 사람이 없기를 바라는 마음으로, 종교와 종교 관련서적이 인간의 삶을 어찌 좀먹는지 함께 얘기 나누고자 합니다.

인도는 불교의 발상지인데 왜 불교가 포교되지 않았을까?

'의인은 고향에서 대접받지 못한다'고 말한 예수의 말이 맞는 걸까요?

예수 그리스도는 유대인, 즉 이스라엘에서 그 존재를 부정당하고 핍박당하자, 의인은 고향에서 대접받지 못한다고 말했다고 합니다.

그것으로 석가나 예수가 고향에서 배척당한 것을 설명할 수 있는지 생각해 봅니다.

석가나 예수가 모두 어린 시절 인간으로 똑같이 부대끼고 살았던 그 모습을 모두 아는 고향에서는 메시아가 될 수는 없는 거라 여겨집니다.

아난존자는 석가의 십대 제자 중 하나로, 석가의 말을 가장 많이 듣고 기억하여 후대에 전한 공이 가장 큰 주인공역으로 알려져 있는데 이의를 제기할 자는 없을 것입니다.

불교경전은 석가가 쓰지 않았다는 것입니다.

석가 사후에 경전이 편찬되었고 현재 경전의 첫 머리는 대부분이 '이와 같이 나는 들었다'로 시작되는 것은 석가로 들은 것을 적었다는 것이고, 중국인들이 그들의 언어로 적은 것을 번역하여 다시 우리 언어로 받아들인 것이니 석가가 쓰지 않았다는 것만은 사실일 것입니다.

반야심경 270자만 가지고도 그 해설서가 100권이 넘게 나와 있는 것은 무엇을 뜻할까요? 어쩌면 정확한 뜻을 아무도 알 수 없다는 뜻이 아닐는지요.

기독교 경전에서는 예수가 직접 말한 대목은 과연 있는 것인가요? 성경은 전 세계에 최대 베스트셀러이고 40명 이상의 제자가 썼다고 알려져 있으니, 이 또한 예수가 쓰지 않았다는 것은 상식적으로도 알려져 있을 것입니다.

우리는 불교경전도 성경도 석가나 예수가 쓰지 않았다는 것을 이미 모두 알고 있습니다.

시대는 바뀌고 아이폰5와 갤럭시 넥서스처럼 인간의 삶은 더욱 진화하고 있는데도 불구하고 왜 종교는 2, 3천 년 전의 다시 돌아가기에도 상상이 안 되는 시절에 누가 쓴지도 알 수 없는 종교경전을 읽고 외우고 따라하고, 이것 자체가 참 벗어나서 보면 참 희한한 일입니다.

성서 해설도 가지각색이고요. 검증도 되지 않고 과학적으로 증명될 수 없는 세계가 종교가 아닌가 싶습니다. 2, 3천 년의 역사를 지닌 절과 교회는 예수나 석가가 짓지 않았습니다.

과연 누가 세운 절과 교회를 다니고 있나 생각을 잘해 보면 석가와 예수를 앞세워 무명의 인간(종교 창시자 교주)이 세운 것을 알 수 있습니다.

귀신, 사탄, 악령들이 가장 좋아하는 인간은 종교 교주라고 하셨습니다.

우리가 다니고 있는 절과 교회, 성당의 주인은 석가와 예수도 아닌 그것을 세운 자의 것입니다.

우리들이 그동안 믿었던 존재는 석가도 예수도 아닌, 하늘을 운운하고 극락천국을 운운한 종교인 교주들인 것입니다.

그래서 본인을 믿으라 하면 아무도 따르지 않을 것이니 석가나 예수를 모셔놓고 이들을 앞세워, 석가의 말이니 예수의 말이니 하늘의 뜻이니 해야 그런 것에 현혹되어 따르는 자 있을 것이니, 그들이 종교 신도인 것입니다.

귀신, 사탄, 악령들이 두 번째로 좋아하는 인간은 바로 종교 신도들입니다.

하늘은 종교를 세우라 한 적이 없는데 인간이 만든 이론을 검증도 하지 않은 채 믿고 따르고 있으니, 하늘과 반대의 길을 가는 자 하늘의 보호를 받을 수 없으니 하늘의 반대파인 귀신, 사탄, 악령이 수시로 인간을 희롱하고 있는 것입니다.

절에 석가가 있나요? 교회에 예수가 있나요? 이미 수천 년 전에 죽고 없는 그들을 등에 업고 종교라는 이름으로 우리의 삶에 스며들어 있습니다.

명상집이나 에세이 형태로 수많은 종교인들이 책을 출간하였습니다. 마음의 편안과 베스트셀러라기에 호기심으로 종교서적이라 생각하지 못하고 읽었던 시절에 나는 깨닫지 못했지만 불면증과 우울증, 집중력 장애 등등 연관성을 그때는 몰랐지만 이제는 그런 일들이 왜 생겼는지 자미국 자미천궁에 와서 조금씩 알게 되었습니다.

그러한 책들이 잘못되어 있는 줄을 모르고 그 이론을 받아들이고 자신들의 삶으로 이행했을 때 어떠한 불행의 일들이 자신들의 삶과 인생으로 일어나는지 나뿐만 아니라 세상의 모든 사람들은 모르고 있습니다.

얼마 전에 언론에서 스티브 잡스가 췌장암으로 죽었다는 소식을 듣고, 그

많은 돈 가져가지도 못하고 아직 하고 싶은 것도 많았을 텐데, 안타깝게도 죽음 앞에 장사가 없다는 것을 새삼 느끼게 되었습니다.

그의 자전적 에세이가 출간되었다면서 언론의 연이은 보도를 통해, 그가 채식주의자이며, 13세 때 신문에서 죽은 소년의 사진을 보고 '신은 죽었다' 하며 기독교를 버리고 불교 선종에 심취했다고 밝히며, 췌장암 판정 이후에도 식이요법이나 명상으로 스스로 치유가능하다 판단한 것으로 인해 스스로 치료 시기를 놓쳐 죽었다고 합니다.

그가 왜 채식주의를 선택했을지는 그의 종교와 무관하다 할 수 없으며 또한 발병 이후에 그의 행보가 그의 종교와 전혀 무관하지 않았을 거라는 생각을 해보았습니다.

종교와 종교 이론(교리)서 등에 빠져서 아직도 허우적거리는 많은 사람들은 왜 삶이 꼬이기 시작했는지 한 번 천천히 살펴보아야 할 것입니다.

저는 유독 '내가 누구인가?'에 관심이 많고, 평소에 책 읽기를 좋아하여 많은 책들의 이론들을 받아들이면서 우울증이 시작되었던 거 같고, 병원의 의사가 책을 너무 많이 읽어 심약해진 것이니 책읽기를 줄이라는 소견도 받은 적이 있을 정도로 책을 좋아했습니다.

처음에 그렇게 우울증이 시작되어 무속과 종교를 전전하며 제 인생을 파괴시키고 엉망진창으로 만들고 말았습니다.

아마 자미국 자미천궁에 오지 않았다면 그 원인과 이유도 모른 채, 남은 생을 병마와 싸우며 아픔과 눈물 속에 속수무책으로 흘러가게 그냥 두었을 것입니다.

한 번뿐인 소중한 인생을 그렇게 허무하게 보낼 수밖에 없었다면 죽어서의 그 원과 한은 더 크고 더 비참했을 거라 여겨집니다.

불교의 유교경에 석가가 말하기를, "여러 비구들아, 만약 어떤 사람이 와서 너희 사지를 마디마디 찢는다 할지라도 마음을 청정하게 가져 성내지 말고, 또는 입을 정하게 지켜 나쁜 말을 하지 말라"는 구절이 있습니다.

국내에서 베스트셀러가 된 한 외국 승려의 책이 현대사회에 마치 필요한 덕목으로 많이 팔렸던 책 중 하나로 저도 읽었습니다.

종교 이론 책들이 나와 나의 사업을 좀먹었다는 것이 정말 기가 막힐 뿐입니다.

세상 사람들에게 고합니다.

나처럼 그들이 전하는 근거도 없고 맞는지도 검증되지 않은 그들의 이론인 책과 말에 현혹되어 우리의 한 번뿐인 소중한 인생, 아프고 슬프게 하지 말고, 그동안 우리가 접했던 종교와 종교 서적들로 인하여 인생을 망치게 했던 틀린 이론이 아닌 살아있는 하늘이 계시는 완전 다른 새로운 세상, 자미국! 자미천궁으로 하루라도 빨리 와서 행으로, 현실로 함께하시는 우리 눈에 보이고, 우리 귀에 들리는 지황님과 사감님을 통하여 새로운 세상을 만나는 것이 나의 살 길이고, 우리의 살 길입니다.

자미국 자미천궁에서 만나는 하늘은 살아계시고 현존하는 유일한 하늘의 기운을 만날 수 있는 곳으로, 세상의 종교와 이론으로 잃어버린 본래의 나를 찾고 행복과 기쁨, 건강과 사랑을 찾아야 합니다.

우리 눈에 보이지 않는 진정한 하늘이신 태상천존 자미천황님을 만나 진정한 하늘의 맑은 기운을 받아 정신없이 살아온 인생사, 정신 차리고 옆길로 새지 말고 불행과 고통과 질병으로부터 벗어나 천상에서 우리 인간들을 자미천황님과 만나게 해주시기 위해 오신 신명님, 하나님, 미륵님 만나 뵙고 하늘의 사랑과 진실, 지혜를 전해받아 각자 가정의 행복을 지키고, 인류 태초의 인간으로 오신 자미인황님의 지도편달을 받아 악의 굴레, 종교의 굴레에서 벗어나 지금까지 각자 사연 많고 질곡 많았던 인생사에서 과감히 벗어날 길을 찾을 수 있다는 것을, 이 경험자는 자신 있게 말합니다.

무엇이 나를 힘들게 하였는지 잘 생각해 보고, 각자 언제부터 힘들었는지도 다시 한 번 짚어 보면서, 더 늦기 전에 육신이 살아있을 때 행할 것이 있다면 나의 다음 생을 위해, 묻고 따지기 전에 이유 없이 자미국 자미천궁으로 와야 한다고 봅니다.

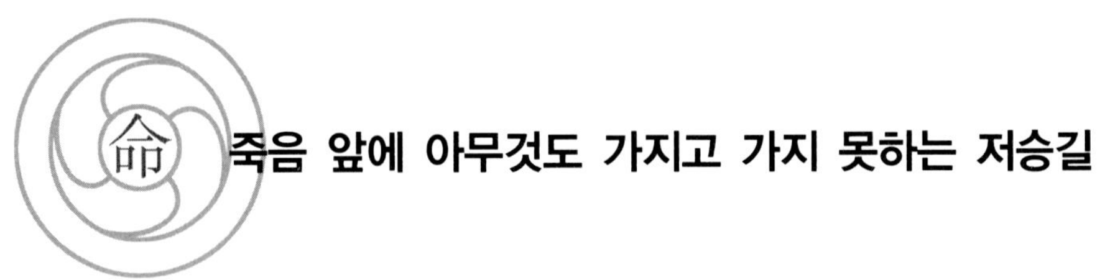

죽음 앞에 아무것도 가지고 가지 못하는 저승길

인간들의 책이나 관습으로 만들어 놓은 이론이라는 것이 하늘 앞에서는 초라하기 이를 데 없다는 것을 시간이 지나면서 깨닫게 되었습니다.

사감님께서 전해 주시는 하늘의 진실은 몇 박 며칠 동안 말씀하신다고 해도 레퍼토리가 끊이지 않을 정도로 끝이 없는 대 서사시인 것이고, 논리에 맞서서라도 전생과 현생과 내생까지 다 알고 말씀하시는 분과의 토론은 인간이 승복할 수밖에 없습니다.

처음에는 하시는 말씀을, '이상하다, 나는 아닌데…' 하는 생각은 너무 잘나서였고, 남을 쉽게 인정하지 못하고, 내가 세상에서 제일 잘났다고 생각하기 때문이라고 하셨지만 그것도 인정이 잘 안 되었습니다.

저는 오랫동안 몸이 너무 아팠습니다. 그러나 자미국 자미천궁에 들어와서 시간이 지난 지금 식이요법이나 별 다른 치료 없이 자유롭게 생활하고 있는데 저는 지금 하나도 아프지 않습니다.

참으로 신기해요.

여전히 작지만 사업을 하니 사장이구요, 심신이 편안하고 행복합니다.

믿어야지요, 안 믿으면 어떻게 하겠어요.

살아보겠다고 신주단지까지 모셨던 제가 뭐를 못하겠어요.

그냥 안 아프고 정상적으로 사회생활을 할 수 있는 것만으로도 저는 자미국 자미천궁에서 사감님께서나 지황님께서 하시는 말씀, 다 맞다 생각하고 믿고 따르기로 하였습니다.

인정하고 나니 며칠 동안, 저의 지난 과거에 정말 사는 게 죽는 거보다는 낫지 않을까 생각하고 다 믿고 따르기로 했습니다.

엄마도 더 이상 제가 헤매지 않고 차차 안정되어 가는 모습을 보고, 제가 어디에 다닌다는 것은 눈치로만 아시지 캐묻지 않으시고 너 편한 대로 하라고 하시니, 자미국 자미천궁 다니는 것도 훨씬 자유롭게 해주셔서, 너만 안 아프면 된다고 하시는 말씀에서 뭐가 되었든 저를 살리기 위해 뭐든 다 하러 다니셨던 엄마의 마음도 이제는 편해졌습니다.

그러면서 억지로라도 믿으려고 인정하려고 애썼던 마음이 시간이 지나면서 스스로 깨닫기를 '내가 틀렸었구나' 인정하면서 차차 알게 되었습니다.

하늘은 아쉽지가 않아요.

저를 구원하시든 안 하시든 하늘은 항상 제자리에 예전부터 존재하셨습니다. 아쉬운 것은 목숨줄이 왔다갔다하던 제가 제일 불쌍하고 매달려야 하는 거였습니다.

좀 더 시간이 지나면서는 무조건 인정하려 했습니다.

그러면서도 저는 얼마 전에도 대들었어요. 자미국 자미천궁에 오기 전에 더 잘 먹고 잘 살았고 돈도 더 많이 잘 벌었는데, 왜 자꾸 나만 틀렸다고 하시냐고 한 적도 있어요.

말씀이, 뭐가 더 잘 먹고 잘 살았냐고 하시며, 손가락으로 여기저기 명 내리고 살아서 그 화살 다 받아 사람들한테 손가락질 받으면서 살아 놓고, 하늘이 그것도 모를 줄 알고 그런 헛소리를 아직도 하느냐고 하셨어요.

그런데 지나고 보니 '진짜 그랬구나' 하고 나의 잘못을 알게 되었습니다. 그동안 사람들에게 질타도 많이 받고 손가락질도 많이 받았다는 것을 또 알게 되었습니다.

커넥션이라고 해야 하나? 권모술수, 서류조작, 정보를 독점하고 사람을 돈으로 매수하고, 항상 수단방법을 안 가리고 목표를 이루려 했던 저의 과거가 생각났습니다.

정정당당하게 하는 방법을 너무 오랫동안 잊어서 다시 사업을 하면서 적응하는 데 시간이 많이 걸렸지만 다시 제 인생을 새롭게 써 나가고 있습니다.

지금은 회사도 크지 않고, 운전하는 직원도 없고, 워드 같은 문서도 직접 하고, 이 사람 저 사람에게 손가락으로 평생 시키기만 한 것이 죄라 하시니 청소도 제가 직접 합니다.

이렇게 잘못 살았던 거를 다 바로잡고 죽을 때까지 용서 구하고 죽는 것이 지금은 소원이 되었습니다.

나의 사명이 아니라, 남이 하는 것이 멋져 보여서 평생을 불나방처럼 그게 죽는 길인지도 모르고 그렇게 화려함만 쫓아 인생 다 허비하고 결국에는 죽음 앞에 아무것도 가지고 가지 못하는 저승길을 가야만 한다는 사실을 그때는 왜 몰랐을까요?

물론 성공하고 출세하는 것도 인간으로 태어나 한평생에서 그것보다 멋지고 원하지 않는 인간이 어디에 있겠습니까?

문제는 그것이 내 것이 아닌데 내가 흉내내려 하였다는 것이 잘못인 것이죠?

그러면서 제가 하늘께서 말씀하신대로 잘 살았다면 왜, 같은 병에 걸리고 또 걸리고 또 걸렸겠어요. 그것도 모르고 아등바등 살았던 세월과 얻은 것 없이 흘러간 세월 속에 제 청춘은 어찌 하나요?

일한다고 놀아보지도 쉬어보지도 못했어요.

저도 처음에 자미국 자미천궁에 들어와서 하늘의 말씀 하나도 못 알아듣고 빨리 인정도 잘 안 했습니다.

지금도 말씀하신 거 외우기는 잘하구요, 의식에 참관하여 참관기도 메모하나 하지 않고도 잘 외워서 쓰기에, 저는 제가 잘 알아듣고 하늘과 소통이 되는 줄 알았습니다.

그런데 저는 인간의 눈높이로 이해하고, 그때뿐이고 행으로 현실로 연결되지 않아 말뿐인 것이고, 영적 수준이 낮은 거라 그렇다고 하셨습니다.

인간의 잘난 척은 하늘 앞에서는 고개들 수 없고, 인간이 높아봐야 하늘 아래인 것은 불변의 진리라는 것을 새삼 바꿀 수도 없는 노릇입니다.

거기다가 더 기가 막히는 것은, 그래 이제라도 제대로 하늘께서 내려주시는 말씀대로 잘 살아야지 마음먹었는데 그것도 제 생각일 뿐이지 틀렸다고 하십니다.

전생 · 현생 · 내생이 다 연결되어 있어 인간이 끊고 싶다고 끊어지는 것이 아니라 현생의 잘 살고 못 살고가 내생으로 쭉 이어지는 거라 하십니다.

저의 전생은 좀 살 만하였고, 현생부터 망가지기 시작해서 내생은 힘들

거라 하시면서, 현생의 삶도 초반은 부잣집에 태어나 스스로 잘나가다가 중반부터 엉키기 시작하여 말년은 시들어 갈 거라 말씀하신 날, 집에 가서 인정하기 싫어도 다 맞는 말씀이시라 얼마나 많이 울었는지 모릅니다.

각자가 행한 대로 하늘은 그대로 주신다는데 2, 3년 전에 지은 죄를 논하시는 것이 아니라 태초의 죄부터 심판하신다는데 인간인 제가 어찌 그 깊이를 논하겠나이까?

그저 지금이라도 진짜 하늘 앞에 왔으니 죄 짓지 않고 살기를 소망합니다.

전생 현생 내생을 다 연결하시어 의식에서 풀어내시는데 처음에 와서 그 말씀을 다 이해한다는 것은 인간의 오만이고, 잘남일 것이니 어찌 보면 못 알아듣는 것이 맞지 않을까도 싶습니다.

지금 엉킨 실타래같이 어디서부터 잘못되었다고 말할 수조차 없다고 하신 제 인생 하나하나 풀어, 이대로 죽으면 다시 심판받아야 한다는데 그런 일 없도록 살라고 생전에 하늘 아프게 한 죄 모두 용서받고 싶은 것이 지금의 소원입니다.

죽어서 다시 태어난다면 처음부터 제대로 잘 살아보리라 마음먹었던 것도 틀렸다고 하시니 엉킨 현생에서의 삶 다 제자리에 돌려놓고 죽어야 하지 않겠습니까?

전생 현생 내생 다 연결되어 있는 것이니 지금 사는 것이 좀 팍팍하다 한들 하늘은 공평하신데 뭐가 두렵겠습니까?

전생 현생의 모든 죄를 용서받고 찬란한 내생을 인간으로 태어날 수 있는 것을 보장받을 수 있다면, 한 치 앞도 모르는 인생길에서 내일 무슨 일이 일어날지도 모르는데 하늘께서 가라 명하신 길로 가서 내생의 소용돌이 속에서 피비린내 나도록 힘들게 살지 않고 인간 눈높이의 모든 생각 내려놓고 하늘 길로 갈 것입니다.

부귀도 영화도, 죽음 앞에 모두 부질없었고, 병든 자 앞에서는 인간의 모든 소유가 의미 없음을 알게 해주셨기에 저는 기꺼이 하늘을 선택할 수 있었으며, 나의 병 또한 하늘께서 나를 부르시려는 메시지라 여기고 여기 지상 자미국 자미천궁에서 유일하게 하늘을 만날 수 있는 곳을 알았기에, 저의 몸과 마음의 병이 모두 치유된 것이라고 확신하는 바입니다.

마음속에 드는 생각, 내가 하는 생각이라고, 다 나의 생각이 아니라는 것을 인간 스스로는 알 수 없습니다.

자미국 자미천궁에 들어와서 하늘의 말씀은 오직 하나이시고 상황이 바뀌고 시간이 지났다고 달라지지 않는다는 것을 알았고, 사람이 다 같은 형상을 하고 있다 하여도 다 같은 사람이 아니라는 것도 알게 되었고, 내가 생각한 것이 다 나의 생각이 아니라는 위대한 진실을 알게 되었습니다.

나의 말과 행동들이 조상님의 생각일 수도 있고, 다른 영가나 다른 사람의 생각일 수도 있고, 때로는 악귀잡귀들일 수도 있었는데 나는 무슨 자신이 있어 '내가 하고 싶은 것은 모두 할 것이다' 생각하고 살아왔는지 모르겠습니다.

나만 내세우고 잘났다고 하는 것은 악귀잡귀일 가능성이 클 것입니다.

하늘 아래 인간이 무조건 잘났다고만 하고 살 수 없는 것이 오히려 당연한 것이지 무조건 잘났다고 하는 것은 오만인 것입니다.

여자를 무시하는 것도 악귀잡귀일 것이고, 남자만이 대우받고자 내세우는 것도 악귀잡귀일 것입니다.

태초에 하늘께서는 인간들에게 선도 악도 만들지 않으셨다 하셨습니다. 이것은 나쁜 것, 저것은 좋은 것 이렇게 구분 짓는 것은 고작 인간의 이론인 것입니다.

어떤 이는 자식이 바로 서지 못하고 방황하는데 혼도 내지 않고, 네가 하고 싶은 대로 하라고 방치하여 무진장 혼이 나기도 하고, 자식이 잘되라고 혼내는 부모의 모습은 잘하는 것이라고 하였는데, 어려서 정리정돈 강요하시던 아버지의 잔소리가 참으로도 싫었는데 그런 아버지를 잔소리의 마왕이라 생각했던 제가 잘못된 거지요.

매 맞는 아내!

그것도 '남편이 잘했니 못했니'라고 할 일이 아니라는 것도 의식을 통해 알게 되었고, 부모를 미워하고 남편을 저주하고 자식을 욕하는 것 모두 잘못된 것이고, 하늘은 남도 신경 쓰지 말고, 형제자매도 결혼 후 출가하여 따로 가정을 이루었으면 다른 핏줄이라 하시며 오직 내가 이룬 가정을 가장 중히 여기라 하십니다.

나만 잘되길 바라고 나만 복되길 원하는 자, 하늘께서 해줄 것이 없다 하시니 자식을 주고, 남편과 아내를 주어 더 힘내서 살 것을 하늘께서는 잘하는 거라 하십니다.

그런데 저는 그러지 못하였던 거 같습니다.

오랫동안 말씀하시지 못한 하늘께서는 사감님 육신을 통해 인류 최초로 말씀을 하십니다. 하늘도 답답하시기도 하시고, 수억 년 동안 말씀 한 번 못하시고 가슴 아프시기도 하다고 합니다.

하늘께서 각자 인류를 지상에 내려보내 놓으시고, 각자의 모습을 지켜보시고 수억 년의 세월을 기다리셨다고 하는데 믿을 수가 없을 정도로 복사기로 복사한 것처럼 살아온 사연들을 모두 다 지켜보고 계시는데, 어찌 인간이 보지 못하고 알지 못한다 하여 하늘을 없다 말할 수 있겠습니까?

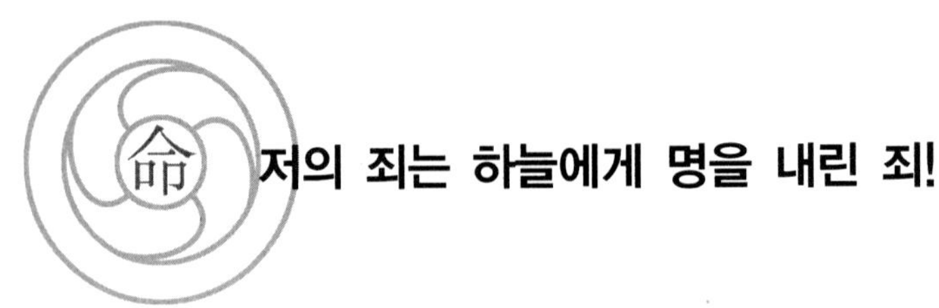

저의 죄는 하늘에게 명을 내린 죄!

그렇게 돌고 돌아 저의 나이도 이제 45세가 되었고 자미국 자미천궁에 온 지도 7년이 되었습니다.

예전에는 몰랐지만 살아도 어찌나 잘못 살았는지 너무나 잘못되어서 정신 차리기까지 1~2년이 걸리고 좌정되는 데까지 시간이 또 걸리고, 나의 죄를 밝혀주신 후 내가 인정하는 데까지 7년의 세월이 걸렸다는 게 너무 죄송하고 부끄러운 얘기입니다.

세상이 너무나 혼돈으로 가득 차 정신이 없기에 너도 나도 잘났다고만 하고, 정보의 홍수 시대에 오히려 많이 배우고 경제력도 있었던 나는 하늘의 진실을 알아듣는 데 오히려 더 많은 시간이 걸렸습니다.

이렇듯 세상은 많이 잘못되어 있고 자미국 자미천궁에서 천지회를 열어주시면서 내려주시는 말씀도 각자 그릇대로 담으라 하시는데 아마 못 알아듣는 부분이 많을 것이라 생각됩니다.

어렵게 말씀하셔서 못 알아듣는 것이 아니라 나의 이론이, 나의 생각이, 나의 고집이, 나의 살아온 행적이 하늘의 말씀을 검증하려 하고 바로 안정하지 않으니 내 것이 되지 않고, 말씀을 모두 허공에 날려 버리니 못 알아듣는 것이요, 이는 곳 말씀이 기운이신데 현실의 삶이 변하지 못하는 것이니 답답한 노릇입니다.

인간세상에서도 자기보다 높은 사람과 자리를 할 경우에 윗사람의 얘기를 경청하거나 안부를 묻는 것이 도리이고 예의일 것입니다.

그러나 우리는 종교에서 배운 악습대로 구복을 갈구하고 '복 주세요, 이것 해주세요, 저거 해주세요' 하기 바쁩니다. 자미국 자미천궁을 모르던 시절, 어디에다 빌어야 하늘이 듣는지도 몰랐던 시절, 그렇게 소원이 많았는지 빗쟁이처럼 뭐를 달라고 외칩니다.

'내가 입궁식했으니까! 내가 천인합체했으니까!' 이런 마음으로 하늘을 대합니다.

이런 걸 다 빌고 있는 어리석음은 죽어지면 낯 뜨겁고 부끄러워 그 창피함을 말로 다 할 수 없다고 하시는데, 하늘 앞에 맞선 대부분의 인간들이 그러한 모습이지요.

저도 그랬으니까요. 인간사로 치면 대통령을 만났다고 할 경우, 우리 애가 이러니 저러니, 내가 하는 사업이 어쩌니 하지 않는 것이 인간사의 도리일진대, 수억만 년을 기다리셨다는 하늘을 만난 자 중에 안부를 묻는 자보다는 내 복 달라고 맡긴 거 찾으러 온 것처럼 집에서든 마음속으로든 그렇게 기도합니다.

자미천황님께서도 슬프다고 하셨습니다.

인간들이 복 준다고 하지 않으면 아무도 찾지 않으니 그 쓸쓸함보다 복을 줘서라도 인간들을 맞고자 하십니다. 어버이이신 자미천황님을 만나서 사는 인간의 삶, 백 년도 살지 않은 세월을 논하시는 것이 아닌, 각자 함께하시는 천인들이 하고자 하는 말로 천인이면 천인답게 하늘의 안부를 물을 수 있는 그런 마음의 자세를 갖지 못해 저는 자미국 자미천궁에 와서도 너무나 헤매었습니다.

좋은 대학 나오고 잘 살고 외형이 멀쩡하면 뭐합니까?

세상에 저에게 생명을 주신 높고 높으신 분 앞에 저는 참 부끄러운 세월을 보내야만 했습니다. 자미국 자미천궁에 열심히도 왔고 지황님과 사감님 말씀 열심히 따른다고 노력했습니다.

나의 앎이, 나의 자만이, 나의 여유로움이 하늘과 가까이 하기에는 내려놓기에 너무 큰 짐이 되었습니다. 지난 1년간 의식에 참관하여 참관 메일을 쓰면서 참으로 천태만상의 사연과 천인, 백성으로 탄생하시는 고귀한 의식을 지켜보았습니다.

오로지 자기 삶 외에는 아무것도 원하지 않는 분들도 계시고, 자식걱정, 먹고 사는 걱정, 하나의 작은 인간에게는 중요한 사안이겠지만 높고 모든 것을 다 아시는 하늘께서는 말씀 안 하여도 다 아는데 그것만을 달라고 하고, 자기 얘기에 관심을 가져줘야 맞는다고 좋아합니다.

이런 모습은 하늘께서 인간의 비유를 맞추는 거라고 하십니다.

자미국 자미천궁에는 자미인황님이시라고 최초의 인간으로 오셨으며 세상의 모든 돈을 좌지우지하시는 막강한 분이 계십니다.

하늘께서 가장 좋아하시고 바라는 모습으로 오는 인간에게 아낌없이 줄 수 있으신 힘도 있으시고, 현실로 이루어 줄 수 있으신 분들이 신명님, 하나님, 미륵님 모두 계시기에 인간의 눈높이로 말하자면 가장 높으신 분들이 다 계시는데, 그분들이 원하고 바라는 모습으로 내가 있을 때, 가장 잘 보일 때 내 인생이 가장 편하고, 내가 원하고 바라는 것이 인생사 막힘없이 이루어진다는 진실을 너무 늦게 알았지요.

그런데 그런 인간의 모습을 하신 분도 진짜로 계시고, 처음부터 의식에 들어가서나 말씀 자체가 자미천황님만을 찾는 그런 분의 의식에도 참관해 보았기에 진짜 빨리 오고, 늦게 오고의 문제가 아니라 늦게 오신 분이라도 이런 분도 있구나, 하며 많이 창피하고 부끄러웠던 적도 있습니다.

처음 상담하러 왔을 때 돈이 하나도 없었지만 하늘께서 주시는 도움으로, 인간의 판단으로 내치지 않고 모두 받아 단시일에 가족 천인합체까지 모두 천공을 준비하시어 사명완수하시는 분도 제 눈으로 똑똑히 보았습니다.

제가 본 하늘께서는 인간과 형식에 구애받지 않고 진실 대화를 나누시길 원하시는 것 같습니다. 인간세상에서도 가장 말 잘하는 사람이 질문을 잘하는 자라 했습니다.

내 말만 한다면 인간세상에서도 좋다고 할 자 많지 않겠지요.

하늘 앞에 와서도 아쉬운 자 두드리고, 하늘은 두드리는 자에게 열리는 것이고 내 사연만 얘기하고 나만 보라 할 것이 아니라, 하늘에 대해 궁금히 여겨 많이 질문하고 하늘의 말씀에 귀 기울이고, 아직 나처럼 듣고 아는 것으로만 끝날 것이 아니라, 현실의 생활 속으로 연결되어 어떤 상황에서도 하늘의 말씀대로 살려고 노력할 때 하늘은 멀리 있지 않고 항상 가까이 있다는 것을 이제 알게 되었습니다.

어느 분 의식에서 의식을 완성하지 않으시고 하늘께서 물으셨습니다.

하늘은 진짜이기 때문에 어렵고 힘들 수 있다고 하시면서 그래도 하겠느냐고 물으시고 다시 올 것을 명하셨을 때 하늘은 좋다고 무조건 강요도 없으십니다.

인간에게 이렇듯 선택의 시간과 생각의 기회를 주십니다.

가장 높으신 하늘도 그러할진대 나는 뭐가 잘났다고 내 말이 다 맞는다고 하고, 내 뜻과 다르다고 화를 내고 무시하고 살았을까요?

하늘을 멀리 돌아 내가 얼마나 하늘과 멀어졌기에 이렇게 하나부터 열까지 옳은 말씀만 하시는 하늘을 한 번 생각해 보자는 식으로 받아들였을까요? 처음부터 무조건 순응하고 말씀대로 행했다면 저의 삶은 안으로든 밖으로든 어떻게 달라졌을까요?

7년의 세월이 아깝고도 슬픈 세월입니다. 알아듣는 줄 알았는데 결국은 제가 못 알아들었던 것이고 알아듣는다고 착각하였습니다.

차라리 모르면 모른다고 빨리 이실직고를 했어야 했는데 저 자신도 속이고, 하늘도 속이고 제가 얼마나 하늘을 멀리 떠나왔던가요?

360도 돌고 돌아 어디에 있는지도 몰랐던 내가 말로 글로 이해하고 방향 바꿔 하늘만 바라보고 있던 꼴이고, 하늘에게 진정으로 다가서지 못한 세월이었겠지요.

노력하면 하늘의 진실을 알 수 있을까요?

저의 영적 수준은 인간사에 너무 보이는 것에만 익숙해져서 이 보이지도 들리지도 않는 하늘은 너무 어렵고 아직도 멀게만 느껴지니 저는 아직도 남아서 하늘공부하고 있습니다.

하늘이 있다고 생각하고 보이지 않아도 누군가 지켜보고 있을 거라며 살아오다 자미국 자미천궁에 오신 분들은 나머지 공부 안 해도 의식 후 천지가 개벽한 것처럼 삶이 개조되어 새 삶을 사시는 분도 있습니다.

인간사에 살면서 자기주장만 무조건 옳다 우기지 않고, 다른 이의 말도 존중하면서 살다 오신 분들은 하늘의 말씀도 인정하고 바로 존중하며 받아들이시는 분도 있으십니다.

나만 최고라 여기고 나의 말이 다 맞는다며 생각하고 평생을 살아온 저는, 오랜 나머지 공부에도 지난 제 삶이 비정상이었구나 인정하는 데도 장장 7년이나 걸려서 이제야 죽기 전에 이 죄를 어찌 다 용서받을까 걱정하면서 '내생에서는 제발 내가 최고라고 하며 살지 말자' 이런 마음으로, 진정 하늘 앞에 반성하는 모습이 아니라 내생에라도 좀 잘살아보자는 욕심이 앞서는 것을 보면 저의 하늘공부 나머지 공부는 아마도 죽을 때까지 계속되어야 되지 않을까 생각됩니다.

잘사는 줄 알았는데 그 기준은 인간의 눈높이로 돈 잘 벌고 사회적으로 성공하는 것이 전부인 줄 알았는데, 내 마음대로 살면서 그 사람들 뒤에 누가 있는 줄도 모르면서 사장이라고 이 사람 저 사람에게 명 내리면서 살다가 얼마나 잘났으면 하늘 보고 땅으로 내려오라고 명을 내린 것이 저의 죄라는 것을 밝혀주셨습니다.

죄 중에도 가장 큰 죄를 지었다고 하셨습니다.

그것이 무슨 말씀이신지 저는 아직도 100% 다 이해하지 못한 거 같지만 밝혀주신 저의 죄는 하늘에게 명을 내린 죄! 하늘을 오라, 가라 한 죄를 어찌 다 갚을까요?

세상에 얼마나 잘난 척을 하다 그런 죄를 지었을까요?

인간세상에 그런 죄목도 없겠지만 하늘 앞에 저의 죄는 어마어마하게 큰 죄였던 것입니다.

저처럼 인간세상에서는 호기도 있고, 뻥도 좀 잘 치고, 마치 이루어질 것처럼 말하고, 사람을 포섭하고 현혹하여 제 목표를 이루었던 것은 인간들에게는 먹혔던 거라 하십니다.

허나 하늘 앞에서 저의 죄상은 낱낱이 밝혀지고, 인간 죽어지면 육신의 껍데기 벗고 혼만 남아 가릴 수도 없고, 인간의 허울로 거짓을 둘러 댈 수도 없고, 죽어서 심판받아 구천에서 떠돌지 않고, 이렇게 살아서 육신 있어 말로든 글로든 저의 죄를 빌고 용서를 구할 수 있으니 저는 너무나 다행이라 생각합니다.

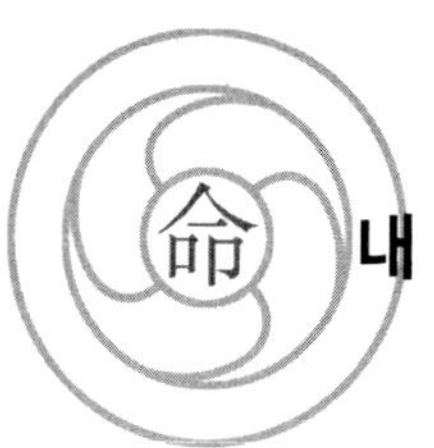

내 자신은 간절히 하늘 만나기를 원하고 있기에

저는 땅에 발을 디디고 사는 인간으로서 하늘과 사후세계는 잘 모르지만 세상에 우연은 없다는 것을 알게 되었습니다.

나의 아픔과 나의 고통이 하늘의 부름이라 생각되는 자, 세상 어디에서도 답을 찾을 수 없어 해결되지 않는 문제를 가진 자, 사랑에 목말라 넘치는 사랑을 한 번도 받아보지 못한 자, 지황님과 사감님이 계시는 자미국 자미천궁에서 그 답을 찾을 수 있을 거라 자신 있게 말합니다.

하늘의 아름다운 부름은 삶 속에서 오늘도 우리의 삶 속에서 계속되겠지만 하늘은 언제나 그랬듯이 선택의 자유 또한 함께 주셨으니 이제는 각자의 몫일 것입니다.

세상사 목마름이 돈도 아니고 명예도 아니고 부귀영화도 아니라 채워도 채워지지 않는 공허함은, 내 자신이 하늘 찾고자 하는 또 다른 나의 마음이었다는 것을 알게 되었습니다.

저의 병마가 7년 전부터였다는 것을 이 글을 쓰면서 알게 되었습니다. 자미국 자미천궁이 이 땅에 문을 연 지 7년이 되었으니 그 또한 우연이 아니지 않을까 이제야 비로소 생각해 보았습니다.

이제는 인간에게 인정받고 출세하는 삶이 아니라 하늘을 향해 인정받고, 하늘 사랑 받는 삶을 살고 싶습니다.

자미천황님, 저를 하늘 사람으로 남은 삶 살게 해주셔서 감사 올리고, 하늘로 향한 길을 찾아주신 신명님, 하나님, 미륵님 감사드리고, 엉킨 실타래 같던 저의 사연 다 풀어주신 자미인황님 감사드리고, 하늘 사랑 받을 수 있도록 끝까지 포기하지 않으시고 바로 설 수 있도록 잡아주신 사감님 감사드리고, 지황님의 자미국 자미천궁 개국에 따른 노고에 깊은 경의를 올립니다.

새롭게 펼쳐지는 신세계이자 신비로운 신세계 지상 자미국 자미천궁으로 여러분을 초대합니다.

미움도 고통도 없는 하늘 세상이 지상에서 남은 삶을 하늘 사람인 천인으로 새롭게 탄생하여 자미천황님의 크신 사랑 안에서 사랑과 보호받으며 살아보세요.

지황님과 사감님의 지도편달아래 하늘 길로 안내받을 수 있는 자미국 자미천궁에서 인생에 더 이상의 혼돈은 없어요.

사랑과 평온함이 일상에 충만하고, 마음의 근심걱정 털어내고 남은 지상에서의 삶과 내생의 생명까지 영원히 아름답게 고통 없이 살 수 있어요.

나는 인간으로 왜 태어났을까?

그 답을 이제 찾도록 해요. 어버이이신 자미천황님의 생명 주심에 감사하고, 나의 모든 기쁨과 슬픔 모두 함께하시는 자미천황님을 현생 내생 통틀어 사랑합니다.

그런 세상을 세상 사람들에게 알리는 것에 저의 부족한 이 글이 조금이나마 도움이 될 수 있다면 제가 지상에 인간으로 왔었던 삶이 가장 빛나고 영광될 것입니다.

나는 여러분의 모든 아픔과 슬픔을 먼저 겪었던 당사자로서 말씀드립니다. 한 번 왔다가는 붙잡을 수 없는 인생에서 가장 소중한 것이 무엇일까요?

자식도 아니고 돈도 권력도 명예도 부귀영화도 아니고 배우자보다 더 중요한, 살아서 기다리고 계시는 진짜 하늘 자미천황님을 만나는 일일 것입니다.

인간으로 창조해 주신 나의 어버이이신 자미천황님께서 지상 자미국 자미천궁에서 여러분들과 만나기를 기다리고 계십니다.

인도해 주시는 지황님과 사감님께서 육신 건강히 살아계실 때만이 가능한 일입니다.

백 년도 못 사는 인생, 아픔과 슬픔 앞에 서럽다 울지 마시고 고통 아픔 없는 지상의 낙원 새로운 유토피아 자미국 자미천궁에서 지황님과 사감님을 만나보세요.

나는 육신을 가진 인간이기에 세상사 혼돈 속에서 많은 잘못을 설령 행했다 할지라도 내 자신은 간절히 하늘 만나기를 원하고 있기에 인간사 안과 밖으로 표현하고 말하고 있는 것이 삶의 고통과 불행이라는 것을 이곳 자미국 자미천궁에 와서 비로소 알았습니다.

나의 반쪽(영)이 원하는 삶이 나는 인간이기에 모를 수밖에 없습니다. 사감님을 통해서 만날 수 있는 하늘은 따뜻하시고 자상하시고 위대한 진실 자체이십니다.

이런 사감님이 계시는 자미국 자미천궁은 인간에게 주어진 가장 큰 행운일 것입니다.

만나는 순간부터 현실의 삶이 변화가 있다면 무엇을 믿지 못하겠습니까? 믿지 못하는 수많은 인간을 위해 하늘께서도 때로는 인간의 눈높이에 맞춰주시어 때로는 원하고 바라는 삶을 직접 보여주시기도 하십니다.

영원히 꺼지지 않는 세상, 유일무이한 존재이신 자미천황님의 사랑은 작은 것이던 큰 것이던 우리 일상에 종일토록 함께하십니다.

나의 잘못과 그릇된 삶을 탓하지 않고 끌어안아 주셨듯이 여러분의 고단함도 모두 감싸주실 것입니다.

이제는 시간이 다 되었습니다. 하늘이 함께하시어 말씀하시는 이곳 지상 자미국 자미천궁이 여기 이 땅에 있다는 것이 전 세계로 퍼져 나가 줄을 서는 일이 바로 코앞으로 다가왔습니다.

하늘께서 모두에게 말씀하십니다.

인간들이 맞는지 틀리는지 각자 묻고 따지지 말고, 우선 진정으로 인정하는 순간 기적은 시작된다고 하십니다. 인간도 죽고, 부귀영화도 죽고, 명예도 죽은 뒤 무엇을 원하시겠습니까?

영원히 따듯한 품에서 하늘 사랑 받으며 하늘 사람으로 다시 태어나, 지상 자미국 자미천궁이 세계 속의 여기 대한민국 안에 있음이 자랑스러운 그런 날이 올 것임을 알고, 동참할 수 있으신 그런 분들을 기다리고 있으십니다.

나는 먼저 왔기에 여러분에게 말할 수 있습니다.

하늘은 진짜 살아계시고 영원히 꺼지지 않는 생명으로 우리를 밝혀주시고, 우리의 생사여탈권을 관장하시는 크나큰 존재이십니다. 사랑도 행복도 하늘 품에서만 가능합니다.

여기 이 땅의 자미국 자미천궁에서만 진짜 하늘이 강림하시어 말씀하십니다. 종교에서 벗어나 하루빨리 자미국 자미천궁으로 들어와서 하늘께서 각자에게 주시는 기쁨, 행복, 사랑을 받으라고 하십니다.

하늘과 함께하는 그 순간이 비로소 영원한 삶이 시작되는 것입니다.

나의 답답한 사연 이제 모두 내려놓고, 이제 사랑 가득한 세상에서 함께 지상낙원을 만들 수 있을 것입니다.

— 서울 강남 논현동 ○○천인 김○○

얽히고설키어 힘들던 일이 해결되어 가고

끝도 없는 고통, 밑도 끝도 없는 천도재였다.

몇 천 년을 기다려도 하늘은 오지 않고, 내가 하늘을 찾아가야 한다.

10대 성당 앞에서 서성거리다.

20대 교회 성경 말씀에 몰두해 귀를 기울이다.

30대 절에서 겪은 밑도 끝도 없는 조상님 천도.

전국 약 30군데의 절을 돌아다니다.

마음공부를 시작하다.

40대 내가 누구인지 나를 찾기 위해 살아있는 신을 찾아 수련원 30군데를 돌아다니고 인도까지 찾아가다.

50대 자미국 자미천궁 입궁식, 천인합체, 완성의식을 접하다.

입 궁 식 : 조상님께 죄를 빌고 하늘께 구원받는 의식.

천인합체 : 내 자신이 하늘께 구원받는 의식.

완성의식 : 나의 엉킨 인생 풀어내고 수습되는 의식.

나는 1950년대 중반에 태어났지만 엄마젖이 부족해 4살 때까지 유모가 키웠다.

친부모 곁을 떠나 4년간 유모 밑에서 키워져야만 했던 이유는 무엇이고, 왜 내 인생은 이렇게 시작되었을까?

50평생을 살아왔지만 "엄마, 아버지"라고 내 입으로 불러본 적이 한 차례도 없다.

죽음과 삶. 죽으면 어디로 가나?

나는 누군가?

사람은 누가 만들었나?

하지만 책 속에는 궁금증을 해결해 줄 답이 없었다.

하루는 둘째 오빠가 기독교 학교를 다녀 오빠에게 물어봤다.

"오빠! 신이 있는 거야?"

"하나님은 누구야?"

오빠는 열심히 믿으면 천사가 보이는데 자기는 정말 천사를 본 적이 있다고 한다.

볼펜을 보여주면서,

"야, 이거 누가 만들었어?"

누군지 몰라도,

"사람이 만들었겠지."

"너는 누가 만들었어?"

"엄마 아버지가."

"그럼 아버지는?"

"그 아버지의 그 아버지, 계속 올라가면 누군가 계시는데 그분을 우리는 신이라고 하는 거야. 우리가 할 수 있는 말로 '신'이라고 부르면 돼. 사람을 만드신 분, 절대자. 창조주…."

그때부터 전 확실히 신이 있다고 믿었다.

"그렇게 말해 줘야 쉽지. 성당과 교회에서는 무조건 믿으라고 하니깐, 아브람이 어떻고 이삭이 어떻고 그런 이야기가 귀에 전혀 들어오지 않아."

그 일이 있고 나서 대학 졸업 후 교회에 본격적으로 나가기 시작했다.

웬만한 목사님 설교는 귀에 들어오지도 않아 말씀이 유명한 부흥회 목사님만 쫓아갔는데, 아무리 기도하고 성경을 공부해도 가슴에 와 닿는 게 없어 이게 아니다 싶어 이 교회, 저 교회를 헤매다가 끝이 났다.

30대 초반 아무 믿음도 종교도 없는 7살 연하의 남편을 만나 4년간 연애하고 나서 양가 집안의 강력한 반대를 무릅쓰고 결혼했다.

첫딸을 낳고 이듬해 가을밤인데 경찰서에서 남편이 음주운전 단속에 걸려 청량리 경찰서 유치장에 있다고 해서 달려갔다.

남편은 술에 취해 자고 있었다.

어떤 여자와 바람이 나서 음주운전 상태에서 전날 밤 택시를 들이받았다는 것이다.

신혼시절이라 없는 형편에 사건을 해결하려면 합의금이 있어야 하는데 돈이 없어 합의를 못하니까 다시 성동구치소로 넘어갔다.

다음날 아침 일찍 구치소로 면회를 갔는데, 어떤 여자가 벤치에 앉아 있다가 나를 바라보며 왜 왔느냐고 물었다.

이차저차 얘기를 하자 자기 신랑은 아들이 고액과외를 하다가 발각돼 들어왔다면서 나보고 딱하다고 하더니 용한 무당이 있다면서 전화번호를 주면서 가보라고 했다.

구치소 문을 나와 바로 상계동 골짜기에 있는 무당에게 가서 상담을 받았다. 조상님 때문에 집안이 뒤집어졌으니 조상님을 알아야 하고, 아니면 집안에서 누가 피를 흘리고 죽는다고 하여 무섭고 겁이 덜컥 나서 어떻게 해야 하느냐고 물었다.

양쪽 집안이 다 기가 세서 자기 혼자가 아니고 5명 정도가 두드리고 눌러야 한다고, 그 당시 돈으로 700만 원을 준비하라고 했다.

그렇게 큰돈이 없다고 하자 계약금만 걸어도 집안이 조용해진다고 했다.

다시 구치소에서 만난 그 사람을 만나 돈이 없다고 말하자, 자기가 65만 원을 빌려줄 테니 걸어놓고 빨리 해결하라고 했다.

여기저기 있는 대로 끌어 모으고 250만 원밖에 안 된다고 하자, 그럼 자기 혼자서 해주겠다고 하여 난생처음 굿을 했다.

며칠은 조용한 것 같더니 구치소에서 나온 남편이 더 난리를 치고 나 때문에 그렇게 됐다고 뒤집어씌웠다. 억울하였다. 아니라고 밝혀낼 사람이 없었다.

다시 동네 절을 찾아가 집안 얘기와 굿을 했다고 하니 부처님 정법으로 믿어야지 그런 곳에 가면 큰일 난다고, 돈만 거덜 난다고 말했다.

절에서 지장보살 기도 올리고 백중천도하면 아무 문제없다고 말했다.

돈도 많이 들지도 않아서, 그 길로 3년 조상님 천도를 하기 위해 지장기도, 백중기도, 초하루, 보름 기도를 열심히 다녔지만 남편의 술 주사는 계속되었다. 술만 먹으면 난동을 부리며 칼을 휘두르고, 죽는다고 난리치거나 자는 아이를 깨워 괴롭히고 날이 밝도록 붙들고 했던 이야기 또 하고 또 하고 생지옥이 계속되었다.

다시 또 용하다는 절과 스님을 찾아 전국 팔도 30군데를 돌아다녔다.

절에서 시키는 대로 3천 배 기도, 등 기도, 지장기도, 새벽기도, 백중기도, 사경, 법문읽기 등 안 해본 것이 없었다.

친정식구들이나 주위 친구들은 도대체 왜 그렇게 사느냐고 성화였다.

서로 이혼해야지 아이들을 위해서라도 그게 낫다는 판단이 들었지만 한편으로는 현재 이생에서 해결 못하면 내생에서라도 해결해야지 이 난관을 어떻게 넘어야 하나 막막했다.

결국에는 남편이 먼저 제의해 왔다. 잠시 떨어져 있어 보고 그래도 안 되면 이혼 도장 찍고 서로 제 갈 길을 가자고 했다.

그렇게 떨어져 있었지만 생각은 늘 남편에게 매달려 있었다.

이 방법 저 방법, 이렇게 저렇게 얽히고설킨 나의 인생의 앞길이 풀어질 기미조차 없이 점점 더 악화되기 시작하더니 유방암이 찾아왔고, 수술을 하고 나서 몸이 너무 안 좋아 심신수련 쪽으로 눈을 돌리기 시작했다.

만병이 치료되고 생활에 아무 문제가 없다 하니 절에서는 백만 원 단위 기도였지만 이것은 보통 천만 원 단위 이상 돈이 들어갔다.

아이들 때문이라도 어떻게든 살아보려고 발버둥쳤다.

그렇게 열심히 약 3~40군데 돌아다녔지만 해결되는 것이 없었다. 교보에서 책 두 권을 사서 보니, 보이지 않는 세계와 신은 분명히 살아있다. 신의 차원은 12차원이 있는데 그 이상은 자기도 모르겠다고 하였다.

결국에는 기수련 쪽으로 몰아가면서 한국에는 살아있는 신이 없지만 진짜 살아있는 신을 만나려면 인도로 가야 된다는 것이다.

인도에는 3억 3천의 신이 있다는데 1년에 한 번씩 신을 찾아 인도로 가야 하지만 아직 아이들이 어려 20살이 되면 떠나리라 마음먹고 있었다.

시간 낭비, 돈 낭비에 육신은 피폐할 대로 피폐하고, 떨어져 살던 남편은 돈이 없어 사채를 써 가며 생활하다가 신용불량자로 전락되고, 두 딸의 학교생활도 파란만장하였다.

친구들과의 싸움이 잦았고 선생님들과의 관계도 악화되었다.

남편은 술만 마시면 며칠씩 하루 종일 전화로 욕을 해댔다.

속은 썩고 가정은 풍비박산에 쑥대밭이 되어도 남들 보기에는 아무 문제없이 멀쩡하게 보여 더 고통스러웠다.

어디 가서 하소연할 수도 없고, 하루하루가 불안한 가슴, 억장이 무너져 울다 지쳐 온몸의 살이 찢어지는 고통을 겪었다.

가슴이 미어졌고 눈에 피고름을 쏟아내는 아픔과 고통이 처절했다. 차라리 죽으면 낫지 않을까 할 정도로 당해 보지 않은 사람은 상상조차 힘들 정도였다.

고1 작은딸이, 엄마 학교에서 상담 오라고 한다는 연락을 받고 가슴이 철렁했다. 무슨 일인가 걱정하면서 찾아갔다.

상담 선생이 하는 말이 딸이 수업시간에 창가에 앉아 하염없이 창밖을 보고 넋을 놓고 있어 전체 아이들 수업진행과 진도에 차질이 있다면서 심각하다는 것이다.

집에 와서 무엇이 가장 힘드냐고 묻자, 김○○가 따돌리고 뒤집어씌우고 다른 친구와 못 어울리게 모함을 해서 너무 억울하다며 당장 칼을 들고 가서 죽여 버리겠다는 것이다.

동네 철학관 다니던 수련원에 상담하니 조상님 때문에 영가천도만 하면 해결될 거라고 하지만 그동안 너무 속고 속아 어떡하나 고민하는 중에 책꽂이에 한 권의 책이 눈에 들어왔다.

1년 전에 사다 꽂아둔 책이 눈에 들어와 빼내어 읽어보니 내용이 전에 보던 책들과 수준에 너무 차이가 났다.

진실이 '하늘이 살아있다면 이 책이 맞을 거야' 하고 조금 읽다가 전화로 상담을 청하자, 그 책을 다 읽고 나면 상담을 해준다고 하여 다음 날 상담하였더니, 작은 딸을 외국으로 보내라고 해서 자퇴하도록 하고 뉴질랜드 고모네로 보낸 것이 자미국 자미천궁과의 첫 인연의 시작이었다.

전생에 무슨 죄가 있어 이렇게 살아야 하나?

누구 하나, 어느 누가 가르쳐 주는 이 없고 가르쳐 주는 곳 없다.

무엇이 이렇게 얽히고설키게 하나 하는 생각에 이생에서 그 의문을 꼭 해결하고 싶었다.

천기 7(2007)년 7월 입궁의식을 하였다.

사후세계 계신 조상님들께 그동안의 잘못을 빌어 용서받고 이미 돌아가신 아버지와 대화를 통해 주고받는 자체가 신기하고 어안이 벙벙했다.

스님, 목사, 무당을 통해 조상님이 구원받지 못함은 아니 불가능함을 제가 직접 체험해 보니, 종교나 수련원에서 행하는 것 자체가 다 가짜임을 느꼈다.

아무생각, 느낌, 감동도 없이 그냥 앉아있다가 오는데, 입궁의식 내내 어마어마한 통곡의 눈물을 흘리며 아예 바닥에 드러누워서 악을 쓰며, “아버지”를 부르면서 버둥거렸다.

그리고 나의 조상님들께 천상 자미천궁으로 입궁을 윤허해 주신다.

마음속 깊은 곳에서 그냥 “아버지, 아버지” 하면서 감사기도가 저절로 되었다.

그렇게 온몸으로 뜨거운 기운을 난생처음 받았다.

그동안 끝도 없는 인간 풍파 시달리고 지쳐서 해삼처럼 바닥에 퍼져 살았었다.

몸에 힘이 없고 나른해 길을 걸어도 의식이 맑지 않고 늘 몽롱했다. 답답해 어디 가서 물어보면 신기가 세다고 한다.

의문을 풀기 위해 종교판, 수련판, 소리수련, 우주 수련판에 다니다 보니 소우주와 대우주가 만나 하나가 되면 내가 곧 신인이 된다고 한다.

그런데도 힘들고 고통스러웠다.

내 인생도 잘 되겠지 하면서 산속으로 2박 3일 아이들 학교도 빠지고 잘살아보겠다고 돌아다녔다. 끝나고 집으로 돌아오는 길에 가슴이 싸아 하고 조이듯 아픈데도 ‘아! 수련이 잘 되는구나’라고 생각했다. 하지만 수련 다니면서 30억을 날렸다.

자미국 자미천궁에 들어와서 천인합체의식을 통해 내 자신이 아파한다는 사실을 알았다. 낮에는 멀쩡하던 가슴이 해만 넘어가면 가슴이 심하게 아픈 통증을 몇 십 년을 안고 살았다.

천인합체를 통해 잃어버린 나를 찾았고, 내 자신은 어버이 자미천황님께 구원받는 의식을 치렀다.

내가 어디서 왔다가 어디로 가는지, 육의 세계, 영의 세계, 신의 세계를 알게 해주시고 깨닫게 해주심에 감사드린다.

천인합체의식을 통해 나의 죄가 낱낱이 드러나고, 내 인생이 왜 이렇게 힘들어졌는지 알게 되었다.

1. 부모와 남편을 미워하고 저주한 죄가 아주 크다 하십니다.
2. 두 딸을 여기저기 데리고 다닌 죄가 크다 하십니다.
3. 전생에 남을 짓밟은 죄가 아주 크다 하십니다.
4. 하늘을 이용한 죄가 아주 크다 하십니다.
5. 진짜 하늘을 몰라보고 종교, 수련판에 돌아다닌 죄가 크다 하십니다.
6. 하늘에서 도망간 죄가 크다 하십니다.
7. 자만, 오만에 가득 차 잘난 척, 착한 척하고 산 죄가 크다 하십니다.

수많은 곳을 다녔지만 그 어떤 누구도 어마어마한 이런 진실을 가르쳐 주는 사람이 없었다. 끝없는 고통, 끝없는 천도, 끝없는 수련에 내가 살 길은 오로지 하늘께 매달리는 방법밖에 없었다.

남편의 끝없이 마셔대는 술과 술주정이 나는 왜 그런가의 의문을 반드시 이생에서 풀고 싶었고, 나에게 다음 생은 없다고 생각하면서 죽기 살기로 매달리다 자미천황님의 윤허로 두 딸과 남편, 95세 친정어머니와 시어머님의 천인합체를 행하였습니다.

윤허해 주셔서 감사드립니다.

미륵님이신 천상도감님께서 나의 전생도 밝혀주시고 알게 해 주셔서 감사드립니다.

입궁식과 천인합체를 한 후 마음은 늘 평온하며 근심걱정이 없어졌고, 살다 보면 이런 날도 있고 이렇게도 살아지는구나 생각하니 감격의 눈물 나옵니다.

- 엄마와 남편에게 간접 살인한 것 진심으로 반성합니다.
- 가족과 남을 짓밟은 죄 진심 반성합니다.
- 잘난 체하고 하늘을 이용한 죄 진심으로 반성합니다.
- 큰 딸, 작은 딸 창조하신 자녀 잘 보호하고 지키지 못한 것 진심으로 반성합니다.

얽히고설키어 뒤집어진 내 인생 알게 하시고, 깨닫게 하시고 사랑으로 끌어주신 자미천황님의 사랑 가슴 깊이 감사드립니다.

신명님, 하나님, 미륵님, 자미인황님,

개인적인 저의 의식과 수많은 사람들의 의식참관을 통해 진실의 말씀, 하늘의 말씀을 들을 수 있는 자미국 자미천궁 의식에 항상 참가시켜 주시어 감사드립니다.

사람의 탈을 쓰고 사람의 도리를 제대로 못하고 살아온 점 부끄럽고 창피합니다. 자미천황님의 창조대로 하늘의 도리 제대로 다하지 못한 점 부끄럽고 창피합니다.

이런 죄인을 살려주시고, 이런 죄인의 죽은 양심을 깨어나게 하시고 무엇이 잘못되고, 어디서 얼마나 잘못된 생각과 언행을 했는지 밝혀주시고, 세세생생에 지은 죄를 완성의식을 통해서 사면해 주심에 진정으로 감사드립니다.

첫 의식 한 번으로 받아들일 그릇이 아니기에 지은 죄가 너무 과중하여 이제는 모든 것을 인정하고 오로지 자미천황님께만 굴복하여야 한다고 합니다.

내 잘못이 우주를 싸고도 남을 만큼 많아 자미천황님의 사랑만이라야 해결된다고 합니다. 나도 내 마음 몰랐고, 사악했던 내 마음이 정말 부끄럽고 창피해 진심으로 반성하고 있습니다.

어린 두 딸의 인생은 엉망진창 쑥대밭으로 만들고 잘 살아보겠다고, 잘한다고 한 것이 내가 낳은 생명줄에게 갖은 몹쓸 짓을 하였습니다.

부모를 미워하고 저주하면 생명의 줄이 끊어진다고 합니다.

부모조상님은 내가 온 육신의 고향인데 이 진실 자체를 부정하면 어버이이신 하늘 자미천황님도 부정한다는 엄청난 진실 앞에 몸과 마음이 오그라집니다.

보이는 육신의 부모님도 사랑할 줄 모르는데 보이지 않는 천지부모님은 어떻게 사랑할 수 있겠느냐 하셨습니다.

천지이치법으로 보면 뿌린 대로 거두게 놔두라는 명을 어기고, 사감님이 저를 챙기시다가 사감님의 부친이 크게 다치셨다는 진실을 완성의식에서 밝혀주시었습니다.

제가 우주의 나쁜 기운을 몰고 들어와 지황님을 혼란에 빠뜨리게 한 죄도 밝혀주었습니다.

팽이 돌리듯, 우주가 돌아가듯 가족도 생활도 인생도 그렇게 제가 돌려대어 어지러우니 이제 그만 돌리라고 하였습니다.

제가 수천 년, 수만 년 지은 그동안의 죄를 2천 년 전 기독교와 3천 년 전 불교로도, 기타 어떤 종교로도 해결되어지지 않았는데 단 하루, 단 한 번, 단 몇 시간의 천인합체로 풀어지면 그 또한 하늘의 진실이 아니라고 하십니다.

앞으로 시간이 가면서 모든 것이 다 수습되고 하나씩 하나씩 풀어진다고 사감님이 말씀해 주셨습니다. 완성의식 때 마지막에 내려주신 감사의 말씀은 '다 잘될 거다'라는 것입니다.

인생 반평생을 살면서 구구절절 나는 왜 이런가? 내 스스로 행하고도 내 잘못이 무엇인지 알지 못함이 창피하고, 많고 많은 천 죄, 만 죄가 부끄럽습니다.

하늘 아래, 땅위 어디에서도 들을 수 없는 수많은 진실들을 알게 해주셨는데, 벙어리 귀머거리 행세하고 알아듣지 못하고 받아들이지 못하였습니다.

사랑의 끈 잡아주신 지황님, 사감님께 죄송하고 또한 감사드립니다.

수많은 의식에 불러주셔서 하늘의 말씀, 하늘공부시켜 주신 신명님, 하나님, 미륵님, 자미인황님 감사드립니다.

하늘의 말씀대로, 하늘의 뜻대로 창조해 주신 본성으로 살지 못해 부끄럽습니다. 이제부터라도 지난 세월 반성하고 살아서나 죽어서나 하늘의 뜻대로 살아갔으면 좋겠습니다.

4년 전과 자미국을 만나 4년 후 달라진 생활.

▌몸

4년간 감기 한 번 걸리지 않고 약과 병원을 멀리하여 신기하다. 나른하고 맥없는 몸이 기운이 나면서 정신도 맑아지고 신바람이 납니다.

▌마음

불안, 초조, 불편, 긴장되고 수축되고 짜증나고 화나고 답답한 마음들이 다 사라지고 편안하고 담담합니다. 모든 것에 감사하고 하늘께 감사하고 어렵고 새로운 상황이 생겨도 무슨 뜻이 있겠지, 다 과정일 거야, 더 좋은 일이 있을 거야. 매사에 긍정적입니다.

▌인간관계

아이들과 남편에게 막 휘두르고 막 대했던 것을 반성하고, 늘 미안하다 말하고 다 내 탓이라고 돌리니 오히려 왜 그러느냐고 합니다. 남편과 이혼 서류도 원상복구하고 한 집에서 같이 살고 있습니다.

그렇게 밉던 남편도 사랑의 마음으로 돌리니 남편이 좋아졌습니다.

가정의 안정을 찾고 불가능이 없으신 자미천황님!

깨어진 가정도 다시 붙여주시어 감사드립니다.

▌돈

벌어도 돈이 모아지지 않고 어디로 새는지 온데간데없이 20년간 은행 이자만 원금 이상을 갚은 것 같습니다.

돈이 생겨도 꼭 쓸 일이 생겨 나가버리고 밑 빠진 독에 물 붓기 식이었습니다. 은행 빚이 10억 정도였는데 나도 모르게 어느새 다 정리되고 큰 빚도 없게 해주셨습니다.

❙ 집

20년간 15군데를 이사 다녔는데 지난 8월 60평 빌라로 이사 와서 넓은 곳에서 편하게 잘 살게 해주셨습니다.

❙ 잠

가위에 눌리고 늘 꿈자리가 시끄럽고 잡꿈을 많이 꾸었는데 꿈자리가 깨끗하며 깊게 숙면을 하여 아침에 일어나면 개운합니다.

❙ 하늘공부

사후세계, 조상님의 세계, 전생, 현생의 세계, 신의세계, 하늘세계의 수많은 진실을 알게 해주셨습니다.

천인과 백성 모두를 이롭게 하시는 태상천존 자미천황님을 찾아주시고, 하늘의 진실한 말씀들을 듣게 하시고 깨닫게 해주시어 가문의 영광이고, 세세생생 나의 영광입니다.

— 서울 강남 청담동 ○○천인 최○○

악연의 불교를 떼어버리다

처음에 불교 공부 한답시고 절에 갔는데, 차츰 초파일에 연등도 고급으로 더 달고, 또 이 절 저 절 다니며 산수 구경 겸 다니기도 하였는데 기와 불사, 종 만드는 불사, 부처님 만드는 불사 등 갖가지로 돈을 요구하기도 하여 매우 어려운 가정 형편에 돈을 만들어서 가져갔어요.

저도 집에서, 현장에서 불교서적 『사명당』, 『천수경』을 사서 보는 등 참으로 공부는 열심히 하였었지요.

7월 백중에는 일본의 히로시마 원폭에 작고하신 저의 큰집, 큰 아버지와 백모님, 어려서 죽은 위로 두 분의 형님까지 하여 백중재를 저와 아내가 정성으로 지냈습니다.

대전 큰집 형수의 외삼촌이 안평산에서 무속을 겸한 절을 운영하시는데 저와 아내는 저의 승용차로 찾아가서 조상님 천도재를 모시기로 하였어요.

조상님 천도재를 지내야 우환이 없다는데, 저는 꼭 하고 싶었어요.

집에서도 천도재를 올리고, 안평산에 가서도 올리니 2년에 한 번꼴로 천도재를 올렸는데, 각처를 다니며 천도재를 지내다 보니 일이 벌어졌어요.

아들이 음주운전으로 객기를 부리는 장애인을 송전에 태워다 주고 오다가 저의 승용차로 길가의 방벽을 들이받아서 차는 폐차되고 아들은 크게 다치는 사고가 났어요.

제 딴에는 좋은 일이라고 했을 터이지만 저와 가족은 많은 금전적 손해를 보았지요. 그래도 저희는 절이 나를 망치고, 무속에서 나를 힘들게 하는 줄을 전혀 몰랐어요.

한편 절을 운영하는 무속 법사인 신탄진 큰형 형수의 외숙은 중풍으로 고생을 하시던 중에 저에게 전화를 해서, 또 동해안으로 천도재를 모시러 가게 되었지요.

경포호 근처의 바닷가 허름한 집에서 천도재를 지내게 되었습니다.

천도재를 지내고 오후 5시경에 집으로 향하는데, 아니 이게 무슨 날벼락! 그 좋던 하늘이 난데없이 눈이 내리기 시작하는 겁니다.

산을 쳐다보니 온통 함박눈이 가려서 산이 잘 보이지 않을 정도의 대폭설! 속사 휴게소를 지나서 미끄러움에 앞 운전대쪽 범퍼를 중앙 분리대를 "쿵, 쿵!" 들이받고 그냥 미끄러져 튀어나오니, 저는 세워서 확인할 경황도 없이 그냥 달렸어요. 차가 원주를 지나서 여주로 접어들었는데, 눈이 내리며 녹아서 울퉁불퉁 차가 흔들려서 달릴 수가 없었지요.

3시간이면 올 거리를 무려 8시간이나 걸려서 겨우 집에 왔어요.

그제야 차 앞의 받친 부분을 확인해 보니 흠집이 나고 범퍼가 깨졌는데, 그래도 천도재가 잘못된 것을 전혀 모르고 넘어가고 말았어요.

아니 조상님께서 잘 계시면 우리도 잘 지내는 것 아닌가? 여하튼 조금은 의문이 가도 알 수가 없으니 어쩌랴?

저는 또 용인의 책방을 가서 책을 고르는데, 부적 책이 눈에 들어오네요.

'그래, 부적으로 액운을 물리쳐 볼까?'

저는 이후로 부적 공부를 하며 부적을 쓰기 시작했지요. 저의 돈 지갑에도 부적, 방 입구에도, 변소에도, 참으로 부적 도배라고나 할까?

그뿐이랴! 아들 주머니도, 방바닥에도 써 넣고, 지붕 용마루에도, 지금 생각하니 웃어야 할지, 참으로 기가 막히는 심정으로 액운을 면하려 하였건만….

얼마 후 청주에서 손아래 처남이 왔어요.

이혼하고 아들 둘과 사는 처남이 다른 여자와 같이 살겠다고 와서는 가게라도 하려니 돈이 필요하다 하면서 1천만 원을 해주시면 꼭 갚겠다고 모처럼 부탁을 하는데, 딱히 거절이 안 되니 그리하라 하고 도장을 찍어주었어요.

그 후 몇 달이 지나니 청주의 새마을금고에서 처남이 월 할부금을 갚지 않는다며 저보고 갚으라고 하는 것이 아니겠어요?

아니 이게 또 무슨 날벼락이야?

저와 아내가 회사에 월차를 쓰고 청주로 가보니, 세상에 그 돈으로 가게를 한다더니 가게는 아니하고 처남은 자기 아들 둘하고 땟거리가 없는데, 같이 산다는 여자는 별거하며 딸이 둘인데 돈을 다 가져가고, 갚으라 하니 꼭 갚기는 한다는데 직장도 없는 처지에 기가 막혔어요.

그래서 다니던 절에 가서 아내와 저는 그런 이야기를 하니 액운이 들었다 하며, 이번에 부처님을 새로 모시는 데 200만 원을 들여서 금으로 이름을 써서 부처님 뱃속에 넣으면 좋다고 했어요.

허기야 우리는 절을 다녀도 그렇게 큰돈은 잘 안 쓰고 한 달에 한두 번 가서 쌀과 들깨 등 곡식이며, 돈 2~3만 원 내고 절이나 하였으며, 초파일에 가고, 방생도 몇 년에 한 번 갈까 말까 하였지요.

큰돈을 쓰게 하였는지도 모르지만, 여하튼 이 절에 기와 불사, 종 불사, 부처님 불사 등 할 것은 다 한 것 같은데, 어째 여기 절 보살님, 큰 스님의 작은 마님은 몇 해 전에 당뇨로 죽고, 스님도 병원에 다니고 양약을 먹는가 싶었어요.

아니 우리도 거의 병원을 모르고 사는데, 하물며 신도가 몇 백 명이 될 텐데 이런 큰 절의 주지 스님이 이럴까? 하면서도, 저와 아내는 또 빚을 내야 하니 기가 막혔어요.

할 수 없이 농협에 대출을 받아서 처남의 청주 새마을금고 돈도 갚아주고, 절에도 200만 원을 들여서 금으로 부처님께 이름을 올리기로 하였지요.

아내도 저도 고민에 빠지던 어느 날, 우연히 본 신문의 자미국 책 선전 광고를 보고, '그래, 서점에 가보자' 하고도 오늘 내일 하다가 서너 달이 지났을까?

2008년 11월 29일, 저와 아내는 항시 같이 시장도 가고 어디를 가나 같이 다니는 편인데, 이날도 같이 용인의 제일 큰 서점에 가서 기다리던 책을 샀습니다. 책이 얼른 보고 싶었어요.

짬이 나는 대로 책을 펴 보는데 머리에 쏙쏙 잘 들어오며 제 마음이, 그래 그래 하는 것 같았어요.

저는 책을 반쯤 읽고서 책에 쓰여진 전화번호로 전화를 하였지요.

그런데 아주 묵직한 음성의 저자분께서 아주 차분하게, "그 책을 다 보시고 다시 전화를 하세요"라고 말씀하셨어요.

2008년 12월 1일, 책을 읽고 있던 중 조상님을 천상으로 보내드리는 의식에서 이제 고인이 되신 아버지, 어머니를 뵈올 수 있다니… 가슴이 설레었어요. 여하튼 내 인생의 분기점이 오는 것 같았어요.

12월 4일, 자미국 자미천궁에서 아버지, 어머니를 뵈올 수 있다니 나도 모르게 눈물이 주르르 흘러내렸어요.

2008년 12월 6일, 내 인생의 의문이 풀리는 시점인가?

저와 아내는 자미국 자미천궁으로 친견상담을 하러 갔어요.

먼저 사감님 여자분과 20여 분의 대화!

부드러운 말씨에 조상님에 대한 말씀을 해주셨어요.

사람을 보시는 눈이 예사롭지 않으신데, 제 마음으로 그렇구나 하는 느낌이 아주 강하게 작용했어요.

그리고 지황님을 뵈옵고 저와 아내는 의문점에 대한 질문을 하며 입궁식에 대한 말씀과, 일반입궁식의 조공, 벼슬입궁식의 조공을 여쭈어 보고 생각에 잠겼습니다.

저와 아내는 좀 힘들어도 평생에 한 번뿐인 조상님 입궁의식을 마지막으로 효도해 드린다는 생각에서, 이왕이면 조상님 벼슬을 달아드리기로 지황님께 말씀을 올리고 집으로 왔습니다.

저는 바로 이튿날 농협에 가서 대출신청을 하였어요.

저는 조공祖貢(조상님께 바친다 하여 의식비용을 조공이라 함)을 입금하고 자미국 자미천궁으로 전화를 드렸습니다.

그랬더니 지황님께서 29일 날 입궁의식을 모시니 2시까지 자미국 자미천궁으로 오라고 하셨습니다.

그런데 자미국으로 조공 보내고 바로 좋은 일이 생겼어요!

친구가 자기는 심야전기 보일러를 놓는다고 집에 쌓아놓은 장작을 모두 저 보고 실어가라 하는데, 그 양이 내 1톤 차로 자그마치 세 번을 싣고 왔어요.

겨울 땔감이 일시에 해결되었어요.

저와 아내는 금강사 절에 모셔 놓은 아버지, 어머니 위패를 모셔 와서 깨끗이 태워버렸습니다.

2008년 12월 29일, 저와 아내는 집을 나와서 오후 1시 40분에 자미국 자미천궁에 도착하여 2시부터 의식에 들어갔어요. 현금 다발을 쟁반에 받쳐 들고 조상님을 그리며 조심조심 올리고 합장한 두 손!

지황님의 경쾌한 천경과 북소리에 꽃구름을 밟고 가는 양 황홀한 의식이 시작되고 있었어요.

이어서 2부 조상님과 상봉하는 의식에 돌아가신 아버님께서 오셨는데, 아버지는 제가 이 절, 저 절에 모시니 따라다니시느라 너무나 힘이 드셨다고 하셨어요.

아버지는 여기까지 오시는데 너무 험난하여 눈물만 흘리셨고, 저도 아내도 눈물의 상봉을 하였습니다. 저는 절에다 모시는 것이 가장 잘하는 것인 줄 알았는데….

잠시 쉬고 5시에 하강의식.

사감님의 몸으로 오신 천상의 신명님, 하나님, 미륵님, 자미인황님께 저와 아내는 혼쭐이 나도록 야단을 많이 맞았어요. 우리는 잘해 드린다고 절에 모시고, 또 천도재를 모셔 드린 것이 너무나 잘못된 것을 절실히 깨닫게 되었습니다.

그래도 하늘께서는 한 번도 저와 아내를 미워하시지는 않았다고 하시면서 이 몸에서 불교와 무속에서 따라 붙어온 귀신(악)들을 싹 뽑아주신다고 하셨어요.

아버지, 어머니와 직계 시조까지 모든 조상님들께서는 천상 자미천궁으로 올라가시고, 저와 아내는 천인합체의 '천명'을 내려주시어 감사히 받고 의식은 끝이 났습니다.

저와 아내가 과일을 가지고 집에 도착하니 밤 11시.

우리는 잠자기 전에 불교 책, 풍수 책, 부적, 염주, 기타 불교용품을 모조리 꺼내어 나무 보일러 불통에 집어 처넣고 잠을 자니 늦게 잤어도 몸이 아주 개운했어요.

이후로 우리는 숨어있는 종교용품을 눈에 띄는 대로 모조리 집어 치우는

게 일이 되었지요.

그 이후로 저는 먼저 사후세상으로 가신 조상님들이 우리를 도와주고 싶어도 절대로 할 수 없다는 것을 확실히 알았으며, 오히려 살아있는 우리가 꼭 해드려야 된다는 것도 알았습니다.

저와 아내의 천인합체 천공을 위해 다시 농협에 가서 대출을 신청하였습니다.

2009년 1월 입궁의식을 올리고 15일 만에 농협에서 천공을 올리고 자미국 자미천궁으로 전화를 드렸습니다.

2011년 1월 14일, 영하 8도의 추운 날씨에 저와 아내는 1시 30분에 자미국 자미천궁에 도착하여 의식에 참가하였고, 조상님들께 오늘 특단으로 벼슬하사를 내려주시어 승진시켜 주시었어요.

의식 중에 아내가, 어째 속이 답답하다고 했어요.

지황님께서는 제 몸에 아직도 불교의 잔재가 있다고 호통 치시며 빼주시었습니다.

큰아들 내외가 잦은 불화로 집안이 조용하지 않아요. 하루는 망설이다가 지황님께 전화를 드리니, 며느리의 친정 쪽 조상님들이, “우리는 무엇이냐?” 하며 며느리의 심사가 좋지 않다고 하셨어요.

며느리의 조상님을 청배하니 며느리의 조상님께서 며느리 몸에 계시면서, 아들과 사이가 좋지 않아서 며느리가 혼자서 어린 딸을 데리고, 그것도 몸에 둘째 아이를 가지고 차를 몰아 친정으로 가게 하였다고 하시며, 이제는 비록 며느리의 시집에서 천상으로 보내주신다니 자기네도 고맙게 잘 받아 천상 자미천궁으로 올라가고, 며느리를 잘 살게 도와주신다고 하는 말씀을 하셨어요.

의식 3부에서 천상에 신명님, 하나님, 미륵님, 자미인황님께서 오시는 하강의식에서, 지금 천상 자미천궁에서는 저희 파평윤씨 조상님들, 아내의 경주김씨 조상님들, 며느리의 밀양손씨 조상님들, 며느리 친정어머니 김해김씨 조상님들이 자미천황님 앞에 부복하여 우리의 의식에 천명을 내려주십사 하는 간청을 하신다는 감동의 장면이라 하시니 저와 아내는 그저 감격

할 뿐 말을 잇지 못하고 눈물이 났어요.

그리고 아내를 자미국 자미천궁에 의식참가자로 불러주시는 영광의 의식이었습니다. 다음 날 아내는 농구단에 사직서를 제출하였습니다.

막내아들 천인합체의식을 올릴 때 몸에서 불교의 잔재를 싹 뽑아주시고, 회사에서 당당하게 근무하게 해주신다고 하시네요.

아내는 자미국 자미천궁의 의식에 참가하는 행운을 얻었고, 저는 가문의 영광인가? 용인시장님으로부터 우수마을 지도자 표창을 받았습니다.

마을 일을 보기 시작한 지 13년 만에 이 마을에서는 처음이라고 합니다.

너무나 높고 높으신 하늘!

자미천황님!

저와 아내의 몸에 지난 20년간 쌓여온 불교, 무속 귀신(악)의 잔재를 싹 뽑아주시고, 하늘에 마음, 본래 태어날 때의 그 모습으로 돌아가게 해주시었습니다. 이 생명 다하는 그날까지 제 몸에서 불교, 무속은 영원히 떠나보내렵니다.

저와 아내가 처음으로 의식을 할 때, 자미인황님께서 존재를 밝히셨다 하시며 저와 아내를 특히 사랑하셨다 하시네요.

그리고 저와 아내가 의식을 하면서 하늘 자미천황님, 신명님, 하나님, 미륵님의 원과 한을 풀어드렸다고 하시며, 하늘께서도 저와 아내를 각별히 사랑하셨다고 하시네요.

온 가족이 하늘의 성을 하사받는 대영광의 의식이었습니다. 세상에 이렇게 고맙고 감사하게 하늘께서는 주시고 또 주시네요.

사람이 살아야 하는 이유에 대한 정답이 바로 자미국 자미천궁이 아닐까요? 육신이 살아서 하늘을 꼭 찾아야 사후세상이 보장되고, 나의 사랑하는 가족 후손이 잘 산다는 진실이 최고의 삶이 아닐까요?

살아서 돈과 명예가 좋은 것은 맞아요. 허나 그 돈을 어떻게 쓰고 사후세상을 가느냐? 하는 데는 엄청난 차이가 있다는 진실을, 저는 몸으로 마음으로 깊이 더 깊이 느끼며 저 높은 하늘을 바라봅니다.

저에게 지금의 아내를 만나게 해주셨고, 사랑하는 두 아들과 며느리, 귀여운 손자 손녀를 보내주신 자미천황님!

저와 아내에게 하늘을 만나도록 재물도 주시고, 저와 아내의 사생활 구석구석을 챙겨주신 자미천황님!

저의 육신의 부모님이 계시지 않으신 자리를 지키시며 저와 아내를 하나하나 돌보아주신 자미천황님!

자나깨나 촌각인들 잊을 수가 있으오리까?

또 하늘의 '천명'받을 그날을 기다리며 조용히 가슴속으로 외쳐봅니다.

"자미천황님, 진정 사랑합니다."

"자미천황님, 감사합니다."

저와 아내, 이 목숨 다하는 그날까지 저의 가족 사랑하고 아끼며 살다가, 저와 아내의 마음의 고향 천상 자미천궁에 올라가 하늘 자미천황님을 찾아 뵈옵겠습니다.

— 경기 용인 ○○천인 윤○○, ○○천인 김○○ 올림

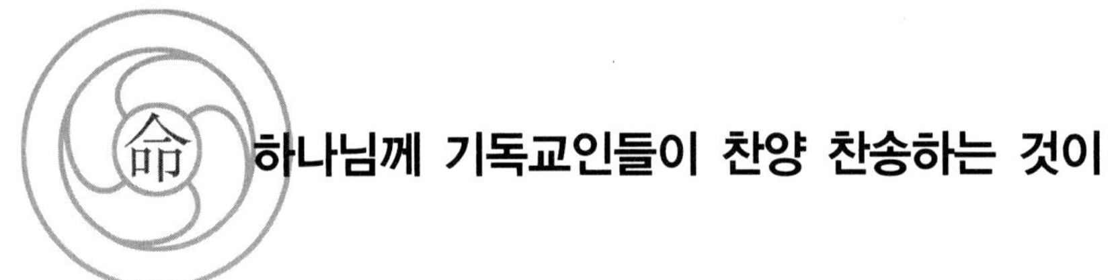

하나님께 기독교인들이 찬양 찬송하는 것이

그해 겨울은 유독 눈이 많이 왔다.

어른의 허리까지 눈이 왔는데 엄마가 여동생인 막내를 낳고 일주일 만에 돌아가셨다. 내가 7살 때 일이다. 사람이 죽고 또 태어나고 이런 상황을 잘 모를 때인 것 같다.

얼마 안 돼서 새엄마가 오셨는데 엄마는 다리 장애가 있어서 그런지 성격이 그런지 우리 6남매에게 아주 무섭게 하셨는데, 누님께서 직장의료보험이 처음 생기던 해에 병원에서 수술하여 지금은 걷는 데는 지장이 없게 되었다.

초등학교를 입학하게 되었는데 학교 갈 때마다 동네에 있는 교회 앞을 지나가게 되면 어느 날은 찬송가 부르는 노랫소리가 들렸고 참 듣기가 좋았다. 찬송가 노래는 들을 때마다 늘 어떤 이를 그리워하는 그런 노래처럼 들렸다.

중학교 때 동네 친구들은 교회를 다녔는데 일찍이 부모님을 따라다니게 된 이유에서인지 열성으로 교회를 선전하면서 교회에 나올 것을 당부했다.

그래서 그 친구들을 따라 교회에 다닌 동기가 되었다.

처음엔 부정의 마음이 조금 들었는데 하나님의 아들이신 예수님이 이 땅에 오신 시점부터 돌아가신 시점까지의 역사를 들어보니 역사공부도 되겠구나 하고 수긍하여 다녔는데, 그때에 열 단계 성서공부라 하여 대학생 수준의 높은 성경공부였다.

지금은 생각이 나지 않는다. 다 잊었다.

난 이상하게도 늘 하늘(천국)나라에 대한 동경으로 마음속이 가득했다.

신록이 우거진 산의 나무를 보고, 하얀 눈을 보고, 푸른 잔디를 보고, 푸른 하늘의 창공을 보면서 그 세계는 이름 모를 꽃들이 피어 있고, 수많은 새들이 날아다니고, 큰 강이 끝없이 길게 있고, 많은 사람들이 모여서 음식을 먹고 둥둥 늘 내 마음속 깊은 곳에서 그런 세계를 그리며 그리워했었다.

지금 생각이 나서 그러는데 초등학교 때 이사 간 친구와 오랫동안 편지를 썼는데 내가 보낸 것이 더 많을 정도로 편지 쓰기를 좋아했던 기억이 났다.

어느 날 사감님께서 글을 써오라고 하시기에 적었는데 잘 썼다고 칭찬하시면서 하시는 말씀이, 하늘의 자미천황님께서는 너에게 글 쓰는 재주를 주셨다고 말씀하신 기억이 난다.

난 하늘을 그리워했다.

정말 내가 죽어서 그런 하늘세계에 갈 수 있을까?

어느 날 우리(중등부)를 지도하는 교회 선생님이 나를 데리고 충주CCC(대학생 선교회)에 갔었는데 거기에서 '사영리'라는 작은 책자(성경)를 통해서 하나님을 영접하게 되었다.

그 후로 내가 다니던 교회에서는 열심히 안 하고 충주CCC에 간사이신 이○○ 목사님에게로 몸과 마음이 향했다.

본 교회(내가 다니던 교회)에서 목사님이 아시고 CCC에 나가는 청년 모두 쫓겨났다. 나도 해당되었다.

나는 이○○ 목사님에게 점점 빠지게 되었다. 왜냐하면 이분 말씀을 처음부터 알아듣지는 못했지만 차츰 설교를 많이 들어보니 전에 다니던 교회의 목사님보다 훨씬 수준이 높고 다르다는 것으로 판단하였다.

일단 전에 목사님처럼 목회자가 되라는 말을 하지 않아서 좋았다.

이○○ 목사님을 따라서 살겠다고 마음속으로 다짐하면서 언젠가는 꼭 교회에 뼈아 살을 묻겠노라 하였는데 지금 와서 보니 모두 허상이 되었다.

어느 날 인간 육신 사감님을 통하여 어느 분께서 말씀하시는데 내 가게냐고 하시는 것이었다.

왜냐면 난 하늘에서 오시는 분들의 말씀이 이 목사님의 말과 비슷하구나 하면서 머리엔 항상 이 목사님이 떠나지 않고 계속해서 하늘의 말씀과 이 목사님의 말씀을 견주고 있었다.

하늘에서 오신 분의 말씀이 내가 틀렸다 하셨는데 즉시 하늘의 말씀으로 내 마음을 돌리는 데는 오랜 시간이 걸렸다. 그때마다 사감님이 말로 표현할 수 없을 정도로 애쓰셨다.

충주CCC(대학생선교회)에 부임한 이 목사님은 충주에서 실적을 내지 못하여 본부에 불려 올라가서 마지막 기회로 대구로 쫓아 보냈는데, 대구에서는 찬송가 가사를 바꿔서(임의대로) 부른다고 쫓겨나서 나오게 되었다.

그 뒤로 대구교회가 탄생되었다.

자미국 자미천궁에서는 찬송가가 없는데 유일하게 천지회 때 사감님을 통하여 하나님께서 부르시는 찬송은 기독교를 오래 다녀 보았지만 대감동, 대감탄 그 자체이시고 세상에서는 처음으로 듣는 찬양노래라서 정말 신기했다. 천지회 때만이라도 하늘의 노래를 듣고 싶다.

기독교인들이 와서 들어보면 환상 그 자체일 것이다.

인천에서 3년 직장생활을 마치고 교회에서 살겠다고 1989년 9월 어느 날 대구로 갔다. 대구에서 어떤 일을 하더라도 교회생활이 된다면 만족할 수 있다고 생각하며 교회 신도들과 살았다.

식당에서 병원에서 목욕탕에서 직업도 여러 번 바꿨지만 돈 벌어서 먹고 사는 목적은 모두 교회생활을 하기 위함이었다.

세상 사람들은 직장에서 돈을 버는 목적이 모두 다르겠지만 교회 교인들은 교회생활을 하기 위함이다.

그리고 목사님 말씀을 하나님 말씀으로 알고 믿고 따르며 그 말씀이 뼈와 살이 되도록 계속해서 되새김질하여, 누가 보면 사람이 말씀이고, 말씀이 곧 사람으로 보이도록 말씀에 매달려서 살았는데 그 교회는 지금도 그렇게 살고 있다.

내가 볼 때에 그리 살아도 그렇게 말씀대로 된 자가 하나도 없다.

이렇게 살다 죽어야만 천국 가서 하나님을 만날 수 있는지? 의문이 많이 들었지만 내색은 하지 않았다.

하나님은 우리가 알고 있는 분, 상상하고 있는 분, 그런 분이 아니라고 사감님께서 말씀하셨다. 기독교가 틀리고 성경책이 모두 잘못된 책이라고 말씀하셨다.

정말 놀라운 일이다.

생전처음 들어보는 말씀이라 난 이 말씀 듣고 속으로 사감님은 지옥 가겠다, 천벌 받겠다 하고 자미국 자미천궁도 사이비인 것처럼 의심하였는데, 하나님의 말씀을 들어보면 모두 지당하신 말씀이시고 맞는 말씀만 하시기에 절대 거역할 수 없다.

그래서 기독교인들의 진정한 할렐루야, 아멘은 자미국 자미천궁에서 인간 육신 사감님을 통하여 오시는 하나님의 말씀을 듣고 응대해야 한다고 가르쳐 주셨다.

하나님이 안 계시는 기독교에서 아무리 크게 기도하고 찬송해도, 할렐루야, 아멘을 외친다고 하나님께서 들어주시겠는가?

난 감히 기대한다. 자미국 자미천궁에서 “찬양찬송, 할렐루야, 아멘” 소리가 울려 퍼지기를…. 하나님의 숨결과 흔적이 있는 자미국 자미천궁에서만이 찬양을 받으신다 하셨다.

그 찬양이 입궁식, 천인합체, 감사제라고 가르쳐 주셨다.

나는 어린 시절부터 내 마음 깊은 곳에서 늘 누구인지는 모르겠지만 그리워하고 있었다. 내가 누구를 그리워하는가? 돈을 그리워하는가? 사람을 그리워하는가? 아니면 절대자라고 믿고 있는 하나님을 그리워하는가?

또한 외로운 것도 있을 거 같은데 외로운 것 없이 자랐다.

그럼 누군가 나와 함께하고 있는 것인가?

자미국 자미천궁에서 엄마 천인합체의식 할 때 하나님께서 말씀하셨는데 그동안 하나님을 그리워하고 있던 내 자신의 메시지와 하나님께서 늘 저를 보호하시고 지켜주셔서 혼자 살았어도 이롭지 않았다고 말씀하셨다.

감사합니다.

이 모든 것이 하나님으로부터 의문을 풀게 되었다.

하나님께서 말씀하시기를, “하늘은 찾는 것”이라 하셨다

하늘은 찾는 것이고, 찾아야 한다고 말씀하셨는데 하나님의 흔적이 있는 자미국 자미천궁으로 와야 한다고 하셨다.

기독교인들아!

그대들은 하나님에 대해서 어떻게 알고 있는가?

그대들이 말하는 구원!

구원받은 것을 확신하는지?

지금 하나님이 오신다면 과연 알아볼 수 있겠는가?

기독교인들이여!

지금 당장 죽는다면 천국에 갈 수 있겠는가?

하나님께 구원받을 수 있겠는가?

만약에 죽어서 하나님을 만날 수 없다면, 구원받지 못하면 기독교 수십 년 각자 다니면서 산으로 들로 기도원으로 각종 부흥집회로 가서 쌓은 믿음은 어찌 되겠는가?

성경에서 환상적으로 말하는 것처럼 구름 타고 오시는 하나님만 기다리고 있지 않은가? 또한 어느 구절에 보면 도적같이 오신다고 하였는데, 아무도 모르게 모두 잠든 사이 밤에 오시지 않겠나?

예배(일요일, 수요일, 금요철야, 새벽예배)가 없는 평일(월, 화, 목, 토)에 오시지 않을까, 각자 상상해 보았는가?

하나님은 인간 육신 사감님을 통하여 하나님의 흔적이 있는 자미국 자미천궁에 찾아와야 한다고 강조하셨다.

나는 그랬다.

성경의 말씀처럼 구름 타고 하나님이 오신다는 구절이 있는데, 구름이 하늘에 많이 있어도, 불이 나서 검은 연기가 하늘로 올라가도, 그것들을 보면서 하나님이 혹시 저 속에 계시지 않을까? 상상도 해보았다.

그런데 자미국 자미천궁에 오시는 진짜 하나님은 마음대로 오신다.

오라고 불러도 안 오시고, 눈물 흘리면서 인간 육신 사감님께 애걸복걸해도 하나님은 마음대로 오시는 분이시다.

화려한 종교를 버리시고 안 가시며, 화려하고 잘 나가는 종교 교주에게도 아니 가시며 인간 육신 사감님께로만 오시니 신기하고 놀라울 따름이다.

이것은 인류 최초라 하셨다. 그렇기에 인간 육신 사감님을 부정하면 모두 꽝이다. 인간 육신 사감님께로 신명님, 미륵님, 하나님, 자미인황님이 마음대로 오시는 분들인데 정말 대단하신 분들이시다.

인간의 상상을 초월하시는 분들이시다.

처음에는 어느 분이신지 몰랐는데 사감님께서 자세히 가르쳐 주셨다.

참으로 어마어마하신 분들이시다.

처음엔 잘 모르시고 왜 달달 볶아대시는지 피할 길이 없었다.

여러 번 오줌을 쌀 뻔했다면 말 다했지….

나중엔 너무 지쳐서 왜 하나님은 전에 기독교에 나를 그냥 놔두시지, 자미국 자미천궁에 데려오셔서 이 고생시키면서 처박아 놓으셨는지 원망도 많이 했었다.

아, 나처럼 속으로 이렇게 많이 부정한 자도 없을 것이다. 욕도 많이 했으며 잘못도 많이 했다.

내가 제일로 많이 그랬던 것 같다.

인간세상에서는 알 수 없는 새로운 진실을 알게 되었다.

2006년도, 즉 기독교에 잘 다니고 있던 나는 갑자기 대구에서 서울로 이사를 오고 싶은 생각이 들었는데, 왜 그랬는지 나도 그땐 몰랐는데 지금 와서 보면 분명히 하나님을 통해서 자미국 자미천궁을 만나고 자미천황님을 만나게 되는 대단하신 분들(하늘에서 오신 분들)의 놀라운 손길이 아닐 수 없다.

30년 동안 대구교회에서 생활했는데 그들을 뒤로하고 떠나온다는 게 쉽진 않았다.

내 살과 뼈를 대구 땅에 묻겠노라고 외치던 나는 반 장난삼아 서울로 이사가야지, 교회와 멀리 떨어져야 교회를 잊지 않겠느냐고 하면서 서울로 이사를 한다고 외치고 다녔다.

교인들은 나를 보고 사탄마귀가 들어왔다고 했다.

2007년도 8월쯤에 지인으로부터 책 3권을 권유받아서 읽었는데 책 제목부터 생소했고 내용은 더 이해가 가지 않았다.

별로 그리 대단하지 않은 책이라 하면서도 책은 두 번 읽은 것 같다.

책을 읽고 전화를 하니 어느 여자분께서 상담을 하러 오라는 말씀을 하셨는데 그분이 지금의 사감님이셨다.

책을 읽고 상담하는 것도 인간세상에서는 처음 하는 것 같아 신기했다.

상담을 하는데 사감님께서 책 내용 중 어떤 부분이 마음에 와 닿았냐고 하시기에, "조상님이요"라고 했다.

거짓말이었다.

난 기독교 30년 다녔지만 하늘도 모르고, 조상님도 모르고 다녔다.

더욱 기독교에서는 조상님을 사탄마귀 정도로 알고 있는데 자미국 자미천궁의 인간 육신 사감님을 통해서 말씀하시는 진실의 말씀으로는 큰일 날 일이고 대역죄를 짓는 것이다.

사감님께서는 잠시 하늘의 세계에 대하여 말씀하셨는데 난 반박했다.

"에이~ 그런 데가 어디 있어요?"라고 했다.

훗날 알고 보니 사감님의 말이 아니라 하늘의 진실의 말씀이셨는데 사감님 육신으로 하나님이 오셔서 하시는 말씀이라고 가르쳐 주셨다.

'하늘의 하나님이 이렇게 오시는 분이다'라고 성경구절엔 나오지 않는다.

기독교들이 보면 기절초풍할 일이다.

상담을 하는데 지황님께서는 교회 다닌 것 자랑하지 말고, 입궁의식을 하루빨리 하여 조상님들이 구원받아야 한다고 하셨는데, 벼슬입궁식 금액이 얼마라고 하시기에 듣는 순간 잠시 갈등을 하면서 벼슬입궁식은 하지 말까도 생각했었다.

그러나 모든 갈등을 이겨내고 조상님들을 위해서 평생 한 번뿐이라는 벼슬입궁의식을 행하기로 하였다.

약속날짜에 자미국 자미천궁으로 벼슬입궁의식을 하러 갔는데 문을 열고 들어가는 순간 깜짝 놀랐다.

나는 교회 다니면서도 교인들 목사님 몰래 절에도 가보고 굿도 해보았지만 과일, 떡, 갈비를 이렇게 많이 차린 것을 처음 보았고, 제단이 이렇게 큰 것(21m)도 전혀 보지 못했기 때문이다.

굿이라는 말이 나와서 말인데 목사님들도 급하면 교인들 모르게 굿도 한다고 들었다.

사감님을 통하여 어느 날 하나님께서 하시는 말씀이, 난 교회(기독교)에서 하나님을 못 만나 보니 절에 가서 그 다음 것이라도 만나서 하나님에 대해

물어보려고 절에 기웃거렸다고 들었다.

하나님은 기독교에도 불교에도 안 계시고 하나님의 흔적이 있는 자미국 자미천궁에 찾아와야 한다고 인간 육신 사감님을 통하여 말씀하셨다.

입궁의식 때 신명님 하강시간에 하나님이 오셨는데 입궁식은 난생 처음이라 처음에 어느 분인지도 몰랐지만 나중에 사감님께서 말씀하시길 하나님이 오신 것이라고 하셨다.

어찌나 야단을 치시는지 참가한 천인들께 호통을 치시는데 정신이 하나도 없고 어리둥절했다.

입궁식, 누구를 만나는 것도 예상 못하고, 어떤 말씀을 듣는 것도 예상 못하고, 어떻게 하는지도 모르고 그저 굿하는 정도겠지 생각하고 왔다.

저에겐 많은 말씀은 안 하셨지만 하나님은 짠돌이가 잘했다 하셨다.

큰돈을 가져왔다고… 어디서 이렇게 큰돈을 써 본 적이 없는데 조상님을 위해서 많은 돈을 가져왔다고 크게 칭찬하셨다.

나는 교회 다니면서 거기서 시키는 대로 다했다.

집 팔아 바치고, 땅도 팔아 바치고, 있는 돈 없는 돈 다 바치고 나중엔 통장까지 맡겨놓고 타서 쓰면서 살았는데, 거기에서 하라는 대로 다했지만 모두 꽝이고 허사가 되었다.

인간 육신 사감님을 통하여 하나님은 자미국 자미천궁(신명님, 하나님, 미륵님, 자미인황님)에 와서 대단하시고 어마어마하시고 훌륭하신 분을 만나서 빌어야 한다고 하셨다.

이 글을 쓰면서 하나님 보고 싶고, 말씀 듣고 싶은 마음에서인지 자꾸 눈물이 흐른다.

기독교에 있을 때 이런 생각을 해본 적도 있다.

나중에 내가 죽어서 하나님을 만나면 하나님은 나에게 무슨 말씀을 하실까? 나를 어떻게 심판하실까?

내 죄는 무엇이며, 하나님은 뭐하시는 분이며, 기독교인 모두가 정말로 구원이 되는 것인지?

이제까지 내가 기도한 기도는 모두 들어주셨는지? 세상에 종말이 온다는

데 기독교인들은 영원히 살 것인지? 여쭤 볼 말이 참 많았다.

기독교에서는 기도를 참 중요시하고 매일 기도하라고 하는데 기독교인들이 하나님께 예배드릴 때 통성기도라는 것이 있는데 큰소리 내어 기도하는 것인데, 음악 반주까지 해대며 하나님께 기도하면 과연 하나님께서 이렇게 시끄러운 가운데 기도를 들어주시는가?

나 같으면 무슨 말인지 뭐하는 짓인지 알 수 없을 것 같아 보였는데 자미국 자미천궁의 인간 육신 사감님을 통해 하나님께서 직접 밝혀주시는 진실의 말씀은 참으로 기가 막혀 하셨다.

"모두 자신들이 잘났다고, 하나님을 안다고 자랑하는데 뭐 하러 하나님께서 거기로 가시겠는가"라고 하시면서 하나님의 흔적이 있는 자미국 자미천궁으로 빨리 와야 한다고 말씀을 하셨다.

그리고 하나님을 마음속으로, 생각으로, 기도 중에 불시에 예고 없이 오신다고 기다리고 있고, 목청껏 기도하고 믿음이 좋은 자에게 오신다고 믿고 있는데, 건방지다 하시면서 뭘 잘한 게 있다고 오라 가라 하는가?

죄 많은 거기에(기독교) 안 가신 것만으로도 천만다행이라 하셨다.

또한 하나님은 수억 년도 더 되는 세월 동안 지켜보고 계셨다 하시면서 2, 3천 년 전에 지은 죄까지 밝혀내시며 기독교인들이 지금까지 빌면서 용서를 구하고 사죄를 구했지만 솔직히 죄가 무엇인지, 뭘 잘못했는지 하나님께서 말씀 안 하시면 정확히 알 수 없다 하셨다.

하나님께서 참으로 대단하시다.

전생, 현생, 내생까지 모든 죄가 들통 난다. 절대로 죄를 덮지 않으시며 모두 밝혀내신다. 어마어마하신 분이시고 대단하시다.

기독교인들이여!

교회에서 지금까지 알고 있는 그런 쩨쩨한 분이 아니시며 참으로 위대하시고 존엄하신 분이시고, 직접 인간 육신 사감님께로 오시는 하나님을 만나보면 입이 다물어지지 못하며 반 기절할 정도가 될 것이다.

나는 보고 들었다. 하나님께서 오셔서 사감님을 통하여 말씀하셨는데 참으로 기가 막히다 하셨다.

하나님께서는 말도 못할 정도라 하시면서 눈물만 계속 흘리고 계셨다.

말도 못하시고 우시기만 하시는 하나님의 심정을 과연 기독교인들이 알 수 있을까? 이렇게 대단하신 분을 하루빨리 만나서 죄를 사면받아야 하지 않겠는가?

하나님께서는 이런 말씀도 하셨다. 하나님께 기독교인들이 찬양 찬송하는 것이 사탄마귀의 그것을 받아서 똑같이 하고 있다 하시면서 믿음이 좋다고, 성령 충만하다고 자신들 자랑하기에 바쁘다 하면서 지랄도 가지가지로 한다고 하셨다.

약 올리는 것도 아니고 뭐하는 짓이냐고 크게 호통 치셨다.

기독교인들은 과연 잘못한 것을 정확히 아는가? 지금까지 용서 빌어 사면받았는가? 또한 구원받음을 확신하는가?

과거, 현재만 빌고 있지는 않은가? 또한 제대로 빌고 있는가?

죄 용서를 빌어서 용서받았다고 하는 것도 각자의 느낌이며 각자의 생각이 아니겠는가? 기독교인들이 잘못을 정확히 알아서 빌어야 용서되는 거 아닌가?라고 하셨다.

이렇게 대단하신 말씀은 성경에도 없다. 기독교인들이 들어보지 못하는 말씀이다.

나는 하늘 만나고 대단하신 네 분을 통하여 자미국 자미천궁에서 사랑만 많이 받은 것밖에 기억이 나지 않는다.

높고도 높으신 하나님을 제가 감히 다 알지 못하지만, 자미국 자미천궁에서 보고 듣고 깨달은 바를 대단하신 분들을 통하여 짧은 소견으로나마 글을 쓰게 하신 대단하시고 훌륭하신 태상천존 자미천황님, 신명님, 하나님, 미륵님, 자미인황님, 지황님, 사감님께 대단히 감사드립니다.

— 서울 강동 ○○천인 이○○

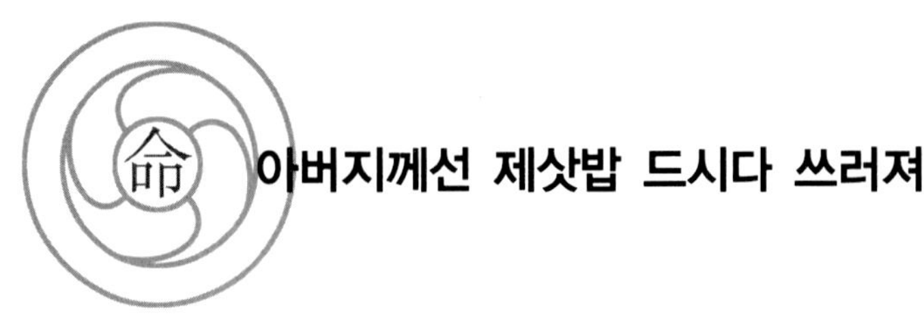

아버지께선 제삿밥 드시다 쓰러져

세상에 대해, 사람에 대해서도 모르고 그냥 살아있지만 의식만 갖고 있는 공상쟁이였는데 알 수 없는 우환을 만났다.

나의 아버지께선 제삿밥 드시다 쓰러져 한 달 동안 꼼짝없이 누워 계시다가 헐떡이시며 숨 거두시는 모습을 보았고, 이때 큰오빠가 감나무에서 떨어져 목발 잡고 상주로 상여 따라가고, 한겨울 언 땅을 어찌 팠을까?

어릴 때의 궁금증 이후, 아버지 형제들께서 사고로, 병환으로 환갑 전에 돌아가셨다.

연인을 만났기에 점집을 찾았더니 무속인이 하는 말이, 함께하면 자꾸 아파진다 하고, 인생시험이 많고 종교도 바꾸라고 말한다.

친구들이 용한 곳이 있다고 갔다 와서는 명함을 주는데 ㅇㅇ사라는 곳이었고, 마음이 끌려서 혼자 갔더니 나는 먹어도 먹어도 살과 피가 되지 않는다고 했다.

그때부터 그들 무속인이 시키는 대로 조상님 천도재 세 번 지내고, 돌아가신 아버지의 천도재도 세 번, 그래야 아버지가 해탈하신다고 했다.

또 산에 가서 산제 지내야 아버지가 좋아진다고 하였고, 교주가 증조할머님께서 염주 걸고 승복 입고 들어온다고 하면서, 나를 도와주려 하신다고 해서 그 말을 믿었다. 조상님이 보통이 넘는다는 그때 그 교주 말을 맹신하여 인생의 풍파가 시작되었다.

재수제를 비롯하여 조상님이 막아서 보내주어야 하는 제, 부정 들어서 하는 제, 뭘 시작한다고 고하는 제, 불상에 가족 이름 새겨 넣어야 하는 일 잘된다 하니, 허구한 날들마다 정성 돈을 계속 바쳐야만 했다.

증조할머니가 절에서 살았다며 3일에 한 번은 다녀야 한다고 해서 난 절에서 살다시피 했다. 그래야 좋아진다면서….

내가 중 팔자라는 말을 들은 이후 가슴에 새겨 넣고 23세부터 자미국 자미천궁 오기 전 38세까지 어딜 가나 잊지 않고 내 팔자려니 하고 하늘의 말인 양 따르고 섬겼다.

이제야 이 글 쓰며 잊어버린 과거의 생각이 떠오른다. 내가 왜 그토록 초하루 안 빠지고, 서울서도 비행기타고 기차 타며 공줄 끊어져 우리 집안 떠내려갈까 봐 쉬는 날도 남모르게 항상 공들이는 마음 꽁꽁 싸매고 다녔는지 이해가 안 된다.

집안과 내 인생 닦는다고 젊은 시절 그렇게 흘려보내고 자미국 자미천궁 와서도 그토록 진실의 말씀 내려주셔도 종교 뿌리가 박혀 콧방귀도 안 뀔 정도로 눈 멀고 귀가 먼 내가 어떻게 종교 교주들의 말은 맹신하며 잘 듣고, 병신처럼 가짜 껍데기에 빌붙어 살아왔는지 모르겠다. 더 이상 종교인들로 인하여 나 같은 피해자가 이 땅에서 또다시 안 생겼으면 한다.

종교 교주들은 책임지지 못할 남의 인생을 함부로 망치지 말고 정신 차려야 한다. 사감님이 계시는 한 종교의 진실은 속속 밝혀질 것이다. 7년 동안 쉬지 않고 번 돈 엄마 호강 한 번 못 시켜 드렸는데 갑자기 임종을 보게 되어 보내고, 이젠 지붕도 기둥도 쌓아둔 돈 없이 엄마는 먼 길을 가셨다.

종교 교주만 호강시켜 주고 엄마에게 못다 한 정, 허무와 허탈이 되어 밀려온다. 일수 찍으면서도 했고, 집안 때문에 죽을 때까지 공 드리고 가야 하는 운명이라면, 집안에 사명자가 나밖에 없다면 해야지, 하는 마음으로 추스르며 했다.

어디에 갔다 오면 가서 귀신들이 따라붙었으니 뭘 또 해야 하고, 지금 돌아보면 무속인과 만나면서 더욱 사고가 많았다. 엄마께서 작은오빠 담석증에 수술 두 번 받을 때 점을 보니, 엄마나 내가 신받는 길을 가야 한다고 말했다고 한다.

서울로 상경해 몸도 정신도 가물가물 죽기 직전 같아서 무당에게 전화하니까 방생하라 하여 했더니, 작은오빠 차 사고 나서 몸만 겨우 살았고, 큰오빠 차 사고, 멀쩡하던 친척 중 숙모 죽고, 사촌조카 죽고, 사촌오빠가 직접 운영하는 회사에서 기계에 손 절단되는 불행들이 잇따랐다.

신 가물, 굿하고 오면 가위눌려

서울에서 일하는 곳의 사장이 잘 아는 무당이 왔는데 신 가물이라 벗겨줘야 하고 눌러줘야 한다고 했다.

이젠 또 생전 모르던 무당과 인연되어 그 말대로 바다로 산의 굿당으로 살기 위해 굿을 시작한다. 하다가 짜증나고 했는데 무당에게 누가 들어왔는지, "짜증나지? 이제 하지 마라" 했는데 굿하고 오면 가위눌려 아무리 발버둥 치며 소리 질러도 대낮인데 소리도 안 나오고, 몸도 뭔가 누르는데 꼼짝 못하기도 수차례.

꿈도 무서운 꿈을 연속으로 꾸고, 불길을 알몸으로 타고 넘는 꿈, 현실처럼 여자가 들어와 옷을 만지작하는 꿈, 또 누가 와 문 열면 갑자기 구역질이 마구마구 나오고, 시키는 대로 소금물에 고춧가루 타서 마시고, 다 조상님의 한이 많아 억세다고, 산바람 때문이라고 묘지를 다시 해야 했다.

묘지 하러 무당과 함께 갔지만 온통 싸움만 나고, 나는 증조할아버지 할머니 묘지 봉분이 없어 그렇다 믿고, 또다시 꿈속에서 묘지에 뱀이 파고들어 가는 꿈을 꾸고 부모님 산소에 뱀이 들어갈까 봐 걱정이 되었다.

서울에서 무당과 부모님 산소에 가서 굿을 하면 어떤 분이신지 갑자기, "사람들 믿지 마라" 하신다. 지금 생각하니 자미인황님이셨을 것 같다는 생각이 든다.

부적은 굿할 때마다 수시로 얼마나 많이 주던지, 부적도 순진하게 믿고. 엄마 돌아가시고 큰오빠 겨우 결혼해 아들 하나 낳고 굿 계속했는데도 조카가 자주 경기를 해서 뻗어 넘어간다니 올케는 아이 데리고 또 점집으로 다녔다.

나는 나대로 안절부절못한데 돈 빌리지도 못하고 하니 협박하고, 너무 무서워 삼성동 ○○사 중한테 얘기하니 기도하면 힘 생긴다는 중의 말을 믿고 했지만 말짱 거짓말이었다.

다음엔 신문 보고 높은 신을 모신 것 같아 찾아가니 전국에서 모여들어 몇 시간 기다렸는데 화려하게 차려입고 외출에서 돌아와 순서에 만나 그동안 사정 얘기하자, 그 무당이 해코지할 것 같으니 부적 주며 그 무당집 앞에 묻으라고 시켰다.

시골 부모님 산소에 부적 묻으러 새벽에 산소 가서 묻고는 조상님 다 내려와 있으니 지노귀굿 해서 올려줘야 한다고 해서 또다시 450만 원 벌어 굿을 했다.

초하루, 보름, 절대적으로 안 빼먹고, 평소엔 못 가니 다른 절을 3일에 한 번은 찾아가서 예를 지키려 애쓰고, 없는 주제에 꽃바구니 항상 갖다 바치고, 몸에 살이 많아서 많이 하면 그 살이 벗겨진다고 하여 믿었고, 또 시집가 애기 낳으면 신 받을 거라고 겁을 주었다.

"내가 ○○이다" 해서 높은 줄 알고, 무서운 무당에서 벗어났다고 우선 안심하면서도 전생에 선녀라서 선녀복 해주면 좋아한다며 350만 원 주니 앙드레김 의상실에서 맞추었단다.

돈 부족하면 굿이 아닌 법당에서 종 울리며 하는 치성이라도 계속해야 하고, 내가 신 가물이라 이렇게라도 하고 살아야 거지같은 세상살이일지라도 무속, 중 팔자 안 되고 사는 게 다행이라고 한다.

이러다 보면 타고난 이생의 업장소멸 길 닦아 가는 것이려니 했는데, 지금 돌아보면 바보 같은 희망 속에 순응만을 했다. 나의 옷차림은 늘 벌이에 비하면 거지였다.

사람도 못 만난다. 만나면 부정이라 또 치성해야 하니까!

내가 살아야 하는 이유, 돈이 없어도 자꾸 해야 하는 이유, 조상님들의 공줄이 끊겨 우리 집안이 이렇게 우환이 많다고!

그래서 나라도 계속해서 집안 살리고, 불안하게 사는 아기 조카 살아남게 해야 하는 이유이고, 조카 때문에라도 죽으면 안 되는 이유이다.

굿이 끝나면 무당과 함께 나이트, 한강레스토랑에도 따라가서 술을 좀 마셨는데 금방 하혈을 한다.

하루는 이 무당과 친한 50대 무당이 대리로 일해 주러 와서는 나보고 곧

피 쏟으면 못 일어나고 병원 입원한다 하며 혼자 있으면 위험하니 자기에게로 오라고 한다.

또 시작이 되었다. 지노귀굿부터 하고, 뭐해라 한다.

선녀복에다, 장군복에다, 새해라고, 추수 때라고, 동지 때라고, 초상집 갔다 온 사람의 것 부정들었다고, 시집가려면 법당 예쁘게 해놓아야 피어난다 하고, 무슨 산 기운 받아야 잘된다 하고, 결혼 운맞이, 대운맞이, 조상님 옷이 다 되었으니, 조상님 발가벗고 들어오니, 조상님 배고프니 자꾸 해줘야 하고, 대 촛대 이름 새겨 올려야 하고, 남편에게 살 있어 자꾸 풀어줘야 하고, 남편이 스님 될 팔자이니 해야 하고, 또 신 받아야 되겠다고 하며, 스스로 천신이라며 다른 보살은 책 보고 하는데 본인은 그런 것 없다며 TV처럼 보인다 말했다.

다른 보살도 본인에게 와서 도움받는다고 하면서 본인이 최고라고 해서 최고인 줄 알고 좋아했다. 내가 만난 교주 승려도, 무속인도 모두 결혼한 사람들에 자식들도 있었다.

나는 그들 말을 믿고 하라는 대로 다했다.

그래서 망했다.

"뭐가 잘 안 돼요" 하고 무당에게 말하면 산 물건에 뭐가 따라붙어서, 이사도 동남쪽으로만 해야 되고, 대문이 북쪽이면 안 되고, 결혼한다고 해야 하고, 하고 나면 하객 손님들에서 부정 들어와서 해야 하고, 아이 이름 지으려 단골 절에 전화하면 아들에게 이별수가 있어 우리 부부 중 죽거나 이별해야 되고, 걸리는 게 왜 이리 많은지.

비린 음식 먹어 부정 들었고, 업보 항아리 한 말짜리 해서 쌀을 항상 새 쌀로 바꿔주어야 하고, 사주가 세어서 해야 하고, 시어머니와 사이가 안 좋으면 내 편 들며 며느리가 어떤 며느리인데 모른다며 추켜세워 주며 보물단지라며….

집터가 세어서 그렇다 하면 그 집에서 나와야 하고, 팔고 나면 오르고, 집이 나하고는 맞는데 남편하고 안 맞다 하면서 끊임없이 온갖 괴변으로 둘러대었다.

높은 천신 모셨다고 하는데, 계속해도 계속해야 하고, 남편 사업도 안 되고 거지처럼 버스 탈 돈도 없고, 아이는 있는데 자꾸 해주어 풀어내어야 아이들 대물림으로 안 내려간다 겁을 주었다.

아들자식 둘을 낳았으니 둘 다 가지면 안 된다. 하나는 신께 바쳐야 한다고 해서 시키는 대로 그들 말에 따랐고, 배반하면 안 돼, 난리난다고 했다.

하지만 끝도 없이 요구하는 무속인의 말에 지치자 성경에서 말하는 천지창조주라는 글이 생각났다.

더 높은 것 같은데 가고 싶어도 그쪽 가면 조상님을 어떻게 못해 주니 큰일 날 것 같고, 집안 뒤집어질까 겁나 주저앉았다.

낮아도 부처세상에서 살아도 같이 살고 죽어도 같이 죽자는 마음으로 추스르며 별 방법을 다 써 가며 살아도 너무나 안 되니, 신을 받아야 되겠다는 생각을 하게 되었다.

하지만 지금은 돈 때문에 신을 받을 수 없다. 이대로는 받을 돈도 없지만 내가 오래 못살 것 같았다. 또 너무 외롭고 고독한 것 같아 보통 마음으로 신을 받아서는 빨리 포기할 것 같았다.

나 같은 경우처럼 독자 여러분들은 무속세계는 잠깐이라도 스치지도, 바라보지도 않기를 바라는 마음이다.

무속인들이 주는 부적과 그 어떤 물건도 받지 말아야 한다는 것을 알았다. 선물이라고 주는 것이 귀신 붙이는 물건이었다.

회한이 밀려오기도 하고 세상에 태어나 그런 곳에 순정을 다 바친 것이 너무나 분하고 어울하다.

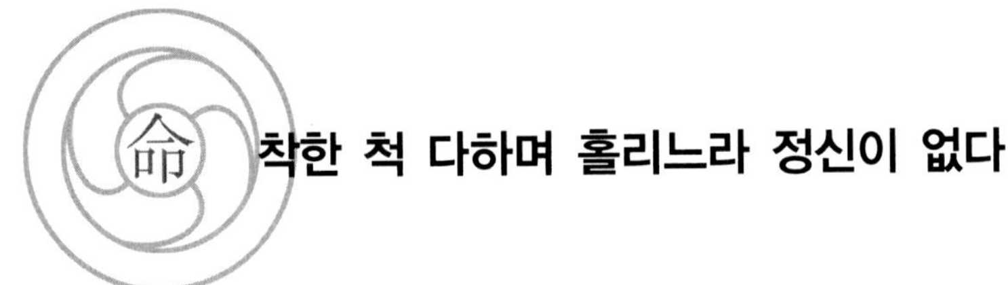

착한 척 다하며 홀리느라 정신이 없다

20년 세월 동안 무속인과 함께했지만 그들에게 한 번도 대들지 못했다. 내가 순진하게 좋아하고 믿었지만 이 글을 쓰면서 통한의 슬픈 눈물을 흘린다.

너무 분하고 원통하다.

정말 교주와 함께 종교 다 사라지길 바란다. 정신 차려라~ 현대, 후대에 무엇을 물려주려 그래~ 다 썩은 것들. 정신을 둔탁하게 하고, 흐리멍덩하게 시체 만들지 말고, 속이고 속이기만을 열중하는 것 그만들 좀 해라~.

하늘말씀 듣고 보니 기가 막힌다!

은근히 돌게 하는 게 종교 세상이다.

교주들의 나 잘났다 하는 모습, 그 열정이 눈꼴시다.

자식들이 종교 세상 쳐다보는 것도 아깝다.

하늘 가리며 인간들 빠지게 착한 척 다하며 홀리느라 정신이 없다.

남편은 결혼 전부터 적은 금액으로 부어 가는 1억 적금 대출받아 썼지만, 그나마 남은 해약 금액도 부동산 사기단에 당해 다 날리고 19살부터 38살까지 그렇게 살았다.

자미국 책 신문광고 보고 찢어 두었다.

한 달여 지났을까?

갑자기 사고 싶어 한달음에 달려가 책을 사서 밤에 읽으며 놀라고 더 높고 진짜라 해서 좋았고, 세상에 태어나 처음으로 평온한 세상을 만난 것 같았다.

단숨에 어떤 곳인지 달려가 보고 싶어 참았다가 다음 날 전화하고 우연히 생긴 돈으로 아이 업고 걸리고 가서 만나니, 들어보지도 못한 친정 시조조상님, 외가조상님, 시가 시조조상님, 시외가 조상님까지 해주신다고 했다.

높으시다더니 정말 광범위하게 크게 해주신단다.

조상님 입궁식 하고 싶어도 돈을 빌릴 곳 없다 하니, 금액이 될 것이라고 하신다. 그때 사감님께선 나에게 말씀을 많이 했는데 그렇게밖에 못 사냐고, 이 말씀만 하신다.

돈이 없어서 높은 자미국 자미천궁 만났어도 걱정이고 대책이 없었다. 돈 없으니 우선 다니던 곳 다니자고 생각했을 때, 큰아이가 놀이터 높은 곳에서 떨어져 쇄골 뼈가 부러졌다.

나는 무서웠다.

다음 날 사채 몇 군데 알아보니 안 된다 했는데 한 곳에서 가져갈 금액에 해준다고 빌렸는데 선이자 떼니 좀 부족했으나, 남편한테는 아이가 다쳐 무섭다고 사채 알아본다 하고는, 돈 받아서 부족한 것은 남편이 해주어서 입궁의식을 할 수 있었다.

그때 사감님의 몸으로 7대조님이 최고여 하며 오셨다. 그 후 3년이나 지나서 보니 내가 행운 숫자 7자를 강하게 좋아했는데 어떻게 아시고~ 신기했다. 젊은 여자분인데 너무 진실히 일하시는 모습과 진지함도 신기하고 좋았다.

입궁식 지내고는 허전한 듯, 가벼운 듯(사감님께서 그동안 조상님들께서 내 몸 안에 계시다가 천상 자미천궁으로 입궁되어 안 계셔서 그렇다)하였다. 평온하고 든든한 선물이었다.

결혼 직후에 70% 은행 대출받아 사둔 상가를 훗날 아이 낳아 키워놓고 장사하려 했던 것이 7년이다. 자미국 오기 전까지 상가가 텅 비워진 채로 이자만 내는 골칫거리였는데 입궁식 직후 어느 업체에서 그 상가들을 갑자기 인수하였다.

곧 돈이 들어왔는데 딱 천인합체의식을 할 금액이었다.

천인합체 해주시는 것 보고, 너무 대단하셨고 무척 좋아했다. 지황님도 계시고 나에겐 너무 좋고 든든하신 분들 부르고, 부르고 또 불러도 너무나 좋은 하늘로 촉촉이 적셔주시고 모든 것을 가볍게 해주신 하늘이시다.

두 손 모으기만 해도 뜨거운 눈물이 흐르고, 보이는 하늘(사감님) 따라 자미국 자미천궁 지황님 따라~ 자미국 자미천궁에서 부르면 오라 하시니!

위대하신 큰 힘 아래에서 큰 희망이 솟아오르고, 자미국 자미천궁에 가면 의식 참가비 돈도 엄청 두둑이 받아 초라하고 궁색한 아줌마가 멋쟁이로 변신하였다.

외관상으로 능력 있는 아줌마, 힘이 막강한 아내로 변신했다. 능력 있는 엄마로 변신했고 나의 인생, 나의 가정에, 나의 마음에 지황님 덕분으로, 사감님 덕분으로 하늘 힘입어 피어나고 온 세상이 밝음으로 변신하였다.

희망찬 하루하루, 신기한 하루하루, 아직 빚은 있어도 걱정 없는 하루하루, 잘못하면 고독의 세상에 있을 내가 지황님, 사감님 자주 뵙고 외롭지 않다.

희망차게 나아갈 큰 길 있으니~ 내려주신 밝음의 세상으로 날게 달았으니~ 두려움이 없어라.

몇 달 후 남편 천인합체 기회가 온다. 기회를 열정으로 안아 달렸더니 천인합체의 사랑을 내려주신다.

결혼 초에 있던 성적 능력이 사라진 지 7년인데 놀라운 일이다. 생각지도 못한 남편의 성적 힘이 기적처럼 나온다.

다른 사람은 다를지 몰라도 나에겐 상상 밖의 사랑이다. 순간의 선택이 간절했던 나에게 영원을 안겨준 하늘 품으로의 선택이 되었다.

자미천황님께선 사람 마음도 움직여주시고 높은 산 오르기 쉽도록 배려도 하여 주시니 지황님, 사감님 덕분이고 사감님께로 오셔서 함께하시고 능력으로 해주신 덕분입니다.

남편 회사도 큰 회사와 거래 잘되며, 형제자매도 그렇게 절 다니며 향 피웠던 언니 조카들도 다 잘되어 나가고, 건강하고 평화로웠던 자미천황님 품안 사랑에 안정을 얻으며 물질도 여유롭게 흐르고 무릉도원 세상 만끽하며 보낸 2년여 시간.

그때 사감님께선 하루는 너는 죄가 있을 것 같은데 보이지가 않는구나~ 하신다. 다른 이에겐 진노도 하시지만 그냥 두시기만 하신다. 나에게 맡긴 일 편히 하라고 그러셨단다. 사감님께선 이제야 말씀하신다.

덮어주실수록 계속 겸손해야 하는 것을, 내려주실수록 받을수록 난 계속 그러지 못했다. 질투, 시기, 욕심, 기고만장 등이 싹트기 시작할 무렵, 큰아들 천인합체 기회가 왔지만 이미 들어온 욕심은 오직 큰아들 잘되고 하는 대로 다 풀려 아무것도 보지 못했다.

사람 마음 변하려니 순식간에 변했다. 이미 큰아들에게 눈멀어 다른 것은 장님 되고 시들어진 마음이 되었다.

그 와중에 온 천인합체 기회도 장님이 되어 큰 기회를 보지 못한 채 일을 돌려서 하니 복잡하고 얽히게 일 처리하여 겨우 천공을 마련하여 가져왔다.

그때 사감님께서 아들 끌어안고 오면 안 돼, 하셔도 못 알아듣고 웃으며 다 큰 아이니까 안을 일 없으니, 하면서 내 마음이 어디로 가 있는지도 모르고 사감님께는 시든 채로 아들과 함께 천인합체의식 시작하지만 아들과 남편이 있어, 말씀하려 하시니 아이가 울어서 나에게 하실 진실의 말씀 다 못 하시고 끝내주신 것 같다.

이 글 쓰며 아들 껴안고 와서 네 것 아들 주고, 아들의 모든 것 네가 갖고 왔다고 하시며, 아들이 잘되면 너 땜에 잘된 것 알 것 같으냐고 하신다.

저 스스로 큰 줄 알지 네가 잘되어야지.

넌 사명자야, 그때 사감님께서 말씀하셨어도 내가 그랬나, 하고 그렇게 됐나, 속으로만 생각했다. 내가 잘되어야 하는구나!

이 글 쓰며 그때의 내 마음이 보이고, 사감님의 그때 말씀이 들리지 않았던 게 깊이 들여다보인다. 아들 천인합체하고 가는데 마음이 꽉 차지 않았다. 나는 그냥 아들 거라 그런 줄로 여겼다. 아들은 책도 안 본 애가 엄청 좋단다.

하늘 꽃 피지도 못하셨단다

큰아이 천인합체하고 나서부터 작은 아이가 다리가 아프다고 호소한다.

5살 아이인데 주물러 주어도 더 세게 때리라 하고, 가만히 있다가 갑자기 발작하는데 저도 어찌 못하겠는지 눈물 흘리며 아프다 하고 절면서 걷기도 하고, 아파 감당이 안 되는지 동동 구르며 앉아 짜증과 신경질과 눈물로 아파한다.

내가 느낀 건지 잠깐 아픈 고통이 엄청났다. 나 느끼라고 주신 건지 성장통이 아니란 걸 알았다.

거의 2년 동안 아파했다.

이젠 아이도 잘 자고 아프단 말은 하지 않는다. 뿌리 깊은 나무는 흔들리지 않는다고 책에도 있고, 갈수록 흐려진다고 하셨는데도 들어오지도 않았다. 흐려져 있다가도 사감님 통한 말씀 간혹 생각하면 하늘 젖줄 생명같이 뭔가 들어오는 듯하다.

하늘 꽃 피지도 못하셨단다. 하늘 꽃 피려 한다고 말씀하신다. 하늘 만나 하늘 꽃, 생명 꽃이 영롱하게 피워지려는가?

사감님께서는 이 세상에 하늘 꽃, 생명의 꽃 피워나게 잘도 하신다. 아무리 억새 밭이어도 하늘 품 아래 보이는 땅, 하늘 품에서 대단하신 분들과 함께 생명의 꽃으로 거듭거듭 피어난 꽃이고 싶다.

지황님, 사감님 만나 함께하는 이 시대 이 땅, 이 순간들이 기쁨이요! 상상도 못한 소중한 생의 삶입니다.

자미천황님, 신명님, 하나님, 미륵님, 자미인황님 말씀 들어서 좋아요. 들을 수 있도록 인도해 주신 지황님 덕분이에요~! 사감님 덕분이에요~!

사감님 통해 내려주신 말씀들, 하루는 사감님으로 계실 때 나도 천인 백성들 보고 싶다고 말씀하신다.

- 자기 재주에 자기가 넘어간다.
- 악은 정화되어 자동 소멸되어야 한다.
- 넌 자만 때문에 망한다.
- 넌 넘겨짚기 때문에 망한다.
- 넌 자미천황님을 이용했다. 사감님을 이용했다.
- 지황님께 사감님께론 넘어가도 괜찮아 말씀하신다.
- 너 포기하면 포기의 기운 줄 것이다.
- 뭐라도 너희들 마음속에 묻어둔 것 꺼내봐야 대단하다 하잖아.
- 말씀대로 못 따르겠어요, 해주세요, 하는 자 하나도 없다 한다.
- 생각하지 말고 느껴보라고 말씀하신다.
- 폐인생활 1년만 해도 못 돌아온다.
- 하늘께 잘못하면 신명님, 하나님, 미륵님께서 가만히 안 계시고 천상에 그분들 휘하에 엄청난 신들이 많은데 눌러주고 직접 나서서 하시는 거라 말씀하신다.
- 신명님, 하나님, 미륵님께 잘못하면 자미인황님께서 대표로 나서서 하시는 거라 하신다.
- 휘하에 신들이 일어나면 가만 안 둔다고 더 엄청 무섭다고 말씀하신다.
- 하늘은 왜 가장 꼭대기에 있는지 아느냐? 시험을 다 이겨내고 올라오라고 높은 곳에 있는 거라고 말씀하신다.
- 태상천존 자미천황님의 사랑의 기운은 시원하고 밝다.
- 천인합체해서 성공하는 대로 쓰라고 주시는데 변명하는 데 다 쓴다.
- 인간에게는 한계가 있지만 하늘은 한계가 없다.
- 기운 주면 잘난 체가 들어가서 줄 수가 없다.
- 천인합체해야만 진짜 인간이 된다.
- 사감님께 오셔서 내려주시는 말씀, 하늘 교리라 하셨고 그 말씀이 각자에게 내려주시는 대로 내가 따라야 하는 하늘 교리이고 완벽으로 가는 게 천인이라고 말씀하신다.
- 자만, 교만, 욕심, 증오에는 자미천황님 사랑 못 받는다고, 잘남은 굴복하고 속으로 태상천존 자미천황님! 하라 말씀하신다.
- 안 된다고 생각하니 안 된다고 말씀해 주신다.

- 이제 초기 장 넘어간다. 중기 들어간다고 말씀하신다.
- 지황님, 사감님 발자취 따라오라 말씀하셨다.

— 서울 은평 ○○천인 김○○

命 눈물의 세월을 보낸 삶

1975년 12월 28일, 친구들보다도 늦게 결혼은 했으나 남편 직장도 안정되고 경제적으로도 편안하게 시작을 했다.

약사이고 적적하니 직장을 다니고 싶다 해도 남편은 너무 객지에서 하고 싶은 대로 멋대로 살아서 가정이 무엇인지 알아야 하니, 직장은 가정을 안 다음에 좋은 직장 구해 준다면서 좋은 말로 안심시켰다.

그러다 보니 자식들이 연년생으로 태어나 직장은 다닐 수가 없었고, 약국이나 병원 약제실에서 근무만 했으니 살림살이하는 것이 서툴고 힘이 들었다.

본인도 자주 아프고, 아이들도 자주 아파서 월급의 반은 병원에 주는 것 같았다.

그러기를 만 5년 살았고 남편은 또 외국에도 몇 달씩 나가 있었으니 참으로 짧은 세월을 같이 산 것이다.

1981년 12월 1일, 새벽에 자동차 시동을 걸면서 그 사이에 팔굽혀펴기를 하다가 쓰러져 병원으로 이송되고, 원래 저혈압이라서 안정된 후 뇌혈관이 좀 꼬였다고 하면서 뇌수술을 하자고 해서 뇌수술하다가 그만 수술도 못해 보고 저 세상으로 갔다.

그때 나는 35살이고 아들은 5살, 딸은 4살인데 그때는 죽고 싶었다.

자식이 없었으면 살 이유가 없었는데 자식 때문에 죽을 수도 없고 내가 뿌린 씨앗 내가 책임지고 잘 키워야 하는데 너무나 졸지에 당한 일이라 기가 막히고 눈물만 하염없이 흘러내렸다.

죽는 것을 처음 보았고 그것도 남편이기에 더욱 충격이 컸다.

아무것도 모르는 어린 자식들이 무슨 죄가 있겠는가?

눈물이 앞을 가렸다.

또한 내 인생은 왜 이런가? 너무나 가혹한 시련이었다.

젊었을 때는 아픈 데도 별로 없었고 25세 때는 모 대학교 약학대학 조교로 2년간 근무했고, 그 후는 알아서 병원 아니면 약국을 스스로 찾아다니면서 근무를 했다.

그러다가 결혼과 동시에 온실 속의 가냘픈 화초로 만들어 놓고 가버린 것이다.

먹고 살고 자식들 보살펴야 하는데 용기가 안 나고 자신감도 없고 하늘(남편)이 무너지니 희망이 없어진 것이다.

내가 무식하여 남편을 죽인 것만 같았다. 누구도 만나기 싫고 밖으로도 안 나왔다. 그러다가 그해 인천고속도로인지 하여간 고속도로에서 모그룹 큰아들이 교통사고로 사망했다는 뉴스에서 스스로 위안을 얻었다.

그 사람은 돈이 없어 죽었나?

죽을 때가 되어서 죽는 것이구나, 돌이킬 수 없는 현실이구나, 어느 누구도 되돌려 다시 시작할 수 없구나, 스스로 위로를 하면서 힘을 얻었다.

아이들은 아무것도 모르고 뛰어놀고, 속으로 마음을 먹었다. 엄마로서만 살고 나는 남편과 같이 죽은 것이라고.

온실 속의 화초로 만들어 놓고 가버리니 전에 혼자서도 잘하던 일들도 자신 없고 용기가 나지 않았다. 자식들이 어리니 그때는 누가 자식만 잘 돌봐주면 돈 버는 것은 할 수 있을 것 같았다.

몇 년 후 이태원에서 선배 언니가 위암에 걸려서 나를 찾고자 했는데 내가 사람을 안 만나니 찾을 길이 없다가 연줄로 전화가 되어 그 언니 약국을 맡아서 하게 되었고, 아파트를 팔아서 그 돈으로 약국 개업을 최초로 한 것이다.

그 언니는 병에 걸리고 나는 애들하고 외롭게 사니 하기야 살아도 사는 것이 아니지만 서로 의지하면서 2년 정도 살았다. 그때 그 언니는 모 종교를 믿고, 나는 OO에 다니는 사람들을 알게 되어 그때부터 그 길로 들어선 것이다.

OO의 사부라는 사람이 처음에는 부산에 사셨는데 그곳의 한의사하고 산에서 육경신인지 뭔지 한다고 하면서 다니고, 그 한의사가 부산에서는 꽤 유명하다고 했다.

모 대학의 한의과 교수들도 제자 한의사한테 공부하기 위해 부산에 모일 때도 있다고 한다. 그러면서 남편이 나 때문에 죽은 것이 아니라며, 마음공부가 시작된 것이다.

항상 죄의식에 살았는데 그 죄의식으로부터 해방을 시켜 주었다. 그리고 가끔 나만 왜 이리 되었는지가 궁금했다.

그때 사주공부도 하고 여러 사람들이 모여서 정신공부를 하니 힘도 생기고 자식이라도 잘 키우고 죽어야 나중에 남편 만나면 할 말도 할 것 같아서 열심히 도 공부도 하고 먹고 살기 위해 약국도 열심히 했다.

그때는 돈도 그리고 명예도 다 죽으면 그만이라는 생각이 들고 마음공부가 그래도 제일 좋았다. 그리고 내가 건강해야 불쌍한 자식들을 잘 키울 수 있다는 신념으로 오직 그 생각으로 살았다. 엄마로서만이 생이 존재한다고 마음을 먹었다.

도 공부하면 혼자서 음식을 차리느라 약국은 뒷전이고 도반들은 한두 명도 아니고 많이 모이면 50명 정도가 되어서 들어설 자리도 없었다.

어떤 사람은 집 팔아서 도 닦으러 들어간 사람도 있고 나도 가끔 시간되면 상주로 도 공부하러 갔다. 처음에는 별로 돈이 안 들어갔다. 식재료만 해결하면 되는 것이다.

아들이 고1 여름방학이 되었을 때 그곳으로 보냈다.

그곳 시골에 가서 좋은 공기도 마시고 농사일도 해보고 여자들하고만 살았는데 삼촌들하고 지내면서 뭔가를 배워보도록 하기 위함이었다

한 달 후에 돌아왔는데 키도 훌쩍 크고 좀 남자다워 보였다.

도장을 서울, 부산, 대전, 광주, 청주, 인천에 내고 심신수련도 하면서 그곳에 각자 자신들의 돈으로 도장을 차리고 모두가 돌아가면서 밤새우면서 같이 모여 기 훈련도 받고, 경도 외우고, 사주공부도 하고, 경락공부도 하면서 세상에서 내가 제일 좋은 하늘공부를 한다고 자부심이 대단했다.

거의 혼자 사는 사람들이 많았고, 부부들은 같이 살면 공부 안 하는 사람의 탁기를 받으니 집에 가지 말라고 하여 점점 사이가 멀어지면서 결국은

별거와 이혼하게 되는 경우를 보았다.

아들은 청주에 있는 대학으로 가라고 해서 일부러 그 곳의 대학교에 입학을 했다.

아들도 그때부터 본격적으로 도 공부를 했고, 방학 때면 시골로 내려가서 공부하면서 사슴도 키우고 개도 키우고, 먹고 자는 것은 제일 천하게 노예 같이 살면서 도 공부를 한 것이다.

또한 아들은 전공이 유전공학이니 사슴의 뿔을 배가 되게 만들게 될 것이라고 스승님이 그리 말을 했다. 그래서 더 열심히 했고 봄과 여름에는 사슴 먹이를 하러 산으로 다녔고 시간이 나면 밭도 매고 풀도 뽑았다.

그리고 나는 항상 금전을 바치면 그날로 생각을 안 한다. 스스로 바쳤으니 적지도 않고, 노후에 와서 살 곳이라고 생각만 했다.

도통하면 다 되는 줄 알았고, 집안에 도인이 한 명 있으면 그 집안은 다 구원되는 줄 알았다.

딸도 같은 대학교 무용과에 다녔는데 학교에서 밤늦게까지 교수들 발표회가 있으면 밥도 제대로 못 먹고 힘들게 무용을 해서 몸이 안 좋아지긴 했지만, 하루는 스승님께서 나의 딸이 얼마 못 산다고 하며 딸에게는 말하지 말고 그리 알고 마음 단단히 먹으라고 하였다.

남편도 일찍 떠났는데 딸까지 간다고 하니 얼마나 기가 차고 내 인생이 왜 이리 된 것인지 눈물이 앞을 가려 밤마다 울다가, 하루는 딸에게 이야기를 하면서 지금이라도 휴학하고 도장에 가서 운동하여 건강 찾자고 우니 같이 울면서 그런다고 한다.

나중에 딸은 도 공부하는 것도 싫고 오빠, 엄마만 하면 되니 자기는 하기 싫어서 영국 보내달라고 한 것이 시작이 되어, 지금까지 영국에서 살고 있고 직장도 거기서 다니고 있다.

나는 서울로 다시 올라와 약국을 하다가 지금의 서초동에서 친구가 하는 약국을 인수하여 이곳에서 계속 약국을 하고 있는 중이다.

막상 지난날을 회상하면서 글을 쓰려니 눈물이 앞을 가리고 어찌 다 글로 표현하리요.

몸과 마음이 지칠 때로 지쳤으나 그래도 산 사람은 살게 되고, 살아있으니 좋은 날도 있고 희망찬 일도 있다는 사실에 너무나 감사함을 느낍니다.

다시 태어난 삶

2009년 5월 25일 대전에 있는 도반으로부터 전화가 왔다.

신문에 책 광고가 나왔는데 조상님도 나오고 좀 특이한 문구가 있다면서 한 번 보라고 한다. 바로 신문 보는 사람들을 상가마다 찾아다니면서 구해서 보니 전면광고에 문구가 눈에 확 들어왔다.

나는 원래 신기하고 특이한 것을 보거나 알게 되면 그냥 지나가지 못하고 궁금해 한다. 바로 영국에 있는 딸에게 메신저를 해서 인터넷으로 책 주문을 부탁해서 약국으로 보내라고 했다.

5월 29일에 밤새워 읽는데 조상님 입궁식에 대해서 유독 마음에 와 닿았다. 남편을 일찍 여의고 어린 자식들하고 사느라 제사도 제대로 못 지낸 것이 항상 마음에 걸렸는데, 평생 한 번으로 당대 조상님들부터 시조까지 모든 조상님들을 한꺼번에 구원이 된다는 대목에서 너무나 감격을 했다.

도판에 20년 이상 몸과 마음과 재산을 다 바치고 아들까지 바쳐서도 못했는데 정신이 번쩍 들었다.

30일 전화를 드리니 바로는 안 되고 31일 1시로 상담예약이 된 것이다.

책에 있는 대로라면 이제는 남편에게 할 도리를 할 것 같아서 기뻤다.

사별할 당시에는 남편을 원망도 많이 했지만 말없이 젊어서 간 남편은 가고 싶어서 갔겠는가? 생각하니 자식을 잘 키워서 나중에 남편에게 떳떳하게 만나야지 하는 마음으로 살았다.

드디어 31일이 되어 자미국 자미천궁을 처음으로 찾아서 들어서는데 제단이 어디에서도 보지 못했던 크고 길고(21m) 넓어서 놀랐고, 그때 머리가 길고 찰랑찰랑하고 날씬한 젊은 여자분이 나와서 맞이해 주고 집무실로 안내하면서 이야기를 하게 되니 나도 모르게 눈물이 한없이 나왔다.

그때는 불면증에 시달리던 때였다.

조금 후에 또 다른 집무실로 안내되었는데 인품이 좋으시고 믿음이 갈 것 같은 분이 계셨는데 또 눈물이 나고 지난 세월이 너무나 잘못 산 것 같아 더 눈물이 났다.

처음에는 아무것도 모르니 두 분이 어떤 분인지 모르지만 만나뵙자 마자 눈물부터 나왔다.

면담 후 조공 구하는 대로 연락드린다 약속하고 최대한 빠른 시일에 조상님 입궁의식을 해야겠다는 생각에 일주일 동안 바쁘게 움직이면서 중단, 상단 입궁식으로 할까? 특단 벼슬입궁식으로 할까? 갈등이 생겼다.

그래도 평생에 한 번이고 남편한테도 죄송하고 나중에 후회할 것 같아 힘들더라도 벼슬입궁의식을 하기로 마음먹었다.

그때는 조상님 입궁식만 할 마음이었다. 그것만이 살아있는 후손으로서 마땅히 해야 할 일인 것만 같았다.

어느 누구와도 상의하지 않고 혼자서 결정했다.

항상 그래도 딸하고는 이야기를 했는데 이번에는 말을 안 했다.

드디어 6월 6일 토요일 2시에 조상님 벼슬입궁의식이 시작되는 것이다. 1시에 약국 문을 닫고 자미국 자미천궁으로 향하는데 마음이 들뜨고 날아갈 것 같았다.

사실 의식 전날에는 잠도 잘 잤다. 처음으로 잘 잔 것 같았다. 이제는 불면증이 없어질 것만 같았다. 자미국 자미천궁에 도착하니 준비가 완벽하게 되어 있었다. 풍성한 음식과 과일들이 산해진미였다. 어디에서도 본 적이 없는 장관이었다.

남편 49재도 지내보았고 천도재도 지내보았지만 오늘과는 전혀 달랐다. 마음이 흡족했고 장한 일을 하는 것 같았다.

2시에 의식이 시작되면서 30년 만에 사감님 육신을 통하여 남편과 최초로 대화를 할 수 있다니, 이런 날이 나에게 올 줄은 꿈에도 몰랐다.

그러나 사감님을 통해서 하시는 남편의 말씀은 살아서와 똑같았다.

남편에 대해서는 어느 누구한테도 말해 주지 않았는데 똑같이 대화를 하고 또한 죽은 남편과 대화를 할 수 있다니, 사감님은 보통 분이 아님을 알 수 있었고 놀랍고 신기하기만 했다.

나는 남편 살았을 때의 모습을 누구보다도 잘 알고 있기에 사감님께서 말씀해 주실 때마다, 이럴 수가 있을까? 울면서 웃으면서 난리가 났었다.

남편도 이곳이 "딱"이라고 하며, 깨끗하고 넓고 제일 좋다고 사감님을 통하여 말을 해주셨다.

이렇게 시작해서 모든 조상님들은 천상 자미천궁에 자미천황님 계신 곳으로 올라가셨고, 처음에는 조상님 입궁식만 해드려야지 생각했는데 마음이 바뀌었고, 의식하고 나서 너무나 기쁘고 근심걱정이 다 없어지는 것 같았다.

그날 잠도 잘 잤다.

젊었을 때는 누가 아이들만 돌봐주면 돈 버는 것은 쉬워 보였다.

이제 자식들이 자라서 돈이 많이 들어갈 때가 되니 돈 벌기가 얼마나 힘든지를 알았다.

또 있을 때는 도판에 스스로 가져다 바치고는 정말로 필요할 때는 구할 수가 없어 가슴을 친들 무슨 소용이 있겠는가?

남편과 조상님들은 모두 천손이 되어 천상 자미천궁으로 올라가셨지만 나의 반쪽(영)이 천지부모님을 찾고자 함이 천인합체이고, 구원이 되어야 육신도 또한 자미천황님의 사랑과 보호 속에서 사는 길이라는 것을 의식을 통하여 알게 되었으니 빨리 하고 싶었다.

아무것도 몰랐을 때는 입궁식만 하려고 했었다.

천인합체의 의미를 알고 나서는 마음이 바쁘고 빨리 하고 싶은 마음만이 들었다. 그날부터 또 동분서주하면서 천공 올릴 수 있도록 백방으로 노력을 해보았으나 어렵게 되어 카드사에서 신용카드를 만들어 대치할 수 있었다.

6월 27일 조상님 입궁식 후 21일 만에 천인합체를 하기로 되어 있어 1시 30분까지 오라고 하셨다. 아침에 약국에 나가 있었지만 마음은 온통 자미국 자미천궁 가는 생각으로 가득 찼다.

드디어 2시에 기다리던 천인합체의식 시간이 되자 설레기 시작했으며 어떤 말씀을 해주실까? 도판에서 그 많은 세월동안 하늘을 찾겠다고 헤매다

왔는데 어찌 말씀을 해주실까?

사실은 두려웠다.

말씀하시길, 내 몸에는 천상에서 내려온 존재가 함께 있었다고 말씀하시고, 62년간 천상 자미천궁의 자미천황님 전에 가고 싶어서 헤매고 있었다고 하신다.

죽기 전에 찾아와서 잘했다고 하신다. 그리고 자식들도 천인합체하도록 윤허해 주셨다.

천인합체의 천명은 '○○○'천인이었다.

약국에서는 자미천황님과 ○○○천인님께 환자를 많이 보내달라고 소원을 빌라고 하시면서 행동을 보여야 자미천황님께서 감동받으시고 소원 들어주시고, 앞으로는 절대로 사람에게 속지 않게 보호해 주시고 자식들 잘되게 해주시며, 이제는 자신을 위해서 행복하고 활기차게 자신만만하게 세상을 살다가 하늘나라 자미천황님 전에 올라오라고 하신다.

잠도 잘 자게 해주신다고 하시며 불면증이 온 것은 내 자신 깨어 있어야지 잠들면 끝날 것 같아서 못 자게 한 것이었다 하신다.

이런 진실의 말씀을 어디에서 듣겠는가?

내 생애에서 이런 귀하고 귀한 진실의 말씀을 처음 들었으니 감동이며 기쁨의 눈물이 앞을 가렸다.

참으로 행복했다. 또 말씀하시길 긍정의 말을 하고 절대로 안 된다는 부정의 말은 하지 말라고 하신다. 긍정의 힘이 그대로 된다, 하신다.

내가 좀 부정적인 면이 있었는데 그걸 아시고 또 말씀해 주신 것 같았다. 참으로 감사합니다. 고맙습니다.

엉뚱한 곳에 가서 몸과 마음을 바치고 재산까지 날렸건만 이렇게 사랑과 용기와 희망을 주시는 자비로우신 자미천황님께 대대손손까지 감사드리겠습니다. 조상님들을 구원해 주시고 저 또한 천인으로 재탄생해 주심에 가문의 큰 영광입니다.

그리고 다음 날(28일 일요일)은 바로 천지회가 열리는 날이다.

바로 연결되어서 더 큰 영광으로 생각하고 끝까지 자미천황님과 ○○○

천인님과 더불어 사랑하고 의지하고 믿고 생활을 활기차게 해나갈 것을 다짐했다.

6월 28일 일요일 12시 50분에 자미국 자미천궁에 도착하니 벌써 전국에서 많은 사람들이 와 있었다. 울산, 대구, 인천, 부산, 광주, 거제도, 경주, 등등 전국에서 모였다. 일사천리로 정리 정돈이 잘되어 있었고 장엄한 북소리가 울려 퍼졌다.

자미천황님의 말씀을 전해 주시고자 신명님, 하나님, 미륵님께서 사감님 육신의 몸으로 하강하시었다.

처음에는 근엄하시고 야단도 치시고 하셨으나 기운이 없으면 하나님께 기운을 달라고 하면 기운도 주시고 벌떡 일어나는 기운을 주신다고 하며 하나도 아까운 것 없이 다 주신다고 하신다.

얼마나 위대하시고 넓으신 자미천황님이신가! 오늘도 어제에 이어서 자미천황님의 기운도 받고 천인합체를 하였으니 저절로 나는 행운아인 것을 알게 되었다.

7월 2일 새벽에 영국에서 공부하는 딸로부터 전화가 왔다.

석사논문이 통과되었다고 좋아서 난리다. 그래서 감사기도 하라고 했다.

그냥 논문통과하게 해주셔서 감사합니다, 그렇게만 기도하라고 했다. 나도 나의 ○○○천인님과 자미천황님께 감사드리면서 앞으로도 계속적으로 무지하고 잘 모르는 것들을 가르쳐 주시고 바로잡아 주십사 감사기도를 드렸다.

자식 잘되게 해주신다고 하시더니 바로 논문이 통과된 것이다.

딸이 논문 때문에 걱정을 많이 했었는데 쉽게 한 번에 통과하게 해주신 것이다. 감사드리고 감사드립니다.

9월 13일 일요일, 3개월 만에 나로서는 2번째 천지회가 열렸다. 말씀하시길, 사람은 각자 태어날 때 주어진 의무가 있다고 하신다. 각자 열쇠를 가지고 태어났는데 그 열쇠로 다 열어야 한다고 하신다.

첫 번째는 조상님 입궁식, 둘째는 본인 천인합체, 다음은 식구들을 한 명씩 한 명씩 다 천인합체를 해야 다 열린 것이라 하신다.

오늘 자미천황님 말씀에, 각자 몸을 깨끗이 닦아주었으니 오늘부터는 몸 더럽히지 말고 각자 천인합체 했을 때 받은 사명을 생각하고 그 색깔을 찾아 자기만의 색깔로 만들고, 오직 자기 임무가 무엇인지를 다시 각오하면서 열심히 그 일을 위해 추진해야 하고 자기 임무가 끝나야 자미천황님께 갈 수 있다고 하신다.

많은 진실의 말씀에 감격하고 어찌 살아야 하는지를 알게 해주시는 것이었다. 이런 어마어마한 하늘의 말씀을 듣게 해주시는 신명님, 하나님, 미륵님, 지황님, 사감님! 말과 글로는 표현할 길이 없습니다.

대단하고 어디에서도 알 수 없고, 들을 수 없는 하늘 진실의 말씀을 들을 수 있는 이곳이 최고의 자미국 지상 자미천궁이옵니다.

의식에 불러주시어 각각 주인공들의 입궁식, 천인합체, 감사제의식에 참관해서 하늘말씀을 들어보면 어디에서도 들어보지 못했던 진실의 말씀에 감동과 감격에 눈물이 앞을 가리고 환희에 희망과 기쁨이 넘쳤다.

처음 불러주신 날은 하늘말씀 들으며 보람된 시간을 보내고 마음의 기쁨과 희망과 좋은 기운을 받아서 정말로 영광이었는데, 지황님 집무실에 처음 참석하고 느낀 점도 두 분께 말씀드리고 마지막에는 참가비를 주시는 것이었다.

세상 천지에 진실을 알게 해주시고, 기쁨 주시고 희망을 주시면서 많은 금액의 참가비까지 주시는 곳이 이 세상 어디에 있겠는가? 생전 처음 받아보는 참가비라 눈물이 앞을 가려 창피한 것도 모르고 엉엉 울었었다.

나는 항상 주기만 했지 받아보기는 처음이었다.

이런 곳도 다 있구나.

정말 이곳이 내가 찾던 최고 진실의 산실이구나.

어서 경제적으로 자립을 해서 자식들도 천인합체 해줘서 마음껏 자미천황님의 사랑을 듬뿍 받았으면 소원이 없겠다.

육신의 아버지가 안 계셔서 사랑도 못 받아보았으니 위대한 정신의 어버이이신 자미천황님의 사랑과 보호받기를 빌며 어서 그날이 빨리 오길 학수고대했다.

그리고 이렇게 의식에 불러주신 날은 잠도 잘 잤다. 어디 아픈 데는 없는데 항상 불면증 때문에 못 잔 날은 힘들고 의욕이 안 생겼지만 그래도 잠을 안 잔 사람치고는 덜 피곤했다.

처음에 자미국 자미천궁에 상담차 왔을 때는 완전히 병든 할머니였다. 도판에 다닐 때부터 그곳에서는 먹는 것 입는 것보다 일이 우선이었다.

육신을 갈고 닦는 길은 밭에서나 논에서나 일을 해야 건강해진다고 했다. 허나 일하고 와서 밥을 해먹으려 하면 기운이 없어서 해먹을 수가 없어서 대충 먹었다.

그렇게 살았던 인생을 개벽시켜 주신 것이다.

입궁식, 천인합체를 하고 의식에 불러주시고 참가비까지 주시면서 좋은 옷도 사서 입게 해주시고 10년은 젊게 해주시며 저의 삶의 질을 높여주시고, 도판에서와는 완전히 다른 생활을 갖도록 해주시니 어디에서도 누구에게서도 받아보지 못한 인간적인 대우를 받으니 기쁘고 살맛나는 나날을 갖도록 해주심에 감사드립니다.

2009년 11월 8일, 드디어 딸의 천인합체 하는 날이다.

너무나 기쁜 마음에 일찍 자미국 자미천궁으로 갔다. 모든 준비가 되어 있었다.

딸의 천인합체의식이라도 엄마인 주인공의 삶을 가지고 의식을 행해 주시는데, 인간 육신이 도판에 빠져 나의 영이 멀리 딸한테 가 계신 것이다.

그래서 자미천황님께서 다시 불러 천인합체를 해주시었다. 얼굴색이 달라졌고 힘이 났다. 다시 찾아주신 것이다.

도판에 있을 때 나의 영이 가 계실 데가 없어서 외롭고 쓸쓸히 밖에서 지내시고, 도판에서는 전혀 안 들어가시고 이 인간 육신을 기다리고 기다려서 속이 많이 상하셔서 그런 연유로 처음 천인합체 할 때는 맛보기로 해주시고 오늘 자세히 다시 해주신다고 하신다.

그래서 딸이 애어멈 같은 생각을 하니 이제는 그 나이에 맞는 상큼하고 발랄한 아가씨로 다시 변한다고 하시고, 딸아이가 유독 돈을 좋아하는 것은 돈 많은 신랑감이 오든지 아니면 돈 잘 버는 직장에 들어가든지 한다고 하신다.

그리고 우리 식구들은 서로 사랑으로 뭉쳐야 하는데 서로 벽을 만들어 삼팔선이 가로막고 있다고 하신다.

전에 도판에서는 같이 살면 서로 열받아 치인다며 같이 있으면 안 좋다고 해서 나는 자식이 잘되는 것이 소원이라 외로워도 떨어져 살았다.

그걸 아시고 말씀해 주시니 한 치의 오차도 없으시며 가족 간의 사랑을 말씀해 주시는 자상하신 자미천황님의 위대한 사랑에 감사합니다.

그리고 나의 ○○○천인님도 고맙습니다.

또한 지황님, 사감님 너무 감사드리고 오늘 같은 충만한 은혜에 감사하고 감사할 따름입니다.

천정아버지 천인합체는 3월 6일에 하기로 정했다.

친정아버지는 나중에 돌아가시면 입궁의식을 해드리면 되지 하고 은행에 비상금으로 넣어놓고 든든하고 좋았는데 빌려준 돈을 받게 해주신 것이 친정아버지 천인합체 해야 할 돈인 줄 인간이 어찌 알겠는가?

자미천황님! 죄송합니다.

천지부모님도 몰라보고 엉뚱한 곳에 가서 20년 이상 죄를 지으며 자미천황님께는 가슴 아프고 슬프게 해드렸고, 육신의 부모님께는 돈과 자식을 먼저 생각했으니 이 불효자는 용서가 되는지요?

3월 6일 의식날 미리 말씀을 드렸다.

천공을 어찌 마련했는지를 말씀드리면서 혼날 각오를 했다.

사감님께서는 의식 때 말씀해 주시길, 부모가 자식들의 천인합체를 안 해주는 것은 큰 죄이나 자식이 부모를 천인합체 해드리면 복을 받는 것이고 안 해드리면 죄는 되지만 큰 죄는 아니라고 하신다.

친정아버지는 천인합체 해드리고 한 달 만에 돌아가셨는데 천인합체를 안 해드렸으면 얼마나 후회하면서 죄인의 마음으로 아버지를 보냈을까?

그러나 기쁜 마음으로 보내드릴 수 있어서 감사합니다.

자미천황님께 감사합니다만 나왔다.

참으로 기쁘게 보내드릴 수 있게 해주심에 감사합니다. 아버지도 기뻐하셨을 것이라 생각이 들었다.

하늘말씀은 어느 누구도 알 수 없고 전해줄 수가 없다.

오직 신명님, 하나님, 미륵님께서 사감님을 통해 전해 주셔야만이 하늘의 진실의 말씀을 들을 수 있다.

세계인구가 70억 인구라 한다.

70억 인구 중 진실로 하늘과 소통할 자 어느 누가 있는가?

유일무이한 오직 사감님께서만이 능히 하신다.

지황님은 땅에서 인간사 일에 최고시고, 하늘의 세계에서는 사감님께서 최고이시니, 두 분이 함께하시는 자미국 지상 자미천궁이 최고이며, 머지않아 세계 최고의 지상 자미천궁이 되는 것은 시간문제일 뿐이라 생각한다.

초기에 가끔 의식에서 들려주시는 하늘말씀을 듣고 홈피에 글을 올리기도 했었다. 의식에 불러주시는 천인들 중에 한 천인이 글을 올리는데 읽어보면 너무나 잘 올려서 하늘말씀을 잘 듣고 마음 그릇도 큰가 보다 하고 부러워했었다.

그러던 중에 사감님께서 의식에 불러주면 전에 도판에 다녔던 것과 비교하면서 글을 올리라고 하셨다.

너무나 기뻤고 정성을 다해 비교하면서 썼다. 그런데 사감님께서 쓰라고 명을 내리시면 신명님, 하나님, 미륵님께서 함께 해주시는 것이라는 걸 알았다.

글도 별로 써 본 적도 없고 글재주도 없는데 그냥 글이 써지며 내가 봐도 잘 썼기에 알 수 있었다.

본인이 좋아서 도판에 다녔으면 다녔지 왜 어린 자식한테 물어보지도 않고 자식을 도판에 팔아넘겼느냐고 하신다. 아들을 도판에 판 것이 대역 죄인이라 하신다.

천인이 되었다 해도 나중에 자식을 도판에 판 죄로 천상 자미천궁으로 가자고 해도 양심이 있다면 못 갈 것이라 하시니, 이런 큰 죄를 짓고도 모른 채 천인이 되었다고 기뻐하고 행복해 했으니 자미천황님께서 그 모습 보시고 얼마나 속상하시고 슬프셨을까?

그 말씀을 듣는 순간 참회의 눈물이 하염없이 흘러내렸다. 참으로 인간이 잘한다고 한 짓이 이렇게 대역죄를 지은 줄 꿈에도 몰랐다.

교주의 앞잡이 노릇을 하고 자라나는 자식을 10년 동안 노예생활을 하게 해서 앞길을 막아놓고, 이제 와서 자미천황님께 늦게 공부 시작하는 자식 잘되게 해달라고 매일 기도하고 있었으니 너무나 죄송하고 죄송합니다.

이런 진실을 밝혀주시니 알지, 인간 육신은 눈뜬장님이요, 귀머거리라 어찌 알겠습니까? 종교는 정말로 사라져야 한다는 것을 진정으로 알게 해 주셨습니다.

천인이 되면 사후에는 모두 천상으로 올라가는 줄 알았는데 그렇지 않다는 것을 의식을 통해 알게 되었으며, 이 진실을 모르고 죽어 못난 모습을 알게 되었다면 어찌 했겠는가?

늦게 꿈과 희망을 가지고 재도전하는 것은 불가능하지만 그리 되게 해주신다 하시니 자비로우시고 위대하신 자미천황님의 사랑을 듬뿍 받고 사는 가족임에 감사의 눈물이 앞을 가립니다.

어디에서도 받아보지 못한 위대하신 하늘사랑 내려주심에 가문의 영광이오며 최고의 하늘이십니다.

또한 아들의 마음속에는 억울함과 분함이 있다 하시면서 그 억울함과 분함은 만들어준 사람이 풀어줘야 한다 하시며 자세히 말씀해 주시었다.

남같이 살았던 마음을 모자간의 사랑과 화합으로 만들어 주시고자 한 것이다.

도판에서는 같이 살면 서로가 확기루 치인다고 같이 못 살게 했었는데 이렇게 하늘말씀과 종교 교주들의 말이 완전히 반대인 것이다.

이렇게 한 치의 오차도 없이 그대로 살아온 삶을 낱낱이 다 알고 계셨고, 저의 인생 가기 전에 알게 해주셔서 영원히 감사드려도 모자람을 느낍니다.

3월 달에 친정아버지의 천인합체를 급히 왜 해야 하는지도 의식을 통해서 알게 해주셨는데, 모든 것은 다 마지막 뚜껑을 열어봐야 하늘의 진실이 밝혀진다는 것을 알게 되었다.

이렇게 본인의 업장이 두꺼웠지만 모두가 다 연결되어 있어서 아들을 도판에 판 죄와 친정아버지를 천인으로 천상에 올라가시게 해드려서 죄가 상쇄되었다 하시니 하늘은 항상 공평하시고 한 치의 오차도 없으시다는 걸 의식을 통해서 더욱 알게 되었다.

이렇게 그릇도 되지 않은 인간 육신을 구원해 주시고자 애쓰시고 고생하신 신명님, 하나님, 미륵님! 자미인황님! 사감님! 지황님! 감사합니다.

또한 이를 지켜보시는 자미천황님!

나이 64세의 엄마이자 여자로서 이 글을 쓰면서 살아온 지난 삶을 다시 한 번 돌이켜 볼 수 있게 해주심에 감사드리며 영광이옵니다.

20년 넘게 다닌 도판에서 구원이 아닌 죄만 감나무에 감 열리듯 주렁주렁 달아왔고 감자의 뿌리에 달린 감자의 크고 작은 뿌리처럼 주렁주렁 달고, 몸과 마음과 재산을 다 잃고 하늘 찾아온 지도 어언 햇수로는 3년이 되었으며, 마음 아프게 해드렸는데도 다 용서해 주시고 위대한 사랑으로 넘치는 사랑 베풀어 주신 은혜 백골난망이옵니다.

지금 세계 각국에서는 K-POP과 드라마가 세계 속에서 한류를 춤추게 하며 열광하게 하고 한국어를 배우는 사람들이 기하급수적으로 증가하는 걸 보면서 자미국 지상 자미천궁이 세계 최고의 자미국이 되는 것은 시간문제일 뿐인 것 같습니다.

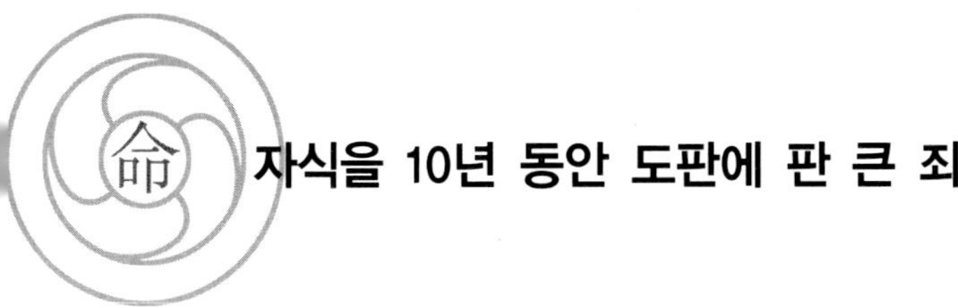

자식을 10년 동안 도판에 판 큰 죄

조상님 입궁식이며 본인은 물론 식구 모두를 한 명씩, 한 명씩 천인합체 의식을 통해서 재탄생시켜 주시면서 마지막 단계에서 지난 세월 동안 자미천황님께 잘못하고 슬프게 해드리고 가슴 아프게 해드린 죄에 대한 용서와, 그럼에도 불구하고 식구 모두를 천인으로 탄생시켜 주심에 대한 감사를 올리는 감사제를 윤허해 주심에 고맙습니다.

아무것도 모르는 상태에서 세월이 지날수록 식구들 천인합체를 통해서 하늘말씀을 조금씩 조금씩 알게 되었고, 마지막 감사제를 통해서 왜 식구들을 모두 해야 하는지를 자세히 알게 되었다.

같은 핏줄이라서 그런지는 모르겠으나 모두가 그냥 이루어지는 것이 아니고, 모두가 연결되어 있어서 감히 인간이 안다고 하는 것은 아무것도 없다는 것도 더욱 알게 되었다.

연결된 모든 관계는 그때는 무슨 말씀인지 몰라도 마지막 단계인 감사제에 뚜껑을 열어봐야 최고조의 하늘 진실의 말씀과 이 모든 것이 하나로 연결됨을 알게 되기 때문이다.

불면증이 원인이 되어 마지막으로 자미천황님의 선택을 받은 것 같다. 하여간에 감사제의식이 시작되어 신명님, 하나님, 미륵님께서 사감님을 통하여 말씀해 주시길, 처음에는 본인 마음속에는 인정받고자 하는 마음과 대우받고자 하는 마음이 있다고 하신다.

그 마음은 나를 내세우는 마음이고 내가 최고라는 마음이 들어간 것이라 하시며, 모든 잘된 공은 상대방에게 돌리고 잘못된 것은 나의 것으로 돌려야 화합이 되고 순응이 되는 것이라 하신다.

또한 자식들을 의지하면서 인간적인 삶을 살라고 해주셨는데도 엉뚱한 곳에 긴 세월 동안 다니면서 그것도 모자라 어린 자식을 도판에 팔고 10년이라는 긴 세월을 남들보다 늦게 공부를 시작하게 만들고 자식 가슴에 화산을 품고 살게 만들었으니 그 죄가 너무나 커 평생 죄인으로 살아야 한다, 하심에 가슴을 치고 눈물이 앞을 가립니다.

상상도 못해 본 말씀입니다. 천인으로 탄생시켜 주시면 그것으로 지난날의 죄를 다 용서해 주시는 줄 알았는데 평생 죄인으로 살라 하심에 너무나 큰 충격이었습니다. 어디에서 이런 진실을 알 수 있을까요?

사감님을 통해서 말씀을 해주시니 알지, 어찌 인간이 이런 짓을 하는지도 모르고 일을 저지르니 참으로 기가 막힙니다.

저는 단지 사감님께서 말씀해 주시는 명을 어겨서 그 용서만을 빌면 되는 줄 알았는데 어마어마한 진실이 숨어있는 줄을 어찌 생각이나 했겠는가? 참으로 대단하신 하늘의 말씀이십니다.

또 저의 지난날의 모습을 토끼와 거북이의 우화와 비교해 주시면서 토끼는 육의 모습이고 거북이는 자아의 모습이라 하시며, 인간 육신의 급함이 자미천황님의 말씀도 듣지 못하고 뛰쳐나가 도판에 가서 긴 세월 동안 몸과 마음과 재산을 다 바치고 피폐한 몸이 되어 자미천황님을 뵙게 되니 너무나 죄송스럽고 부끄럽습니다.

이런 처지에 있는 줄도 모르고 늦게 영국으로 공부 떠나는 아들을 잘되게 해주십사 자미천황님께 빌고 빌었는데 이런 사실을 알면 감히 어찌 빌겠는가?

아들 앞에서는 항상 죄인처럼 살라 하시며 이제부터라도 자식한테 부모라는 이유만으로 대우받으려 하지 말고 자식을 최대한으로 기를 살려주고 용기 주라고 하시며 마음의 상처를 어루만져 주고 풀어주라 하신다.

상처를 준 사람이 풀어줘야 풀리는 것이라 하신다. 참으로 자상하시고 위대하신 자미천황님이십니다.

자식을 도판에 판 큰 죄를 지었지만 오늘 낼 하시던 친정아버지를 천인으로 해드렸기에 그 큰 죄가 상쇄될 수 있어서 본인도 용서가 된다고 하십니다.

하늘은 그냥이 없으시다 하시며 누구나 다 공평하시다고 하십니다. 인간 육신이 안다고 하는 것은 다 알음알이고 진실은 오직 하늘말씀으로만 알 수 있다고 말할 수 있다.

친정아버지 천인합체 할 때는 전혀 그런 사실이 숨어있는 줄도 모르고 불면증이 심해져서 아버지를 위한 것처럼 되었지만 사실은 본인을 위해서 천인합체를 해드린 것이고, 이것이 본인의 죄를 탕감하는 것이 될 줄이야 어찌 알겠는가?

어디에서도 알 수 없는 오직 자미국 지상 자미천궁에서 마지막 감사제를 통해서 사감님께서만이 하늘 진실의 말씀으로 알 수 있으니 최고의 자미천황님이십니다. 위대하신 자미천황님이십니다.

이렇게 식구들마다 그냥 천인합체를 해주시는 것이 아니고 사명자인 본인과 하나의 흐름으로 연결되어 마지막에 퍼즐 맞추듯이 맞아떨어지는 것이다. 참으로 신기하고 신기합니다.

또한 내 인생을 스스로 소중히 여겨야 자미천황님께서도 소중이 여기는 것을 이루어 주신다고 하십니다.

그러시면서 자미천황님께서 10년 세월이 지난 후 자식이 꿈을 가지고 희망을 가지고 재도전하는 것은 불가능하지만 그렇게 해주신다 하시면서 육신의 부모인 저도 같이 용기와 격려를 해서 기를 살려주면 자식들이 잘되게 될 것이라 하시니 영광이오며 희망이옵니다.

도판에서 교주의 앞잡이 노릇을 하면서 어린 자식과 몸과 마음과 재산을 다 바친 어리석은 자손을 구원해 주시고 용서해 주시니 위대하신 천지부모님이시며, 가문을 개벽시켜 주시니 가문의 영광이옵니다.

이제부터라도 자미천황님께만 향하고 하늘말씀대로만 살고 싶고 현생에서나 사후세상에서 자미천황님의 사랑과 보호 속에서 살고 싶고, 하늘말씀으로 깨닫고 마음 그릇 크게 하며 살고 싶어요. 그런 삶을 살 수 있도록 도와주세요.

위대하신 자미천황님 항상 감사드리며 고맙습니다.

신명님! 하나님! 미륵님! 자미인황님! 항상 감사드리며 고맙습니다.

지황님! 사감님! 항상 감사드리며 고맙습니다.

— 서울 서초동 ○○천인 박○○

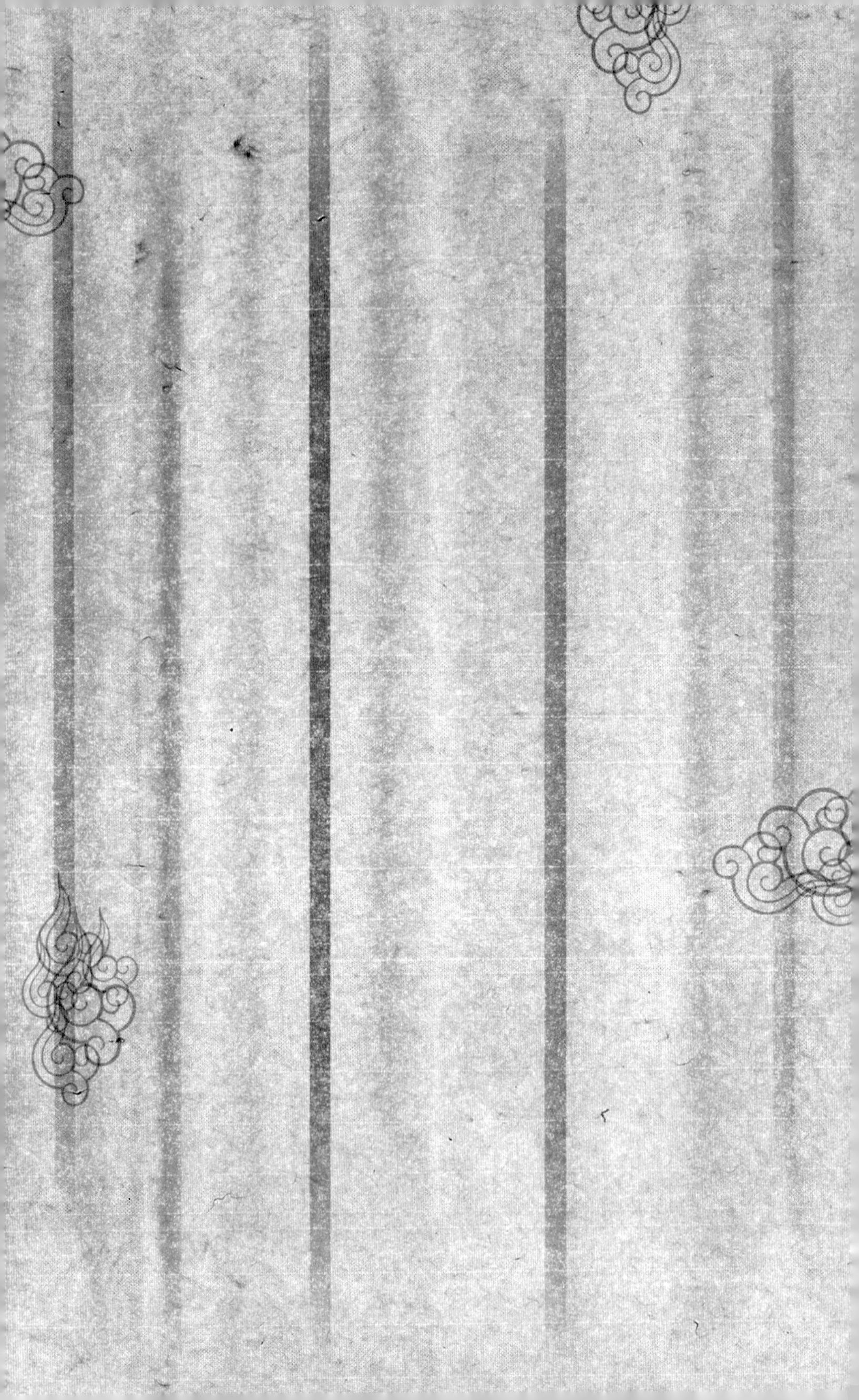

제7부

땅의 하늘 자미국

天子生法

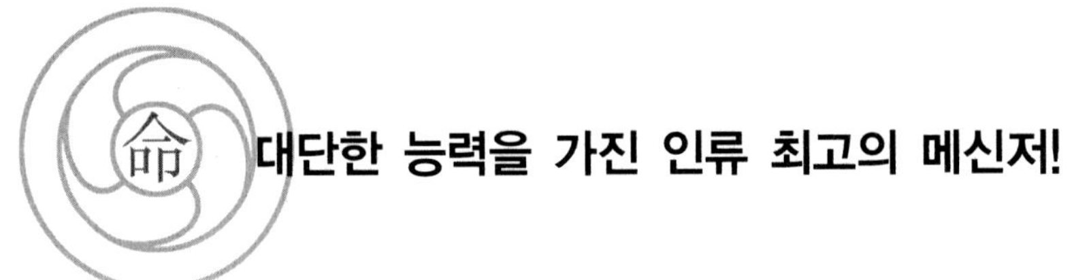

대단한 능력을 가진 인류 최고의 메신저!

저자가 '사감'과 인연 맺은 지가 벌써 12년째이다.

그러나 각기 다른 장소에서 같은 시점(1999년)에 나는 하늘의 제자, 사감은 신의 제자 길로 들어섰다는 것이 정말로 아주 예사롭지가 않았다.

각자가 길을 들어선 지 3년 만인 2001년도에 만난 것 같다.

이미 천상세계에서는 각본이 다 짜여 있었겠지만 나와 사감은 인간인지라 전혀 알 수가 없었다.

황무지 같은 길을 개척하기까지에는 말로 표현하기 어려울 정도의 고난의 길이 있었다.

수천 년 역사를 가진 종교의 힘으로 이루지 못했던 불가능의 세계를 현실로 이루는 것이 나의 목표였다.

하늘의 제자!

언제부터인가 하늘만이 떠올랐다.

태초 하늘의 진실을 만 세상에 널리 알리고 싶었다.

기독교, 천주교에서 말하는 하나님의 세계가 아니라 그보다 분명히 높은 세계가 있을 것이란 막연한 기대로 고행의 길을 걷기 시작했다.

선생이 없는 외로운 길!

무식하면 용감하다고 했던가?

나는 무조건 나의 마음 안에서 전해지는 메시지를 받고 남들이 뭐라 하든지 상관 않고 독불장군처럼 내 갈 길을 묵묵히 갔다.

도중에 도반들과 함께하며 사기배신을 당하는 아픈 세월도 몇 번 있었다.

그들과 함께하면서 금전적으로 마음의 상처 또한 많이 입었다.

아~! 참으로 험한 길이구나 하고 울면서 내가 이 길을 왜 들어왔는지 후회도 했었다.

사나이로서 내 설움에 복받쳐 눈물을 흘린 것은 처음이었다.

피눈물도 없이 독한 나였지만 내 앞에 펼쳐진 비참한 현실을 보고 울음이 터져 나온 것이다. 내가 이런 길을 걸으려고 사업하다 이 길을 선택했단 말인가?

내 자신을 원망했다.

사업해서 번 20억 가까운 돈이 모두 나가고 빚만 몇 억이 쌓였다.

이제 나는 결정을 해야 했다. 이대로 좌절할 것인가, 아니면 다시 재기할 것인가?

그때 2004년도에 머릿속에 떠오르는 메시지가 있었다.

2000년부터 받은 메시지였다.

나는 5년간 내 마음 안에서 수시로 책을 쓰라는 메시지를 받았다.

이제 마지막으로 글을 써서 책을 출판하는 것이 나의 소원이었다.

출판해서 2005년 7월 6일 조선일보, 중앙일보, 동아일보에 처음으로 책 광고를 내게 된다.

의외로 효과가 전국적으로 폭발적이었다.

공감하는 독자들이 줄을 잇고 방문했다. 이 당시에 책을 출판하지 않았다면 지금의 자미국 자미천궁은 탄생하지 않았을 것이다.

현재의 사감과는 2001년도에 만나 인연이 되었고, 일을 여러 번 했지만 뜻이 안 맞아 몇 번 떨어졌다가 책을 집필해 놓고 다시 만나게 되어 지금까지 함께하고 있다.

한 번 돌아서면 다시는 쳐다보지도 않는 나의 성격인데 어째서 다시 사감과 만나게 되었는지 전혀 이해가 안 되었다.

다시는 안 본다고 소식 끊고 있었는데 엉뚱한 일로 다시 연결해 준 사람이 있었다. 그는 둘 사이를 다시 싸움하도록 연결만 시켜 주는 빌미(모함으로 싸움을 붙임)를 제공하고 영원히 떠나갔다.

그 싸움으로 다시 만나게 되었는데, 지금 생각해 보면 자미인황님께서 다시 만나게 해주시느라 일부러 고자질을 시켜서 싸움하게 만드신 것 같다. 당시에는 아주 너무나 황당하고 생각조차 못했던 일이었다.

아, 이제 보니 그랬었나 보다.

자미인황님께서 갈라진 둘 사이를 다시 붙이려면 명분과 사람이 있어야 하는데, 그 역할할 사람 몸에 들어가시어 사감이 나에게 어떤 욕설을 했다고 모함 전화를 하시고, 나를 열받게 해서 사감에게 따지도록 전화를 하게 하신 것 같다.

기막힌 일이다. 자미인황님의 조화가 대단하시다.

1년 이상 연락을 안 하고 있었을 때였다. 그러고 보니 사감 핸드폰에 어느 날 내 전화번호가 찍혀 있어서 이상했다고 말을 했다. 물론 나는 전화한 적이 없었다.

다시 만나 그동안 나의 가슴에 원이 되도록 맺혔던 오해가 풀렸고 손을 잡고 다시 시작하게 되었다.

참으로 상상도 못할 신비함 그 자체였다. 정말 대단하시었고, 나와 사감의 일거수일투족 모두를 실시간으로 지켜보고 계셨던 것 같다.

책 집필이 거의 완성단계에 이르렀을 때 싸움을 가장하여 사감과 다시 연락하게 해서 만나게 해주셨으니 말이다. 정말 한 편의 드라마 소설 같은 일들이 있었다.

그러고 보니 자미인황님께서 자미국을 세우시려고 나와 사감을 선택하신 것 같다. 사감이 수시로 자미국을 자기가 세웠다고 천인, 백성들에게 말을 한 것이 내 귀에 들어와 열을 받았던 적이 있었다.

아니 내가 혼자 1년 동안 책을 집필하고, 돈 1억 빌려서 출판하고 건물 얻어서 자미국 개국했지, 어떻게 네가 세웠느냐고? 이때는 자미인황님의 존재를 전혀 몰랐었다.

지금 보니 육신은 비록 내가 자미국 개국했지만 자미인황님께서 세우셨다고 하신 말씀이시었지만 당시에는 도무지 이해가 안 되었다.

맞다, 지금 자미인황님께서 나와 사감 육신을 내왕하시면서 세계 최고의 자미국을 세우시고, 천상천감님(하나님)께서는 자미천궁을 열심히 세우시고 계신다.

인간은 이런 진실을 알 수 없다.

그랬다. 사감도 당시에는 그 말이 무슨 뜻인지 모르고 받아서 말을 했으나 이렇게 이분이 전해 주시는 메시지를 한 치의 오차도 없이 너무나도 잘 받는다.

개국 초기였으니 장님과 코끼리가 따로 없었다.

아, 그랬다. 지금 돌이켜 보니 2000년 초부터 5년 동안 줄기차게 책을 쓰라고 내 마음 안에서 노래 부르듯 메시지를 보내주신 분이 바로 태초의 인간으로 오신 자미인황님이셨나 보다.

이런 일이 당시에 있으리라고는 감히 생각지도 못한 상상초월의 이야기이다.

1999년 초부터 그동안 수많은 개벽 수준의 이적과 기적의 풍운조화를 보여주신 분도 바로 자미인황님이셨다는 말이 된다. 당시에는 내가 도력이 대단하다고 생각해서 기고만장했었다.

정말 상상도 못할 놀라운 일이다.

2005년 7월부터 본격적으로 사감과 함께 의식을 행하면서 상상도 못했던 일들이 일어난다. 대단하신 신명님, 하나님, 미륵님, 자미인황님께서 이때 차례대로 모두 하강강림하여 주신 것이었다.

나는 하늘의 신명님들을 청하는 경문을 했다.

천상의 어떤 신명님을 사감의 육신으로 하강강림해 주시라고 청했고, 사감은 이분들의 말씀을 받는 역할이었다. 제일 처음에 오신 분이 신명님이시었다.

당시에는 이분이 신명님이신지 잘 몰랐던 때였다.

사감 육신의 몸으로 처음 하강강림하신 신명님께서는 나와 대화를 주고받으시면서 그동안 세상에서 궁금히 여기고 있었던 일과 의식의 주인공들이 여쭈어 보는 의문점에 대하여 모든 것을 자세히 가르쳐 주시었다.

놀라운 일이었다.

너무나도 정확하시었고, 모르시는 것이 없으시었다.

상대방의 살아온 인생을 손바닥 보듯이 너무나도 정확히 집어내시는 것이었다.

시간이 되면 밤늦게까지도 사감과 함께하면서 그분들의 말씀을 들었고 현재까지 이르게 되었다. 그러자 어느 날 기독교, 천주교의 하나님이 오시어서 천상 자미천궁에 대한 진실과 천인합체에 대한 진실을 아주 자세히 밝혀주시었다.

그리고 불교, 도교의 미륵님께서 오시어서 하늘의 진실에 대한 가르침을 자세히 알려주시었다.

'자미인황님'이란 분의 존재가 2011. 10. 25 정확히 밝혀졌고, 사감의 육신으로 들어가시어서 나에게 10년 이상 많은 시간 동안 호된 하늘공부를 시켜주신 감사한 분이시다.

내가 여러 명의 도반이나 신의 제자들과 의식을 해보았지만 사감처럼 이 분들의 말씀을 한 치의 오차도 없이 받아내는 사람은 본 적이 없다.

내가 하늘의 경문을 외우면서 사감을 천상세계, 지옥세계로 보내보고, 산사람의 생령까지 실어서 나의 수많은 궁금증을 풀 수 있게 해준 신비의 장본인이다.

궁합이 척척 맞는다고 해야 할까? 내가 말하면 말하는 대로 모든 것을 나의 분신이 되어 그대로 행하였고 불가능이 없었다.

사감의 육신은 지상에 내 앞에 앉아있는데 사감이 어떻게 천상세계와 지옥세계를 가서 그 모습을 보고 그분들이 해주시는 말씀을 그대로 전달해 줄 수 있는지 너무나도 신기하였다.

그곳 세계로 가라고 지시하는 저자 지황이나, 가란다고 그곳 세계로 덜렁 들어가는 사감이나 일반인들의 수준으로 보면 둘이 완전 쌩쇼 하는 것이고 미쳤다고 봐야 했다.

비록 둘이서 이런 하늘공부를 수없이 하였지만 사감이 전해 주는 그분들의 말씀들은 모두 현실 그대로 일어났다.

그래서 나와 사감은 미친 것도 아니고, 쌩 쇼하는 것도 아님을 알게 되었다. 사감을 통해서 전해 주시는 그분들의 말씀이 모두 옳았기에 가르쳐 주시는 대로 믿으며 행하고 그대로 따랐다.

사감은 신명님, 하나님, 미륵님, 태초의 인간이신 자미인황님의 말씀을 한 치의 오차도 없이 받아서 실시간으로 나에게 전해 주는 인류 최초의 엄청난 역할을 해주고 있는 신비의 인물이다.

또한 조상님들의 말씀도 받아서 그대로 전해 준다. 아니 사감 몸에 어떤 분이 오시던지 강림하시면 그때부터 우리 인간들이 대화하듯이 서로 말을 주고받으니 이것이 어찌 경천동지할 일이 아니던가?

종교가 잘못되었다는 것도, 악들이 어떻게 하고 있다는 것도 사감을 통해서 신명님, 하나님, 미륵님, 자미인황님이 가르쳐 주셨기 때문에 내가 아는 것이다.

인간들의 지적 수준으로는 무엇이 잘되고 잘못되었는지 전혀 알 수가 없다.

10년의 세월을 함께하고 있지만 정말 사감은 대단한 능력을 가진 신비의 인물이다. 신명님, 하나님, 미륵님, 자미인황님께서 사감 같은 인물을 기다리는 세월이 너무나도 길었다고 하신다.

그동안에도 여러 신의 제자들에게 하늘의 진실을 전해 주었지만, 세상 그 어느 누구도 이분들의 말씀을 알아듣는 사람들이 없었다고 하신다.

태초의 하늘이신 태상천존 자미천황님을 만 세상에 우뚝 세우시려고 신명님, 하나님, 미륵님, 자미인황님께서 기다리시던 고귀한 인물이고 나에게는 만천하를 얻게 해주는 둘도 없는 고마운 인물이다.

사감은 하늘께서 나에게 보내주신 인류 최고의 가장 값지고 큰 보물이다. 지황과 사감은 장차 세계 최고의 재벌이 되고, 전 세계에 막대한 영향력을 행사하는 위대한 영도자로 부상할 것이다.

지황과 함께 세계인류가 신명님, 하나님, 미륵님, 자미인황님이 전해 주시는 태초 하늘의 말씀을 사감을 통해서 들어야 하기 때문이다.

이제는 자미국 자미천궁의 지황과 사감이 세계인류까지 맞이할 준비가 모두 끝났다.

번역본이 출간되었으니 전 세계의 대통령들과 재벌 부호들이 사감(신명님, 하나님, 미륵님, 자미인황님)을 통하여 하늘을 만나고자 인산인해를 이루며 자미국 자미천궁으로 몰려들어 올 것이다.

전 세계에서 유일하게 신명님, 하나님, 미륵님, 자미인황님을 통해서 하늘의 말씀을 자유롭게 인류 최초로 들을 수 있는 최고의 자미국 자미천궁이다. 인류의 운명이 이곳을 통하여 송두리째 바뀌어질 것이다.

命 나는 누구인가?라는 화두에 대한 명쾌한 해법!

지금까지는 '나는 누구인가?'에 대해 속 시원하게 말해 주는 영적 능력자가 이 세상에 하나도 없었다.

나는 누구인가?라는 화두에 대한 해답을 찾지 못하면 살아서나 죽어서나 고통과 불행 그 자체이다.

인간의 눈에 보이지 않고, 귀에 들리지 않는 하늘.

조상님들과 귀신(악마, 악귀잡귀, 사탄마귀)으로 인하여 인생사의 길흉화복, 흥망성쇠, 성공과 실패가 좌우된다.

이 세상에 정답 없는 문제는 없다.

종교 안에 없었던 정답! 하늘께서는 모두 알고 계신다.

각자의 인간은 성과 이름이 있지만 자신들의 몸 안에 있는 혼(영, 신, 도)들은 그 존재 자체를 한 번도 밝히지 못하고 수만 년의 세월을 기다리고 있다.

수만 년 동안 이름도 없는 불행한 무명자 신세!

그래서 육신이 죽으면 이들을 세상 사람들은 귀신이란 이름을 붙이고, 물론 귀신들도 상중하 신분이 있다. 그들 중에는 이곳에서 말하는 대마왕, 악마, 악귀잡귀, 사탄마귀, 요사귀, 원혼귀가 포함되어 있다.

하늘의 천명을 받아 자신들의 몸 안에 있는 존재를 밝히지 못하고 죽으면 천추의 원과 한이 된다.

인간이 탄생한 이래 자신들의 몸 안의 존재를 밝혀주는 곳은 전 세계 그 어디에도 없었다.

난생처음이고 인류가 탄생한 이후로도 처음이다. 이러한 진실을 몰라보고, 인생이 힘들어 무당집 찾아가면 신 가물이라 하여 신내림을 받으라고 하는데 받으면 바로 지옥세상의 인생을 살아야 한다.

신 가물이 아니라 자신들이 하늘을 만나고 싶다고 인간 육신에게 고통과 불행을 주는 것인데 하늘의 진실을 몰라서 신인 줄 알고 신굿을 하라고 하는데 정말 굿해서 신을 받으면 망한다.

영원히 하늘을 만날 수도 없고, 자신이 누구인지 존재를 밝히지 못하는 악수를 범하게 된다.

나는 누구인가?

누가 외치고 있을까? 바로 자기 자신들이다.

살아서 천인합체의식을 행하면 나는 누구인지 태초의 진실을 알 수 있게 되고, 천인합체한 자에게 하늘께서 새로운 관명을 내려주신다.

하늘께서 내려주시는 관명을 하사받지 못하면 이름 없는 무주고혼이 되어 종교세계, 지옥세계, 악의 세계, 허공중천 구천세계를 떠돌고 자손들의 몸으로 들어가 삶을 힘들게 한다.

인간들만 잘 사는 세상이 되어서는 안 된다. 이제 각자가 더 잘 살기 위해서는 자기 자신부터 구원받아야 한다. 자신이란 자기의 신과 영, 다시 말해 반쪽을 말하는 것이다.

2천 년의 기독교, 3천 년의 불교, 수천 년의 도교, 수억만 년의 기도수행으로도 풀 수 없는 문제들이다. 각자 자신들의 족보에 대해서는 하늘과 신명님, 하나님, 미륵님, 자미인황님께서만이 아시기에 종교인들의 능력으로는 도저히 밝힐 수가 없다.

고승, 도승, 도인이라 할지라도 무속인, 도사, 법사, 영매자, 예언자, 심령술사들도 어쩌지 못하는 하늘의 영역이다.

자미국 자미천궁에 들어와서 천인합체하지 않고 그냥 죽으면 귀신의 신세를 면하지 못한다. 귀신이 아닌 천인으로 재창조되면 살아서도 천인, 죽어서도 천인이란 신분을 유지한다.

살아서 대통령, 왕, 세계적 재벌이라 한들 천인으로 재창조의 천명을 받지 못하고 죽으면 100년 미만의 꿈을 꾸는 일장춘몽에 불과하고, 육신이 죽음과 동시에 부귀영화 또한 모두가 물거품으로 변한다.

두 저자는 나는 누구인가를 밝히는 천상지상 공무와 인류를 구원하는 천지대업으로 인하여 하늘로부터 그 공로를 인정받아 하늘세계 평화상을 받게 될 것인데 이는 인류 역사를 재창조하는 천상지상 공무를 인류 최초로 완벽히 수행한 덕분일 것이다.

종교세계 능력으로는 태초의 진실을 도저히 밝히고 이루어 낼 수 없는 어마어마한 일을 지황과 사감이 해내고 있다.

그야말로 하늘아래 세상 그 어느 누구도 두 저자와 비교가 안 된다. 그래서 두 저자는 인류 태초의 영적 지도자라고 해도 과언이 아니다.

이 땅에 인간으로 태어난 하늘의 사명자 모두는 하루속히 자미국 자미천궁에 들어와서 묻지도 말고 따지지도 말고 예약이 밀리기 전에 천인합체의 천명을 받아 천인으로 재창조되어야 한다.

현실의 돈과 권력, 명예에만 눈이 멀어 살고 있는 사람들은 태초의 진실 앞에 아름답게 굴복하여 미래의 사후세계를 대비하자.

부귀영화로 만족하고 사는 사람들! 그 삶이 끝나면 허공중천 떠도는 불쌍한 귀신이 된다.

전 세계의 대통령과 재벌들도 자미국 자미천궁의 존재를 책을 읽고 공감하여 하늘과 신명님, 하나님, 미륵님, 자미인황님의 인도받아 들어올 것이니 의식 예약순서를 얼마나 기다려야 할지 모른다.

이는 두 저자만의 뜻이 아니라 하늘과 신명님, 하나님, 미륵님, 자미인황님이 원하시고 바라시는 태초의 뜻이기에 천지개벽 수준이 될 정도로 자미국 자미천궁의 위상이 대단히 높아질 것이고, 세계를 지배통치하는 상상불허의 꿈만 같은 세상이 현실로 열린다.

수많은 예언가들이 말한 대로 지구상에 모든 종교가 사라질 것이다.

태초의 진실을 밝히는 자미국 자미천궁의 두 저자.

인간을 다시 창조하고 있다.

나는 누구인가?

자기 자신의 존재를 밝히지 못하고 죽는다는 것은 가장 불행하고 가장 바보스러운 일이다, 이 땅에서 자신이 과연 누구인지 한 번도 밝혀본 역사가 없었다.

자미국 자미천궁은 인류의 보물이며 전 세계의 중심이다.

이름 나쁘다고 작명하고 개명하러 다니지 말고, 하늘이 내려주시는 천인으로 새롭게 탄생하여야 한다.

신생아들도 마찬가지이다.

작명소에 가서 몇 십만 원짜리 이름 짓지 말고 살아서도 죽어서도 영원한 신생아 이름을 천인합체의식을 행하여 하늘께 하사받아야 아이들의 성공길이, 출세길이 활짝 열린다.

살아서도 죽어서도 평생 사용하고, 영원히 남을 이름을 역술인들에게 몇 십만 원 주고 싸구려 이름을 지을 것인가?

기업 상호와 개명도 마찬가지이다.

귀한 이름을 지으려면 자미국의 저자를 통하여야 한다.

누가 감히 하늘의 기운을 당해 낼까?

하늘께서 신생아의 이름을 내려주신다는 것은 살아서도 죽어서도 영원히 보호하고 지켜주시겠다는 뜻이다.

신생아들은 출산하기 전 엄마의 뱃속에 있을 때 천인합체의식을 행하는 것이 가장 이상적인 천인합체가 될 것이다.

이 책을 읽어보고도 공감하지 않는 사람들은 물론 사명자가 아닐 수도 있지만 진짜는 귀신들에게 홀려있는 것이라고 보면 정확하다. 종교귀신에게 빙의된 것이고, 많은 귀신과 함께 살고 있지만 눈에 보이지 않아서 모르고 살 뿐이다.

나는 누구인가를 밝히는 의식을 행하면 숨어있는 귀신들은 모두가 쫓겨나야 하기 때문에 독자들의 몸 안에 오래도록 숨어있으려고 이 책 내용을 가짜라고, 사이비라고 매우 부정적인 메시지를 보낼 수 있으니, 그 모든 것을 뛰어넘고 들어와야 살아서도 죽어서도 천추의 원과 한을 남기지 않을 것이다.

천인합체의식을 통해서만 나는 누구인가를 밝혀낼 수 있다.

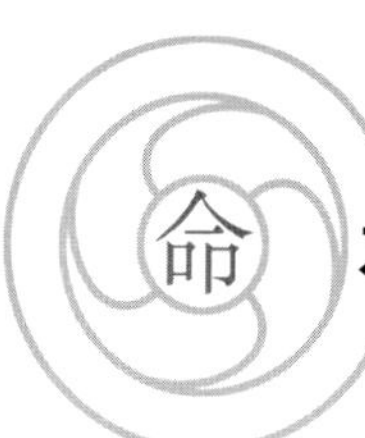

자미국 자미천궁의 백성과 천인으로 재탄생!

새로운 세상에서 새로운 삶을 살아간다는 것은 흥분되는 상상초월의 일이다.

자미국 자미천궁은 기존의 종교세계의 뜻을 펼치는 곳이 아니기에 교인, 불자, 신도, 신자. 성도, 도인 등의 이름을 쓰지 않고, 자미국 자미천궁이 세계를 영도하고 통치할 하나의 국가 형태이기 때문에 자미국의 국민이라는 뜻으로 백성이라 한다.

자미국의 백성이라 함은 하늘의 백성이란 뜻을 포함하고 있다.

백성의 신분보다 상위 개념은 천인이고, 백성보다 낮은 개념은 예비백성이다.

자신의 조상님 입궁의식을 행하면 그의 조상님은 천상 자미천궁에 올라가서 천손이란 신분을 부여 받고, 의식을 행한 사람은 자미국의 정식백성이란 평생신분이 주어진다.

백성의 신분에서 천인합체의식을 행하면 ○○천인이라는 특별한 칭호가 붙여진다.

형편상이든 이해를 하지 못하여서든 여러 사정으로 입궁식, 천인합체를 행하지는 못하지만 자미국의 뜻에 절대 공감하면 1년 단위마다 가입비를 내고 예비백성으로 가입할 수 있다.

인생을 살아가면서 각자들의 목표를 이루기 위해 앞만 보며 바삐 살아가겠지만 가장 우선적으로 행해야 할 일은 자미국의 백성과 천인의 신분을 취득하는 것이다.

왜냐하면 하늘의 특별한 사랑과 보호를 받기 때문이다.

하늘의 사랑과 보호라는 것은 금전으로 환산이 안 되는 천문학적인 천복만복을 담고 있다.

돈으로 받는 복도 복이지만 건강, 가정화목, 기업의 성공, 각자의 성공, 자식의 성공, 마음의 평화, 기쁨과 행복 등등 헤아릴 수 없이 많다.

그리고 자신의 현생과 내생이 하늘로부터 지킴을 받는다는 것이니 영광일 것이다.

이미 돌아가신 각자들의 부모조상님을 허공중천 구천세계, 지옥세계, 종교세계, 무덤 안, 자신들의 몸 안에서 떠나 하늘이 계시는 꽃피고 새 우는 꿈만 같은 천상 자미천궁에서 마음 편하게 영원히 살게 해드리는 것이 자손으로서는 최고로 효도하는 일생일대의 대사이다.

옛날부터 조상님들이 잘되고 편해야 자손들도 성공출세하고 편하다고 전해지는데, 이는 사후세계에 계신 각자의 조상님들의 기운이 후손들에게 그대로 영향력이 미친다는 것을 뜻한다.

이것을 풍수지리 명당이론에서는 동기감응이라고 표현한다.

그래서 명당자리를 찾아 조상님을 모셔야 자손들이 크게 잘된다고 해서 풍수에 심취해 있는 사람들이 많은데 이제 하늘의 진실이 낱낱이 알려지고 있는 이 시대에는 땅에 천하명당보다도 더 빠른 발복을 가져오는 것이 자미국 자미천궁에서 행하는 조상님 천상입궁의식이 최고이다.

천상 자미천궁이 천상명당이다.

명당자리가 무엇인가.

하늘과 땅의 좋은 기운을 조상님들이 받아서 자손들에게 전해 주는 것이다. 그러나 언제 조상님들이 그 좋은 기운을 받아서 자손에게 전해줄지 알 수가 없다는 점이다.

물론 묏자리 쓰자마자 복을 받는 금시발복이 있기는 하지만 그것은 일시적인 것밖에는 안 된다. 언제 발복이 될지 몰라서 무한대의 세월을 무작정 기다려야 한다.

그리고 각자들의 시조 조상님까지 수많은 직계 조상님들이 계신데 이분들 모두를 명당자리에 모실 수는 없다. 명당자리에는 1명의 조상님 유골만이 들어갈 수 있기 때문이다.

그런 면에서 직계 시조 조상님까지 모두가 일시에 천상 자미천궁에 올라가서 하늘의 기운을 받을 수 있는 의식이 있으니 그것이 바로 조상님 천상 입궁식이다.

의식을 행하여 조상님들이 천손이 되면 하늘 자미천황님의 사랑과 보호를 영원히 받게 되는 것이니 돌아가신 부모조상님들께 이보다 더 좋은 효도 방법은 이 세상에 없다.

하늘께 복을 타서 자손들에게 전해 주는 가장 빠른 지름길이니 금시발복이라고 봐야 한다.

아직 살아계신 부모님께는 천인합체라는 최고의 효도의식이 있다.

지금 살아있는 독자 여러분들은 시간 차이야 있지만 차례대로 인간의 육신을 벗어놓고 머나먼 사후세계로 들어가야 한다.

길 안내자도 없는 완전 미지의 세계를 향하여 여러분들은 머나먼 길을 떠나야 한다. 한마디로 죽으면 끝이 아니라 사막 한가운데 서 있는 막막한 심정이다.

살아서 천인합체의식을 행하여 천인이 되지 못하고 인생을 마감한다면 천상 자미천궁이란 곳에 들어갈 수가 없다.

허공중천을 맴돌거나 악마들에게 잡혀가서 모진 고생을 해야 하고, 조직폭력배 같은 악귀들에게 잡혀가서 두들겨 맞고 종살이 노예살이 해야 하고, 지옥세계 떨어져서 감내하기 힘든 형장의 국문도 받아야 한다.

인간세상에 어떤 단어가 존재하는 것은 그런 세계가 있음을 잘 말해 주고 있지만 눈으로 보고, 귀로 듣지 않으면 모두를 부정하는 세상이라서 더 이상은 말하지 않겠다.

자신의 마음(정신)이 있지만 눈에는 보이지 않는다.

영의 세계, 사후세계, 하늘세계 또한 모두 존재하지만 인간의 눈에만 보이지 않을 뿐이다. 공감하는 사람들은 자미국 자미천궁의 문을 두드리고, 부정할 사람들은 기존에 각자들이 알고 있는 종교적 사고방식대로 그냥 살다가 세상을 마감하면 된다.

하늘이 내려주신 행운아!

그들이 바로 자미국 자미천궁의 백성과 천인들이다.

이들은 수많은 종교를 몇 년에서 몇 십 년씩 두루 다니다가 환멸을 느끼고 책을 읽으며 감명받고 공감하여 어려운 관문을 통과한 훌륭한 사람들이다.

수많은 종교에 속고 속아서 자신들은 물론 가족들에게까지 피해를 주는 많은 고통의 세월이 있었다.

또다시 속을지라도 마지막으로 꼭 한 번은 와봐야 할 자미국이다. 독자여러분들의 현생과 사후세상의 생명줄이 달려있는 아주 중요한 곳.

자미국 자미천궁은 저자의 뜻에 따라 마음대로 운영되는 곳이 아니라 하늘과 신명님, 하나님, 미륵님, 자미인황님의 뜻을 받들어 모든 의식을 함께 행해야 하는 곳이기에 기존의 종교처럼 대표자 마음대로 독선적인 운영을 할 수가 없어서 속을 염려 같은 것이 없다.

그리고 조상님을 구원하는 의식은 단 한 번뿐이고, 각자들과 가족들의 천인합체의식 역시 1인당 단 한 번뿐이다.

종교처럼 두 번을 시키지 않는다는 것은 그만큼 자신 있기 때문이기도 하고 하늘의 뜻이기도 하다.

인생의 행운아, 하늘의 행운아!

아무나 가질 수는 없다. 이 책 내용을 읽고 공감하며 믿는 사람들에게만 돌아갈 것이다.

이곳은 종교가 아니기에 가족들이 함께 오는 것을 허락하지 않는다.

1가구당 1인만이 들어올 수 있다.

자신들이 책을 보고 공감했다고 배우자, 자식, 형제, 부모님에게 말하며 설득했다가는 영영 인연을 맺기가 어려워질 수 있다. 귀신들이 못 가게 가로막는다.

그들 몸에 자미국 자미천궁을 반대하는 종교의 귀신(악)들이 들어있으면 쌍심지 켜며 못 가게 난리친다.

자미국 자미천궁에 대하여 주위 사람들에게 말하면 미친 사람 취급받으니 일절 함구하고 자신이 공감하면 아무에게도 알리지 말고 찾아오기 바란다.

지금까지 저자가 1만여 명 이상의 수많은 사람들을 상담하며 겪어온 체험에서 얻어진 결과이다.

배우자를 편하게 해주려고 말을 해서 함께 동행하는 경우가 과거에 여러 번 있었는데 절대 금물이다.

자미국 자미천궁의 귀한 백성, 천인이 되고자 한다면 이 책을 보는 순간 아무에게도 말하면 안 된다.

책을 읽고 너무나 공감하여 배우자, 가족, 친구, 애인, 동료, 직장상사 등에게 이러이러한 곳이 있는데 어떻게 생각하느냐고 자문을 구하며 물어보는 순간, 이곳과 인연은 그 시점에서 끝날 수도 있으니 각별히 주의해야 할 것이다.

말 그대로 자미국 자미천궁은 그대들에게 보물창고이다. 너무나 대단해서 악과 귀신들이 가지 못하게 시기질투한다.

구원받지 못할 귀신(악)들이 결사적으로 방해를 한다.

인류 최초로 세상에 전해지는 하늘의 진실에 대하여 종교인이나 자신의 주위 사람들이 자미국 자미천궁에 대하여 안다고 생각하고 자문을 구했다가는 낭패를 본다.

이 많은 진실의 내용들을 모두 읽어보고도 못 믿어서 다른 사람들에게 물어보겠다는 의사표시이니 여러분들을 구원해 주시고자 데리려 가셨던 신명님, 하나님, 미륵님, 자미인황님께서 발길을 돌리실 것이니 절대 물어보는 우를 범하지 말아야 한다.

1가구당 사명자는 단 하나인데 영적 수준이 낮은 독자들은 이 책을 읽어보아도 절대 이해 못하고, 황당한 이야기라며 무조건 사이비로 매도하니 참고하기 바란다.

배우자, 부모, 형제, 자식 간에도 뜻이 다르고 영적 수준이 다르니 함부로 말하지 말아야 귀한 하늘의 천명을 받아 백성과 천인이란 영광된 신분을 얻을 수 있다.

이 책을 읽어보고서 공감하고 감명받았다고 해서 독자들 모두에게 입궁식, 천인합체, 감사제의식을 행할 수 있는 하늘의 행운이 돌아가는 것은 아니다.

두 저자와 상담을 통해서 의식을 행할 자질과 능력이 있는지 없는지 판단하고 적격자에게만 입궁식, 천인합체, 감사제를 권유하고, 선별된 사람들만이 위대하신 하늘 자미천황님의 귀한 천명을 받아, 천인과 백성으로 재창조된다.

자격이 미달되는 조상님들은 천상 자미천궁에 오를 수가 없고, 후손 역시 자미국 자미천궁의 백성(국민)이나 천인이 될 수 없다.

돈이 있다고 해도 아무에게나 의식을 행해 주지 않으며 입궁자격심사를 통과한 사람들만 의식 대상자로 선정된다.

그러므로 전화로 입궁식, 천인합체, 감사제의식 비용이 얼마냐고 물어보면 불합격자가 된다. 상담을 하지 않으면 자격심사를 할 수 없기에 의식 자체가 불가능하다.

자미국 자미천궁은 기존의 종교세계가 아니기에 아무나 받아주지 않는다. 기성 종교들은 돈 있는 사람이라면 무조건 선별하지 않고 환영하며 받아주었겠지만 이곳은 장차 전 세계의 종교, 인류, 국가를 통일하고, 인류를 영도하며 통치해야 하는 세계 중심 국가이자 세계의 수도 자미국 자미천궁이기에 일정 자격요건을 갖추어야만 들어올 수 있다.

하늘의 공부 기간 동안에는 책을 읽은 구독자들은 조건 없이 모두 상담을 해주었지만 앞으로는 수준을 격상시킬 것이다. 자미국 자미천궁의 백성과 천인으로서 자질이 있는 사람들에게만 의식을 권유하고 행해 준다.

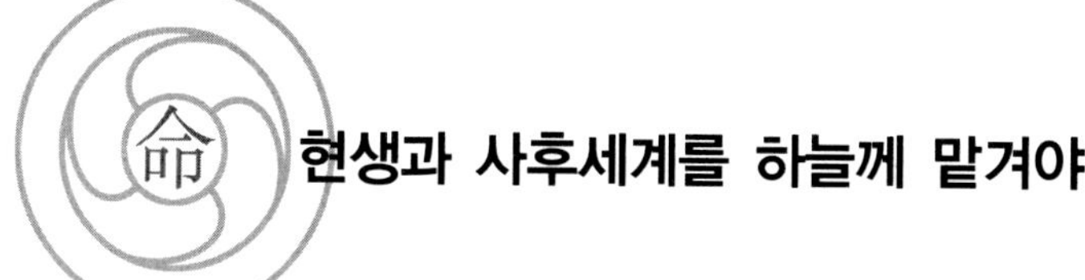

현생과 사후세계를 하늘께 맡겨야

자신의 육신이 이 땅에 살아있음에 감사해 하며, 자신의 육신이 이 땅에 살아있을 때 본인들 스스로 본인들의 현생과 사후세상의 삶을 자미국 자미천궁을 통하여 하늘께 미리미리 맡기는 사람들이 세상에서 가장 현명하다.

자신의 사후의식을 미리 행한 후에 이 세상을 떠나게 되면 육신이 어느 날 갑자기 죽더라도 허공중천 세계를 떠돌지 않고 꽃피고 새 우는 환상의 천상 자미천궁으로 올라갈 수 있게 된다.

사후의식이라 하니 섬뜩할 수도 있지만 사람은 태어나는 순간부터 죽음의 길을 향하여 다가가고 있음도 알아야 한다.

이 세상에 태어난 이상 언젠가는 반드시 육신의 죽음을 맞이해야 함은 천지자연의 법칙이다.

지금까지 죽음에 대한 사전준비를 하는 사람들은 대체로 삶의 사형선고를 받은 사람들이 대부분이었다.

그러나 자미국 자미천궁에서 행하는 사후세계 준비는 슬픈 의식이 아니라 자기 자신들의 먼 미래를 멋지고 탄탄하게 준비하는 기쁘고도 영광스런 의식이다.

천인합체의식을 통하여 인생의 삶을 사는 동안 인생의 수많은 불안과 공포, 죽음에 대한 두려움에서 과감히 벗어나 살아있는 동안 마음 편히 살고, 죽음 이후에도 마음 편히 잘 사는 길(천인합체)로 인도하는 멋지고도 영광스런 의식이다.

천인합체의식을 행하여 천인으로 탄생하게 되면, 죽어서 뿐만이 아니라 인생의 삶을 사는 동안에도 하늘의 맑고 깨끗한 천지기운을 받게 되어 자신의 인생이 편안해짐은 물론이고, 천인으로 탄생하는 순간부터 하늘의 끝없는 보호와 지킴을 받게 되기에 내 자신이 안정되어 근심걱정 없는 삶을 살게 된다.

인간의 탄생과 죽음!

신생아 탄생과 결혼은 오래전부터 준비하고 날을 잡아 많은 사람들의 축하를 받으며 진행된다.

철저한 준비과정을 거쳐 출산하고 결혼하면서, 정작 영원한 죽음에 대한 준비는 아예 할 생각들을 안 하며 살고 있다.

아니 안 하고 있는 것이 아니라 죽음에 대한 사전 대비나 준비에 대하여 어떻게 하라고 지금까지 우리에게 알려주는 인류의 영적 지도자가 없었다는 말이 더 정확할 수 있다.

천인합체의식은 살아서도 죽어서도 위대하신 대능력자 하늘 자미천황님과 함께 살게 되는 의식이다.

타고난 명이 짧은 사람들도 수명이 연장되게 되며, 각자의 사업도 활기를 띠게 된다. 인류가 탄생한 이래 하늘을 만나 공식적인 천명을 받아주는 곳은 전 세계에 단 한 곳도 없다.

재벌이나 대통령들이라도 육신의 삶이 다하면 사후세계로 그 많은 돈과 권력을 가져갈 수 없고, 그것으로 부귀영화는 모두 끝이 나지만 천인들은 살아서도 죽어서도 자미천황님의 영원한 보살핌이 이어지니 이보다 값진 의식이 세상천지 어디에 있겠는가?

천인합체의식은 각자들의 모든 재산을 다 바쳐서 행해도 아깝지 않을 만큼 아주 귀한 인류 최초의 의식이다.

재산을 상속할 자손이 없는 사람들은 다른 곳에 기부하지 말고 천인합체의식 천공으로 올리면 자신이 현생과 사후세계에서 하늘이 내리시는 천복만복의 기운을 세세생생 받고 살아가게 된다.

자신들이 의식비용으로 올리는 것을 천공天貢이라 하는데, 올린 천공은 자신들이 살아생전에는 자미천황님께 천복의 기운으로 받고, 육신이 다하고 죽으면 천상 자미천궁에서 올린 천공만큼 그대로 다 받아 쓸 수 있다.

각자가 올린만큼 기운을 받는다.

자신의 재산을 천상으로 가져갈 수 있는 유일한 의식이다.

죽어서 천상세계에 오르면 천공을 올린 금전만큼 다시 받아서 쓸 수 있으며 높은 벼슬자리에도 오르게 된다. 노후연금도 각자가 불입한 액수에 비례해서 나누어 받을 수 있는 것과 같다.

자미국 자미천궁에서 행하는 조상님 벼슬입궁식, 천인합체, 감사제의식은 하늘께 올리는 최고급 수준의 의식이다.

전 세계 각 나라의 그 어느 누구도 사후세계, 신의 세계, 천상세계, 영의 세계, 인간세계, 지옥세계, 중천세계에 대하여 이렇게 자세히 알려주지는 못했다.

수많은 진실이 여러분들의 인생에 많은 도움이 되었으면 한다.

하늘, 땅, 인간의 화려한 비상!

만 세상에 아름다운 행을 남기고 육신의 삶을 마친 후에 마음 가볍게 천상 자미천궁으로 비상하는 것이 인류 모두의 꿈이 아닐는지 생각한다.

아름다운 행이란 하늘이 바라고 원하시지 않는 종교와 이별하고 진정한 하늘의 품 안에 안기는 것이리라.

자신들의 부모조상님을 입궁식으로 구원하고, 자신을 천인합체로 구원하고, 태초에 자신들이 지은 죄를 감사제를 통하여 하늘께 용서 빌어 죄 사면받는 아름다운 선행이 바로 화려한 비상 아닐까?

선이 악을 이기는 자미천황님의 세상!

만 세상에 활짝 펼쳐지리라!

천상입궁天上入宮의식

천상입궁天上入宮의식이란 자신들의 돌아가신 부모조상님 형제 자녀들에게 하늘의 집, 즉 천궁을 지어주는 인류 최초의 대단하고도 엄청난 천상의식이다.

자신들의 돌아가신 친가 및 배우자의 모든 직계 조상님들을 시조까지 천상 자미천궁으로 올려 보내드려서, 하늘의 주인이시고 어버이이신 하늘의 아들딸子孫, 즉 천자天子로 태어나게 해드리는 인류 최초의 최고급 구원식이다.

외가는 양가의 당대 외조부모님만 해당.

천상입궁의식은 평생 단 한 번만 행할 수 있는 아주 귀한 것이다.

조상굿, 지노귀굿, 천도재, 위령제, 사십구재, 치성, 기도, 예배, 미사 등과는 감히 비교 자체를 할 수 없다.

기존에 종교에서 행하던 의식과 다른 점은 무엇인가?

천상입궁의식은 천상궁전 자미천궁의 주인이시자 부모님이신 하늘 자미천황님, 신명님, 하나님, 미륵님 그리고 자미인황님께서 총출동 하강강림하시어 저자와 함께 행해 주시는 천상의식이다.

그리고 또 다른 중요한 점은 이분들의 핏줄들만을 선별해서 구원해 주신다는 것이 종교와 완전 다르다.

부모조상님 아무나 구원 안 해주신다.

하늘과 신명님, 하나님, 미륵님, 자미인황님의 피가 흐르고 있는 자손들이라야만 구원하신다. 이들만이 책 내용에 공감하고 감동하여 천상입궁의식에 대한 사명감이 불타오르게 되어 있다.

반면 종교의식은 교주와 그 몸에 있는 조상신들이 행하는 단순한 위령제에 불과하기에 천상궁전 자미천궁 입궁은 아예 불가능하다.

그들이 믿고 있는 기독교, 천주교의 천국천당이나 불교의 극락세계로 보내줄 것인데 그곳 세계의 문이 모두 닫혔다고 하신다.

그곳 세계의 주인들이신 하나님과 미륵님께서 이곳으로 하강강림해 주시었기에 천국천당과 극락세계로도 들어갈 수가 없게 되었으니, 이제부터는 구원 자체가 종교세계에서는 불가능하다고 보면 된다.

천상입궁의식은 하늘과 네 분들께서 함께해 주시어야만 완성이 되는 의식으로 저자 마음대로 행하고 마치는 의식이 아니기에 종교의식과 비교 자체를 할 수가 없다.

하늘의 천자天子로 태어나는 인류역사에 경천동지할 일이다.

이 책을 읽고도 반신반의하며 망설이는 독자들과 조상님들은 하늘의 복 받을 자격이 없는 경우이다.

하늘과 가까워지기보다는 멀어져서 행복보다는 고통과 불행을 좋아하는 부류들이다.

가문을 구하는 아주 중차대한 일이고, 천상 자미천궁에 올라가면 각 성씨별로 조상님들의 궁전이 배정되는데, 어떤 단계로 천상입궁의식을 행하는가에 따라서 거처할 궁전 규모가 크거나 작다.

각자 독자들이 하늘과 부모조상님들께 생전에 진 빚과 하늘과 부모조상님들께 받은 은혜에 보답하고 갚을지는 이분들을 사랑하고 생각하는 만큼 각자들의 마음에 크기로 선택하면 된다.

천상입궁 의식은 각자들의 육신이 살아있을 때 부모조상님들께 처음이자 마지막으로 행할 수 있는 가장 아름다운 의식이다.

독자들 또한 죽어서 부모조상님들을 천상 자미천궁에 올라가서 만났을 때 부끄럽지 않은 자손이 되어있어야 할 것이다.

순간의 선택이 천상 자미천궁에 새롭게 태어나시는 부모조상님들의 영원한 품계, 즉 신분과 계급이 정해지기에 선택에 신중을 기해야 한다.

천상 자미천궁은 인간세계처럼 계급과 신분, 상하서열이 엄격하다.

신분이 어떻게 정해지느냐에 따라서 수많은 신하와 하인, 하녀들을 데리고 살 것인가?

아니면 수많은 상전들을 모시고 수발을 들며 살아가야 한다.

현재의 인간세상을 생각하면 된다.

벼슬이 낮으면 나이에 상관없이 당연히 서열에 따라서 윗사람들을 떠받들고 생활해야 하듯이 말이다.

의식비용을 조공祖貢이라 한다.

기독교, 천주교인들도 하늘의 천명을 받는 천인합체를 행하려 하면 각자들의 몸과 마음 안에 들어와 있는 사탄마귀, 악귀잡귀들을 몰아내서 청정하게 해야 하기에 천상입궁의식을 필히 행해야 한다.

사람들의 눈에 보이지 않는 이들의 존재를 우리 사람의 능력으로는 내몰수가 없기에 대단하신 천지부모님 태상천존 자미천황님의 무소불위의 힘을 빌려야 한다.

육신과 마음을 청결하게 하고 난 다음이라야 존귀하신 하늘 태상천존 자미천황님의 명을 받을 수가 있다.

하나님께서도 천인합체의식을 행하기 위해서는 천상입궁의식을 필히 해야 한다고 말씀하셨다. 기독교, 천주교인들이 의식을 행하면 하나님께서 친히 하강강림하시어 천지부모님이신 하늘의 진실말씀을 직접 전해 주시고 구원해 주신다.

하늘께서 저자에게만 내려주신 인류 최고의 특권은 하나님뿐만이 아니라 신명님, 미륵님까지도 청하면 하강강림해 주시니 이보다 더한 복이 어디 있겠는가?

조상님과 자신들 반쪽(영)들까지 자유자재로 사감(여자 저자) 육신의 몸으로 부르고 보낼 수 있는 인류 최고의 신비능력을 주시었다. 생령과 사령들까지도 불러서 자유롭게 대화하고, 지구 반대편에 있는 사람의 생령을 불러서 대화할 수 있다.

그리고 생령들을 천상세계나 지옥세계까지 보낼 수 있는 대능력도 하늘께서 내려주시었다.

인간이 감히 알 수 없는 천상세계, 신명세계, 영혼세계, 영가세계, 조상세계, 사후세계의 진실을 저자가 그곳 세계를 주관하시는 주인들을 청해서 대화하며 알아낼 수 있으니 이것이 천지개벽이다.

지구촌 70억 인류가 하늘과 땅의 천변만화 조화를 부리는 저자의 능력을 감히 따라올 수 없을 것이라 장담한다.

이는 저자의 고유능력이라기보다 대우주 천지 창조주이신 하늘 태상천존 자미천황님께서 실제로 존재하고 계시며 이토록 무소불위하시다는 증표를 저자 육신을 통해서 인류(사람과 조상님)에게 자세히 보여주시는 것으로 알면 된다.

하늘께서 선과 악을 판별하실 때, 자신들의 부모조상님을 구원하는 천상입궁의식을 행하였는가를 보신다고 하시었다. 부모조상님을 구원해야 천인합체의 선물을 내려주신다.

아무리 선하고 착해도 자신들의 부모조상님을 구원하지 않으면 악마라 하신다.

평생 단 한 번만 행하면 된다.

입궁의식을 행한 조상님들은 자미천황님께서 모든 것을 시시때때로 다 해주시기 때문에 자손들에게 제사, 차례를 안 받아도 추위와 배고픔으로 고통받지 않는다.

천상 자미천궁으로 입궁이 된 조상님들은 자미천황님의 백성인 천손으로 다시 태어나 기쁨과 행복 누리며 잘 사시기 때문에 더 이상 굿이나 천도재, 치성, 기도 같은 것을 하러 다니지 않아도 되기에 조상님, 산 자손 모두가 홀가분해질 수 있는 최고 의식이다.

단 한 번의 입궁식으로 조상님에 대한 모든 고민 문제가 해결된다.

입궁의식을 행하고 나면 당일부터 각자와 조상님들이 인류 최초로 각기 천손과 백성이란 신분을 갖게 된다.

하단입궁식, 중단입궁식, 상단입궁식은 조공(의식비용)이 정액으로 정해져 있으나, 최고로 차원 높은 의식인 벼슬입궁식은 여러 종류로 세분되어 있어 각자의 조상님들이 살아생전에 누린 벼슬과 재물, 현재 자신들의 신분과 경제력에 맞게 최고 높은 등급으로 선택하여 행할 수 있게 했다.

입궁식 중에는 벼슬입궁식이 최고이고 조상님들이 제일 좋아하시기에,

자손들이 가장 많이 선택하는 의식이다.

기존 종교처럼 종교인들이 정해진 의식순서에 따라 임의대로 행해서 구원이 된 것인지 안 된 것인지 확인할 수 없는 그런 벙어리 구원의식이 아니다.

조상님들을 구원할 때 천상세계로 올라가라 법문한다고 조상님들이 스스로 가는 것이 아니라 신명님, 하나님, 미륵님이 천상 자미천궁으로 조상님들을 데려가셔야 입궁이 완성된다.

신명님, 하나님, 미륵님이 하강강림하시지 않으면 조상님 구원이 성사되지 않는 의식인데, 때로는 빨리 오시지 않아서 밤늦게까지도 하는 경우가 있다.

의식을 정해진 시간에 맞추어서 적당히 끝내는 것이 아니라 신명님, 하나님, 미륵님이 하강강림하시어서 교화하고 인도해 가실 때까지 의식을 해야 하기 때문에 기존의 종교세계 구원의식하고는 감히 비교할 수가 없다.

그러니까 무속에서 굿하고 절에서 천도재하는 그런 의식쯤으로 생각하고 와서는 곤란하다.

종교인들이 아무나 행할 수 있는 그런 구원의식 같으면 대단하신 신명님, 하나님, 미륵님이 뭐하러 오시겠는가?

한 분도 아닌 대단하신 신명님, 하나님, 미륵님이 함께하시어서 입궁대상 조상님들 모두를 교화하고 인도해서 태초의 하늘 태상천존 자미천황님께서 계시는 천상 자미천궁으로 데려가는 귀한 의식이기에 단 한 번만 의식을 행할 수 있다.

왜, 의식이 대단한가?

의식을 행해서 입궁이 된 조상님들은 또다시 입궁의식을 행하라 권유하지 않는다.

종교세계에서는 굿하고 천도재 행한 조상님들을 수시로 또 하라고 별별 트집을 다 잡아가며 굿과 천도재 하라고 하지만 이곳에서 욕심 때문에 두 번 입궁의식을 했다가는 저자가 날벼락을 맞는다.

저자 인간 혼자만 행하는 의식이 아니라 천상에서 하강하신 신명님, 하나님, 미륵님께서 구원해 주시는 의식이기에 돈 욕심 때문에 두 번을 하라고 하는 것은 먼저 행해 주신 입궁의식을 조상님들이 구원 안 되었다고 부정하는 꼴이 되기에 저자가 날벼락 맞을 일이고, 그 재앙을 다 받아야 하기에 절대로 입궁식 두 번을 행해 줄 수가 없다.

낮은 단계든 높은 단계든 입궁식은 단 한 번만 행해 준다.

그러니 종교세계와는 감히 비교를 할 수 없다.

일평생 직계 조상님들 입궁식은 딱 한 번이면 끝난다.

조상님 구원이 되었는지 안 되었는지 몰라서 하고 또 하고 그들이 삼세번은 해야 한다고 주장하는 것은 돈 벌기 위함이고 그만큼 자신이 없기 때문이며 신명님, 하나님, 미륵님이 함께해 주시지 않기 때문이다.

앞에서도 말한 것처럼 신명님, 하나님, 미륵님이 사감 몸으로 하강강림하시지 않으면 입궁식이든 천인합체든 감사제든 아무것도 행할 수 없다.

이분들이 오시지 않았는데 내가 마음대로 종교인들처럼 구원한다고 의식을 했다가는 모든 것이 끝이다.

신명님, 하나님, 미륵님께서 하강강림하시지 않으면 조상님들이 천상 자미천궁으로 입궁을 할 수 없기 때문에 일평생을 두 저자 육신의 몸으로 조상님들을 싣고 살아야 한다.

이것은 바로 지옥세상의 문이 열리는 것과 같기에 아무리 많은 돈을 가져와도 두 번을 해줄 수 없다.

뿐만이 아니라 자미국 자미천궁 문을 닫아야 하고 두 저자의 인생이 뒤집어져 정상적인 인생을 살아갈 수가 없다.

수많은 경험을 해봐서 너무나 잘 안다. 그런데 종교인들은 이런 진실을 알 수 없기에 돈만 가져오면 무조건 의식을 수없이 해주고 있다. 이것이 바로 종교인들이 뒤집어지는 지름길이다.

다시 말하면 신명님, 하나님, 미륵님이 함께해 주시지 않는 조상님 구원의식은 모두 가짜라는 것이니 독자들은 명심하시기 바란다.

그런데 신명님, 하나님, 미륵님은 이제 기존의 종교세계 그 어느 곳으로도 내려가시지 않고 오로지 자미국 자미천궁에서만 조상님 구원의식을 행해 주신다고 하시었다.

돈은 돈대로 버리고 조상님들을 그곳의 종이나 노예처럼 고생시키시려거든 기존의 종교의식대로 죽을 때까지 평생 굿과 천도재를 행하고, 조상님들께 고생 끝 행복 시작의 사후세계를 편히 살아가시게 해드리려면 하루빨리 찾아와서 입궁의식을 행해야 한다.

저자에게는 아주 대단히 감사한 일이다.

다른 곳으로 가시지 않고 오직 자미국 자미천궁에서만 구원의식을 행해주신다니 말이다. 그래서 전 세계의 종교를 자미국 자미천궁 하나로 통합한다는 것이다. 이곳은 자부심이 아주 대단한 곳이고 세계 제일이고 세계 최고이다.

조상님들이 다른 세계를 힘들게 거치지 않고 천상세계로 직행하여 올라가는, 전 세계 유일무이한 곳이다.

천상입궁의식은 여러 가지 종류가 있다.

자신들이 수시로 하고 싶다고 해서 할 수 없는 입궁식.

더 이상 종교세계, 악의 세계, 지옥세계, 허공중천 구천세계, 자손들의 몸 안에 있지 않고 입궁대상에 포함된 조상님들은 영원히 이승을 떠나 천상세계로 입궁이 된다.

입궁이 끝나면 자손들이 제사, 차례, 굿, 천도재, 기도, 예배, 미사, 치성 등을 더 이상 하지 않아도 탈이 없다.

산소는 화장하는 것이 가장 바람직하다.

제사와 차례는 사명자가 장손인 경우는 가족회의를 거쳐 지낼 것인지 말 것인지 결정하고, 차손인 경우는 가족들 모이는 화합차원에서 종전대로 제사와 차례를 모시면 된다.

사명자가 아닌 일반사람들은 이런 내용을 말해 주어도 이해를 못하기에 집안 분란만 일으킬 수 있으니 이야기 자체를 하지 않는 것이 오히려 좋을 것이다.

그리고 그 어떤 종교에 나가지 않아도 마음이 허전하지 않으며 색다른 편안함을 느낄 것이고, 종교 다닐 때보다 일들이 더 잘 풀려 나가는 것을 피부로 느끼게 된다.

자신의 조상님들이 천상 자미천궁에 올라가서 다른 조상님들을 상전으로 받들어 모시지 않게 하려면 약간의 부담이 되더라도 조상님들을 위해서는 무조건 벼슬(특단)입궁의식을 행해 드려야 한다.

입궁의식 따라서 조상님들은 천상 자미천궁에서 특단천손, 상단천손, 중단천손, 하단천손의 신분이 되고, 독자 여러분들은 지상의 자미국 자미천궁에서 특단백성, 상단백성, 중단백성, 하단백성의 신분이 된다. 이 세상에 태어나서 부모조상님들께 가장 훌륭하고 잘한 일이 벼슬입궁식이다.

벼슬입궁식은 이 세상 그 어느 곳을 가더라도 행할 수 있는 의식이 아니고, 전 세계에서 유일하게 자미국 자미천궁에서만 특별하게 올릴 수 있는 의식이다.

조상님들을 위하여 평생에 단 한 번만 올리는 의식 입궁식!

영원히 후회하지 않을 가장 진귀한 의식이다.

조상님들을 구원하는 입궁의식을 행한 사람들만이 하늘께서 인류에게 내리시는 가장 크고, 가장 귀한 보물이자 선물인 천인합체의 천명을 윤허받을 수 있다.

천인합체天人合體의식

천인합체天人合體란 천상에다가 살아생전에 자기 집을 짓는 것, 즉 각자의 천궁天宮을 짓는 구원의식을 말한다.

신명님, 하나님, 미륵님을 믿고 따랐던 사람들이 하늘을 만나 마지막으로 완성을 이루는 인류 최초의 의식이 천인합체이다.

이 의식은 신과 통하여 신통하려는 사람, 영과 통하여 영통하려는 사람, 도를 닦아 도통하려는 사람들의 종착역이다.

신명님, 하나님, 미륵님을 믿고 있는 사람들이 찾아와야 할 모든 종교의 마지막 종착역이 자미국이다.

신명님, 하나님, 미륵님이 항상 함께해 주시면서 인류 최초의 천인합체를 완성시켜 주고 계신다.

자신들의 영원한 집을 짓는 천인합체, 즉 하늘에 천궁을 지어놓으면 언제 현실로 다가올지 모르는 무섭고 두려운 자신들의 죽음에 대하여 전혀 걱정하지 않고 살 수 있는 이 세상에서 가장 이상적인 최고급 천상의식이다.

인류의 종착역 천인합체의식!

또한 살아있는 동안은 물론 죽어서도 실시간으로 하늘의 천명정기 기운으로 사랑과 보호를 받고 사는 최고급 구원의식이다.

땅의 명당자리보다도 천만 배 더 하늘의 기운을 받고 천상 자미천궁에서 영생을 누리며 살아갈 수 있다.

천인합체의식은 살아있는 사람들에게 가장 고귀한 의식이고, 죽음 이후까지도 영생과 행복을 누리는 의식이다.

무조건 천인합체부터 행하고 살아야 할 만큼 인생의 길흉화복, 흥망성쇠를 좌우하며 죽어서 귀신이 안 되는 가장 이상적인 천인합체의식이다.

나는 누구인가?

자신이 누구인지를 인류 최초로 밝혀준다.

각자들의 자신이 누구인지는 창조하신 하늘께서만이 알고 계시기에 당연히 하늘께서 하강강림하시어 가르쳐 주신다.

자신들의 육신이 죽은 다음에 천상 자미천궁으로 올라가서 영생할 수 있도록 살려주시는 인류 최초의 경천동지할 의식이다.

아무리 강조하여도 지나침이 없다.

재벌이나 대통령보다 더 낫다고 할 정도면 더 말할 것 있겠는가?

각자들은 100년도 살지 못할 인생의 집만 짓지 말고, 자신들이 영생을 누리며 살 수 있는 천상 자미천궁에 집을 거대하게 지어야 한다.

언제 떠날지 모르는 불안 초조한 공포의 죽음!

하루라도 빨리 천인합체를 행하여 천인으로 탄생해서 사후세계를 먼저 준비해 놓고 살아가야 어느 날 갑자기 죽더라도 허공중천 구천세계를 떠도는 춥고 배고파하는 비참한 귀신신세를 면할 수 있다.

특히 결혼하지 않은 미혼자, 이혼하고 홀로 사는 독신자, 자손이 없는 무자식, 아들 없이 딸만 둔 부모들은 필수적으로 천인합체를 먼저 행하고 살아야 한다.

입궁의식을 행한 백성들에 한하여 하늘의 윤허가 있으실 경우에만 행할 수 있고 자미천황님께서 인류에게 내리신 선물 중에 가장 고귀하고 값진 보물을 갖게 되는 의식이다.

현직 대통령의 권력보다, 세계 최고 재벌 총수의 수백 조에 이르는 재산보다 더 값지고 귀한 의식이 천인합체의식이다.

권력과 재물은 육신이 살아있을 100년 미만 동안만 일시적으로 기쁨과 행복을 누릴 수 있지만 천인합체의식을 행하여 천인으로 탄생하면, 천상 자미천궁에서 수억만 년을 근심걱정 없이 영원히 기쁨과 행복을 누릴 수 있다.

지옥세계로 떨어지지 않고, 육신이 죽음과 동시에 별도의식을 행하지 않아도 천상세계로 즉시 승천한다.

더 이상 허공중천 구천세계, 지옥세계, 종교세계, 악의 세계, 자손들의 몸 안에서 추위와 배고픔으로 고생하지 않아도 되고, 자손들 몸이나 거리를 떠돌지 않게 된다.

아들이 없이 딸만 있거나 아예 자손이 없는 사람들은 천인으로 탄생한 후에 자신들이 죽으면 즉시 천상 자미천궁으로 오르기에 사후에 제사, 차례, 산소 걱정할 필요가 모두 없어지니 가히 경이로운 의식이라 할 수 있다.

특히 매년 신을 누르거나 신의 풍파로 신을 받으려고 하는 사람들은 모든 고민에서 벗어날 수 있다.

수시로 신을 누르거나 받지 않아도 된다.

어느 정도 규모로 자신들이 천상의 집인 천궁을 지을 것인지는 36단계의 특단, 상단, 중단, 하단의식 중에서 각자가 선택하면 된다.

의식비용을 천공天貢이라 한다.

조상님 입궁의식을 행하는 날 신명님, 하나님, 미륵님, 자미인황님께서 전해 주시는 하늘의 말씀을 통하여 천인합체 천명을 받을 사람인지 가부를 알려주신다.

자미천황님의 사전 윤허가 있으셔야만 할 수 있는 의식이 태초 이래 최초로 행해지는 천인합체의식이다.

천인합체의식을 행해서 천인으로 재창조되면 태초의 하늘이신 태상천존 자미천황님의 공식적인 자손으로 천상장부에 기록이 되고, 육신이 언제 어느 때 갑자기 죽더라도 천상 자미천궁에 올라가는 특권을 누리는 이 세상에서 살아있는 사람에게 가장 귀한 의식이다.

자미천황님의 공식적인 자손이 되면 살아서나 죽어서나 영원히 귀신(악마, 악귀잡귀, 사탄마귀)으로부터 지켜주시고, 사랑으로 보살펴 주시는 무한대의 특혜를 누린다.

입궁식은 조상님들을 위한 의식이고, 천인합체는 살아있는 사람들을 위한 값진 의식이다.

하늘께서 인류에게 내리시는 가장 크고, 가장 귀한 보물이자 선물이 천인합체의식인데 권력자, 재벌이라 하더라도 하늘의 천명이 없는 사람들은 하고 싶어도 할 수가 없다.

조상님 입궁의식을 행하였다고 해서 모두에게 천명을 내려주시지 않으신다. 그만큼 너무나도 귀한 의식이기에 아무에게나 천명을 내려주시지 않고 특별히 선별을 하신다.

너무나 귀한 의식이다. 내일 죽는다고 사형선고를 받았더라도 오늘은 자미국 자미천궁에 들어와서 마지막으로 천인합체의식을 행하고 죽어야만 한다.

그래야 망자가 종교세계, 지옥세계, 악의 세계, 허공중천 구천세계, 자손들의 몸 안으로 들어가지 않고, 천상 자미천궁으로 즉시 입궁을 할 수 있다.

중요한 내용이다.

내일 죽을 사람이 자미국 자미천궁에 들어와서 천인합체의식을 행하는 것이 아니라, 이미 자미국 자미천궁에 입국한 사명자 한 사람만 의식에 참석하면 된다. 죽어야 할 사람은 오지 않아도 되고 의식을 행할 가족 중 한 사람만 오면 된다.

내일 세상을 떠날 당사자가 오지 않아도 천인합체의식을 해주시니 그 얼마나 대단한 의식인가?

육신이 일단 죽으면 입궁의식을 행해야 하고 그 신분은 '천손'이다. 육신이 살아있을 때 천인합체의식을 행해서 천인으로 천명을 받고 죽으면 영원한 '천인'이 된다.

천손의 신분에서는 천인이 될 수 없다. 천손과 천인의 신분 차이는 하늘과 땅처럼 차이가 너무나 크다. 비교하자면 9급 공무원과 장관급 정도의 신분 차이가 난다라고 보면 맞을 것이다.

그래서 죽기 전에 기를 쓰고 천인합체하고 죽으려 하는 것이다.

천인! 인간들이 수천 년 동안 성자로 받들고 추앙하는 석가, 예수, 공자, 노자, 성모, 상제, 마호메트보다도 더 높은 상위개념이라는 진실을 아무도 모를 것이다.

천인! 성자들뿐만이 아니라 살아있는 권력자들인 왕이나 대통령, 세계적 재벌들보다도 하늘께 더 사랑받고 선택받는 행운의 주인공들이다.

전 세계의 수많은 전, 현직 왕이니 대통령들도 세월을 이겨내지 못하고 모두 귀신이 되어 떠나갔고, 세기적 재벌들도 질병으로, 사고로, 자살로, 천재지변으로 세상의 부귀영화 모두 남겨두고 죽어서 지옥의 귀신세계로 들어갔다.

이들 권력자와 재벌들은 살아서 몇 십 년은 천하를 호령하며 부귀영화 모두 누리면서 호의호식하였겠지만 죽어서는 입궁의식을 행하지 않는 이상 고통의 종교세계, 지옥세계, 악의 세계, 허공중천 구천세계, 무덤 속에서, 자손들의 몸 안에서 벗어날 수 없다.

뿐만 아니라 영원히 기쁨과 행복 누리며 영생하는 무릉도원 천상 자미천궁에는 절대로 오를 수가 없으니 살아서 고대하던 무릉도원의 세상은 한낱 그림의 떡일 뿐이다.

현실의 권력과 재물에 눈이 어두워서 어느 날 갑자기 찾아오는 죽음에 대한 대비책을 세우지 않고 살아가는 사람들은 정말 강심장들이거나 바보, 둘 중에 하나이다.

인생은 길어봐야 100년이고, 사후세상은 수억만 조 년이다.

육신이 죽은 후 하늘을 만나지 못하는 이상 바로 그 세계가 악마들이 기다리는 고통의 지옥세계이다.

살아서 하늘을 만나지 못하면 죽어서는 더 더욱 하늘을 만날 수가 없다. 각자들이 만나고 싶다고 아무나 만날 수가 있는 그런 하늘이 아니시기 때문이다.

아무리 강조하여도 지나침이 없는 것이 천인합체의식이다.

현생과 내생에 대한 완벽한 준비! 종교의 벽(이론과 교리)을 넘는 사람들만이 하늘의 행운을 잡을 수 있다.

교인, 도인은 아무나 될 수 있을지 몰라도 천인은 자미천황님께 천명을 받지 못하면 억만 년이 흘러가도 불가능하다.

천인은 태초 이래 최초이고, 천인합체의식은 1대 1의식이다.

우선 사명자가 먼저 하고, 가족들은 차례대로 1명씩 하든가, 한꺼번에 가족 모두가 하루에 할 수 있다. 가족 천인합체의식을 할지라도 가족들이 모두 올 필요도 없고 사명자 한 사람만 참석하면 된다.

천인합체의식을 행함에 있어서 절대로 가족과 상의하면 안 된다.

가족들에게 천인합체의식을 해주었다고 하더라도 본인 사명자만 알고 있으면 되고, 천인합체한 사실 자체를 가족들에게 일체 말하면 천기누설이 되기에 안 된다.

하늘의 천명을 받아 천인합체해서 천인이 되었다고 주위 사람들에게 자랑해서도 안 되고 본인만 알고 있으면 된다.

자신이 천인이라는 것을 주위 사람들에게 발설하면 상대방의 몸에 있던 온갖 귀신(악마, 악귀잡귀, 사탄마귀)들이 끊임없이 달라붙을 수 있기 때문이다.

귀신들도 하늘께 구원받아 보려고 하늘의 기운이 내리는 어떤 곳을 찾고 있는데 스스로 발설한다면 그들의 시달림을 자초하는 일이 되므로 일체 가족 간에도 비밀로 해야 한다.

말하지 않아도 가족들에게 하늘의 천지조화 기운이 실시간으로 속속들이 내려지고 당사자나 본인이 눈으로 알 수 있을 정도의 커다란 변화가 감지된다.

천인합체의식은 흔히 무당들이 하는 신내림, 이런 것하고는 감히 비교할 수가 없으니 미리 짐작하고 신내림과 비슷할 거라고 상상조차하지 말아야 한다.

천인합체의식은 하늘께 순응하는 순천자의 길이다. 반면 신내림은 하늘을 거부하는 역천자가 되는 길로써 스스로가 자신의 인생을 죽음의 길로 인도하는 일이다.

신내림굿을 하면 주위에 온갖 잡동사니 귀신(악마, 악귀잡귀, 사탄마귀)들을 모두 불러들여서 잘 나가던 인생이 자신은 물론 가족들 인생까지 망치게 된다.

자신이 신을 안 받으면 자손이 받아야 한다는 무속인들이 말에 겁먹을 필요가 없다.

신눌림굿, 역시도 인생이 망하는 길이다. 이제는 이 모든 귀신들의 놀음에서 벗어나 하늘을 만나 천인으로 태어나면 매년 눌림굿을 할 필요가 없이 마음 편하게 세상을 살아갈 수가 있다.

더 이상 귀신들의 노리갯감이 되지 않아도 된다. 각자들이 받았다는 신이 무슨 신들인지 알지도 못하고 신이라고 생각하고 있을 것인데 그것은 각자들의 엄청난 착각일 뿐이다.

신을 받으려는 사람들과 신눌림굿을 매년 하는 사람들은 이제 더 이상 무속인들 찾아가 속아서 고생할 필요가 없다. 조상님들 모두에게 입궁의식을 행하여 천상 자미천궁으로 보내드리고 나서 천인합체의식을 행하면 아무 탈이 없다.

자신들이 신을 안 받으면 자식들에게 내려갈까 봐 마지못해 신을 받는 경우가 엄청 많다. 그리고 신을 받지 않으려고 매년 눌림굿을 해서 신의 기운을 누를 필요조차도 없다. 신내림, 신눌림 이제는 걱정하지 않아도 된다.

천인합체의식이 이 모든 고민들을 해결해 줄 것이다.

집 안에 자그마한 신단을 꾸리고 있는 사람들과 신주단지 모시고 있는 사람들이 엄청 많을 것인데 이것이 바로 집안 망하게 하는 귀신(악마)이라는 사실을 알아야 한다.

자미국에 들어와서 모두 하늘의 명을 받은 후에 즉시 내 모셔야 한다.

이제까지 영적 지도자가 없어서 이 엄청난 무서운 진실을 모르고 바보처럼 살아가고 있다.

자미국 자미천궁의 천인과 백성들!

이곳에 오기 전에 종교에 몇 십 년씩 다녔고, 모두 신주단지 모시고 신내림, 신눌림을 하다가 온 사람들이 상당히 많다. 이들은 자미국 자미천궁을 만나지 못했으면 대부분이 보살, 무당, 도사, 법사, 목사, 신부, 승려가 되었을 것이다.

신 받으라는 말에 기겁을 하고, 신눌림굿을 매년 하라는 말에 겁이 나서 들어온 사람들이 많다.

살아서 어떤 단계의 천인합체의식을 행하는가에 따라서 지상 자미국 자미천궁에서는 물론 육신이 죽어 천상 자미천궁에 올라가서 특단천인, 상단천인, 중단천인, 하단천인의 신분과 계급이 주어진다.

천인합체의식 역시 1인당 단 한 번만 할 수 있기에 처음에 어떤 단계로 천인합체를 행할 것인지 선택하는 것이 아주 중요하다.

감사제感謝祭의식

누군가에게 감사해서 올리는 의식이라고 생각하고 있을 것이다.

그 대상이 하늘, 천지신명님, 조상님 등등 추수에 대한, 성공 출세에 대한, 어떤 목적을 이룸에 대한 고마움에서 올리는 것으로 말이다.

그러나 태초의 하늘이신 자미천황님께서 인류 최초로 감사제(감사죄)에 진실을 가르쳐 주시었다.

조상님을 구원하는 입궁의식을 행하고, 본인의 천인합체, 가족들의 천인합체의식을 모두 행한 사람들에게 하늘 자미천황님께 마지막으로 그동안 지은 죄를 용서 빌 수 있는 기회를 특별히 내려주시는 의식이 감사제(감사죄)라고 하신다.

각자들은 살아가면서 자신들이 무슨 죄를 지었는지 알 수가 없다.

무엇이 죄가 되고, 무엇이 죄가 안 되는지는 세상 그 어느 누구도 알지 못하고 오직 하늘께서만이 알고 계신다.

일반인들이 흔히 하는 말들이 전생에 무슨 죄가 커서 이런 기막힌 일을 당하고, 고통과 불행을 안고 살아가는 것이냐고 신세 한탄의 말을 하는데 맞는 말이다. 전생에 죄가 겹겹이 쌓여 있다.

독자 여러분들이 지은 죄?

현생에 인간으로 태어나서 지은 죄만을 말함이 아니다.

독자 여러분 자신들이 수천수만 년 전에 태어나서 현재까지 지은 죄를 밝혀 알려주시고, 그 모든 죄를 태초의 하늘이신 자미천황님께서 용서하여 주시는 어마어마한 인류 최초의 의식이 감사제이다.

감사제를 행하면 자신이 태어나서부터 지금까지 지은 죄목이 무엇인지 밝혀주실 때 그 죄목에 대한 용서를 직접 하늘께 빌면 죄 사면을 해주신다.

이렇게 죄 사면을 받아야 죄인의 굴레를 벗고 진정한 기쁨과 행복을 누릴 수가 있다.

종교 안에서 행하는 회개와 참회의 기도는 헛수고이다. 그렇게 자기 마음대로 죄를 빈다고 쉽게 죄가 용서되는 것이 아니고 절차가 있다. 죄에 대한 사면권자가 누구인지도 모르고 아무에게나 죄를 빌고 있는데 이런 행위 역시 잘못된 일이다.

각자들이 전생과 현생에 지은 죄는 태초의 하늘이신 자미천황님께서만이 알고 계시고, 자미천황님께서만이 죄를 사면해 주실 수 있는 고유권한을 갖고 계신다.

죄목을 알지도 못하면서 죄를 함부로 빌고 있는데 크게 잘못된 것이다.

각자들이 착한 척한다고 종교 안에서 자신의 어떤 죄를 빌면 그것이 진짜 죄가 되어 인생이 더 힘들어진다는 상상초월의 말씀을 하셨다.

그래서 함부로 죄를 빌지 말라고 하신다.

정녕 자신들이 지은 죄를 용서받고 싶다면 유일하게 죄 사면권을 행사하시는 태상천존 자미천황님께 감사제를 통하여 진심으로 빌어야 한다.

각자들이 종교 안에서 마음대로 비는 회개와 참회는 자신들의 죄를 하늘께 스스로 일러바치는 꼴이 되고, 천상장부에 죄목이 낱낱이 기록되기에 본인들 살아생전은 물론 자신들이 세상을 떠난 후에 각자들의 자손이나 후손들은 본인들이 지은 죄의 대가를 반드시 치러야 한다.

그동안 회개와 참회가 그래도 잘하는 것인 줄 알고 있었을 것이다. 이처럼 인간들이 기존에 알고 있었던 종교 안의 이론, 세상의 이론과 하늘께서 전해 주시는 죄의 진실은 너무나도 차이가 크다.

자신들이 지은 죄가 정녕 무엇인지도 알지 못하고 무턱대고 빌고 있는 것은 더 죄가 쌓여만 갈 뿐이다.

자신들이 종교를 믿으면서 미쳐가지고 무엇을 잘못하였는지도 모르고 있을 것이다. 한 치의 오차도 없이 수천수만 년 전부터 이어진 자신들의 죄를 인류 최초로 밝혀내신다.

각자들의 자신에 대해서 태초의 죄까지도 밝혀내시고 사면해 주시는 대단한 의식이 감사제이다.

감사제를 행하여 태초의 죄가 사면되고 나면 하늘이 내려주시는 상상초월의 천지기운을 받아서 모든 것이 잘되고, 조상님과 자신들의 벼슬이 높아진다.

입궁식과 천인합체의식과 달리 감사제는 행하는 횟수의 제한이 전혀 없다. 감사제의식 종류는 특단감사제, 상단감사제, 중단감사제, 하단감사제가 있고 각자들이 선택하면 된다.

천죄사면天罪赦免의식

천죄사면이란 천인들이 하늘께 자신이 지은 죄를 비는 사죄의식을 말한다. 하늘께 현생은 물론 수천 년, 수만 년 전의 전생에 지은 모든 죄까지 일체 사면해 주시는 경천동지할 의식이다.

사람과 조상님들의 죄 사면권자는 하늘의 주인이신 태상천존 자미천황님 한 분뿐이시다.

각자들의 자신들이 태초에 지은 죄까지 용서해 주시는 대단히 중요한 의식이다. 죄가 사면되지 않으면 물질이 풍요하고 권세가 높다 해도 살아서나 죽어서나 답답하다.

천죄사면의식은 천인의 신분이 되어야 행할 수 있는 의식이다. 죄가 사면되지 않으면 하늘과 가까워질 수가 없다. 전생에 무슨 죄가 많아 억장이 무너지는 큰일이 터지고, 이렇게 모진 고통과 풍파를 겪으며 사느냐고 하소연하는 사람들이 주위에 많이 있다.

각자들이 전생이나 현생에 뿌리고 행한 그대로 받고 있는 것이니, 어서 빨리 천죄사면의식을 올려서 자신들이 지은 죄를 용서 빌어서 사면받아야 한다.

천죄사면의식은 하늘께 지은 죄를 용서 빌어 죄인의 굴레에서 벗어나는 인류 최초의 천상의식이다. 의식비용은 사공赦貢이라 한다.

천은보사天恩報謝의식

자신의 부모이신 하늘께 입은 은혜를 갚고, 감사함을 올리는 의식이다.

천은보사란 천죄사면 의식을 행한 천인들만이 올릴 수 있다.

하늘 이외에 신명님께 올릴 사람, 하나님께 올릴 사람, 미륵님께 올릴 사람, 자미인황님께 올릴 사람들이 행할 수 있는 천상의식이다.

이 의식비용을 보공報貢이라 한다.

각자 천인들을 자미국으로 인도해 주신 분들이 모두 다르다.

즉 핏줄이 다르다.

신명님, 하나님, 미륵님, 자미인황님을 통하여 자미천황님을 만나서 천명을 받아 천인으로 탄생한 은혜에 보답하고자 하는 천인들만이 올릴 수 있는 최상의 진귀한 의식이 천은보사이다.

천상입궁의식 ⇒ 천인합체의식 ⇒ 감사제의식 ⇒ 천죄사면의식 ⇒ 천은보사의식 ⇒ 천상귀속의식 순이다.

천상귀속天上歸屬의식

하늘(태상천존 자미천황님)께 자신의 모든 것을 보살펴 달라고 올리는 의식이다.

개인, 기업, 국가 모두 흥망성쇠가 반복된다.

하늘과 함께하지 않고 나 홀로 운영하고 있거나 사탄마귀, 악귀잡귀들과 함께하면 자신의 소원을 이루기 힘들다.

귀속이라 하니 자신들의 모든 재산을 다 바치는 줄 착각할 사람들도 있을 것이다.

그런 것이 아니라 자신들은 물론 가족의 건강, 행복, 재물, 권력, 명예, 기업, 국가를 무탈하게 하늘께서 보호해 주시고, 지켜달라고 천상의식을 행함을 귀속의식이라 한다.

대한민국 국민에서 자미국 국민(백성)으로 재탄생되어서 살아가는 것이다. 영적으로 국적을 하나 더 취득하는 셈이다.

개인, 기업, 국가 모두가 더 잘되는 지름길이다.

하늘께 자신들의 귀중한 모든 것을 지켜 달라 해야 사탄마귀, 악귀잡귀들로 인한 갑작스런 몰락을 사전에 막을 수 있다.

언제 갑자기 불행한 일이 일어날지 모르고 살아가는 것이 인간세상이다.

하지만 하늘께서는 미래에 일어날 모든 일을 소상히 알고 계시기에 우리들을 지켜주실 수 있다.

자미국에 개인, 기업, 국가가 귀속되면 하늘의 보호를 받을 수 있다.

하늘께 귀속하는 일은 가장 잘하는 일이고 현생, 내생까지 대단하신 하늘의 보호와 사랑을 무한히 받게 된다.

각자들이 귀중하게 여기는 것을 사탄마귀, 악귀잡귀들은 퍼 나르기 바쁘고 하늘께서는 지켜주시기 바쁘시다.

인생을 살면서 갑자기 불행을 당하여 망가지지 않고 하늘의 보호와 사랑

속에 영원히 잘 살 수 있는 유일한 길이 하늘께 귀속의식을 행하는 것이다.

이름하여 '천상귀속의식'이다.

하늘께서 자신들의 모든 것을 지켜주신다는 뜻이다.

행복, 건강, 재물, 가족, 권력, 명예, 기업, 국가 모두가 하늘께 보호받고자 한다면 반드시 행해야 할 의식이다.

전 세계 각 나라도 차례대로 천상귀속의식을 행할 것으로 본다.

이것이 전 세계를 자미국 하나로 통합하는 세계통일 구상이다.

기업 같은 경우, 천상귀속의식을 행하면 영원히 망하지 않고 승승장구하며 번창하는 기업으로 대대손손 이어질 수 있다. 하늘께서 영원히 지켜주시고 기업경영을 해주시니 파산하는 일은 절대 없다.

설혹 당사자 육신이 죽어서 떠나도 천상귀속의식을 행한 기업들은 하늘께서는 영원히 지켜주실 것이고, 그 자손들로 하여금 하늘의 경영기법으로 더 잘되게 발전시켜 주실 것이다.

대기업이든 중소기업이든 천상귀속의식은 필수적이다.

기업에 불의의 사고나 인재, 관재, 천재지변으로 망하지 않으려는 기업들은 서둘러 귀속의식을 행해야 한다.

사람의 능력으로 기업을 지키는 것은 한계가 있다.

창업주 당사자는 물론 임직원들의 몸 안에 어떤 사탄마귀, 악귀잡귀들이 들어와서 망하게 조화를 부릴지 아무도 모르기 때문이다.

대단한 자미국과 인연 맺으면 더 이상 기존 종교의 승려, 신부, 목사, 도인 또는 역술인, 철학관이나 무속의 도사, 법사, 보살, 무당들에게 자문을 구하지 않아도 회사는 잘 돌아갈 것이다.

제아무리 용한 사람들이라 하더라도 하늘의 무소불위하신 대 능력을 능가할 사람들은 없다.

기업인들은 지금까지 이름난 유명한 역술인, 무속인들에게 기업의 자문을 의뢰했던 고정관념을 모두 버리고 천상귀속의식을 행하여 하늘께 기업의 발전을 기원하고 기업을 영원히 존속시키기 위한 소원을 반드시 올리기 바란다.

예비백성 가입

책을 구독하여 공감하고 감명받아 자미국에 방문하여 저자를 친견상담하고, 부모조상님을 구원하는 천상입궁의식을 행하고는 싶지만 경제적인 문제로 일주일 이내에 의식을 행할 수 없을 때 가입할 수 있다.

천상입궁의식을 행한 사람은 신분이 정식백성이다.

천상입궁의식을 금전 문제 때문에 바로 행하지 못할 경우, 예비백성으로 가입하면 조공(의식비용)이 좀 더 수월하게 구해지는 이변이 일어난다.

그리고 자미국 홈피는 일반적 홈피처럼 아무나 들어와서 검색할 수 없다. 회원으로 가입할 수는 있지만 등급 미달로 내용 검색이 안 된다.

예비백성으로 가입하거나, 정식백성, 천인이 되어야만 의식사례 내용들을 검색할 수 있다. 홈피는 예비백성, 정식백성, 천인들 전용공간이기에 아무나 들어오지 못한다.

홈피에는 수많은 백성과 천인들이 몇 년간 올린 경천동지할 천상입궁의식, 천인합체의식, 감사제의식, 천죄사면의식, 천은보사의식, 천상귀속의식의 아주 귀한 사례들이 수록되어 있다.

사례들을 수시로 올리기에 의식 때 말씀해 주신 대단한 하늘의 말씀을 수시로 읽을 수 있다.

그리고 천지(하늘 만나는 날 기도회)회에 참석할 수 있는 자격을 부여하고 날짜와 시간은 문자메시지로 일괄 발송한다.

천지회는 전국 각지의 모든 백성과 천인들이 모두 참석하는 대 행사날이고, 인류 최초의 대단하신 하늘께서 내려주시는 천지기운을 온몸으로 직접 느껴보고 체험하는 날이다.

예비백성 가입은 본인의 성명과 본관, 주소, 생년월일, 핸드폰 번호를 상담할 때 알려주면 되고, 연회비를 납부하면 천상궁전 자미천궁에 계신 태상천존 자미천황님께 각자들의 인적사항을 올리는 천고天告의식을 행하여야 예비백성의 신분을 갖게 된다.

예비백성으로 가입하면 그날부터 알 수 없는 하늘의 신비스러운 기운을 온몸으로 느끼는 사람들이 많다.

기氣의 정체는 귀신들이 주는 기운이었다

기운氣運과 기氣 무조건 좋아하지 마라.

이것이 귀신들의 기운일 줄이야 감히 누가 상상이나 하겠는가?

종교가 아닐 것이라고 마음 놓고 기 수련, 마음 수련, 도를 닦고 있는 사람들! 독자들은 기氣의 정체를 알고 있는가?

악귀잡귀, 사탄마귀, 원혼귀신들을 불러들이는 잘못된 수련행위라고 말한다면 말도 안 되는 이야기라고 부정들을 할 거다.

기 수련하고 있는 사람들, 마음 수련, 도를 닦고 있는 수많은 사람들을 만나보았다.

이들은 기에 대한 잘못된 사고방식을 갖고 있고, 어떤 기의 감응을 느끼는 것에 대해 신비해 하지만 결국 진짜 하늘의 기운이 아닌 사악한 기운(귀신)들이라는 점이다.

악귀잡귀, 사탄마귀, 원혼귀신들이 하늘이다, 신이다 둔갑하여 속이고 각자들의 몸으로 들어오게 되지만, 사람들은 이들의 모습과 형체가 없어서 귀신의 기운인지 하늘의 기운인지를 분별해 내지 못한다.

이로 인해서 수많은 사람들의 인생이 뒤집어져 아파하고 있다.

자신들이 천기天氣라고 생각하고 받아들인 기운은 귀신들의 기운과 교주의 기운이 뒤섞여 있을 뿐이다.

진짜 하늘의 기운인 천기天氣를 받고 싶다면 자미국에 들어와서 하늘이 내리시는 명을 받아야 천기天氣를 받을 수 있다. 이제까지 좋은 기운을 받고 있는 줄 알고 기 수련, 마음 수련, 도를 닦고 있는 사람들은 즉각 중단하고 정신 차려야 할 것이다.

수련을 오래한 만큼 그 존재(귀신)들을 다시 빼내려면 수많은 시간이 걸린다.

자신들은 물론 가족들의 모습을 둘러보라.

과연 어떤 모습들을 하고 있는지 말이다.

자신들이 천기라고 생각되어 받아온 기운은 천기가 아니라 귀신들이었고, 수많은 귀신들을 데리고 들어와 가족들에게 넣어주어서 각자들의 인생은 물론 가족까지도 뒤집어져 있을 것이다.

방문 상담신청 예약안내

▎국정자문, 정치자문, 기업자문, 인생자문 상담예약

- 3~7일 전에 미리 날짜와 시간을 예약하고 방문해야 하며 목요일을 제외한 토요일, 공휴일, 일요일도 상담 가능하고, 예약 없이 불시에 방문하면 상담이 불가하다.
- 1차 자문친견은 여자 저자와 30분 정도 하고,
- 2차 자문친견은 남자 저자와 30분 정도 한다.

▎천상의식 종류 - 전화상으로는 의식비용 질문사절 -

- 천상입궁의식 : 조상님 구원(특단, 상단, 중단, 하단, 일반)
- 천인합체의식 : 천인으로 재탄생(특단, 상단, 중단, 하단)
- 감사제 의식 : 감사함을 올리는 의식(특단, 상단, 중단, 하단)
- 천죄사면의식 : 전생, 현생의 죄를 사면(특단, 상단, 중단, 하단)
- 천은보사의식 : 하늘께 입은 은혜에 감사(특단, 상단, 중단, 하단)
- 천상귀속의식 : 하늘께 모든 것을 귀속시킴(특단, 상단, 중단, 하단)

▎신분의 종류

- 예비백성 : 임시회원으로 가입한 사람
- 정식백성 : 조상님 천상입궁의식을 행한 사람
- 천 인 : 천인합체의식을 행한 사람

命 자미국에 들어와야 할 사람들

역술인과 무속인을 통해서도 알 수 없었던 인생의 모든 비밀들이 밝혀진다. 부적을 지닌 사람들과 종교(무속, 역술, 철학관 포함)에 다니는 사람들은 반드시 상담을 받아야 한다. 부적과 종교에 사람들이 모르는 엄청난 비밀이 숨겨져 있다.

- 왜 사기 배신당하는지
- 왜 가정불화는 발생하는지
- 왜 부정비리폭로가 터지는지
- 왜 사업이 부진을 면하지 못하는지
- 왜 고소고발 당하여 경찰이나 검찰에 출두하는지
- 왜 각자들의 인생이 무엇 때문에 어디서부터 잘못되었는지
- 왜 질병이 발생하는지 자세히 알 수 있고 해법을 제시해 준다.

▎상담 대상

- 가위 눌리는 사람
- 두통이 잦은 사람
- 허리가 아픈 사람
- 신병으로 아픈 사람
- 환청이 들리는 사람
- 환영이 보이는 사람
- 뒷골이 당기는 사람
- 어깨가 무거운 사람
- 가슴이 답답한 사람
- 병명 없이 아픈 사람

- 우울증에 걸린 사람
- 고소고발 당한 사람
- 비리 폭로 당한 사람
- 소화가 안 되는 사람
- 매일 술을 먹는 사람
- 신을 찾아다니는 사람
- 공황장애를 겪는 사람
- 질병을 앓고 있는 사람
- 하늘을 찾아다니는 사람
- 이혼하고 별거하는 사람
- 흉몽으로 시달리는 사람
- 종교를 다니고 있는 사람
- 매년 굿하러 다니는 사람
- 꿈에 아이가 보이는 사람
- 조상님 만나고 싶은 사람
- 매년 천도재 올리는 사람
- 신눌림을 매년 하는 사람
- 가정폭력에 시달리는 사람
- 장례 문제로 고민하는 사람
- 부적을 지니고 다니는 사람
- 시한부 인생을 선고받은 사람
- 자신의 영을 만나고 싶은 사람
- 자살충동을 느껴 고민하는 사람
- 사업을 새로이 시작하려는 사람
- 자신이 누구인지 찾고 싶은 사람
- 취직, 결혼 문제로 고민하는 사람
- 신을 받을 것인지 고민 중인 사람
- 꿈에 조상님이 자주 보이는 사람

- 작명, 개명, 상호를 지으려는 사람
- 재산 상속으로 분쟁이 일어난 사람
- 인간으로 왜 태어났는지 궁금한 사람
- 가족들이 줄초상으로 계속 죽는 사람
- 죽으면 어디로 가는 것인지 걱정되는 사람
- 제사와 차례, 산소 및 납골, 화장 문제로 고민하는 사람

천수를 누리지 못하고 단명으로 죽은 가족이 있는 사람들은 빨리 상담을 신청해야 한다. 가족들 중에서 제2, 제3의 또 다른 사망자가 발생한다.

- 암으로 죽은 가족이 있는 사람
- 급살로 죽은 가족이 있는 사람
- 신병으로 죽은 가족이 있는 사람
- 빙의되어 죽은 가족이 있는 사람
- 불에 타서 죽은 가족이 있는 사람
- 목을 매서 죽은 가족이 있는 사람
- 약을 먹고 죽은 가족이 있는 사람
- 살해당해서 죽은 가족이 있는 사람
- 심장마비로 죽은 가족이 있는 사람
- 교통사고로 죽은 가족이 있는 사람
- 우울증으로 죽은 가족이 있는 사람.
- 실종 당해서 시신을 찾지 못한 사람.
- 물에 빠져서 죽은 가족이 있는 사람
- 심근경색으로 죽은 가족이 있는 사람
- 약물과다 중독으로 죽은 가족이 있는 사람

＊ 상담을 받으면 기업이든 개인이든 살 길이 열린다!

＊ 사람과 기업, 조상님들을 살려주는 전 세계 유일한 곳 자미국!

| 한마디 |

이 책을 다 읽은 독자들은 예약 후에 자미국 지상 자미천궁에 방문하여 하늘의 명을 받아야 자신과 가정, 가문(조상님 포함), 기업들이 현생은 물론 죽음 이후 다음 사후세상에서도 하늘께 보호와 사랑을 영원히 받을 수 있다.

하늘의 명과 저자의 말을 현실로 행하면 인생이 천지개벽하여 기쁜 일이 생기고, 하늘과 각자들의 조상님으로부터 천복과 만복을 자손 대대로 받을 길이 열린다. 하늘의 명을 현실로 즉시 행하는 사람들에게 복 받을 자격이 주어진다.

그리고 대단한 하늘이신 태상천존 자미천황님은 여러분과 친구가 아닌 지극 지존하신 대단한 진짜 태초의 하늘이시기에 아무나 존호를 주문 외우듯 함부로 부르면 복이 아닌 재앙이 내려질 수 있다.

세상에 알려진 부처님, 예수님, 상제님, 신명님, 하나님, 미륵님께서도 함부로 부르지 않으시므로 아무 때나 아무 곳에서 존호를 부르면 안 된다는 뜻이다.

하늘의 명을 받은 천인들만이 유일하게 부를 수 있지만 그것도 자신의 몸과 마음을 아주 정갈히 하고 특별하거나 위급한 경우에만 정중히 존호를 부를 수 있을 정도의 지엄하신 분이시다.

지금까지 혼맥을 재벌과 재벌 간에, 재벌과 권력자 사이에 맺는 것이 전통관례이다. 서로가 살아남기 위한 정경유착이고, 서로가 상부상조하기 위한 모습들이다.

그러나 진정으로 영원히 하늘의 보호를 받아 살아남으려면 무소불위의 하늘이신 태상천존 자미천황님의 무궁한 천지기운이 내리는 자미국 자미천궁과 천맥天脈(백성, 천인)을 맺어야 세월이 변하고 정권이 바뀌어도 하늘의 영원한 보호를 받아 그 어떤 시대적 외압이나 외풍에도 개인, 가문, 기업들이 견뎌낼 수 있다.

권불십년權不十年이라 했다.

제아무리 높은 대통령 권력도 십 년을 갈 수가 없다.

현실로 잘 체험하고 있지 않은가?

여러분의 육신이 살아서는 물론 죽어서까지도 자신과 가문, 기업이 하늘의 영원한 보호를 받는 천맥天脈을 맺으려면 조건 없이, 이유 없이 자미국에 들어와야 할 것이다.

독자들은 육신이 살아있을 때는 태산 같은 재물이 좋고, 높은 권력에 자아도취되어 살아가고 있겠지만, 육신이 죽음과 동시에 현생의 모든 부귀영화는 일장춘몽으로 풀잎에 맺힌 이슬과도 같고 오로지 자신(영)을 구원해 주실 구세주이신 하늘을 애타게 외치는 모습으로 바뀐다.

애타게 갈구하는 대상이 재물과 권력, 명예에서 사후세계 생사여탈권을 행사하시는 하늘이신 태상천존 자미천황님으로 바뀔 것이다.

죽어서 살려달라고 애타게 하늘 찾지 말고, 육신이 살아있을 때 자미국 지상 자미천궁을 통하여 하늘을 찾아야 현명한 사람이다.

지금 살아서는 커다란 재물과 높은 권력을 가진 사람들이 최고라고 큰소리칠 수 있을지 몰라도 결국 자미국 저자를 만나야 불원간 다가오는 두려운 사후세상을 보장받을 수 있다.

세계 인류는 하늘이신 태상천존 자미천황님을 만나야 지금 현생은 물론 죽어서도 근심걱정이 없다. 곧 사람들 대다수가 하늘 앞에 살려달라고 머리 조아릴 날이 다가온다.

세상에서 최고 권력자는 강대국의 대통령과 입헌군주국가의 왕이고, 최고 재벌은 카를로스 슬림, 빌 게이츠, 워런 버핏 등등이지만 하늘세계, 사후세계, 영의 세계, 신명세계에서는 자미국 지상 자미천궁의 저자가 세계 최고의 전문가이다.

저자를 만나야만 그 대단한 천지조화능력을 자유자재로 부리시는 전지전능의 천지인 창조주이신 태초의 하늘 태상천존 자미천황님을 만나 죽은 자는 죽은 자대로, 산 자는 산 자대로 구원받을 수 있기 때문이다.

책을 보는 독자들처럼 육신이 살아있어야 자미국 저자를 통하여 하늘을 만날 수 있지, 육신이 죽어 귀신이 되어서는 아무리 외쳐보아도 하늘을 만날 수 없고, 대답도 없으시기에 허공중천 구천세계를 떠도는 슬픈 귀신의 신세를 영원히 면할 수 없다.

살아서 지금 이 귀한 책을 읽고 있는 독자들은 그래서 행운아 중에서 최고의 행운아에 속하는 사람들이다.

석가생일 19일 앞두고 터진 말도 안 되는 승려들의 도박판 방송보도.

불교가 무너지는 소리이다.

도박판을 벌이는 모 종단의 승려들을 보고 이제 누가 절을 찾아가고 불전함에 시주하겠는가?

자식을 매질해서 죽인 목사.

부활한다고 죽은 사람들을 며칠씩 방치한 교인.

정말 종교가 세상을 정신없게 어지럽히고 있다.

이제 모든 종교들이 급격히 무너지며 몰락할 것이다.

유명사찰 주지와 고위직을 포함한 승려들이 호텔방에서 술을 마시며 억대의 판돈이 걸린 도박판을 벌이는 모습이 몰래카메라에 포착되어 방송에 보도되었다.

승려들이 빙 둘러앉아 도박판을 벌이고 한 승려는 카드를 섞고 있고 옆에서는 담배를 피우고, 도박판이 벌어지는 가운데 맥주를 서로 나눠 마시는 장면이 생생히 보도되었다.

신도들이 시주한 돈을 도둑질한 승려들이 제 돈처럼 갖다가 도박하며 술 시고 담배 피우는 승려들의 행태.

승려들의 도박판 파문은 쉽게 가라앉지 않을 것이고, 수많은 불자들이 등을 돌리게 되는 계기가 되리라.

이제부터 종교와 멀리하고 자미국 지상 자미천궁과 가까이하는 사람들이 남들보다 크게 출세하고 성공한다.

이 책은 천명을 받아 하늘사람(하늘의 백성, 천인)이 되려고 이 땅에 만물의 영장인 인간으로 태어난 독자들에게는 천복을 받을 수 있는 아주 귀한 책이 되어주겠지만, 읽다가 감흥과 감동이 일어나지 않고 자신의 이상과 달라 지루하며 관심 없는 독자들은 버리지 말고 가족이나 주위의 지인들에게 선물로 전해 주면 거기에 합당한 복이 내려질 것이다.

세상을 살아가면서 길흉사, 생로병사, 기업문제, 인재관리, 가정사, 부부갈등, 질병, 조상님 문제, 빙의, 신병, 신과 영 등 여러 가지 문제에 대하여 마음을 터놓고 자문을 해줄 수 있는 정신적 지주(영적지도자)가 필요할 텐데 그곳이 바로 모든 종교를 초월한 자미국이다. 세상사 모든 일에 대하여 원인과 결과를 자세히 밝혀준다.

정계, 관계, 재계의 고위인사들이 자미국의 주축을 이루게 된다.

1,800여 개 상장기업 대표와 임원, 국회의원 300명, 광역 및 기초 자치단체장, 전현직 장차관 및 고위공직자, 육해공군 참모총장, 군장성, 각 부처 총장급, 청장급, 단체장, 일반 독자 등등이 자미국의 천명세계정부를 함께 이끌어갈 훌륭한 천관들로서 하늘이 내려주신 예비천인들이다.

세계 최고의 인맥을 맺는 자미국이 될 것이고, 국내는 물론 전 세계로 막강한 영향력을 행사하게 된다.

만물의 영장인 인간으로 이 땅에 태어나서 자미국과 인연을 맺는 것은 하늘을 얻고 천복만복을 받는 일이며, 천상 자미천궁과 지상 자미국에 영원한 이름을 남기는 가장 훌륭한 일이 될 것이다. 여러분은 외국이 아닌 대한민국 이 땅에 자미국이 세워지고 있다는 것에 자부심을 갖고 진정으로 감사해야 한다.

세상에 이름을 크게 날리려면 하늘께서 인정하고 항상 지켜보시는 자미국에 남겨야 살아서나 죽어서나 영원히 빛나리라. 인간세상에 이름을 남기면 역사 속으로 사라지지만 자미국에 이름을 남기면 천상과 지상에서 영원히 빛나고, 여러분의 자손과 후손들이 천복만복을 받아 천만사가 잘된다.

자미국은 여러분에게 영원한 정신적 구심점이고, 세상 그 어디에서도 느껴보지 못했던 무릉도원의 새로운 세상을 열어줄 것이다. 태산 같은 재물과 대통령의 권력으로도 얻을 수 없었던 하늘이 내리시는 아주 귀한 천지기운을 선물로 받게 된다.

자미국의 가족!

말 그대로 이 세상의 VVIP, VIP 로열패밀리 즉, 황실가족이 되는 아주 기쁜 일이다. 왜 황실가족인가?

신명님, 하나님, 미륵님, 자미인황님의 핏줄들이 태초의 하늘 태상천존 자미천황님과 하늘께 명을 받은 저자(인황님, 지황님), 즉 천황님, 지황님, 인황님과 한 가족이 되기 때문에 황실가족이다.

자미국은 종교가 아니기에 경전이나 교리가 없고, 뭐뭐하지 말라는 계율이나 계명 같은 것도 없다. 종교처럼 집요하게 관리하지 않으며 정신적, 육신적으로 일절 속박하지 않기에 들어오고 나가는 것이 항상 자유롭다.

아쉬운 쪽은 독자 여러분이지 하늘이 아니시라는 뜻이다.

단 하나 하늘께서는 세상의 모든 일은 다 해도 좋은데, 종교만은 다니지 말라고 하셨다. 이것이 계율이나 계명이라 할 수 있다.

돈과 권력으로 세상의 모든 기쁨과 행복을 누리고 살아가지만 아무나 얻을 수 없는 대단한 자미국에서 위대하신 하늘과 함께할 수 있는 유일한 기회가 여러분에게 주어지는 행운의 순간이 다가왔다!

행운의 주인공이 되어야 갑자기 세상을 떠나더라도 천추의 원과 한을 남기지 않는다.

하늘의 뜻대로 종교와 세계를 자미국 단일국가 하나로 통일하기 위한 정신혁명 주체세력의 일원이 되는 영광의 길이 자미국에 우선 입문하는 것이고, 이는 만물의 영장인 인간으로 태어나서 가장 잘하는 훌륭한 일이고, 가장 보람된 일이란 것을 스스로 알게 될 것이다.

전 세계 국가와 기업, 사람들이 자발적으로 귀속의식을 행하여 자미국 황실가족으로 재탄생되는 것이 하늘과 땅의 보호를 받아 근심걱정과 전쟁 없는 지구평화의 지름길로 가는 초석이다.

자미국은 세계인류 역사의 중심이고, 이 나라의 중심이자 세계의 중심으로 강력하게 부상할 것이고, 세계 모두가 자미국의 영도를 받게 되는 경천동지할 일이 벌어진다.

현재 성공하고 출세하여 부귀영화를 누리며 잘 사는 사람들은 불완전한 것이기에 하루속히 자미국에 입문하여 하늘이 내려주시는 명을 받아야 완전한 성공과 출세를 이룰 수 있다.

각자들이 피땀 흘려 평생을 소중하게 이룬 성공과 출세는 크게 보일 수 있지만 해가 뜨면 사라질 풀잎에 맺힌 이슬과도 같고, 인생 100년 미만의 아주 작은 성공이고 출세일 뿐이다.

자미국에 들어와서 하늘을 만나 하늘의 명을 받지 못하는 이상, 수백 조 원의 재물과 대통령의 권력도 일장춘몽에 불과한 아주 작은 성공과 출세에 지나지 않는다.

태산 같은 재물과 권력만이 인생의 성공과 출세가 아니라 하늘과 함께해야만 진정한 성공이고 영원한 출세란 뜻이다. 지금 현재 각자들이 누리고 있는 재물과 권력은 일시적인 것이기에 하늘께 영원한 재물과 권력을 하사받고 살아가야 한다.

죽어서도 부자가 되고 권력자가 되는 길이 자미국에 있다. 왜냐하면 독자 여러분들의 끝없는 사후세계를 하늘께서 직접 주관하시기 때문이다.

세계 200여 개 각 나라 중에서는 종교를 초월한 자미국이 최고이고, 수많은 하늘 중에서는 천상 자미천궁이 최고이다.

자미국은 유일한 땅의 하늘이다.

돈을 수십, 수백, 수천, 수조 원을 갖고 있고, 무소불위의 권력을 갖고 있는 권부의 실세들도 결국 세월을 이겨내지 못하고 지는 해를 따라 인생도 저물어가야 한다.

중국을 천하 통일한 진시황제와 초원의 정복자 징기스칸, 천하를 호령하던 세계의 영웅호걸들, 왕과 대통령의 자리에 오른 사람들, 만석지기 부자들, 3대 세습을 이룩한 철권통치의 김일성과 김정일 부자, 그 외에 모든 성인군자, 도덕군자, 대인들도 생전에 누리던 부귀영화를 뒤로하고 모두가 떠나갔다.

세상의 그 좋다던 재물과 권력이 죽고 보니 아무 소용이 없구나!

흐르나니 눈물이요, 나오는 것은 한숨이라!

애달프고도 서럽도다.

육신 살아생전 자미국에 들어갈 걸 이제 와서 후회하면 무엇하리.

모두에게 두려움의 그날이 소리 없이 다가오고 있도다.

젊음과 혈기 믿고, 돈 믿고, 권력 믿고 자만하며 교만하지 말라. 그것은 하늘을 만나는 데 아무런 도움도 주지 못하느니라. 여러분을 지켜주실 하늘을 살아있을 때 만나야 원과 한을 이 땅에 남기지 않을 것이니라. 아무런 조건 없이, 자미국에 하루속히 들어와야 그것이 진정으로 잘사는 길이고, 영원한 승리자의 길이니라.

눈 깜빡할 사이에 인생이 저물고 있으니 그 세월을 누가 잡아주랴!

세상 살아가면서 하늘을 만나는 것이 가장 값진 큰 성공과 출세인 줄 세상 사람 누가 알고 있다더냐. 죽은 뒤에 허공중천 떠돌며 하늘을 불러보아도 대답 없으니 후회해도 때는 늦으리라. 살아생전 애지중지 키운 자식들을 찾아가도 온 줄 몰라보니 야속하고 원통분통하구나!

정치실세, 고위공직자, 재벌총수, 대통령인들 가는 세월을 어찌 잡고, 어찌 저승길을 피하랴!

절대권좌에 오른 대통령, 만인지상 일인지하 국무총리, 국회의장, 대법원장, 헌법재판소장, 선거관리위원장, 각 부처의 장차관, 국회의원, 4성 장군인 육해공군의 참모총장, 검찰총수, 경찰총수, 재벌총수 이 모두가 살아서 하늘을 만나 명을 받지 못하면, 풀잎에 맺힌 이슬에 불과한 일장춘몽의 꿈이로다. 여러분이 갖고 있는 재물과 권력은 자신의 현생과 내생을 위해서 값지게 쓰기 위해 있는 것이도다.

잘나고 잘생긴 미남미녀들도 한줌 흙이 되어 세상 떠나기 전에 대단한 자미국을 통하여 죽음에 대한 두려움의 공포에서 벗어나 마음 편히 세상 살아가기 바라노라.

생사여탈권을 행사하는 전 세계 유일한 자미국!

자미국에 들어오는 길이 모두에게 살 길이니라.

악귀잡귀, 사탄마귀의 귀신들이 뿌려대는 모든 불신과 부정의 유혹을 과감히 뿌리치고 자미국으로 들어와야 자신과 가족, 기업의 앞날에 천만사가 편안하도다.

인간이 태어난 이래 인류최초로 경천동지할 일이 벌어지고 있으니 그것이 생령 호출이다. 저자(인황)가 예비귀신이 될 여러분 자신의 영을 제3자의 몸(공동저자 사감. 女)으로 불러내어 대화를 시도하는 일이다.

생각조차 하지 못한 상상을 초월하는 일을 해내고 있다.

살아있는 자신들의 영을 불러내어 대화한 사람들의 반응은 놀라움과 감동 그 자체이다.

"아, 신기해. 세상에 이런 일이! 정말, 너무너무 똑같아, 어쩜 나와 이리도 똑같지! 귀신이 곡할 노릇이네."

첨단과학으로 이룰 수 없는 하늘의 영역!

모두가 놀라움을 감추지 못하고 있으며 신비함의 극치 바로 그것이었다.

살아서 자신의 영들이 무엇을 원하고 바라는지 알 수 있는 경천동지할 일이 자미국에서 일어나고 있다.

죽어서의 원과 한을 미리 풀 수 있는 상상초월의 생령 호출!

죽은 조상님의 영이 아닌 살아있는 각자들의 생령을 부를 수 있고, 생령을 실을 수 있는 전 세계 유일한 영 능력자인 두 저자.

자신 생령과의 대화를 통해서 자신이 누구이며, 이 땅에 왜 태어났는지, 현재의 원과 한은 무엇이며, 살아생전 무엇을 하고 세상을 떠나야 하는지 자세히 들을 수 있으니 경천동지함 그 자체이리라.

내 마음 나도 모르고 사는 것이 우리 모두의 인생인데 그 비밀의 문을 활짝 열어줌 생령生靈 호출은 신비하기 그지없다.

이 세상의 도인, 도사, 법사, 무속인, 종교인 그 어느 누구도 행할 수 없었던 생령 호출의 신비한 일을 저자가 인류최초로 이루어내고 있다.

각자들 육신의 몸 안에 머물고 있는 생령 즉, 자기의 신(영)이라 할 수 있는 생령을 부르고 보낼 수 있는 전 세계 유일한 영적 지도자이다.

독자 여러분의 구세주라고 해도 과언이 아니다.

세상의 모든 종교는 소리 없이 문을 닫게 될 것이다.

자미국은 아무나 들어올 수 없다. 책을 감명 깊게 읽고, 선택받은 사람들만이 들어 올 수 있는 유일한 공간이다!

하늘의 문, 조상님의 문, 자신(생령)의 문을 열고자 갈망하는 사람들에게만 자미국의 문이 활짝 열려 있다. 죽어서 원혼이 되어 허공중천 구천세계를 떠돌지 말고, 살아서 자신의 생령을 하루속히 만나서 현생과 사후세계의 대처법을 들어보아야 한다.

현재 커다란 재물과 권력으로 부귀영화 누리며 잘살고 있다 하여도 무엇이 부족하고, 무엇이 문제인지 자신의 생령에게 물어봐야 갑작스런 불행을 사전에 예방할 수 있다.

생령 호출은 지구상에서 저자만이 유일하게 행할 수 있는 절대고유영역이며 지구 반대편에 있는 사람의 생령도 자유자재로 부를 수 있다.

당사자의 육신이 저자 앞에 없더라도 미국대통령, 러시아 대통령, 중국주석, 영국 여왕, 일본 천왕, 북한 김정은의 생령도 즉시 불러서 대화할 수 있는 상상초월의 신비한 대 능력을 갖고 있는 저자이다.

경천동지할 자미국의 태동은 각자 자신과 가정, 기업, 이 나라를 잘되게 개벽의 길로 인도해줄 것이며, 자미국은 이 나라와 전 세계의 중심으로 일취월장하며 급격히 부상하게 된다.

대단한 자미국은 바로 이 세상의 중심이자 구심점이고, 독자 여러분의 영원한 정신적 지주가 되어줄 것이다.

하늘께서 내게 주신 경천동지할 대 능력은 바로 천지개벽 그 자체이다.

불가능이 없을 정도의 대단한 능력을 주시었다.

그래서 대단한 자미국과 인연을 맺는 사람들은 행운아 중에 행운아라고 하는 것이며, 반대로 인연을 맺지 못하면 살아서도 죽어서도 천추의 원과 한을 남기게 된다.

자미국은 기존 종교형태가 아닌 여러분의 중심, 기업의 중심, 나라의 중심, 세계의 중심이 될 영적 지도국가이기에 주위 사람 눈치 보지 않고, 정복(관복)과 정장을 입고 떳떳하게 들어올 수 있는 자랑스럽고 영광된 자미국이다.

하늘께서 선과 악을 판별하시는 잣대는 천상입궁의식을 행하여 돌아가신 자신의 부모조상님들을 구원하였는가, 안 하였는가에 따라서 판별하신다고 하시었다.

다시 말하면 현재의 인생을 착하고 선하게 살면서 불우이웃을 도우며 기부금을 많이 내고, 선행을 쌓고 있다 할지라도 이 책을 읽어보고 감명받지 못하여 천상입궁의식을 행하여 자신의 부모조상님을 구원하지 못하는 사람들은 선이 아닌 악이며 하늘께 버림받았다는 증표라고 보면 된다.

자미국을 통해서 하늘세계, 사후세계의 진실을 알고도 죽음 이후에 자신의 생령이 올라가야 할 천상궁전 자미천궁으로 살아서 천인합체의식을 행하여 천상입궁예약을 하지 않고 살아가는 사람들이 가장 불행하다.

천인합체의식을 행하지 않은 각자의 생령들은 육신이 죽으면 배고픔과 추위에 떨면서 허공중천 구천세상을 정처 없이 떠도는 슬픈 귀신의 신세를 면할 수 없다.

난세가 영웅을 부른다고 했듯이 세상을 이끌어갈 영적 지도자를 부르고 있고, 세상에 출현할 그날이 도래하였다. 하늘의 천기와 천운이 저자에게 내리고 있고, 나라의 운세 또한 그렇게 흘러가고 있다.

천기와 천운의 흐름은 자미국의 저자가 만 세상에 대단한 위상으로 등극하게 되어 있다는 점이다. 자미국과 함께하는 자체가 영광일 것이고, 인류 최초로 하늘께 인황과 지황으로 황명을 공식적으로 받은 저자를 만나는 자체가 행운이다.

미국대통령이나 로마 교황을 만나는 것보다도 더 영광스럽고 가문에 영광된 일이기 때문이다. 이들도 자미국 저자가 통치할 대상자에 들어가고, 때가 되면 저자를 알현해야 하는 날이 올 것이다.

이들뿐만이 아니라 전 세계의 모든 대통령들과 재벌들도 자미국 저자를 통해야 상상 속으로만 존재하실 것이라고 생각되었던 위대하신 태초의 하늘을 만나는 영광을 누릴 수 있다.

저자는 하늘께 땅의 하늘(지황), 인의 하늘(인황)로 인류최초로 황명을 받은 귀한 몸이고, 세계국가와 인류 다수가 장차 통치(하늘의 보호)대상자에 들어갈 것이다.

강압적인 통치가 아니라 자신들이 더 편하고, 더 잘살기 위하여 스스로가 통치(하늘의 보호)대상에 들어가고자 위대하신 하늘과 자미국 저자에게 아름답게 승복하고 인정한다는 의미이다.

현생과 사후세상까지 영원한 인생의 행복을 원하거든 지체 말고 위대하신 천상의 하늘과 천맥을 맺고, 땅의 하늘 지황과 지맥을 맺고, 인의 하늘 인황과 인맥을 맺고 살아가야 한다.

이것이 하늘이 내리시는 천지기운을 받는 유일한 길이다.

세상의 모든 것을 다 이루고 남부러울 것이 없이 잘사는 사람들이 마지막으로 자미국에 입국하여 천지인의 총사령관이신 하늘 태상천존 자미천황님과 지황, 인황의 황명을 받들어야 만물의 영장인 인간으로 태어나 사명을 완수하는 것이고, 마침내 진정으로 성공한 사람이라고 자부할 수 있다.

남들보다 크게 출세하고 성공한 사람들일수록 하늘의 명을 받아야 자신들의 성공과 출세를 더 오래 지킬 수 있다.

특히 기업을 더 번창시키고, 자손 만대까지 망가지지 않고 탄탄하게 기업이 유지되기를 원하는 기업인들에게는 하늘의 명이 필수적이다.

자고 나면 갑자기 인생의 문을 닫고 세상을 떠나는 사람, 말도 안 되는 사건에 연루되어 어느 날 갑자기 주식거래 정지되고 상장폐지 실질심사를 받아 기업의 문을 닫아야 하는 사람들은 자기 자신만이 최고라 생각하며 하늘과 조상님, 자기 생령의 존재 자체를 인정하지 않고 무시하며 '나 잘났다'고 살았던 사람들이 대부분이다.

자미국에서 하늘의 명을 받아 하늘로부터 절대적 보호를 받고 살아가면 사람이든 기업이든 망하라고 고사 지내도 망하지 않는다는 점이다.

인간의 능력으로는 자신의 생명을 지키는 것도, 기업을 오래 존속시키는 것도 한계가 있기 때문에 하늘께 자신의 안위와 기업의 존속에 대한 보호를 우선적으로 의뢰하고 살아가야 한다.

하늘의 절대적인 도움을 필요로 하는 것은 나약한 인간들이다.

천지조화를 자유자재로 부리시는 대 능력자이신 하늘께서는 우리 인간들에게 당신(하늘)을 믿고 따르라고 회유, 현혹, 협박, 강요를 하실 필요가 없으시다. 아쉬운 쪽은 하늘이 아니시라 언제나 우리 인간들이기 때문이다.

천자생법, 말 그대로 하늘의 아들딸로 다시 태어나 살아가는 법이고, 인생(조상님 포함)을 잘되게 살려주는 천자생법이다.

저자를 알현하는 것이 영광이고 행운이라는 뜻은 독자 여러분은 싫든 좋든 현직에서 임기를 채우면 물러나야하고, 나이가 차면 정년퇴직을 해야 하지만 저자는 육신이 살아있는 동안 자미국의 국가원수 겸 총사령관 직책인 지황, 인황으로 종신 집권하기에 정신적 구심점이 영원히 바뀌지 않아 갈등할 필요가 없다는 점이다.

천상의 하늘 태상천존 자미천황님께 땅의 총사령관(하늘)과 인간의 총사령관(하늘)으로 공식적인 황명을 받아 지황, 인황이 되었으니 곧 자미국의 국가원수 신분이다.

세상 그 어디에서도 만나 볼 수 없었던 인생의 손자병법과 같은 천자생법을 통하여 여러분의 뜻한바 소원도 이루고 인생에 보다 많은 도움이 되었으면 한다.

– 자미국(紫微國) 국가원수 겸 총사령관 지황, 인황

자미국

방문 예약전화 02)3401-7400

▍찾아오는 길

〈버스〉

고속버스, 시외버스 이용 때는
동서울터미널에서 하차하시어 택시로 10분 정도 시간 소요

〈위치〉

강동역, 성심병원사거리(강동웨딩홀, 제일은행)에서 성내동 방향 우회전하여 150미터 코리아호텔 앞 횡단보도 건너 화로구이 우측 영마트(한방복돼지) 음식점 쪽 입구

〈전철〉

5호선 강동역 3번 출구로 나와서 100미터 직진(위 내용과 동일)

〈승용차〉

내비게이션에 "자미국" 입력
(강동아너스빌 정문 앞 길상주차장 1~2층 2시간 무료이용)
주소 : 서울 강동구 성내3동 382-6 2/2층 전체 층